Hernán Cortés

gigante de la historia

T0285615

Hernán Cortés

gigante de la historia

Ramón Tamames

ERASMUS

ERASMUS EDICIONES

Editorial Almuzara
www.editorialalmuzara.com
Parque Logístico de Córdoba. Ctra. Palma del Río, km 4
C/8, Nave 12, nº 3. 14005 - Córdoba

Los mapas, gráficos y diversos escenarios han sido proporcionados por
Holding de Imágenes Históricas

Diseño de cubierta Estudio da Vinci
Composición JesMart
Impresión y encuadernación Black Print
Director editorial Raúl López López

Derechos exclusivos de edición en lengua castellana:
Editorial Almuzara, S.L., 2023

1ª edición: septiembre 2019
2ª edición: noviembre 2019
3ª edición: diciembre 2019
4ª edición: enero 2020
5ª edición: febrero 2020
6ª edición: marzo 2020
7ª edición: marzo 2020
8ª edición:noviembre 2023

I.S.B.N: 978-84-15462-87-3
Depósito Legal: CO-1811-2023

Hecho e impreso en España - Made and printed in Spain

A los 600 millones de hispanohablantes de ambos hemisferios, 500 años después.

A Carmen: «La Reina de Saba seguirá enseñoreando sus dominios, especialmente mi corazón» (Ap. 1:15,2).

Sumario

Prólogo

Hernán Cortés, su tiempo
y el nuestro

Ramón Tamames, el autor del libro que el lector tiene ahora en sus manos, apenas necesita presentación. Como Tomás Moro, es un hombre válido para todas las estaciones y, me atrevería a decir, completando el elogio que Erasmo dedicara a su amigo, también para cualquier empresa intelectual que decida emprender, pues su curiosidad y conocimientos apenas conocen límites. Analista y autor de obras de referencia sobre economía, derecho y política o sobre los más acuciantes asuntos de actualidad –desde el ascenso de China al futuro de la Unión Europea; o desde·el reto del cambio climático a la crisis catalana–, Tamames es también una figura relevante en la vida pública española, en la que comenzó a participar muy joven, ya desde antes de la Transición.

Su dedicación al bien común le ha llevado a servir tanto en la política nacional –fue diputado en las Cortes y signatario de la Constitución del 78– como en la municipal, donde llegó a ser teniente de alcalde de Madrid en la época de Tierno Galván. Tan amplia hoja de servicios, desarrollada a lo largo de varias décadas, se acrecienta ahora con el más reciente fruto intelectual de sus múltiples talentos, un ensayo poliédrico sobre una de las figuras más fascinantes y complejas del Mundo Hispánico y de la historia universal, publicado cuando se cumplen quinientos años desde su llegada, en 1519, a las costas del actual México: Hernán Cortés.

He empleado el término *Mundo Hispánico* y no me he circunscrito a España porque con personajes como Cortés, cuya vida y hazañas, con todos los claroscuros que se quieran, se inscriben en pleno tránsito a la Modernidad, nuestra experiencia histórica adquiere unas dimensiones y trascendencia extraordinarias, dando origen no solo a un Nuevo Mundo, sin el que España es apenas inteligible, sino también alumbrando un tiempo nuevo, que ya desde entonces comienza a ser el nuestro, es decir el de un planeta geográficamente completo que funda la interdependencia que caracteriza el orbe de nuestros días.

Al leer este libro, y rememorar previas lecturas, el personaje histórico que inmediatamente me viene a la mente, comparable en buena medida con el protagonista de esta obra, no es otro que Alejandro Magno (otro europeo), pues el macedonio también traspasó los límites que separaban desde la Antigüedad más remota las civilizaciones de Europa y Asia, derrumbó imperios y sobre sus ruinas contribuyó a crear un mundo híbrido, el helenístico, con el que se cerró una era y otra se abrió en la historia de la humanidad.

La diferencia, en este caso a favor de Cortés —y de la Monarquía Hispánica, que supo consolidar, adaptar y perpetuar su legado durante tres siglos—, fue que la construcción política fruto del encuentro, confrontación y síntesis cortesianos duró mucho más tiempo que la del héroe clásico. Recordemos que Alejandro, en su prematuro lecho de muerte, solo tuvo tiempo para dejar su herencia al «más fuerte» entre sus lugartenientes, quienes no tardaron en deshacerla y repartírsela violentamente en una miríada de reinos de diádocos. No olvidemos tampoco que, a diferencia de Alejandro, quien contaba con un ejército numeroso y bien pertrechado, así como con un conocimiento detallado de su enemigo persa, Cortés y sus conmilitones eran muy inferiores en número, estaban limitados por la logística y las enormes distancias desde sus bases y, sobre todo, carecían de cualquier referencia sobre civilizaciones que les eran completamente extrañas.

Sin embargo, su inteligencia diplomática y militar fue tal que en apenas semanas Cortés había conseguido descifrar la suma de fortalezas y, sobre todo, debilidades del Imperio azteca, y supo ganarse la confianza de pueblos, como el de Tlaxcala, que aquél tenía cruelmente sojuzgados. Unos pueblos que eran tan indígenas como los aztecas, algo que a menudo es obviado, terminaron convirtiéndose así en los más sólidos aliados de los españoles y en parte constitutiva y esencial del nuevo edificio, esencialmente mestizo, que pronto habría de ser el Virreinato de Nueva España, precursor del actual México.

Todo lo anterior lo narra, con ágil pluma y brillante erudición, Ramón Tamames en su libro, por cuyas páginas vemos desplegarse los avatares, con sus luces y sombras, del Cortés aventurero, conquistador (con todo lo que ello implica de muerte y destrucción), pero que también fue explorador, empresario y humanista. Pero la virtud principal del autor consiste no solo en mostrar ante nuestros ojos las vicisitudes de la empresa cortesiana y someterla al juicio de la más rigurosa historiografía. A mi entender, aunque dejo al lector que opine con su mejor criterio, la contribución principal de este ensayo reside en insertar plenamente al conquistador en el contexto de una era protagonizada por un país, el nuestro, cuya enorme capacidad de extroversión y energía creadora apenas somos capaces en nuestros días de ponderar y valorar en sus justas dimensiones, y que a menudo tendemos a juzgar anacrónicamente, desde los principios de la era contemporánea.

Tamames hace bien en recordarnos que, si bien Cortés ocupa sin duda un lugar principalísimo en el alumbramiento de la América moderna, esta no hubiera sido posible sin la aportación de otros personajes también extraordinarios, pero hoy casi olvidados. Mención particular ameritan el primer virrey de Nueva España, Antonio de Mendoza, y el primer antropólogo moderno, Bernardino de Sahagún, recopilador y autor de la pionera *Historia general de las cosas de Nueva España*, una fuente primordial para el conocimiento de las culturas mesoamericanas.

Quienes, todavía presos de la leyenda negra, siguen afirmando que Cortés y sus sucesores nada hicieron por las poblaciones indígenas, salvo exterminarlas y saquearlas, deberían saber que el primer centro de educación superior de las Américas fue el Colegio de Santa Cruz de Tlatelolco, en las afueras de la ciudad de México. El Colegio fue inspirado por la voluntad de mestizaje propia de Hernán Cortés y creado en 1536 por impulso del virrey Antonio de Mendoza y del obispo Zumárraga para la educación de las elites indígenas. De su temprano éxito da cuenta que, ya en 1552, dos naturalistas mexicas, Juan Badiano y Martín de la Cruz, editaron en náhuatl y en latín el códice que lleva su nombre: la primera enciclopedia sobre las hierbas medicinales y prácticas médicas de los pueblos indígenas producida en el Nuevo Mundo. Una obra que fue superada poco después por el médico real

Francisco Hernández de Toledo, quien, bajo el patrocinio de Felipe II, llevó a cabo la primera expedición científica europea en las Américas, entre 1571 y 1577, dejando para la posteridad el monumental *Rerum medicarum Novae Hispaniae Thesaurus*, en el que se describen, empleando taxonomía nahua, más de tres mil plantas y cientos de animales y minerales hasta entonces desconocidos para la ciencia occidental.

Los que acabo de mencionar son tan solo unos pocos ejemplos, entre otros muchos añadidos por el autor, que sirven para enmarcar la gesta cortesiana dentro de una empresa de largo alcance. Nosotros, los hispanos de ambos mundos, somos su resultado, aunque no siempre seamos conscientes de ello. A este respecto, me gustaría aprovechar este proemio para hacer alguna propuesta con el fin de que, al menos los españoles de este lado del Atlántico, tengamos más presente la dimensión americana y, en general, extrapeninsular y extraeuropea de nuestra historia. Pero que, a la vez, ha supuesto integrar lo americano en España, y por ende en Europa, en cuyo proyecto de integración representamos el puente natural, junto con Portugal, con la comunidad iberoamericana de naciones.

Mientras escribo estas líneas, el Museo de América en Madrid recrea, en una exposición titulada «La hija del Virrey», el mundo femenino novohispano en el siglo XVII. La exposición muestra, a través de las figuras singulares de doña María Luisa de Toledo y Carreto y de su dama de compañía, una india chichimeca, el continuo y complejo maridaje entre Occidente y el mundo indígena en todos los ámbitos de la vida cotidiana, desde la conquista a las emancipaciones.

Si contemplamos el contenido de esta exposición (y, en general, las salas del mencionado museo dedicadas a los virreinatos hispanoamericanos, donde se exponen muy valiosas muestras de la llamada «pintura de castas») y lo comparamos con las salas dedicadas en el Metropolitan de Nueva York o en el Museo de Bellas Artes de Boston al periodo colonial en Nueva Inglaterra nos daremos cuenta de la abismal diferencia que hubo entre los modelos de extroversión hispánico e inglés, o británico.

En el primero surge una cultura y unos modos de vida originales y mestizos que son los propios de la Iberoamérica de hoy. La

América anglosajona, por el contrario, es pura y simplemente un trasplante de la metrópoli sin apenas mezcla con las poblaciones y culturas locales, a las que se extermina, expulsa o reduce a reservas. En vano buscará el visitante de los museos de Nueva York, de Boston o de cualquier otra ciudad estadounidense un cuadro original donde se muestre una pareja colonial formada por un inglés y una indígena o mestiza de Nueva Inglaterra.

Digo que los buscará en vano porque, sencillamente, no existen. Creo que, como antídoto a esos brotes de la leyenda negra a las que nos vemos sometidos recurrentemente, estaría bien que visitáramos más a menudo el Museo de América y quizá a ello ayudaría, y es una sugerencia que lanzo, su integración en el gran eje de los museos que va del Reina Sofía hasta la Plaza de Colón. Y ya que hablamos del Paseo del Prado, la segunda propuesta se la dirijo al museo homónimo: ¿acaso no es hora de pensar en integrar de forma permanente en tan magnífica pinacoteca muestras de la pintura virreinal al lado de los grandes maestros europeos? ¿Acaso no forman parte las escuelas de Cuzco o la novohispana de una originalísima tradición de arte occidental que trasciende al propio Occidente?

En definitiva, resulta fundamental poner en valor toda la aportación de la cultura hispánica a la historia mundial, sin caer ni en la mitificación ni en la autoflagelación, pero distinguiendo el grano de la paja y proyectando hacia el futuro un legado de resonancia universal, que también puede y debe contribuir al refuerzo del atractivo internacional y la reputación de España, y de ahí la importancia de impulsar más decididamente y sin complejos nuestra diplomacia pública y cultural, a través de instrumentos como la Secretaría de Estado de la España Global.

Dejo al lector con estas reflexiones y le invito ahora a adentrarse en la vida y obra de Hernán Cortés de la mano de Ramón Tamames, nuestro excelente guía en las páginas que siguen.

Josep Borrell
Madrid, 11 de abril de 2019

Nota preliminar del autor

«Ya está a la vuelta de la esquina: en 2019 se conmemoran los 500 años del encuentro de Cortés y Moctezuma, la conjunción de dos civilizaciones, hasta entonces recíprocamente ignoradas, casi como si procedieran de distintos planetas, y que se vieron por primera vez.»

1519, 500 años después: 600 millones de hispanohablantes de ambos hemisferios

El momento histórico de hace 500 años −seguí diciendo a mi editor− necesita de un recordatorio expuesto de forma sencilla, a fin de que alcance una cierta difusión popular. Y que, al mismo tiempo, a ser posible, tenga gancho literario para que el empeño sea fructífero. Además, se trata de una reivindicación histórica, desde México y España a todo el mundo.

Lo cierto y verdadero es que, desde el principio, tuve en la cabeza hacer un libro de unas 400 páginas, con letra suficientemente grande para facilitar la *cómoda* lectura, con buen espaciado y entintado. Y, sobre todo, con un contenido interesante e ilustraciones significativas de lo que fue el mundo cortesiano en el siglo XVI. Además, había que encontrar un título atractivo. Y ya casi de inmediato pensé en uno: *Hernán Cortés, gigante de la historia. Para 600 millones de hispanohablantes, 500 años después.*

Y por qué esa referencia a hispanohablantes, podrá preguntarse el lector. Porque con esas palabras se recuerda, de hecho, aquel desiderátum de la Constitución de Cádiz de 1812, cuando en el artículo 1 se decía: «La nación española es la reunión de todos los españoles de ambos hemisferios».

Puede parecer un título petulante, que podría haber dicho Pío Baroja –tan aficionado a esa palabra para todo lo excesivo–, pero sinceramente creo que no es el caso: los hispanohablantes somos un conjunto de naciones con la misma lengua, 600 millones de personas que formamos una comunidad que puede reflexionar hoy sobre qué sucedió hace 500 años y después.

En definitiva, lo que el autor quiso hacer en las páginas que siguen es un libro de síntesis vital del quehacer y del entorno del conquistador, del modo y manera que trato de sintetizar en esta Nota preliminar: el escenario de un Nuevo Mundo de proezas formidables, el contexto demográfico, la leyenda negra, la difusión de una lengua común, el trasfondo económico, las claves del devenir complejo de una historia en los siglos XV y XVI y después, la controversia sobre la figura y obras de Cortés...

Un escenario de medio mundo

El capítulo 1 del libro se dedica al amplio espacio en el que acaece la historia por la que vamos a discurrir, que inicialmente se circunscribe al océano Atlántico, para luego abarcar toda la América y el Pacífico. En ese sentido, Hernán Cortés *no cayó del cielo*, como en alguna fantasía, o por mor de brevedad puede pretenderse. En realidad, hubo toda una *preparación locacional* y jurídica, a modo de *armonía preestablecida*, que se configuró en dos acuerdos luso-españoles de Alcáçovas (1481) y de Tordesillas (1494), sin olvidar las dos bulas papales de 1493.

Como se verá, los dos países ibéricos, Castilla (en prefiguración de toda España) y Portugal, acordaron el reparto de mares y territorios, de cara al futuro, para evitar mayores conflictos en los designios previsibles de descubrimientos, conquista y colonización. Tratados sin los cuales, el Cortés gigante de la historia no habría existido. Con el hecho muy significativo de que Tordesillas 1494 ha sido citado recientemente por el historiador estadounidense Graham Allison, de la Universidad de Harvard, presentándolo como la fórmula con que dos Estados innovadores y ambiciosos de por entonces, la futura España y Portugal, decidieron cómo debería organizarse el futuro del mundo.

Una decisión conjunta que hoy sirve de referencia –veremos más detalles en su momento– para que las dos superpotencias actuales (China y Estados Unidos) mediten sobre cómo confluir en tantas cuestiones de alcance global. No para repartirse el mundo otra vez, desde luego, sino para frenar una carrera enloquecida, que podría llegar a ser letal, en la búsqueda de la hegemonía que quisiera conservar Washington DC, o de la supremacía que pretendiera lograr Pekín.

Tordesillas, en 1494, sirvió, *velis nolis*, de base jurídica y política para la ocupación del *hemisferio hispano* (Américas y el Pacífico), según acuerdo sancionado por el papa Alejandro VI, español que, por aquellos tiempos, era la máxima autoridad en una cristiandad que abarcaba toda Europa occidental. En definitiva, españoles y portugueses se repartieron el mundo extraeuropeo con la confirmación –*urbi et orbe*, cabría decir– de la cátedra de Pedro: a España le correspondió el ignoto nuevo continente americano, así como un inmenso océano igualmente ignorado; la mitad de la superficie del globo. En ese sentido, la ulterior aventura de México significó *pasar de las musas al teatro*: de la teoría de Tordesillas a la ocupación sistemática de un continente y, también preliminarmente, a la exploración del gran Pacífico.

Por lo demás, la conquista de México coincidió cronológicamente con el *gran viaje*, el mayor periplo de la historia hasta entonces: la circunnavegación de Magallanes y Elcano de 1519 a 1522. Sin que los historiadores se hayan percatado suficientemente, esas expediciones fueron *acciones mucho más que espontáneas* –valga la expresión–, y generaron el vasto imperio de Carlos V y Felipe II, que duró 300 años: el más rápidamente conquistado y configurado, y el más largamente conservado después, desde el siglo XVI al XIX.

Historia de cronistas y biógrafos

En el libro que propuse a mi editor, ya lo dije, no haría una biografía del caballero Hernán Cortés de Monroy y Pizarro Altamira, que sería conquistador de México, marqués del Valle, creador de la Nueva España, primordial virreinato en las Indias, y hoy primer país hispanohablante del mundo, con 130 millones de personas. Pero en mi compromiso sí figuraba hacer una síntesis de la experiencia cortesiana, para la cual recurrí a los cronistas de Indias y a los biógrafos de Cortés, fuentes históricas a las que me refiero *in extenso* en el capítulo 2.

Se trata de un impresionante acervo de narraciones sobre navegaciones, conquistas, evangelización y colonización de un área potencial de 43 millones de kilómetros cuadrados, el total de las tres Américas, triple lo que Europa más el mayor océano del planeta. Esa fue la gran escena dentro de la cual nació un primer gran imperio mundial, con México como gran pieza inicial.

Una gran aventura que fue relatada, casi paso a paso, por los Francisco López de Gómara, Bernal Díaz del Castillo, Gonzalo Fernández de Oviedo y otros, sin olvidar las *Relaciones* del propio Cortés al emperador Carlos V, propias de un escritor formidable sobre el periodo más extraordinario de su vida (1519-1526).

En la revisión de cronistas, conferiremos a Bernal Díaz del Castillo y a su *Historia verdadera* una especial relevancia, entrando en la discusión de si en realidad fue la obra propia, y única, de un soldado, o si, como sostiene Christian Duverger, el mismísimo don Hernán llevó a cabo tal prodigio de narración. En ese sentido, hay que preguntarse: ¿se indignó tanto Bernal Díaz del Castillo de que Cortés fuera como un *superman* en la crónica de López de Gómara, como para emprender un relato alternativo tan extenso y prolijo?

Otra pregunta: ¿realmente estuvo Bernal en todos los sitios que visitó Cortés, sin haber sido nombrado por el conquistador, ni aparecer en otras crónicas? ¿Tenía Díaz del Castillo una cultura tan amplia como la que se aprecia en la *Historia verdadera*? ¿Qué hizo Cortés en los tres años que estuvo en Valladolid en su Academia?

En cualquier caso, sin pretensiones de veredicto efectivo, guardo mi opinión al respecto para el momento concreto en que se examine esa *quaestio disputata*, en el capítulo 2 de este libro.

Vida de Cortés: una síntesis

En los capítulos 3, 4, 5, 6 y 7 del libro hacemos una síntesis de la vida del conquistador, desde su infancia y primera juventud en

Medellín, con un padre inteligente, Martín; su paso por Salamanca, el *Alma mater* de Cortés y de tantos otros que decidieron *hacer las Indias*. Y después, sus dudas entre ir a Italia, por su atractivo militar, o navegar allende el Atlántico para la gran aventura. Y esa segunda fue su opción: encomendero en La Española; luego el tiempo de conquista y rico propietario en Cuba y, desde allí, el salto a México para finalmente llegar al corazón de un imperio.

Siguieron los encuentros Cortés-Moctezuma, una amistad que no podía ir muy lejos, pues el conflicto era inevitable entre las dos fuerzas en presencia. A pesar del inicial asombro de los mexicas por el previo anuncio de que el dios Quetzalcóatl enviaría a unos seres blancos y barbados, a bordo de grandes casas flotantes de madera sobre el mar, que serían exterminadores del Imperio del Anáhuac. En otras palabras, la Noche triste y la ulterior reconquista de Tenochtitlán, serían inevitables.

Esa *reconquista* se estudia hoy entre los clásicos del arte de la guerra. Y, tras la victoria, llegaron los tres mejores años de don Hernán (agosto de 1521-octubre de 1524), con la subsiguiente organización de todo un país nuevo y entero, actuando como verdadero *fundador* o *inventor* de México: muchos vieron en sus afanes la prefiguración de una estructura consistente para la Nueva España.

Posteriormente, se produjo el extraño viaje de Cortés a Las Hibueras (Honduras, octubre de 1524-junio de 1526), así como su encuentro en la Península con el emperador Carlos, su desposesión del gobierno de la Nueva España, el segundo matrimonio, el marquesado del Valle. Con vuelta a México en 1530, ya sin poderes políticos efectivos, incluso obstaculizándose su gran sueño de llegar a la lejana China para su eventual y fantástica conquista.

En el periodo final de su vida, Cortés regresó definitivamente al solar ibérico, donde vivió entre 1540 y 1547, luchando contra la burocracia carolina. Una penosa sucesión de reclamaciones a fin de recuperar su antiguo esplendor. Con la clara renuencia de Carlos a recibirlo más: no hay constancia de que volvieran a verse y el deseo de ser el primer virrey de México se frustró para siempre.

Otros protagonistas coetáneos

En este libro, como en otros anteriores míos, considero que parte muy necesaria en la vida de cualquier personaje histórico es el detalle de los otros protagonistas coetáneos. Y a eso dedicamos precisamente el capítulo 8 del libro, empezando concretamente por Carlos V, para seguir con los grandes próceres mexicas, Moctezuma y Cuauhtémoc. Continuando con los dos compañeros de armas más destacados: Pedro Alvarado y Gonzalo de Sandoval, y una especial referencia a la interesante relación de Cortés con su primo Francisco Pizarro.

También son importantes en el elenco los coetáneos más problemáticos, como Diego Velázquez y Bartolomé de Las Casas. Lo que nos lleva, inevitablemente, a la gran polémica de Valladolid del *apóstol de los indios* con Juan Ginés de Sepúlveda. Sin olvidar otros personajes bien interesantes: el *Tata* Vasco de Quiroga, con su visión utópica en Michoacán, y el primer antropólogo, Fray Bernardino de Sahagún.

Población, lengua, leyenda negra, flotas y alimentos

El capítulo 9 del libro se dedica a cuatro diferentes temas en relación con el México de entonces y después, en términos de población, lengua, leyenda negra, flotas de Indias y nuevos alimentos intercambiados entre España y las Indias.

En lo demográfico, la despoblación desencadenada con la conquista fue resultado, en su mayor parte, de enfermedades que los europeos llevaron al Nuevo Mundo (viruela, tifus, tuberculosis, gripe, sarampión, etc.). Con un fenómeno altamente significativo, el mestizaje, por el cruce de dos razas que dieron nacimiento a una tercera, la que el pensador mexicano José Vasconcelos llamaría *raza cósmica*. Como igualmente es de gran interés la llamada *conquista erótica de las Indias*, a que se refirió Ricardo Herren.

En lo que concierne a la lengua, es admirable la atención que los españoles prestaron a las hablas indígenas, de modo que fueron las primeras en llegar a la imprenta en el Nuevo Mundo, especialmente en náhuatl de los mexicas. Es de destacar que, tanto la Administración española como la Iglesia, lo favorecieron durante siglos como *lingua franca* para la evangelización. Cierto que con un giro ulterior a la castellanización, especialmente durante el reinado de los Borbones. Y más aún desde el siglo XIX, con las repúblicas hispanoamericanas independientes. Cuestión de la que se ha ocupado Santiago Muñoz Machado en su libro *Hablamos el mismo idioma*.

En el capítulo 9 se trata también el correoso tema de la leyenda negra, suscitada de manera especial en España, en 1914, por el escritor Julián Juderías. Y en la que ha habido numerosas intervenciones ulteriormente, la última de ellas, *Imperiofobia y leyenda negra* de María Elvira Roca Barea.

En cuanto a los aspectos económicos y territoriales, veremos la organización de la Casa de Contratación y del Consejo de Indias y las Audiencias; la encomienda, o sistema de repartimiento del territorio y la población originaria, así como lo relativo a las flotas de Indias y la recíproca transferencia de alimentos nuevos para las Indias y Europa.

El lago español

Es un hecho que Cortés tuvo un papel muy señalado en el descubrimiento del Pacífico, con sus cuatro navegaciones propias como adelantado de la Mar del Sur, a lo que dedicamos una parte concreta del capítulo 10, que lleva por título La conquista de un imperio, con la referencia concreta al «lago español», como recuerda el gran libro de O.H.K. Spate, *The Spanis Lake*, sobre las navegaciones hispanas en el mayor océano del mundo durante los siglos XVI y XVII.

Además, los esfuerzos marítimos cortesianos y los del segundo virrey de la Nueva España, llevaron más adelante a la conquista de Filipinas, con el gran tráfico ulterior del *Galeón de Manila* o *Nao de la China*. Una conexión vía el mar de gran relevancia comercial —la verdadera *ruta de la seda* marítima— del Pacífico, financiada por la plata hispano-mexicana de los reales de a ocho, que acabaron por convertirse, en 1792, en la moneda oficial de EE.UU. (*Spanish Milled Dollar*), en virtud de la Coinage Act de Alexander Hamilton.

Y detrás del interés de Cortés por la Mar del Sur, ¿qué había? Nada más y nada menos que la conquista de China, una cuestión sobre la que Felipe II reflexionó largamente, en la idea de formar el Imperio Universal. Tal como explicó Hugh Thomas en su libro *Felipe II, señor del mundo.*

Claves del Imperio

En el capítulo 10 se hace una presentación, e interpretación, de la aventura de la conquista de la Nueva España y sus consecuencias en el resto de las Indias, buscando la clave de cómo España se hizo con el Nuevo Mundo otorgado por el papa Alejandro VI, y cómo lo ocupó en gran parte de sus vastedades. Un proceso que se llevó a cabo en solo ochenta años (1494-1574), un plazo que el autor de este libro, desde sus 85 años de edad, considera más que breve.

A ese respecto, en el capítulo 10 se repasan, esquematizando, las conquistas de toda la América: Perú, Bolivia y Chile actuales por Pizarro, Almagro y Valdivia; lo que ahora son Venezuela, Colombia y Ecuador con Ojeda, Jiménez de Quesada, Belalcázar y Federmann; y el Cono Sur —Argentina, Paraguay y Uruguay— con Solís, Mendoza, Martínez de Irala y Juan de Garay, fundamentalmente. Todos esos conquistadores siguieron de una forma u otra el *modelo Cortés.*

Historia de México. Cortés en perspectiva

En el capítulo 11 se trata inicialmente de cómo el hijo legítimo de don Hernán, Martín Cortés Zúñiga, su hermano el mestizo (que tuvo con doña Marina, o *Malinche*) y un tercero, Luis Cortés Zúñiga, encabezaban la idea de los encomenderos de luchar contra las Leyes Nuevas de Indias de 1542, por las que Carlos V pretendía —por influencia de Bartolomé de Las Casas—, apropiarse de las tierras antes repartidas. A propósito de lo cual estalló, en 1566, la primera rebelión mexicana de criollos, que fracasó con graves consecuencias para los conjurados. Los tres hijos de don Hernán salvaron la vida *in extremis.*

En el resto del capítulo 11 se hace la síntesis de la historia de México desde Hernán Cortés hasta Andrés Manuel López Obrador (AMLO), presidente desde diciembre de 2018.

¿Por qué ese largo recorrido? Por lo intrincado de la historia del gran país que es México. Primero, para recorrer su fase virreinal (1535-1821) y, después, las sucesivas etapas desde la independencia en 1821 a la realidad de hoy. Esto es: de los seis millones de habitantes en 1821 a los 130 millones en 2019.

Y ya dentro del último capítulo, el 12, perfilamos el semblante histórico de Cortés: una larga controversia que hoy perdura y que ha creado escenarios sobre la vida y obra de quien fue un gigante de la historia.

Algunas precisiones editoriales

En la fase final de esta Nota preliminar recordaré que en un pasaje de *Alicia en el país de las maravillas*, de Lewis Carroll, la protagonista del relato se pregunta más o menos lo siguiente: ¿de qué sirve un libro que no tiene estampas y que carece de diálogos? Vale para cerrarlo y no leerlo.

Pues bien, en estas páginas que ahora tiene el lector hay un buen número de ilustraciones para valorar el ambiente en los diferentes tramos cronológicos de la obra, con los personajes de cada momento, sucesos, mapas, etc. Como también hay diálogos, uno por capítulo: los colofones, que he escrito con la idea de sintetizar y criticar al propio autor. Eso es lo que hacen los dos personajes imaginarios en sucesivas conversaciones: uno que pregunta, a veces con no poco escepticismo, y otro que responde, tal vez un tanto voluntarioso en ocasiones.

Por lo demás, el libro se completa con lo normal, es decir, una bibliografía a partir de las obras que se citan a pie de página, una cronología que recoge las fechas fundamentales de la síntesis vital de Cortés, y el indispensable índice onomástico de los personajes y autores que aquí se citan.

Capítulo de agradecimientos

En el capítulo de agradecimientos recordaré, de mi niñez, a la Editorial Araluce, de la que leí mi primer libro sobre Hernán Cortés, se supone que escrito para niños, allá por los primeros años cuarenta del siglo XX. Como también traeré a la memoria a dos profesores de mis tiempos adolescentes: Miguel Kreisler, que enseñaba Historia en el Bachillerato español (excelente, creo, en el Liceo Francés de Madrid), y el profesor Ferrandís (no recuerdo su nombre de pila), cuando en 1950 realicé el Examen de Estado para pasar del bachillerato a la universidad. En esa ocasión, en la sección de Historia del examen, me preguntó el catedrático: «A ver, Tamames, ¿qué sabe usted de Hernán Cortés? Dígame…».

Igualmente, expresaré mi reconocimiento a Faustino Lastra, amigo y empresario hispano-mexicano. Siempre que estuve en México con él, hablamos de la conquista en general y de Cortés en particular. Y juntos fuimos, en 1967, con Carmen Prieto-Castro, mi mujer, a Cuernavaca a ver la gran casa que allí se hizo el conquistador, de elegantes arcos renacentistas; excursión en la que fue obligada secuencia conocer «Las Mañanitas».

Volví a ver a Faustino en 1968, y con él visité la Plaza de las Tres Culturas (al norte de lo que fue el antiguo Tenochtitlán), precisamente unos meses antes de la masacre de los estudiantes de la UNAM y de otros centros de enseñanza y cultura. En los trágicos sucesos de Tlatelolco, con tantos mártires prolibertad y democracia, a quienes aquí rindo mi recuerdo y admiración.

Y en aquel mismo viaje, el «estudiante Sbert» —líder estudiantil contra la dictadura de Primo de Rivera en España, Antonio María de nombre—, me llevó a ver el Convento de Tepotzotlán, hoy Museo Nacional del Virreinato. Hablamos mucho sobre lo que tantos años después son los contenidos de este libro…

Igualmente, recordaré las muchas conversaciones que sobre don Hernán tuve con mi amigo residente en México por muchos años, José Ramón Jiménez de Garnica (y su esposa Paty), consultor económico y financiero, con quien estuve varias veces en Monterrey y el DF, y que tristemente nos dejó en 2015. Y, por conexión mental, he de mencionar con sumo gusto a Patricia

Galeana, tanto de cuando fue directora del Archivo Nacional de México, como cuando pasó a su actual función de directora del Instituto de Estudios Históricos de las Revoluciones de México, al cual me invitó en 2014 para hablar allí sobre Prim en México en 1861.

Espacio aparte dedicaré a Enrique González Pedrero, que siendo embajador de México en España, en 1990, nada más publicarse, me regaló un ejemplar del libro *Hernán Cortés* de José Luis Martínez —creo que la obra más citada en el presente trabajo—. Y fue entonces cuando tuve la primera inspiración de que algún día escribiría algo sobre don Hernán.

Billete del Banco de España de mil pesetas con la efigie de Hernán Cortés.

Además, casi como premonición, comentaré que hacia 2010, con ocasión de una visita a Sevilla, en compañía de mi colega José Luis García Guglieri, tuvimos una estupenda entrevista con Manuel Ravina en su despacho de director del formidable Archivo General de Indias. Platicamos sobre Cortés y luego me envió una lista de documentos significativos acerca del conquistador.

Análogamente a lo dicho más arriba sobre González Pedrero, citaré a la embajadora de México en España, Roberta Lajous, que en 2014 me llamó la atención sobre la nueva biografía de Cortés, escrita por Juan Miralles y publicada en 2001, que yo aún no conocía y que leí en pocos días, como si fuera una de esas novelas que enganchan desde la primera página. Quizá fue entonces cuando pensé que definitivamente debía escribir un ensayo sobre el creador de la Nueva España.

Al final, todo se aceleró en mi proyecto, al leer, en el número especial de Navidad de 2014 de *The Economist*, un pasaje en el que se hacía referencia al grupo empresarial mexicano Salinas-Pliego como especialmente interesado por Cortés, de cara a conmemorar el quinto centenario —8 de noviembre de 2019— del encuentro Cortés-Moctezuma en Tenochtitlán. A propósito de lo cual —a través de los buenos oficios del embajador español en México, Luis Fernández Cid—, entré en contacto con el referido grupo, que en 2019 puso en marcha su gran proyecto, vía Onza Producciones, de una larga serie televisiva sobre Hernán Cortés, con el actor Óscar Jaenada en el papel del gran conquistador.

Una ayuda esencial y reciente para este libro ha sido la que me prestó la mejor conocedora de Cortés en España en la hora presente, María del Carmen Martínez, profesora de la Universidad de Valladolid, con una serie de trabajos sobre el conquistador en sus múltiples facetas vitales, en un entorno histórico muy complejo. Debo subrayar que María del Carmen pudo leer mi libro cuando estaba en proceso de edición, y anotó numerosos pasajes, de modo que he podido ajustar fechas, lugares, nombres, documentos. Una revisión de gran valor para la edición final de este libro. Poco tiempo después, tuvimos ocasión de platicar durante los tres días que duró el Congreso sobre Cortés en Medellín y Trujillo, del 4 al 6 de abril de 2019. Encuentro que promovió la Asociación Histórica Metellinense, y en la que me hicieron el honor de asignarme la conferencia de clausura.

El reconocimiento más cabal se lo debo a José Borrell, ministro de Asuntos Exteriores, por el prólogo que ha escrito para este libro. Un texto que el lector podrá valorar en lo mucho que tiene de conocimiento y respeto por la figura de Hernán Cortés… y del empeño y trabajos del autor. Por lo demás, la amistad entre el prologuista y el autor data de 1979, de cuando las primeras elecciones locales democráticas en Madrid. Desde entonces hemos coincidido don José y yo en no pocas manifestaciones europeístas, históricas y culturales. En ese sentido, creo que el prólogo le viene al libro, como se dice coloquialmente, «como anillo al dedo». Muchas gracias.

Por último, en este capítulo de agradecimientos, quiero expresar también el más amplio reconocimiento a mi secretaria, Begoña González Huerta, por sus arduos esfuerzos como documentalista, facetas gráficas del libro y seguimiento de toda la obra en sus versiones sucesivas, con mucho tiempo extra dedicado a sacar adelante el proyecto, que resultó, como siempre sucede, mucho más complejo de lo esperado, con un texto semifinal que leyeron mi amigo Pedro Vargas y mi esposa ya citada, doña Carmen.

El texto quedó listo para la imprenta a mediados de junio de 2019 con el recordatorio de dos frases para mí determinantes. La primera de don José Ortega y Gasset, que nos recomendó a todos, al final de un escrito cualquiera, «darle una última soba; que no es nada y que es todo». Y, segundo, aquello que dijo Jorge Luis Borges: «publico para dejar de corregir».

Ramón TAMAMES

Capítulo 1

La historia previa del Atlántico: de Alcáçovas a Tordesillas

El inmenso espacio oceánico

Ya se ha dicho, el escenario en que discurre este libro es el Atlántico, las Indias –Américas–, amén del Pacífico. En ese gran espacio, el *hemisferio español* asignado a Castilla en el Tratado de Tordesillas (1494), se desarrolló la vida de descubierta y conquista de Cortés. Empezando en un tiempo histórico, segunda parte del siglo XV, cuando el Mediterráneo entró en declive por la pérdida de Constantinopla a manos de los turcos (1453).

Por lo demás, eran tiempos de pugna entre dos países ibéricos, Portugal y Castilla. Lo que se tradujo en una negociación para evitar el enfrentamiento. Ese fue el sentido de las negociaciones que pasamos a ver.

El Tratado de Alcáçovas: lusos y castellanos

Al comenzar el siglo XV, Portugal era más potencia marítima que Castilla, que solo disponía en el Atlántico de las Islas Canarias y

Isabel de Castilla y Fernando de Aragón, además de la unión personal de las dos grandes coronas de España, supieron crear el embrión del Estado por entonces más moderno en Europa y con mayores ambiciones.

ni siquiera aún de todas ellas: Lanzarote, Fuerteventura y Hierro fueron conquistadas por caballeros normandos para los reyes castellanos entre 1402 y 1405. Pero los navegantes portugueses no dejaron de recalar en ellas, e incluso se dedicaron a capturar nativos guanches y esclavizarlos. De manera que, para resolver tales conflictos, Juan I de Portugal y Juan II de Castilla firmaron un primer arreglo bilateral en 1431. No obstante, siguió la disputa hasta el punto de que en 1449 el rey Alfonso V de Portugal se arrogó el monopolio del comercio con Canarias.

Sin embargo, el propio Alfonso V acabó reconociendo la sobe-ranía de Castilla sobre las *Islas Afortunadas*, a cambio de que los castellanos aceptaran los archipiélagos de Madeira y las Azores como lusos. Con el respeto, además, del monopolio del comercio africano, según lo establecido por una bula del papa Nicolás V a fa-vor de los portugueses en 1455.[1] Pero aun con esa bula —*Romanus pontifex*— los problemas continuaron, sobre todo a consecuencia de la guerra de sucesión de Castilla, cuando Isabel (luego *la Cató-lica*) se autoproclamó reina en 1474 y reclamó que «las partes de África y Guinea pertenecen a Castilla por derecho», al tiempo que incitaba a sus comerciantes a navegar por esa área sin necesidad alguna de previa autorización portuguesa.

Ese panorama, bastante conflictivo, se aclaró finalmente con un acuerdo de paz luso-castellano: el Tratado de Alcáçovas, en el que además de confirmarse el citado arreglo bilateral de 1431 entre Juan I de Portugal y Juan II de Castilla, así como la bula papal de 1455, que estableció que los territorios reconocidos a Portugal eran los siguientes:

- Guinea, con sus minas de oro, lo que comportaba el quinto real, que era un impuesto percibido por la corona portu-guesa sobre las mercancías traídas por barco a la Península desde los territorios del Atlántico denominados «Guinea» y «Mina de Oro». En el Tratado de Alcáçovas los reyes de Castilla y León aceptaron que este impuesto fuese percibi-do por Portugal en los puertos castellanos, incluyendo a los

---

[1] Christian Duverger, *Hernán Cortés. Más allá de la leyenda*, Taurus, Madrid, 2013, «In-fancia (1485-1499)», pág. 51.

barcos que hubiesen zarpado hacia la Mina antes de la firma del propio Tratado.

- Madeira.
- Azores.
- Islas de Cabo Verde.
- Todas las islas descubiertas o cualesquiera otras que se conquistaran por debajo de las Canarias. Lo cual equivalía a que Castilla no podría conquistar nada por debajo, aproximadamente, del paralelo 26, que atraviesa México por la mitad de Baja California, la península de la Florida y el sur de Canarias.

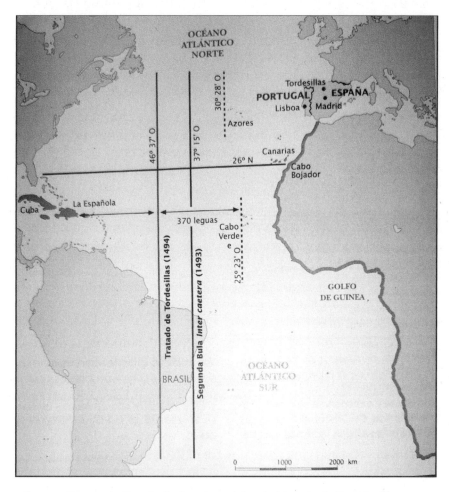

Fuente: Fernando García de Cortázar, *Atlas de historia de España*, Planeta, Barcelona, 2005. Pueden verse las líneas de demarcación.

35

Esa prohibición para Castilla de no bajar más al sur de Canarias, más abajo del hoy paralelo 26, fue la clave del acuerdo. Y, para que las cosas quedaran consolidadas, Portugal consiguió que el papa Sixto IV convalidara el Tratado de Alcáçovas el 21 de junio de 1481 con la bula *Aeterna regis*.[2]

La importancia mundial de las especias

Las especias son vegetales aromáticos con muchas propiedades, principalmente utilizadas como condimento y para conservar los alimentos. La primera conocida en Europa fue la pimienta, originaria de la costa malabar, en el suroeste de la India, allí conocida por *pippali*, voz que los soldados de Alejandro Magno transformaron en *peperi*. El itinerario corriente para su llegada era por la costa meridional de Arabia (actual Yemen), para luego transportarla en caravanas hasta Alejandría.[3]

En cuanto a la canela, figura en la Biblia por sus propiedades medicinales, si bien se consumía sobre todo por su agradable sabor peculiar, muy refrescante. Los romanos la creían originaria de Arabia y hasta el siglo XVI no se comprobó que principalmente provenía de Ceilán. Lo mismo que el jengibre, oloroso y fuerte, que chinos e indios comerciaban en abundancia, y que en Europa, durante la Edad Media, alcanzó altos precios comparables a los de la pimienta.

El azafrán, que se extrae de los estigmas de un lirio asiático, es una especia típica de países islámicos (Cachemira, Persia, Asia Menor) y se emplea como condimento, tinte y medicamento. Su introducción como cultivo en España fue un éxito.

La nuez moscada se conoció más tarde, se usó primero como desodorante y para especiar la cerveza. Se pensó que provenía de la India hasta que los portugueses la encontraron en las Molucas. Entró en Europa en el siglo XVI, al mismo tiempo que la vainilla, que llevaron de México a Europa los españoles, donde Cortés la había probado dentro del *chocolatl* de los aztecas.

---

[2] Véase mapa ulterior *ad hoc*, para concreciones de Alcáçovas, la segunda bula papal de 1493 y Tordesillas.

[3] José Luis Martínez, *Hernán Cortés*, Fondo de Cultura Económica, México, 1990, pág. 59.

El clavo tiene grandes propiedades conservantes. Procedente de las lejanas Molucas, precisamente la nao *Victoria* de Elcano volvió a España cargada con esta especia, con gran ganancia para los circunnavegantes.

En la Edad Media, Bizancio mantuvo el monopolio del tráfico de las especias hasta el siglo IX, en que los árabes irrumpieron en el Mediterráneo oriental. Después, los cruzados activaron el comercio desde los puertos del efímero reino cristiano de Jerusalén y más tarde el de Alejandría.

Cristóbal Colón se basaba en Toscanelli, y pensaba que el mundo tenía un radio mucho más corto.

Se abrió así un comercio muy importante para venecianos, genoveses y catalanes; aunque, gradualmente, Venecia acaparó el tráfico y se convirtió durante el siglo XIV en la gran distribuidora, y fue precisamente el deseo de escapar del monopolio veneciano y de los intermediarios árabes, lo que promovió los primeros viajes portugueses por la costa africana, que condujeron a los grandes descubrimientos (para los europeos) de los siglos XV y XVI en el océano Índico y las Indias Orientales, con el establecimiento de los portugueses en Java y Molucas.

De ese modo, a partir del regreso de Vasco de Gama de su segundo viaje a Oriente (1505), Lisboa se convirtió en el gran mercado de las especias, hundiéndose el monopolio veneciano, ya que la pimienta *portuguesa* resultaba mucho más barata que la *veneciana*. Con todo, los precios se mantuvieron altos debido a que la demanda creció mucho en el campo de la farmacopea (cataplasmas de pimienta, papel tónico de la canela, uso de la nuez moscada y del jengibre para diversidad de dolencias, etc.).

Precisamente la búsqueda de las especias fue uno de los principales motivos de la gran hazaña de Cristóbal Colón en 1492 y de su hallazgo fortuito del Nuevo Mundo.[4] Y después, como no se encontraron especias en América —salvo la vainilla—, los españoles organizaron el viaje que terminó por ser la primera vuelta

---

[4] José Luis Martínez, *Hernán Cortés*, Fondo de Cultura Económica, México, 1990, pág. 480.

37

al mundo (Magallanes-Elcano, 1519-1522), en el intento de hallar un paso hacia el Mar del Sur a través de América, a fin de llegar a las Molucas. De modo que la aparición de naos españolas, comandadas por Elcano (1521), en ese archipiélago fue el origen de la disputa entre las dos monarquías ibéricas. Con el resultado final del Tratado de Zaragoza de 1529, que dio la prevalencia a los lusos en aquellas latitudes. Pero antes de llegar a todo eso, habrá que ver otras cuestiones.

Consecuencias del primer viaje de Colón

Concretamente en 1485, seis años después de firmarse el Tratado de Alcáçovas, Cristóbal Colón abandonó Portugal, donde había concebido sus proyectos y los había planteado en vano a los lusos. De ahí que pasara a Castilla para acercarse a la reina Isabel, mientras que su hermano Bartolomé visitó, sin resultado alguno, a los reyes de Inglaterra y de Francia.

Así las cosas, Cristóbal consiguió una primera entrevista con los Reyes Católicos (RR.CC.) en Alcalá de Henares, el 20 de enero de 1486, en la que *sedujo* a la reina Isabel con sus ideas de encontrar una ruta a las Indias más corta que por África y el Índico, adelantando así a los portugueses. Previsión que tenía su base en presunciones del cosmólogo italiano Pablo Toscanelli, muy apreciado por Colón, quien en 1474 envió a su amigo portugués Fernando Martin de Reis un mapa según el cual, sería posible llegar más rápidamente a las Indias por el Atlántico, que no rodeando África.

Según esa carta de Toscanelli, la Tierra tenía una circunferencia, en medidas actuales, de 29.000 km, en lugar de los efectivos 40.000. Error debido a que, en sus cálculos, Toscanelli se basó en las presunciones de Ptolomeo, quien pensaba que el mundo era más pequeño de lo que es en realidad. Por eso, para Colón estaba claro que navegando hacia el oeste se encontraría con la mítica Antilla (las islas antes de la Especiería), para navegar después a la India, Catai (China) y Cipango (Japón).

La reina Isabel pensionó a Colón a partir de 1489 para que estuviera a su lado en la corte, ocupando una posición oficial que

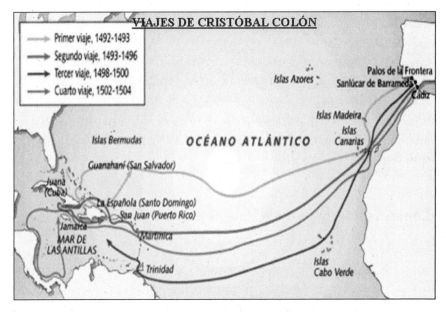

Fuente: www.portaleducativo.net.

no le correspondía en realidad: la de testigo cotidiano de la guerra contra el reino moro de Granada. De modo que, acabada esa contienda el 2 de enero de 1492, el 17 de abril siguiente Isabel, junto con el rey Fernando, ratificaron las famosas Capitulaciones de Santa Fe, en las que se acordó otorgar a Colón el título de Gran Almirante de la Mar Océana para realizar sus viajes a través del Atlántico (véase mapa).[5]

Colón aceptó entregar el 90 por 100 de los beneficios de tal empresa a los RR.CC., pero lo más inquietante de cara al futuro era la idea de que las tierras a descubrir estuvieran al sur del paralelo 26 grados Sur, que correspondía al dominio de los portugueses según el Tratado de Alcáçovas. Era fácil, pues, prever conflictos entre Castilla y Portugal a propósito de los hallazgos de Colón. Problema que se resolvería definitivamente dos años después del descubrimiento, en 1494, con el Tratado de Tordesillas, según pasamos a ver, con previas bulas papales de 1493.

---

[5] Christian Duverger, *Hernán Cortés. Más allá de la leyenda*, Taurus, Machil, 2005 págs. 64 y siguientes.

Las bulas Inter caetera de 1493: la gran donación

Los viajeros de la primera expedición de Colón emprendieron el regreso desde La Española el 16 de enero de 1493 y, en su curso, una tormenta separó las dos naves. La *Pinta*, al mando de Martín Alonso Pinzón, llegó a Bayona de Galicia a finales de febrero de 1493, e inmediatamente se anunció a Isabel y Fernando el descubrimiento del Nuevo Mundo. Por su parte, la carabela *La Niña*, en la que viajaba Colón, hizo escala (deseándolo o no, se discute) el 17 de febrero en la isla portuguesa de Santa María, en las Azores. Y el 4 de marzo el almirante recaló en Lisboa.[6]

En la capital portuguesa Colón se entrevistó con su antiguo conocido y presunto protector el rey Juan II, a quien puso al corriente de sus descubrimientos. De modo que el monarca, de inmediato, reclamó para sí las nuevas tierras, alegando sus derechos según la cláusula del Tratado de Alcáçovas sobre el paralelo 26. Reclamación que, en la de los RR.CC. mantenían una interpretación más favorable a Castilla: el acuerdo de que la línea del paralelo 26° Sur solo debería referirse al Mar de África. Es decir, a la parte del Océano entonces navegada por Portugal, adyacente a la costa africana.[7]

Precisamente esa situación podría ser la explicación de que Isabel y Fernando tardaran tanto tiempo (de 1486 a 1492) en autorizar la expedición de Colón, y que solo lo hicieran cuando ya tenían como Papa en Roma a Alejandro VI, que reinó de 1492 a 1503.[8] Dicho de otra forma, la demora de las capitulaciones de Santa Fe RR.CC.-Colón se debió a la inseguridad jurídica, no a razones de la guerra de Granada ni por motivos económicos. Isabel y Fernando eran bien conscientes de que las tierras que Colón quería descubrir podrían pertenecer, en estricto derecho, a Portugal por lo acordado en Alcáçovas. Por eso se ase-

---

[6] Santiago Muñoz Machado, *Hablamos la misma lengua*, Crítica, Barcelona, 2017, págs. 80, 100 y 139.

[7] Tesis de Juan Manzano, autor del libro *Colón y su secreto: el predescubrimiento*, Ediciones Cultura Hispánica, 1982.

[8] Sobre el tema son interesantes tres libros: Luisa Isabel Álvarez de Toledo, *África versus América: la fuerza del paradigma*, Fundación Casa Medina-Sidonia, Sanlúcar de Barrameda (Cádiz), 2006; John V. Blake, *Europeans in West Africa (1450-1560)*, The Hakluyt Society, Londres, 1941; Juan Manzano, *Colón y su secreto: el predescubrimiento*, Ediciones Cultura Hispánica, 1982.

guraron el tener en el momento oportuno de su lado a un Papa: Alejandro VI, que favoreciera a Castilla en la disputa que inevitablemente iba a surgir.

De ahí que, desde su corte, los RR.CC., ante el peligro de que Juan II de Portugal entrara en contacto con el Papa invocando Alcáçovas, conectaron con Alejandro VI, el Papa Borgia, español, de la familia Borja, de Valencia, nativo de Játiva, que había subido a la silla de Pedro en agosto de 1492, en el momento preciso en que Cristóbal Colón partía para su descubierta desde Palos de la Frontera (Huelva).

Alejandro VI, Papa de la familia española (valenciana) Borja (Borgia en Italia).

Los Borja, que italianizaron su nombre sustituyéndolo por *Borgia*, eran fieles a la casa real aragonesa (la de Fernando), que ya había tenido otro Papa, Alonso de Borja, que de obispo de Valencia se convirtió en sumo pontífice bajo el nombre de Calixto III (1455-1458). De Alejandro VI se recuerda su vida de desenfreno y la de sus hijos, entre ellos los famosos César y Lucrecia Borgia.[9]

Colón se presentó ante los RR.CC. en Barcelona el 3 de abril de 1493, y un mes después, el 3 de mayo, el Papa, por medio de la bula *Inter caetera* («entre otros»), hizo donación a los RR.CC. de todas las tierras ya descubiertas por Colón y por descubrir en medio mundo. Lo que da idea de que, en principio, Isabel y Fernando tenían bien controlado el tema: las tratativas mencionadas de los RR.CC. con Roma hicieron que el Papa *regalara de iure* las Indias a los monarcas de Castilla, para que administraran directamente los negocios de la Iglesia en el Nuevo Mundo al otro lado del Atlántico. Les donó el «señorío de todas las dichas islas y tierras firmes descubiertas y por descubrir», y les mandó que en-

---

[9] Christian Duverger, *Hernán Cortés. Más allá de la leyenda*, Taurus, Madrid, 2013, «El descubrimiento de América», págs. 67 y siguientes.

viaran «a las dichas islas y tierras varones buenos, temerosos de Dios, doctos, sabios y experimentados, para enseñar e instruir a los moradores de ellas en las cosas de nuestra Santa Fe Católica, y en buenas costumbres».[10]

Sin embargo, tras las esperadas quejas portuguesas que de inmediato llegaron a Roma, el Papa apreció que, efectivamente, su decisión inicial de «todo para Castilla» podría vulnerar el Tratado de Alcáçovas, revalidado por el Sumo Pontífice según vimos. De modo que, sin poder menospreciar a su predecesor Sixto IV, que había sancionado Alcáçovas, Alejandro VI, en poco tiempo, junio de 1493, volvió a redactar su bula *Inter caetera* para que, con el mismo nombre y la misma fecha (4 de mayo de 1493), se diera un trato diferente al tema, con la demarcación de una línea norte-sur «la cual diste de cualquiera de las islas que se llaman vulgarmente de Cabo Verde, cien leguas hacia occidente», a fin de permitir la participación de Portugal.

Esa segunda bula *Inter caetera* instauró, pues, un verdadero reparto entre portugueses y españoles estableciendo una nueva línea divisoria —el meridiano actualizado de 36° de longitud Oeste (véase mapa de la pág. 35)—. Todo al oeste de esa línea fue otorgado a España, y lo situado al Este, a Portugal. Un hemisferio para cada país. Toda la América quedó para los RR.CC., excepto lo que sería Brasil, demarcable por una línea sur-norte, en territorio brasileño, de Marcelo San Benito en el sur, a Salvador de Bahía en el norte. Línea que solo tuvo unos meses de vigencia en razón al Tratado de Tordesillas, que pasamos a ver.

El Tratado de Tordesillas[11]

La segunda bula papal tampoco gustó a los portugueses, y por ello mismo se negoció el Tratado de Tordesillas, que, tras arduas

---

[10] Fray Gerónimo de Mendieta, *Historia eclesiástica indiana*, edición de Joaquín García Icazbalceta, Antigua Librería, México, 1870. También edición de Francisco Solano en Biblioteca de Autores Españoles, vol. 260-261, Madrid, 1973.

[11] Aunque por Tratado de Tordesillas se conoce al convenio de límites en el océano Atlántico, ese día se firmó también en Tordesillas, entre Portugal y Castilla, otro tratado por el cual se delimitaron las pesquerías del mar entre el cabo Bojador y el Río de Oro, y los límites del Reino de Fez en el norte de África.

controversias, se firmó el 7 de junio de 1494 en la citada ciudad vallisoletana por los representantes de Isabel y Fernando, de una parte, y los de Juan II de Portugal por la otra. De manera que, en su virtud, se estableció un reparto de las zonas de navegación y conquista del océano Atlántico y del Nuevo Mundo, con la línea de demarcación situada 370 leguas al oeste de las islas de Cabo Verde.[12]

Esa línea la negociaron ambos países con el asesoramiento de sus respectivos cosmógrafos: Duarte Pereira Pacheco, portugués, y Luis de Torres, por Castilla; este último, un judío converso. Algunos estimaron que Pereira ya conocía la existencia de lo que después se llamaría Brasil, gracias a un previo viaje secreto de los portugueses.

En la práctica, con el texto de Tordesillas se garantizaba a los lusos que los españoles no interferirían con Portugal en su ruta africana del cabo de Buena Esperanza y el océano Índico hasta las Molucas. Y viceversa, los portugueses aceptaron los derechos de Castilla a las tierras recientemente descubiertas, las Antillas y lo demás que hubiera al oeste de la línea de demarcación: las Américas y el Pacífico.[13] Las partes se comprometieron a no enviar expediciones a la jurisdicción de la otra, y a los barcos españoles se le reconoció la libre navegación por las aguas del lado portugués del Atlántico, pero no para dirigirse al Índico, sino a los nuevos territorios descubiertos.

En su monumental *Historia de España*[14] Ramón Menéndez Pidal calificó el Tratado de Tordesillas como el primer acuerdo moderno de la historia europea: por primera vez, al lado de los diplomáticos que llevaban las conversaciones, había dos grupos de expertos (españoles y portugueses) que asesoraron técnicamente (los dos cosmógrafos antes mencionados).

La donación papal acordada, primero mediante las bulas *Inter caetera* de 1493 y luego con la ratificación pontificia del Tratado de

---

[12] El texto del Tratado, que se conserva en el Archivo de Indias de Sevilla, es accesible por Internet.

[13] La Unesco otorgó al Tratado la distinción de Patrimonio de la Humanidad en 2007, dentro de su categoría Memoria del mundo. http://www.unesco-.org/new/es/communication-and-information/flagship-project-activities-/memory-of-the-world/register/full-list-of-registered-heritage/registered-heritage-page-8/.

[14] Publicada por Espasa, a lo largo de muchos años y con la colaboración de muchos autores convocados a ese empeño.

Tordesillas de 1494, se hizo con una finalidad principal: la evangelización de las nuevas tierras descubiertas o por descubrir. De manera que los religiosos serían los verdaderos titulares de la cesión, y no los soldados. No deberían ir por delante las armas, sino la palabra del Evangelio, religiosa aspiración que fue imposible de cumplir por la sencilla razón de que los naturales se resistirían al vasallaje, inevitablemente necesario antes de ser cristianizados.

Según las bulas papales, Castilla adquirió, sorprendentemente, y de una sola vez, medio mundo totalmente desconocido hasta entonces: las Américas y el océano Pacífico. En concesión no porque las tierras descubiertas o por descubrir fueran *res nullius*, sobre las que podrían tenerse derechos derivados del descubrimiento. El Papa expidió el título de propiedad en su condición de *Dominus Orbis*, señor del mundo entero, como vicario de Cristo en la Tierra. Por ello, el mandato papal era de obligado respeto en toda la cristiandad. Pero hubo dudas sobre lo otorgado por el Tratado de Tordesillas en gran parte de la Europa cristiana, que se negó a aceptar la legitimidad de la donación: el propio libro de Hugo Grocio,[15] *Mare Liberum* fue una denuncia, cierto que tardía, pero en toda regla, de Tordesillas[16].

El origen papal de la donación responde a la pregunta ¿por qué los religiosos habían de estar en las Indias en todas partes? Sencillamente porque eran los verdaderos recipiendarios de la donación, juntos formando la Iglesia de los nuevos territorios, cuyos pobladores, ante todo, habían de ser cristianizados.

Líneas de demarcación

El Tratado de Tordesillas solo especificaba una de las dos líneas de demarcación: una recta de polo a polo, a 370 leguas al po-

---

[15] Jurista, estadista, matemático, erudito y humanista holandés (1583-1645). Para él, el hombre es social por naturaleza, por lo que las normas de convivencia de la sociedad son naturales e inherentes al ser humano, y constituyen objeto de derecho positivo. En su libro *Mare Liberum* (1609) defendió la libertad de las naciones en todos los mares. Sostenía que extender el concepto de soberanía al espacio marítimo (como se hizo en el Tratado de Tordesillas) se oponía a la ley natural y al Derecho básico de la humanidad.

[16] Primera edición de 1609. Versión española publicada por el Instituto de Estudios Políticos, Madrid, 1956.

niente de las islas de Cabo Verde. Pero no especificaba grados de meridiano, ni cuántas leguas entraban en un grado, ni identificaba la isla concreta de Cabo Verde desde la que debían contarse las 370 leguas; hoy se puede fijar esa línea aproximadamente en el meridiano 45 de longitud Oeste. Pero nunca se hizo la navegación conjunta para fijar el antemeridiano.

No estaba claro, entonces, el concepto de antípoda —aún había muchos que pensaban que la Tierra era plana—, ni se tenía noción de lo que había en uno de los hemisferios. Sería 35 años después, con el Tratado de Zaragoza, firmado el 22 de abril de 1529 entre España y Portugal, reinando Carlos I y Juan III respectivamente, cuando se fijaron las esferas de influencia de Portugal y España en el otro extremo del mundo, en lo que actualmente es el meridiano 120 de longitud Este.

Aunque las imprecisiones del meridiano y el antemeridiano de Tordesillas eran en gran parte debidas a la dificultad existente en el siglo XV para la determinación de las longitudes de forma precisa, los portugueses transgredieron con creces las fronteras que les señalaba la línea de Tordesillas en el Atlántico.[17] Así, en diversos mapas lusos, la boca del Río de la Plata e incluso el estrecho de Magallanes aparecían como situadas dentro de la línea de Tordesillas a favor de Portugal; falseándose en los mapas la línea de demarcación para ampliar la zona portuguesa, como ocurrió en el *Planisferio de Cantino* de 1502 (mapa de la pág. 47).[18]

Más allá de Tordesillas

Ningún Tratado se aplica al cien por cien, y no otra cosa sucedió con el de Tordesillas, cuya vigencia real estuvo afectada por multitud de episodios geográficos y políticos, según pasamos a

---

[17] Lawrence A. Coben, «The Events that led to the Treaty of Tordesillas», *Terrae Incognitae*, n.º 47, 3-7-2015.

[18] Otro planisferio, el de Caverio, consta de diez hojas de pergamino, iluminadas y ensambladas en un mapa de 2,25 × 1,15 metros. Lleva la firma de Opus Nicolay de Caveri Januensis. El planisferio de Caverio fue la fuente principal del mapa de Martín Waldseemüller, publicado en 1507, y utilizado también en la confección de otros mapas del primer cuarto del siglo XVI, en los que se encuentra la configuración incorrecta de la Florida, el golfo de México y la península de Yucatán. Forma parte de las antiguas colecciones del Servicio Hidrográfico de la Marina de la Biblioteca Nacional de Francia.

ver. Pero, a pesar de todo, y como manifestó el historiador naval Eliot Morison, «nunca en la Historia moderna se ha realizado una expansión colonial de tan vasto alcance entre dos países».[19]

Durante sesenta años (1580-1640) el Tratado de Tordesillas dejó de tener todo su primigenio sentido legal para los portugueses, que aprovecharon la circunstancia de que en ese lapso España y Portugal tuvieron los mismos monarcas: Felipe II, III y IV, los mismos que en Portugal fueron Felipe I, II y III. Y esa comunidad de reyes, españoles y lusos a la vez, permitieron que los *bandeirantes brasileiros* ocuparan la mayor parte de la cuenca amazónica hacia el oeste, mucho más allá del meridiano de Tordesillas, pero dentro de los territorios de una corona común. Por ello mismo, la Amazonia, a pesar de que inicialmente fuera territorio español, por Tordesillas y por la exploración de Orellana, luego no se confirmó su ocupación desde la Audiencia de Quito y el inmenso territorio pasó a ser portugués con base en el aforismo jurídico *uti possidetis ite possideatis* (como poseéis de acuerdo al derecho, así poseeréis).

Posteriormente, el Tratado de Madrid de 1750, suscrito entre España y Portugal, anuló el de Tordesillas y cualquier otro complementario (los *acuerdos de límites intermedios*). Sin embargo, el Tratado de Madrid fue anulado a su vez por el Tratado de El Pardo de 1761, que restableció la línea de Tordesillas hasta que fue abandonada definitivamente por el Tratado de San Ildefonso del 1 de octubre de 1777, por el que los portugueses cedieron a España sus territorios del golfo de Guinea (la isla de Fernando Poo, ahora Bioko, y el territorio de Río Muni, además de las pequeñas Islas de Elobey grande y chico, Annobón y Corisco), que fueron utilizadas por España para el tráfico de esclavos negros de África a la América española. Territorios que ganaron la independencia en 1868 con el nombre de Guinea Ecuatorial.

Naturalmente, puede preguntarse cómo de *gananciosa* salió Castilla (y, en definitiva, toda España) de los dos tratados: el de Alcáçovas y el de Tordesillas. Con el primero no cabe duda, Castilla resultó perdedora por la ventaja del comercio con África y la

---

[19] Samuel Eliot Morison, *The European Discovery of America*, 2 vols., Oxford University Press, Nueva York, 1971-1974.

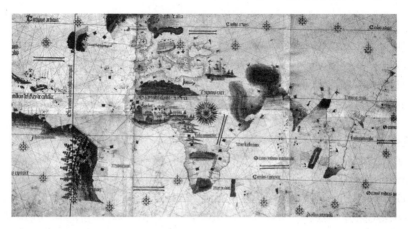

Planisferio de Cantino, de 1502, la más antigua representación gráfica conocida de la línea de demarcación acordada en el Tratado de Tordesillas.

India, que se reservaron a Portugal. Si bien fue muy útil consolidar la pertenencia a Castilla de las Islas Canarias, archipiélago que luego adquirió tanta importancia para la relación con las Indias, con América. Y, además, debe recordarse que el Tratado de Alcáçovas significó el final de la guerra en la que Isabel se consolidó en el trono de Castilla, repeliéndose las pretensiones lusas de hacerse con parte de la Extremadura española.

En cuanto al Tratado de Tordesillas, en principio, la ganancia castellana fue casi total: el hemisferio español quedó configurado como todo un continente y un gran océano, que, ya lo vimos antes, se controlaron en gran medida en no más de 80 años (1494-1574), incluyendo las Américas y el Pacífico, el *Spanish Lake* que más adelante consideramos.

Que después no se abarcaran por los españoles ni Australia (cuyo nombre es de origen hispano) ni Nueva Zelanda, o que Portugal ampliara su porción de Brasil como se ha visto, y que franceses y anglosajones ocuparan gran parte de América del Norte, no fue cosa de Tordesillas, sino de una serie de avatares ulteriores. Y de las propias capacidades españolas que no dieron de sí todo lo necesario para impedir las señaladas *intrusiones* de Francia e Inglaterra, y la expansión de los lusos durante los *tres Felipes*, como reyes comunes de toda la Península Ibérica.

En cuanto a régimen de consolidación de España vía la conquista, las capitulaciones fueron un sistema clave. Como subraya

47

el Profesor Bernard Grunberg, en América y el Pacífico «tuvieron por objeto no solo realizar exploraciones, descubrimientos y conquistas, sino fundar ciudades, establecer pesquerías, desaguar lagunas, excavar tumbas…». La Corona se encontraba ante la imposibilidad económica o material de llevar a cabo tales empresas, y propició colaborar con una serie de emprendedores, los conquistadores, quienes ponían el dinero y los hombres, y asumían los riesgos. En el supuesto de fracaso la monarquía no perdería nada, y en caso de éxito tenía asegurado el valiosísimo *quinto real*.[20] Claro que, como veremos, el caso de Cortés fue muy diferente: sin capitulaciones previas, don Hernán legitimó sus conquistas con lo que luego veremos fue la Carta del cabildo (Veracruz, 1519) y después con su análoga de Segura de la Frontera (1520).

Colofón al capítulo 1: tratados oceánicos

—O sea, que cuando los tratados de Alcáçovas y Tordesillas, Portugal estaba mucho más avanzado que España en todo lo relativo a la navegación y comercio de las especias. ¿No fue buena muestra de ello la Escuela de Sagrés, creada en 1418, que algunos consideran un hito en el conocimiento de los mares y su navegación?

—Sí, efectivamente, y por eso Castilla, hasta entonces débil potencia naval, firmó los tratados, abordando de ese modo la gran exploración y conquista ulteriores. Con el Tratado de Tordesillas se evitaron muchos conflictos, pero no todos.

—¿Y cómo se explica tal espíritu de empresa para ocupar el hemisferio español en solo 80 años, cuando por entonces las cosas de palacio iban generalmente más que despacio?

—Acababa de ultimarse el poder musulmán en España y los RR.CC. escucharon a Colón y dieron crédito a sus hipótesis, a diferencia de Portugal, Francia o Inglaterra. Fue una decisión que todavía actualmente resulta sorprendente al calibrarse. Como también es difícil imaginar qué habría sido de España sin la gran aventura oceánica que a la postre fue la parte más importante y

---

[20] Bernard Grunberg de la Universidad de Reims Champagne-Ardenne, «Hernán Cortés: un hombre de su tiempo», en María del Carmen Martínez Martínez y Alicia Mayer (coords.), *Miradas sobre Hernán Cortés*, ob. cit., págs. 23 y siguientes.

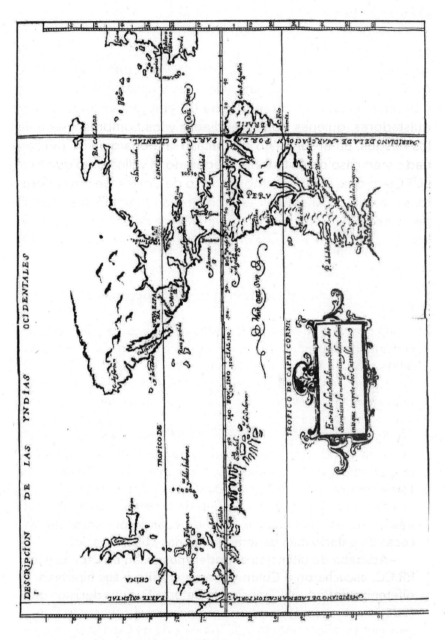

Línea de demarcación de Tordesillas y antemeridiano. Mapa reproducido de «Descripción de las Indias Occidentales de Antonio Herrera», Madrid, 1730; inserto por Salvador de Madariaga en su libro *The Rise of the Spanish American Empire*, The Free Press, New York, 1965.

perdurable del devenir hispano desde 1492. Como también es verdad que a la gran velocidad de la ocupación y conquista del hemisferio español de Tordesillas contribuyó el hecho de que, salvo La Española en parte, nunca se hizo con dinero público, sino mediante capitulaciones del rey con ulteriores navegantes y conquistadores, sin que el Estado asumiera los costes y los riesgos inevitables de las grandes acciones a emprender. Fue un sistema único de concesionalidad, diríamos hoy.

–¿Cómo pudo producirse que el papa Alejandro VI entregara a España medio mundo?

–Se ha dicho muchas veces que fue un regalo de Dios, y llegó a comentarse que «el papa debía estar borracho...». No, no fue eso. Se lo pensó, y como debía muchos favores a los RR.CC. (empezando su propia elección), hizo la donación para que fueran evangelizados los nuevos pueblos en las tierras allende el Atlántico. En definitiva, Tordesillas fue la clave de la formidable aventura que siguió: no hay nada comparable en toda la historia universal.

–¿Cómo resumiría usted el Tratado de Tordesillas?

–Colón en la historia de España, fuera genovés o de otro lugar, incluso de España mismo, dio a este bendito país lo mejor de su historia. No se imagina uno a un mexicano o un peruano hablando inglés o francés como lengua materna. Desde 1492 la historia de España es la propia en ambos hemisferios, como tardíamente reconoció la Constitución de 1812.

–Y el papa Alejandro VI, ¿qué significó?

–Hizo donación a España de medio mundo, lo dicho. Y por eso mismo debería ser más mencionado en los libros de Historia. Pero la gran proeza fue conquistar un imperio así, y mantenerlo por tanto tiempo.

–¿Y eso?

–Por la misma bravura de los conquistadores, que en 80 años ocuparon casi todo el hemisferio español de Tordesillas... Hasta Drake se refirió a las Indias como *cosa de España*... Y el Almirante Vernon, casi dos siglos después, tuvo que reconocerlo al irse, derrotado y con su flota mermada, de Cartagena de Indias por la defensa que allí se hizo por Blas de Lezo y sus esforzados soldados, la mayoría ya nacidos en el Nuevo Mundo.

Capítulo 2
Cronistas de Indias y biógrafos de Cortés

Cronistas: historiadores de una época

En relación con Hernán Cortés, en un libro como este, tiene especial interés caracterizar las dos clases de fuentes más utilizadas por el autor: cronistas de Indias y biografías del conquistador.

El término *cronista* nació en el siglo XII para designar al escritor de relatos sobre hechos contemporáneos, en general elaborados por encargo de alguna autoridad o institución, a fin de explicar lo sucedido recientemente. En ese sentido, las crónicas de Indias son fuente principal para conocer la historia de la conquista y el ulterior desarrollo histórico de los virreinatos.

Generalmente se considera que hay dos grupos de cronistas: en primer lugar, los que estuvieron en las Indias y fueron protagonistas (más o menos) de las hazañas que narran, y que por ello mismo tuvieron la capacidad de transmitir vivencias personales y noticias adquiridas en un entorno vital nuevo y específico. Y, en segundo lugar, están los cronistas que elaboraron sus obras reuniendo la información ofrecida en testimonios de los propios conquistados, y de otros papeles oficiales o privados guardados en diversidad de archivos.

El Consejo de Indias creó la figura del cronista mayor en el primer tercio del siglo XVI. Y más de dos siglos después, en 1744, reinando Felipe V, se decidió que ese cargo debía pasar a la Real Academia de la Historia, que el mismo monarca había fundado en 1738, tras haberse iniciado esa clase de instituciones con la Real Academia Española en 1707.

En definitiva, las crónicas, aparte del mayor o menor encomio a los personajes historiados, contienen información veraz, al tiempo que acogen mitos de todas clases: gigantes, sirenas, amazonas, grifos, dragones y monstruos de cualquier clase. Evocándose, además, lugares, ciudades y países como el de La Canela, el mismo paraíso terrenal, el Reino de Omaguas, las siete ciudades de Cíbola o el País de Meta. Con ensoñaciones tan extendidas como la de la existencia de El Dorado o la fuente de la eterna juventud.

A El Dorado se refirió por primera vez Jiménez de Quesada, conquistador del Reino de Nueva Granada, hoy Colombia. Un lugar imaginario que tuvo una grande y larga difusión, y que suscitó varias expediciones en el intento de encontrarlo, inevitablemente en vano. En tanto que el mito de la fuente de la eterna juventud inspiró primero a Juan Ponce de León, como variante del mito del elixir de vida eterna; una idea que circuló por toda Europa desde mucho antes.[1]

La literatura medieval, y especialmente los libros de caballería —entreverados con lo dicho anteriormente—, tuvieron gran influencia sobre los cronistas a la hora de dar cuenta y razón de vivencias más o menos fantásticas y portentosas, creándose así, en el siglo XVI, un género literario específico del Nuevo Mundo. En definitiva, cabe decir que las historias fantásticas sobre héroes como Amadís de Gaula o la Reina Calafia —origen del nombre de California— avivaron la imaginación de muchos. Como le sucedió después al propio ingenioso hidalgo Don Quijote de la Mancha, que en cierto modo, vino a poner fin a la fabulación de los libros de caballerías.[2]

En las crónicas de Indias, en su mezcla de realidad y fantasía, influyó el *Libro de las maravillas del mundo* de Juan de Mandeville, que fue traducido del inglés,[3] y del que Cristóbal Colón y muchos otros parece que disfrutaron mucho. Sin duda, por lo fantástico de la obra, escrita que fue a partir de historias de náufragos y aventureros, amén de libros medievales que también aparecen citados por López de Gómara, Bernal Díaz del Castillo y el Inca Garcilaso, con invención de seres producto de la imaginación más o menos calenturienta.

---

[1] Luis González Obregón, *Cronistas de Indias*, Ediciones Botas, México, 1936.

[2] Alejandra Flores, *Influencia de las novelas de caballerías en la conquista de América*, https://iberoamericasocial.com/la-influencia-de-las-novelas-de-caballe-rias-en-la-conquista-de-america/

[3] Su primera versión fue la de la imprenta de Ioan Navarro, Valencia, 1540. Accesible hoy en http://parnaseo.uv.es/lemir/textos/mandeville/index.htm

En lo que sigue, hacemos la reseña de los cronistas de Indias que más nos interesan por su relación más o menos próxima a Cortés, como fueron Pedro Mártir de Anglería, Gonzalo Fernández de Oviedo, Andrés de Tapia, Fray Toribio de Benavente, Fray Diego Durán, Juan de Zumárraga, Francisco López de Gómara, Alonso de Zorita y Fernando Alvarado Tezozómoc.

El caso particular de Bernal Díaz del Castillo lo estudiamos más extensamente por la controversia que suscitó Christian Duverger en 2013. Pero, naturalmente, en la relación de cronistas, el primero de ellos fue el mismísimo Gran Almirante y, en segundo lugar, el propio Cortés, con sus Cartas de relación.[4]

Cristóbal Colón: crónicas de cuatro viajes

Efectivamente, Colón inauguró la serie de los cronistas con el relato de sus cuatro viajes, en textos que no sobrevivieron a su autor. De modo que la relación del primer y del tercer periplo hoy disponible son transcripción de Bartolomé de Las Casas. La del segundo se debe a Pedro Mártir de Anglería, en latín. Y la del cuarto proviene de Hernando Colón.[5]

La prefiguración de otro nuevo mundo se apreció ya en *Imago Mundi*, obra cosmográfica de Pedro d'Ailly, que inspiró al Gran Almirante, hasta que él mismo llegó a creerse que había llegado al Paraíso Terrenal, que según d'Ailly debía encontrarse en una región templada tropical.[6] En el momento de tomar tierra en la desembocadura del Orinoco, Colón dijo: «creo que

---

[4] Dentro de los cronistas de Indias no incluimos a Bartolomé de Las Casas. Su obra principal y sus actividades las ubicamos en el capítulo 8, al ocuparnos de los «protagonistas coetáneos de Cortés».

[5] Cristóbal Colón, *Los cuatro viajes y su testamento*, edición de Ignacio B. Anzoátegui, Colección Austral, Espasa Calpe, Madrid, 1991. Sobre Colón, Samuel Eliot Morison, *El Almirante de la Mar Océana. Vida de Cristóbal Colón*, Fondo de Cultura Económica, México, 1991; Felipe Fernández-Armesto, *Colón*, Editorial Crítica, Barcelona, 1992; y Salvador de Madariaga, *Vida del muy magnífico señor don Cristóbal Colón*, Espasa, Barcelona, 1992.

[6] D'Ailly consideraba que existía una simetría en la configuración de los continentes, lo que influyó en Cristóbal Colón (que estaba en posesión de una edición del *Imago Mundi* impresa en Lovaina hacia 1483). Lo que en parte motivó su obsesión por la idea de viajar a las Indias por el Atlántico. La teoría de la *Imago Mundi* planteaba que existían cuatro continentes, dos en el norte y dos en el sur, o bien, vistos desde otra perspectiva, dos en el este y dos en el oeste. D'Ailly también publicó algunas obras para fomentar la reforma de la Iglesia.

es el *Paraíso Terrenal*, adonde no puede llegar nadie, salvo por voluntad divina».

La fantasía de Colón fue mucha, hasta mencionar a los cíclopes, así como hombres con hocico de perro, sin duda como resultado de la lectura de fábulas populares, o porque lo escribió con un propósito específico. Lo cierto es que no describió en sus cartas los malos tratos que él dio a los nativos, su obsesión por las riquezas, la búsqueda de oro, el tráfico de esclavos, etc. Y lo que fue bien triste es que no supo darse cuenta de que no había llegado a la India, Catai o Cipango, sino a un continente hasta entonces enteramente desconocido por los europeos y que, con buen sentido, recibió inicialmente los nombres de Nuevo Mundo y de América.

Las Cartas de relación de Cortés

No obstante los esforzados trabajos de López de Gómara, Bernal Díaz del Castillo, etc., la gran gesta de la conquista la registró ante todo el propio conquistador, en sus *Cartas de relación* al emperador Carlos V. Con un estilo de narración para muchos comparable (o incluso superior) a lo que hizo Julio César en sus *Comentarios* sobre la *Guerra de las Galias* (*Gallia est omnis divisa in partes tres...*), escritas de forma concisa y directa, no exentas de elegancia. En ellas, Cortés dio cuenta al emperador de los muchos y variados sucesos de la conquista a lo largo de cientos de páginas de apretada prosa.[7]

Cinco fueron esas cartas a que, por su extensión y contenido, se da comúnmente el nombre de *Relaciones*. La primera, en orden cronológico, es de junio o julio de 1519: un documento varias veces referido, pero que nunca fue hallado, por lo que se cree que en realidad no fue otra cosa que la carta escrita el 10 de julio de 1519 y dirigida al emperador por la Justicia y Regimiento de la Villa Rica de la Veracruz —ciudad recién fundada por Cortés—, conocida por ello como *Carta del cabildo*, y de la que nos ocu-

---

[7] En esta edición hemos utilizado *Cartas y relaciones de Hernán Cortés al emperador Carlos V*, de Nabu Public Reprints, distribuida por Amazon. Unánimemente se considera que la mejor edición es la anotada por la UNAM, México, 1999.

pamos en el capítulo 4 con alguna extensión, por la importancia que tuvo a efectos de *legalizar* la situación de don Hernán frente a Diego Velázquez y el propio emperador. Pero, como veremos luego, también se insiste en que esa primera carta existió.

La segunda carta se firmó el 30 de octubre de 1520 y, en ella, Cortés relata el viaje a México y la entrada en Tenochtitlán. En tanto que en la tercera, del 15 de mayo de 1522, fechada en Coyoacán, se describe la reconquista de Tenochtitlán, y lo después sucedido hasta 1522.

La cuarta se fechó en la ciudad de México el 15 de octubre de 1524, y expone las conquistas hechas después de Tenochtitlán y la salida de Alvarado para el ulterior Reino de Guatemala. Fue impresa en Toledo, en 1525, por Gaspar de Ávila, y se volvió a imprimir en Zaragoza por Jorge Costilla.

Portada de la versión latina de la segunda y tercera cartas de relación. Núremberg, 1524.

La quinta y última carta, firmada en 1526, se dedica sobre todo a la expedición a Las Hibueras, y debió llegar al emperador a principios de 1527, quedando inédita. Más concretamente, en marzo de 1527, la Corona expidió una cédula prohibiendo su impresión. Al tiempo que se ordenó la recogida de las ediciones existentes de la segunda, tercera y cuarta cartas. Se alegaba que en esos textos se ofendía al gobernador Velázquez con el relato de la derrota de don Pánfilo de Narváez, según veremos.[8]

El único manuscrito antiguo conocido que contiene las Cartas de relación es una copia, no firmada por Cortés, compilada probablemente por orden de Juan de Sámano, secretario del Consejo de Indias. Una importante compilación de la que solo hay una copia que se guarda en la Biblioteca Nacional de Viena bajo el rubro Serie Nueva 1 600.19.[9]

---

[8] José Luis Martínez, *Hernán Cortés*, ob. cit., pág. 858.
[9] Ibídem, pág. 855 y sig.

El historiador Woodrow Borah[10] encontró evidencias que permiten asegurar que la referida compilación de relaciones estaba destinada a Ferdinand (en alemán; Fernando en español), hermano menor de Carlos V, que por esos años era rey de Hungría, así como representante del emperador en Alemania. Luego sería rey de romanos y, finalmente, káiser del Sacro Imperio Romano Germánico, algún tiempo después de la abdicación de Carlos V en 1556.

Ferdinand, nacido en Alcalá de Henares en 1503, fue educado en España, y no en Flandes como su hermano mayor, con la supervisión de su abuelo Fernando el Católico, por lo que siguió sintiéndose español en sus gustos e inclinaciones, y se sirvió de su lengua materna en su correspondencia personal y a veces en la oficial. Carlos lo mantuvo alejado de España por ser su heredero natural, cuando todavía no tenía descendencia directa.[11]

El ávido interés que Ferdinand tenía por las exploraciones y hazañas de los castellanos en el Nuevo Mundo quedó patente por las cartas que desde España le enviaba Martín Salinas, su embajador ante la corte de Carlos V. Y para satisfacer esa curiosidad, su hermano Carlos le hizo llegar, en enero de 1524, un lote de objetos mexicanos, provenientes sin duda de los envíos de Cortés: un escudo con mosaicos de turquesas y otras piedras, y plumerías con trabajos de oro, entre los que pudo ir el penacho de plumas de quetzal, llamado «de Moctezuma», que guarda el Museo Etnográfico de Viena.

Gracias a esa correspondencia de Salinas, sabemos que Fernando de Habsburgo y Trastámara —así podríamos llamarle— se entusiasmaba por las hazañas de Cortés en México, y personalmente le envió una carta a través de su embajador en Madrid. Pero eso fue en 1526, en malos tiempos para don Hernán, que apenas había vuelto de Las Hibueras e iba a ser sujeto a juicio de residencia. «Hernán Cortés —escribía Salinas a su señor— está, según se dice, algo desbaratado, y no van sus cosas bien.»

---

[10] Woodrow Wilson Borah fue un historiador estadounidense (1912-1999) que formó parte de la Escuela de Berkeley, y que hizo una serie de contribuciones importantes sobre la historia de la conquista.

[11] Sobre el tema, Miguel Ángel Ladero Quesada, *Los últimos años de Fernando el Católico (1505-1517)*, Dykinson, Madrid, 2016. Especialmente págs. 234 a 244.

Cuando Cortés viajó a España en 1528, Salinas prometió a Ferdinand I visitarlo y tratar de obtener de él «toda la razón de lo de allá, pues es el mejor auctor de quien se podrá haber». Si llegó a hablar con el conquistador es cosa que no se sabe.

En cualquier caso, las Cartas de relación están escritas en un relato continuo, apenas separado por puntuación, y por su extensión y el cúmulo de acontecimientos que en ellos se narran, su lectura, y sobre todo su consulta, son indispensables. Resulta especialmente útil la edición que hizo el Instituto de Investigaciones Históricas de la UNAM.[12] Debe señalarse que Cortés tuvo pésimo oído para registrar los nombres indígenas, que él transcribía por primera vez, antes de que se fueran adoptando denominaciones uniformes.

Las Cartas de relación muestran un dominio y un designio claro en los hechos y materias que contienen. Su autor da a conocer el desenlace feliz o desastroso de cada evento, y sabe narrar sus aspectos previos con eficaz gradación dramática, como si viviera de nuevo los acontecimientos, haciendo partícipe al lector de su propia expectación.[13] Cortés era consciente de que sus Cartas de relación estaban destinadas no solo al emperador y a su Consejo de las Indias, sino que eran documentos públicos destinados a la posterioridad.[14]

Las cartas tuvieron gran difusión, no solo las impresas en España, sino fundamentalmente las que se publicaron en latín (la segunda y la tercera), en traducción de Pietro Savorgnano, que posibilitó la difusión en toda Europa, entre los lectores que no conocían la lengua española pero sí el latín, entonces muy difundido.[15]

Además, Savorgnano, en los comentarios de su traducción, fue muy expresivo comparando a Cortés con Hércules, Salomón, los reyes egipcios y Alejandro Magno, porque «si ellos ganaron sus

---

[12] José Luis Martínez, *Hernán Cortés*, ob. cit., pág. 152.

[13] Ibídem, págs. 153-154.

[14] En 1678, las cartas fueron editadas en Londres con el título *The pleasant history of the conquest of the West India, now called new Spain, achieved by the worthy Prince Hernando Cortes, marquees of the Valley of Huaxacac*, traducidas por Tomás Nicolás. La versión francesa, de 1778, del editor Gratien Jean Baptiste Louis de Flavigny, se tituló *Correspondance de Fernand Cortes avec l'empereur Charles-Quint sur la conquête du Mexique*.

[15] Bernard Grunberg, de la Universidad de Reims Champagne-Ardenne, «Hernán Cortés: un hombre de su tiempo», en María del Carmen Martínez Martínez y Alicia Mayer (coords.), *Miradas sobre Hernán Cortés*, ob. cit., págs. 23 y siguientes.

guerras con grandes ejércitos y flotas numerosas, Cortés se impuso con pocas naves y muy pocos soldados, y conquistó una célebre ciudad, defendida por los hombres y por la naturaleza».[16]

La edición latina de las cartas hizo que los príncipes alemanes vieran cómo las aspiraciones de Carlos V ya no cabían en los confines europeos, sino que eran mucho más amplias. En tanto que la edición alemana de las cartas de 1550 constituyó la cumbre de la heroización de Cortés en Europa central, es importante indicar el hecho de que la difusión europea de las cartas coincidió con los mismos años de su prohibición en España, por la inquina del emperador frente al conquistador.

Pedro Mártir de Anglería, una agencia de noticias

Humanista italiano (Arona, Milanesado, 1457-Granada, 1526), autor de las *Décadas de Orbe Novo*, escritor en latín, no tuvo obra muy extensa, pero constituye una fuente de primer orden, al ser contemporáneo de los hechos que relata sobre la conquista. Anglería vivió en una época en que no existían agencias de noticias, por lo que los grandes señores tenían personas que les mantenían informados. Así, Anglería, a lo largo de treinta y seis años, escribió cartas a distintos personajes: miembros de la nobleza, cardenales e, incluso, tres papas; gente importante que se interesaba por conocer lo que ocurría en el Nuevo Mundo.[17]

Anglería conoció personalmente a Cristóbal Colón cuando trataba de ganarse la confianza de los RR.CC., y en 1501 fue nombrado capellán de la Reina Isabel. Luego, tras hacerse amigo del cardenal Adriano, fue consejero de Carlos V.

A pesar de que Pedro Mártir de Anglería no llegó a ver a Cortés cara a cara, fue, sin duda, uno de los cronistas mejor informados acerca de él, pues, como miembro del Consejo de Indias, recibía directamente los informes de todo lo que llegaba sobre el conquistador del otro lado del Atlántico.

---

[16] Citado por Bernard Grunberg en *Miradas,* ob. cit., pág. 24.
[17] *De Orbe Novo decades octo*, Sevilla, 1511. Versión actualmente accesible, *Décadas del Nuevo Mundo*, Editorial Bajel, Buenos Aires, 2012.

Anglería inició la lectura de las Cartas de relación de Cortés con total desconfianza, a causa de las contradictorias noticias llegadas de Diego Velázquez en torno a los derechos de conquista. Pero lo cierto es que le bastó la lectura de la segunda *relación* para transformar su aprecio, con elogio abierto a don Hernán desde entonces. Así, a propósito de la retirada de los españoles tras la rebelión de la Noche triste, escribió:

Pedro Mártir de Anglería, un cortesiano converso por las Cartas de relación.

Paso por alto muchas circunstancias particulares que ni los doce fabulosos trabajos de Hércules, ni persona alguna hubiese podido soportar, según creo, quedando con vida. ¿Quién que no fuese español habría hecho frente a tantas desdichas, a peligros tantos en los combates, y a semejantes hombres?[18]

Anglería descubrió en la sobria escritura cortesiana una epopeya digna de ser comparada con las de la Antigüedad clásica: la toma de Tenochtitlán fue «empresa que al mismo pueblo romano le hubiera sido difícil en sus tiempos de esplendor».[19]

Gonzalo Fernández de Oviedo, primer cronista oficial

Antes de ir al Nuevo Mundo, Gonzalo Fernández de Oviedo (Madrid 1478-Valladolid 1557) estuvo a las órdenes del Gran Capitán, Gonzalo Fernández de Córdoba, y aunque su desempeño con él resultó de corta duración, sirvió para evidenciar que sabía moverse en un entorno de personajes de alto nivel. Pasó luego a Panamá, y como allí Pedrarias no le pareció persona recta (igual que a

---

[18] Lorenzo Riber, *El humanista Pedro Mártir de Anglería*, Barna, Barcelona, 1964.

[19] Sobre Mártir de Anglería, Edmundo O'Gorman, *Cuatro historiadores de Indias, siglo XVI: Pedro Mártir de Anglería, Gonzalo Fernández de Oviedo, fray Bartolomé de Las Casas y José de Acosta*, Alianza Editorial Mexicana, México, 1989; Lorenzo Riber, *El humanista Pedro Mártir de Anglería*, Editorial Barna, Barcelona, 1964.

casi todos), retornó a España y viajó a Flandes esperando recibir alguna prebenda real que no consiguió. Conoció a Colón, pero no está claro si tuvo relación con Cortés. Al menos intercambió alguna carta con él.

Oviedo fue el primer cronista oficial por orden de Carlos V, y también el primero en dar una visión amplia del nuevo continente, en lo que fueron dos obras de gran alcance: *Sumario de la natural historia de las Indias*[20] e *Historia general y natural de las Indias*,[21] esta última compuesta de 50 libros.

Oviedo aseguró en sus vastas crónicas que daba prioridad «a la verdad de su historia sobre la mentira de las fábulas y de los libros de caballería». Sin embargo, debió conocer bien este tipo de literatura, ya que él mismo había traducido una obra titulada *Muy esforzado e invencible caballero de la Fortuna propiamente llamado don Claribalte*.[22]

Oviedo, en su *Historia general de las Indias*,[23] aseguró que no había un *mundo nuevo*, sino que se trataba del redescubrimiento de unos países perdidos desde la Antigüedad. En línea con quienes afirmaban que los antiguos griegos ya conocían las Indias, y que Aristóteles había escrito sobre ellas cuando se refirió a una isla en el Atlántico descubierta por los mercaderes cartagineses. Análogamente a los textos de Bartolomé de Las Casas y de López de Gómara, en que se identifican partes del Nuevo Mundo con islas y países míticos como la Atlántida (ya presente en los diálogos *Timeo* y *Critias* de Platón), las Hespérides, Tarsis y Ofir.[24]

Gonzalo Fernández de Oviedo supo graduar, de forma muy interesante, en su *Historia General y Natural de las Indias*, el papel de los diferentes descubridores y conquistadores, empezando con Colón:[25]

---

[20] Red Ediciones, Barcelona, 2011. Primera edición en 1526.

[21] Real Academia de la Historia, Madrid, 1851. Primera edición en 1535.

[22] *Libro del muy esforçado [e] inuencible Cauallero de la Fortuna*, publicado por primera vez en Valencia en 1519, y reimpreso en Sevilla en 1545. La Real Academia Española lo reeditó en una edición facsímil en 1956.

[23] Gonzalo Fernández de Oviedo, *Historia general y natural de las Indias, islas y tierra-firme del mar océano*, Real Academia de la Historia, 1853. Versión del Instituto Cervantes en 2011.

[24] Tesina de Victor Wahlström, dirigida por Juan Wilhelmi, *Lo fantástico y lo literario en las Crónicas de Indias. Estudio sobre la mezcla entre realidad y fantasía, y sobre rasgos literarios en las obras de los primeros cronistas del Nuevo Mundo*, Instituto de Lenguas Románicas, 2009.

[25] Louise Bénat-Tachot, «Gonzalo Fernández de Oviedo», en María del Carmen Martínez Martínez y Alicia Mayer (coords.), *Miradas sobre Hernán Cortés*, ob. cit., págs. 23 y siguientes.

«Con el cual ningún descubrimiento se puede comparar»; el segundo mayor servicio «fue el que hizo Blasco (sic) Núñez de Balboa que descubrió el mar del sur», el tercer servicio más notable fue el de Magallanes, que descubrió el estrecho austral y fue hasta la Especiería, y el cuarto el del marqués del Valle, Hernando Cortés, que conquistó la Nueva España, fuente de ingentes riquezas observadas por el propio cronista en 1548. Es de notar que luego vienen Pizarro y Almagro, «dos pobres soldados», gracias a quienes se logran grandes tesoros, y Jiménez de Quesada.

Gonzalo Fernández de Oviedo, primer cronista oficial de Indias.

Oviedo se enfrentó a Bartolomé de Las Casas en varias ocasiones y, como Ginés de Sepúlveda, sostuvo las tesis del derecho de conquista y de que los indios precisaban de la tutela de los españoles.[26]

Andrés de Tapia, capitán cronista de Cortés

Previamente a su marcha a las Indias, muy joven, Andrés de Tapia fue mozo de cuadra de Diego Colón, lo que explica su viaje más allá del océano. En 1518 embarcó en la expedición de Cortés cuando ya estaban fondeadas sus naves en San Cristóbal de La Habana. Nacido en Medellín, en 1498, paisano de Cortés emparentado con Diego Velázquez, sin embargo fue siempre leal a don Hernán, a quien sirvió de mayordomo, acompañándole siempre hasta 1540.

Es menos conocido que otros cronistas y, respecto a Cortés, sus escritos terminan con la derrota de Pánfilo de Narváez como

---

[26] Lewis Hanke, *La lucha por la justicia en la conquista de América*, Editorial Sudamericana, Buenos Aires, 1949.

emisario de Velázquez.[27] Pero, pese a la brevedad de sus textos, estos resultan muy valiosos para aclarar algunas situaciones confusas, como fue la precipitada salida de Cortés de Santiago de Cuba. Cortés lo menciona varias veces en sus *relaciones* al emperador.

Tapia, en los momentos en que partió la expedición cortesiana, era un joven soldado que, por su ánimo y esfuerzo, destacó muy pronto, interviniendo en actividades que escaparon al común de la tropa. Tapia acompañó a Cortés en su primer viaje a España, pero no en el segundo. Si bien coincidieron varias veces entre los años 1540 y 1547, y en concreto en el *desastre* de Argel. Tras la muerte de Cortés, volvió a la Nueva España, donde murió en 1561 en la pobreza.

En su *Relación de algunas cosas…*, todavía en manuscrito o en copias, se basaron otros cronistas ulteriores, como Francisco López de Gómara y el propio Bernal Díaz del Castillo a través de Gómara. Pasaron 300 años antes de que su *Relación* se imprimiera, en 1858, gracias al historiador, erudito y coleccionista mexicano, Joaquín García Icazbalceta.[28]

Fray Toribio de Benavente, Motolinia

Nacido en Benavente, provincia de Zamora, en 1482, murió en México en 1569. Fue un franciscano menor descalzo, de estricta observancia, en latín *ordum fratum minorum descalceatorum* (OFM), una fracción reformada de la orden procedente de Italia.

Adoptó su sobrenombre de *Motolinia* porque, en náhuatl, esa palabra significaba *pobreza*. Y ciertamente, según todos los testimonios, vivió conforme a lo que predicaba, con un temple extraordinario. Fue el gran evangelizador de México y, posiblemente, quien más indios bautizó.

---

[27] *Relación de algunas cosas de las que acaecieron al muy ilustre señor don Hernando Cortés, marqués del Valle, desde que se determinó a ir a descubrir tierra en la Tierra Firme del Mar Océano*, incluida en Colección de documentos para la historia de México, de Joaquín García Icazbalceta, disponible en http://www.cervantes-virtual.com/obra-visor/coleccion-de-documentos-para-la-historia-de-mexico-version-actualizada--0/html/21bc-d5af-6c6c-4b27-a9a5-5edf8315e835_49.htm#121.

[28] José María González Ochoa, *Quién es quién en la América del descubrimiento*, ob. cit., pág. 385.

Sus obras principales, *Historia de los indios de la Nueva España*[29] y los *Memoriales*,[30] son dos trabajos análogos a los de Las Casas. Si bien, para una valoración, hay que tener en cuenta los roces entre dominicos y franciscanos en la tarea de la evangelización, siendo el bautismo uno de los puntos de conflicto. Los franciscanos se lanzaban a bautizar a todos los que pudieran, mientras los dominicos se atenían a la bula de Paulo III, que aconsejaba cautela en el caso de los indios adultos.

Fray Toribio de Benavente. Como Bartolomé de Las Casas, pero de otra orden.

Fray Toribio fue denunciado por Bartolomé de Las Casas ante Carlos V, lo que suscitó un conflicto entre los dos religiosos, a propósito de la aplicación de las Leyes Nuevas de 1542, y debe consignarse que, en Guatemala, los propios indios le pidieron que les defendiera contra Bartolomé de Las Casas, pero rehusó la oferta, como también lo hizo a un obispado que le propuso Carlos V.

Los escritos de Fray Toribio versaron sobre las costumbres y tradiciones locales de los nativos tras la conquista de México, y se consideran documentos muy válidos para la etnografía.

En 1530 pasó a un convento de Tlaxcala y contribuyó a la fundación de la ciudad de Puebla de los Ángeles, con gran actividad misionera. Su obra fue traducida al inglés por Lord Kingsborough en 1848, como una parte del conocimiento de la etnografía y del estado de la civilización de México durante la conquista.[31]

Benavente fue miembro del grupo de doce frailes franciscanos llamados por Cortés en 1524 para introducir el cristianismo en Nueva España, y fueron recibidos con suma reverencia por don Hernán para impresionar a los indios.

---

[29] *Historia de los indios de la Nueva España. Relación de los ritos antiguos, idolatrías y sacrificios de los indios de la Nueva España, y de la maravillosa conversión que Dios en ellos ha obrado*, Ed. Porrúa, México, 2014.

[30] Versión accesible del Colegio de México, 2009.

[31] Ramón Esquerra, *Diccionario de Historia de España*, Revista de Occidente, tomo 2, Madrid, 1952.

Luego, Fray Toribio, durante el viaje de Cortés a Las Hibueras, sufrió persecuciones por su buena relación con el obispo Zumárraga, imputándosele el intento de independencia de Nueva España en forma de Estado indígena, dirigido por los misioneros, bajo la soberanía del rey y con exclusión de los encomenderos. Imputación falsa por entero, si bien es cierto que *Motolinia* recomendó que la Nueva España fuera regida por infantes españoles.

Fray Diego Durán y los códices

Nacido en Sevilla en 1537, murió en México en 1588. Dominico, llegó a muy tierna edad a México, ingresó en un convento como fraile y después se ordenó sacerdote. Se sumergió en la cultura náhuatl, convirtiéndose en otro de los historiadores que supieron rescatar el mundo indígena prehispánico para su mejor conocimiento. A diferencia de Bernardino de Sahagún, cuya obra fue labor de equipo, la suya resultó más individual, lo mismo que la de *Motolinia*.

Su escrito principal fue *Historia de las Indias de Nueva España e islas de Tierra Firme*,[32] que comenzó en 1560 y finalizó en 1581. El original de esos trabajos contiene numerosas láminas coloreadas sobre la historia política de los pobladores del territorio mexicano. Otros trabajos de Durán, apoyados en antiguos textos escritos en lengua náhuatl, fueron *Ritos y fiestas de los antiguos mexicanos*, de 1570,[33] y *El calendario*, de 1579.[34]

La obra de Fray Diego Durán fue publicada por José Fernando Ramírez, que consiguió encontrar el original. En su obra se ocupa de la lengua, mitos, dios, ritos funerarios, cultura, gastronomía y organización social y política. Se le ha comparado con Bernardino de Sahagún, como auténtico antropólogo.[35]

---

[32] Conocida como *Códice Durán*, su original se encuentra en la Biblioteca Nacional de España. Puede consultarse una edición de José Fernando Ramírez de 1867 en http://www.cervantesvirtual.com/obras/autor/duran-diego-7521. José Fernando Ramírez (Parral, Chihuahua, 1804-Bonn, Alemania, 1871), historiador, político y pensador mexicano, liberal moderado, fue ministro de Relaciones Exteriores en 1846 durante el Segundo Imperio. Reconoció la enorme importancia de Cortés en el desarrollo histórico mexicano.

[33] Versión española traducida por César Macazaga, Editorial Innovación, México, 1980.

[34] Versión inglesa *The Ancient Calendar*, en University of Oklahoma Press, 1971.

[35] Jesús Monjarás, *Fray Diego Durán, un evangelizador conquistado*, véase www.dimensionantropologica.inah.gob.mx.

Juan de Zumárraga, primer obispo de México

Nació en 1468 en Durango, Vizcaya, y murió en la ciudad de México en 1548, con 80 años. Llevó la primera imprenta al Nuevo Mundo y pidió el establecimiento de la Real y Pontificia Universidad de México, precedente de la Universidad Nacional Autónoma de México (UNAM), que se fundó después, en 1551. Franciscano entró en la vida pública cuando, siendo guardián del Convento de Abrojo (Valladolid), conoció a Carlos V, que se asombró de sus conocimientos. Por lo cual le encomendó que acabase con las brujerías de los aquelarres vascos.

Fue el primer obispo de México. No escribió ninguna crónica pero sus extensas cartas dirigidas al emperador y a la emperatriz, Isabel, son verdaderos informes políticos en extremo valiosos.[36] Contribuyó a la pretendida aparición milagrosa de la Virgen de Guadalupe.

Su vida fue muy agitada. Protector de los indios, se enfrentó con el primer presidente de la Audiencia de México, Nuño de Guzmán, que violó el derecho de asilo al sacar a unos presos por la fuerza de una iglesia a la que se habían acogido. A lo que respondió Zumárraga excomulgando a todos los oidores de la dicha Audiencia, de tal modo que, a la postre, hubo de intervenir el propio emperador, siendo ese episodio lo que decidió, finalmente, la creación del Virreinato para México en la persona de Antonio de Mendoza, al tiempo que se dio el cese de la Audiencia a Nuño de Guzmán.

En su labor como inquisidor, Zumárraga llevó 183 causas contra los sospechosos de idolatría, la mayoría jefes indígenas, curanderos y también españoles, incluso dueños de grandes propiedades que fueron confiscadas. El hijo del señor de Texcoco, Nezahualpilli, fue acusado de apostasía, aunque en realidad lo que hacía era fomentar un alzamiento general de los naturales contra el gobierno virreinal; considerado culpable, se le quemó vivo en la Plaza Mayor de México, lo cual criticaron tanto que estuvo a punto de resignar su cargo y partir para China. En 1548

---

[36] Alberto María Carreño, *Nuevos documentos inéditos de D. Fr. Juan de Zumárraga y cédulas y cartas reales en relación con su gobierno*, Ediciones Victoria, México, 1942.

el papa Paulo III le hizo el primer arzobispo de México, pero el nombramiento llegó cuando Zumárraga ya había muerto. Fue enterrado en la catedral metropolitana de México.

Mantuvo una buena relación con Cortés, tanto que don Hernán, en su testamento, le nombró uno de sus albaceas. Pero nada pudo hacer para ocuparse del encargo, pues murió a los pocos meses del óbito del conquistador.[37]

Francisco López de Gómara, biógrafo de Cortés

Nació en Gómara (provincia de Soria) en 1511, y allí mismo murió en 1566. Hizo estudios en la propia Soria, teniendo como maestro a Pedro de Rúa, y después estuvo en la Universidad de Salamanca.[38] Se ordenó sacerdote en Alcalá de Henares y conoció a Cortés en su primer regreso a España. Vivió en Roma entre 1531 y 1540 al servicio del embajador de Carlos V. Volvió a Valladolid, donde reconectó con don Hernán.

No viajó al Nuevo Mundo, pero casi toda su obra se relaciona con la conquista y una serie de actividades de Carlos V. Escribió, por encargo del propio Cortés, la *Historia oficial de la conquista de México,*[39] cuyo contenido decidió a Bernal Díaz del Castillo a escribir su *Historia verdadera,*[40] acentuando que la conquista fue una empresa común, en contra del personalismo cortesiano de Gómara. En cualquier caso, su altura literaria le valió ser considerada como una de las crónicas de Indias más destacadas.

El libro se publicó en 1552, y al año siguiente fue prohibido por el príncipe-regente Felipe, entonces encargado de los reinos de España por su padre Carlos V. Prohibición que fue seguida de toda una labor de rastreo entre los libreros para seguir la pista de los ejemplares vendidos a fin de decomisar a los compradores.

---

[37] Richard E. Greenleaf, *Zumárraga y la Inquisición mexicana, 1536-1543*, Fondo de Cultura Económica, México, 1988.

[38] José Antonio Pérez Rioja, *Diccionario Biográfico de Soria*. Las obras de Francisco López de Gómara están en Internet Archive.

[39] Para más detalles sobre López de Gómara, el artículo de María del Carmen Martínez Martínez, «Francisco López de Gómara y la Orden de Alcántara», en *Anuario de Estudios Americanos*, enero-junio, 2015.

[40] Primera impresión en el taller de Agustín Millán en Zaragoza, en 1552. Edición más actual de Porrúa, México, 1988.

López de Gómara tiene el mérito de ser el primero en dar estructura a la historia de la conquista, un esquema seguido después por casi todos. Su obra, básicamente, consiste en una refundición de trabajos que ya circulaban impresos, como las citadas *Décadas* de Pedro Mártir Anglería, las *relaciones* de Cortés (de la segunda a la quinta) y algunos manuscritos de *Motolinia*. Además, se ha constatado que Gómara leyó la primera parte de la obra de Fernández de Oviedo y que, en ocasiones, tuvo como interlocutor a Andrés de Tapia, el capitán de Cortés, quien le facilitó su propio manuscrito del que transcribió muchos pasajes.

La obra se reimprimió en 1553 en Medina del Campo, y en 1554 en Zaragoza y Amberes, pero como fue prohibida –por contener críticas a algunas decisiones de Carlos V–, cayó en olvido hasta 1717, año en que fue impresa de nuevo en una edición de Andrés González Barcia. Hubo después otras ediciones y fue traducida al italiano (1560), al inglés (1578) y al francés (1606).

López de Gómara también fue autor de unos *Anales de Carlos V*,[41] obra inédita hasta 1912, *De los hechos de los Barbarrojas*,[42] y una *Historia general de las Indias y conquista de México*. Obra, esta última, que no gustó nada a Las Casas, porque en ella reveló el fracaso de algunas de sus evangelizaciones.

Francisco López de Gómara. Monumento en su ciudad natal de Gómara, Soria.

José Luis Egío, profesor de la UNAM y miembro del Max-Planck-Institut für Europäische Rechtsgeschichte de Fráncfort del Meno, estudió a fondo el libro de López de Gómara sobre la conquista de México, reconociendo que el cronista fue muy favorable a la acción de Cortés en temas puntua-

---

[41] Con introducción y notas de Roger Bigelow Merriman, Clarendon Press, Oxford, 1912.
[42] Sobre los sucesos de Argel, *Chronica de los muy nombrados Omich y Haradin Barbarrojas,* fechada en 1545.

les, pero sin llegar a ser un «paniaguado» o «criado» del marqués del Valle, como afirmó Las Casas.[43]

Para José Luis Egío, Gómara fue representante de todo un pensamiento político pragmático, en el sentido de presentar a don Hernán como alguien muy superior a los brutales e incompetentes despobladores de las Antillas, e incluso a los que se ocuparon de la gobernación del Perú.[44] Gómara nunca escondió la magnitud del exterminio de los taínos acaecido en La Española, y se mostró especialmente crítico con la esclavización y el traslado forzoso de los naturales de La Española y Cuba.

Egío subrayó, además, la tenacidad con la que Gómara insistió en el carácter «legal» de todas y cada una de las decisiones de Cortés, quien solo recurrió a la esclavización de aquellos indígenas que le hicieron resistencia rechazando ser vasallos del emperador, o por el hecho de rebelarse tras haber acatado la obediencia a Carlos V.

María del Carmen Martínez Martínez sostiene que, por los testimonios disponibles, Francisco López de Gómara tuvo estrecha relación con Hernán Cortés y su hijo Martín, el legítimo. Pero de ese trato «no es posible deducir, ni siquiera intuir, su actuación como capellán o cronista a sueldo…». Por lo demás, es evidente que el conquistador le mereció la mayor admiración, pero de eso no cabe inferir «que estuviera condicionado por Cortés a la hora de escribir su crónica, que redactó con independencia, en contra de lo generalmente estimado».[45]

Alonso de Zorita y la visita de Bernal

Jurisconsulto e historiador (Córdoba, 1512-Granada, 1585), apenas concluidos sus estudios de Derecho en Salamanca, se trasla-

---

[43] José Luis Egío, «Acciones y virtudes políticas del Cortés de Gómara», en María del Carmen Martínez Martínez y Alicia Mayer (coords.), *Miradas sobre Hernán Cortés*, ob. cit., págs. 153 y siguientes.

[44] José Luis Egío, «Acciones y virtudes políticas del Cortés de Gómara», en María del Carmen Martínez Martínez y Alicia Mayer (coords.), *Miradas sobre Hernán Cortés*, ob. cit., págs. 156 y 157.

[45] María del Carmen Martínez Martínez, «Francisco López de Gómara y Hernán Cortés: nuevos testimonios de la relación del cronista con los marqueses del Valle de Oaxaca», en *Anuario de Estudios Americanos*, 67, 1, enero-junio, 267-302, Sevilla, 2010.

dó a Granada, donde durante casi siete años (1540-1547) fungió como «abogado de pobres», defensor de oficio, que se diría hoy. Conoció al hijo de don Hernán, Martín Cortés Zúñiga, a muchos señores mexicas y tuvo acceso a personas ilustres que le facilitaron información. En Guatemala trató a Bernal Díaz del Castillo y produjo referencias muy útiles a efectos de la controversia suscitada por Christian Duverger. Bernal le dio a leer a Zorita lo que llevaba escrito de la *Historia verdadera*:

> Bernaldo [sic] Díaz del Castillo, vecino de Guatemala, donde tiene un buen repartimento y fue conquistador en aquella tierra y en Nueva España, me dixo, estando yo por oidor en la Audiencia de los Confines, que reside en la ciudad de Santiago de Guatemala, que escribía la historia de aquella tierra, y me mostró parte de lo que tenya escrito; no sé si la acabó ni si ha salido a luz [en realidad no se publicó hasta 1632].[46]

A su retorno a España, Zorita se estableció en Granada, y es a partir de 1567 cuando comenzó a escribir su *Breve y sumaria relación de los señores de la Nueva España*,[47] que debió concluir antes de 1570. A continuación, en su vertiente de jurista, completó su colección de *Leyes y Ordenanzas de Indias*,[48] que constituyó una recopilación legislativa realizada por mandato de Felipe II. Y hacia 1585 terminó la *Relación de las cosas notables de la Nueva España*,[49] cuya parte tercera trata sobre la conquista, poniendo los puntos sobre las íes en algunos episodios cuyos entresijos se desconocían.

Fernando Alvarado Tezozómoc, la versión náhuatl

Nació en 1525 en México, y allí mismo murió en 1606. Fue alumno del Colegio de Santa Cruz de Tlatelolco, una escuela franciscana para nobles indígenas. Descendiente de Moctezuma II y de varios

---

[46] Estas observaciones corresponden a los años 1553 a 1556.
[47] UNAM, México, 1942.
[48] Publicado en 1574, edición de la Secretaría de Hacienda, México, 1983.
[49] Editorial de Investigaciones Estéticas, México, 2011.

tlatoanis anteriores, el virrey Mendoza lo nombró gobernador de México (1539-1541).

Orgulloso defensor de los privilegios de su etnia y linaje, fue intérprete de náhuatl en la Real Audiencia del Virreinato de la Nueva España. Su obra *Crónica mexicáyotl*[50] –*Crónica mexicana*[51] en castellano– narra los acontecimientos desde la fundación de Tenochtitlán hasta la llegada de los conquistadores españoles. Algunos críticos han señalado la confusión que presenta el texto respecto a las fechas de algunos acontecimientos, lo que se explica porque Tezozómoc se rigió por el calendario azteca. Escrita en lengua náhuatl, la *Crónica* incluyó una genealogía de la nobleza tenochca, así como testimonios de indígenas ancianos, con una visión de la vida cotidiana en el México anterior a la conquista.

Aunque muchos investigadores piensan que lo principal de la *Crónica* fue escrito por el propio Fernando Alvarado, también estiman que el texto representa los esfuerzos de algunos sabios indígenas, que conocían bien las leyendas y los cuentos que todavía a finales del siglo XVI se podían oír entre los mexicas. En cualquier caso se trata de una documentación preciosa, traducida a varios idiomas europeos, y que constituye una de las mejores bases de la cultura mexica antes de la llegada de los españoles. En definitiva, fue una gran figura, un indígena de sangre real asimilado a la cultura española como parte de la primera generación novohispana y virreinal.[52]

¿Fue don Hernán el autor de la *Historia verdadera* (HV)?

De Bernal Díaz del Castillo se sabe bien poco de su vida anterior a la conquista. Conocemos los nombres de sus padres, que nació en Medina del Campo en 1492, y que muy joven pasó a Panamá con el gobernador Pedrarias. Luego, en 1514, embarcó en la expedición de Pedrarias a Darién, y de allí fue por Cuba participando en

---

[50] Fernando Alvarado Tezozómoc, *Crónica mexicáyotl*, volumen 3 de Instituto de Investigaciones Históricas, texto en náhuatl y español, paleografía y traducción de Adrián León, Universidad Nacional Autónoma de México (UNAM), 1998.

[51] *Crónica mexicana*, Imprenta I. Paz, México, 1878. Hay varias reediciones actuales.

[52] José Rubén Romero Galán, *Los privilegios perdidos: Hernando Alvarado Tezozómoc, su tiempo, su nobleza y su crónica mexicana*, UNAM, México, 2003.

la navegación de Hernández de Córdoba a Yucatán; en cambio, resulta dudoso que también fuera en la de Grijalva, como él pretendió. En 1518 ya conectó con Cortés, y con él vivió toda clase de aventuras hasta casi la muerte del conquistador.

Semblanza de Bernal Díaz del Castillo

Preocupado por el tema de la obra de López de Gómara, que salió de prensa en 1552 –ya antes se dijo algo de ello–, Bernal decidió redac-

Edición mexicana de la *Crónica mexicana* de Hernando Alvarado Tezozómoc.

tar su libro cuando irían transcurridos, al menos, treinta y un años de la toma de Tenochtitlán, y lo tituló *Historia verdadera de la conquista de la Nueva España*[53] (HV), cuyo texto es más vivo que las *relaciones* de Cortés, que la *Historia* del erudito Gómara o que la *Crónica* de Cervantes de Salazar.[54] En ese sentido, Bernal fue una especie de *impresionista* al retratar a sus compañeros de armas. Por lo demás, los capítulos y sus títulos son una muestra de buena organización del libro, que recuerda mucho a *El Quijote* de Cervantes, escrito después (1606, primera parte; 1616, segunda).

En su libro *Valiente mundo nuevo*,[55] Carlos Fuentes define a Bernal Díaz del Castillo como «nuestro primer novelista por la descrip-

---

[53] Publicada por primera vez en Madrid en 1632, la edición que he utilizado es la de Editorial Porrúa, México, 1966 (con prólogo de Joaquín Ramírez Cabañas, 4.ª edición), que adquirí en mi primer viaje mexicano, precisamente en 1966.

[54] Francisco Cervantes de Salazar (1518-1575). Humanista. Nació en Toledo. Inició sus estudios en Salamanca, completándolos posteriormente en Flandes e Italia. Fue nombrado secretario del Consejo de Indias y en 1550 se trasladó a México, donde entablaría una profunda amistad con Martín Cortés, el hijo del conquistador. Allí ocupa la cátedra de Retórica de la recién creada universidad mexicana, al tiempo que se doctoró en Teología y se ordenó sacerdote, obteniendo una canonjía en la catedra. Escribió una *Historia general de las Indias*, de la que solo pudo completar la *Crónica de la Nueva España*. José Mª González Ochoa, *Quién es quién...*, ob. cit., págs. 86 y 87.

[55] Narrativa Mondadori, Madrid, 1990. El autor conoció personalmente a Duverger (y a su esposa) en Medellín, el 4 de abril de 2019, con ocasión del Congreso sobre Hernán Cortés allí celebrado. Tuvimos ocasión de hablar en varias ocasiones y me dijo que sostiene su tesis con el 200 por 100 de convicción.

ción de las grandezas de México». Y de la obra subraya el amor por la caracterización, el detalle, la teatralidad, la intriga y el chisme. Amén de una valoración aguda de cada situación. Algo a destacar es que Bernal no parece haber leído ni a Pedro Mártir ni a Oviedo, y se comprende, porque esos volúmenes circulaban en latín e iban dirigidos a un auditorio más culto que el suyo propio.

La gran polémica sobre quién escribió realmente la HV

La polémica a que se refiere el epígrafe se sirvió con el libro *Crónica de la eternidad* de Christian Duverger,[56] nacido en 1948 en Burdeos. Doctor por la Sorbona y profesor de la Cátedra de Antropología de Mesoamérica en la Escuela de Estudios Superiores en Ciencias Sociales en México. Se ha dedicado al estudio de culturas prehispánicas en América, y realizado una serie de trabajos, en México y en América Central, en el ámbito de la antropología. Actualmente es director del Centre de Recherches sur l'Amérique Préhispanique (CERAP), entidad de investigaciones que pertenece a dos instituciones francesas: École des Hautes Études en Sciences Sociales (EHESS) y Universidad de París-Sorbonne (París IV). Con el CERAP ha llevado a cabo investigaciones en el sitio arqueológico de Monte Albán en el estado de Oaxaca.[57]

Duverger defiende la idea de que Bernal Díaz del Castillo no pudo ser autor de la *Historia verdadera*, y trata de demostrar su tesis a base de señalar lagunas y contradicciones no apreciadas antes en la historiografía.[58] Se trata de un caso de indudable *suspense* histórico sobre el microcosmos cortesiano, en la idea de que fue Cortés quien escribió la *Historia verdadera*, contra la censura del emperador Carlos V y, más tarde, de su hijo Felipe, cuando este fue regente de España hasta 1555 y después Rey.

---

[56] Christian Duverger, *Crónica de la eternidad. ¿Quién escribió la Historia verdadera de la conquista de la Nueva España?*, Taurus, México, 2012. que salió al mercado en España poco tiempo después editado por Taurus. Aquí utilizamos la edición, también de México, de Debolsillo, 2015.

[57] De sus otras obras han de mencionarse: *La flor letal, El origen de los aztecas, La conversión de los indios de la Nueva España, Mesoamérica. Arte y antropología, Agua y fuego, Arte sacro indígena de México en el siglo XVI, El primer mestizaje, Cortés* (biografía).

[58] Entrevista por Jesús García Calero, *ABC*, 14 de mayo 2013, http://portal.pro-tecturi.org/hernan-cortes-es-el-autor-de-la-historia-verdadera-de-la-conquista-de-la-nueva-espana/.

Según Duverger, Cortés empezó a escribir la *Historia verdadera* en 1543, en Valladolid (al mismo tiempo que Francisco López de Gómara redactaba su *Historia oficial*). Luego, esa obra cortesiana permaneció oculta durante veinte años, hasta que los hijos de don Hernán —en las circunstancias que veremos— decidieron entregar el manuscrito a Bernal Díaz del Castillo, residente en Guatemala, cuyo hijo mayor lo aprovechó declarando autor del libro a su padre, para así engrandecer su persona, de modo que pudiera reivindicar con más fuerza sus derechos sobre propiedades y encomiendas.

Christian Duverger: la gran polémica sobre la autoría de la *Historia verdadera*.

Según esa tesis, la crónica escrita por Cortés en España habría sido custodiada por sus hijos durante largo tiempo para, en cierto momento, enviarla a México primero y a Guatemala después con la intención de convertir ese texto, cuando se publicara, en un golpe de efecto contra las autoridades de la Corona, como testimonio relevante del proyecto de los criollos de la Nueva España de separarse del Imperio español de las Indias.

Academia y dos escrituras simultáneas: Gómara y HV

Según Duverger, la decisión de Cortés de escribir la *Historia verdadera* tuvo motivaciones bien concretas. La primera de ellas, que las primeras Cartas de relación de don Hernán al emperador Carlos V tuvieron una gran difusión, lo que dio al conquistador un timbre de gloria que rápidamente se extendió por toda Europa, lo que molestó en la corte de Valladolid, donde don Hernán no era muy bien visto por sus antecedentes de rebeldía frente a Diego Velázquez, y marcadamente tras el éxito de su personal empresa de la conquista de México y su efectiva creación de la Nueva España.

Esa inquina hacia a Cortés se manifestó ya entre julio de 1526 y finales de 1527, cuando, aprovechando su ausencia por el viaje a Las Hibueras, el conquistador fue desprovisto de sus cargos de capitán general y gobernador de la Nueva España por orden de Carlos V. Situación que fue empeorando más y más, de modo que, por esas y otras inconveniencias, Cortés viajó a España entre abril de 1528 y julio de 1530 al objeto de formular sus reivindicaciones a Carlos V, sin lograr lo principal de sus aspiraciones. Y peor aún le fue en su segundo viaje a España, Cortés tuvo nulo acceso a Carlos V, que para él se convirtió en un enemigo declarado. Debió ser por entonces, según Duverger, cuando el conquistador decidió *vengarse* escribiendo la *Historia verdadera* en Valladolid entre 1543 y 1546.

En la misma Valladolid, Cortés creó una verdadera *Academia* en su casa, de la que tenemos noticia a través de Pedro de Albret, también conocido como Pedro de Navarra o Pedro Labrit, que fue un cortesano eclesiástico, obispo de Comenge (Francia), diplomático y escritor, hijo bastardo del último rey de Navarra, Juan III de Albret, y María de Ganuza, vecina de Estella.[59]

En esa Academia se reunían personas muy notables para debatir. Y por ese cenáculo pasó incluso Antonio de Guevara, de la Orden de San Francisco.[60] Uno de cuyos libros fue *Relox de príncipes* o *Libro áureo del emperador Marco Aurelio*, de los más influyentes en Cortés:

¿Requiérase una prueba de ese parentesco? Todos los comentaristas se arrancaron el cabello para saber de dónde Bernal Díaz del Castillo había sacado su cita de las «cincuenta y tres batallas de Julio César». La respuesta no tiene equívoco: Cortés se muestra como un buen lector de Guevara.[61]

---

[59] Cabello Porras, Gregorio, «Pedro de Navarra: revisión de un humanista. Bibliografía repertoriada de los siglos XVI-XVII». *Lectura y signo* (Universidad de León), 2008.

[60] Fray Antonio de Guevara (Treceño, Cantabria, España, 1480-Mondoñedo, Lugo, España, 3 de abril de 1545), escritor y eclesiástico español, uno de los más populares del Renacimiento (se ha calculado que sus obras se publicaron durante los siglos XVI y XVII más de 600 veces por toda Europa). Su deseo de gloria y fama y su contagioso entusiasmo por las novedades, hicieron de él un espíritu plenamente renacentista. Su influencia en la política imperial de Carlos V se refleja en su opinión de que no debían extenderse sus dominios más allá de los territorios que había recibido por herencia.

[61] Ibídem, pág. 188.

La clave de toda la controversia sobre la *Historia verdadera* se sitúa, por tanto, en los tres últimos años (1543 a 1546) de vida de Cortés, que en su mayor parte transcurrieron en Valladolid.

El difícil itinerario de la Historia verdadera

Siguiendo en la hipótesis de Duverger, más o menos en 1568 –tal vez seis años después de haberse recibido en Guatemala el manuscrito de Cortés–, Bernal informó que había terminado su *Historia verdadera*. Y cronista, verdadero o no, murió en 1584 con cien años de edad, si hubiera nacido en 1484, con

La falsa pero muy difundida efigie de Bernal Díaz del Castillo, según revelación de Christian Duverger. En realidad se trata de Enrique IV de Francia.

70 si fue alumbrado en 1492 o con 86 de haberlo sido en 1496, que no se sabe. En cualquier caso, habría escrito su *Historia verdadera* a una más que avanzada edad, y lo que es más increíble, fijando datos, fechas y números de todo, sin más archivo que sus neuronas ya muy disminuidas.

Facsímil de la portada de la primera edición, de 1632, de la *Historia verdadera*.

75

En 1575, siete años antes de la muerte de don Bernal (1584), su hijo, Francisco Díaz del Castillo, según Duverger, envió el manuscrito de la *Historia verdadera* a Madrid (vía la Audiencia de Guatemala), al rey Felipe II, sin que se sepa qué pudo suceder en ese septenio todavía transcurrido en Guatemala hasta el fallecimiento de Bernal. Tal vez su hijo Francisco Díaz del Castillo siguió introduciendo –siempre en la hipótesis de Duverger– nuevos incisos en el texto. Posteriormente, el manuscrito sufriría numerosas manipulaciones por parte del mercedario fray Alonso Remón, a quien se encargó preparar el manuscrito para darlo a la imprenta, hasta su definitiva impresión en Madrid en 1632 con el título que conocemos y la autoría de Bernal.

Se sabe que el mercedario trabajó durante diez años la edición de la *Historia verdadera*, con un prólogo que rehízo y numerosas interpolaciones, para al final certificar la desaparición del principal manuscrito de Bernal. Fray Alonso Remón murió en 1632, unos meses antes de publicarse, ese mismo año, la edición de la *Historia verdadera*. Después de la edición de 1632 hubo otras muchas, con alteraciones de todo tipo, basadas en otros manuscritos diferentes del utilizado por Remón: el llamado *de Guatemala*, de 1605, que lleva la firma de Ambrosio Díaz del Castillo, el segundo hijo de Bernal, y *el de Alegría* (un coleccionista bibliófilo).

Para escribir la *Historia verdadera*, siempre según Duverger, don Hernán tuvo que buscar un confidente, que tal vez encontró en fray Diego Altamirano, un pariente lejano que le acompañó hasta su muerte en Castilleja de la Cuesta, y con quien pudo preparar el libro. En contraste con lo anterior, está el testimonio del cronista Alonso de Zorita, que estuvo con Bernal Díaz del Castillo en Guatemala entre 1553 y 1556, según vimos antes en este mismo capítulo al ocuparnos de los cronistas.

Thomas, Martínez Baracs y María del Carmen Martínez: interesante polémica

Ha habido, y seguirá habiendo, críticas a Duverger sobre su tesis. Y, de entre las réplicas, citaremos a Hugh Thomas, quien reconoce que Duverger «es un distinguido historiador, con una biografía de Cortés que fue renovadora e interesante»,[62] pero destaca también que, en cuestiones pedagógicas, Duverger cometió algunos errores, el primero de ellos decir que Carlos V nunca aprendió bien el castellano, cuando no fue así: «pronunció un importante discurso en esa lengua en Bolonia en 1530 y, en sus últimos años, después de hablar bien francés, peor el alemán, platicar en italiano y entenderse en inglés, el castellano se convirtió en su idioma preferido».[63]

Por otro lado, Duverger hizo un retrato muy negativo del Virrey Mendoza, que sin embargo fue un gran funcionario, estableciendo incluso las reglas de la correcta conducta virreinal en la Nueva España. Por contra, Duverger describe al Virrey como alguien consumido por la envidia que sentía hacia Cortés, ignorando la excelente biografía de Arthur Aiton, *Antonio de Mendoza, el primer virrey de la Nueva España*,[64] que no figura en la bibliografía de Duverger.

En realidad, las dos notas anteriores, de negligencia o insuficiencia historiográficas, no invalidan la tesis de Duverger, y el propio Hugh Thomas entiende que el hispanista francés es de lo más persuasivo cuando señala que Díaz del Castillo no figura en ningún documento relacionado con la conquista,[65] si bien aparece en un legajo en la sección de Contratación, en el Archivo de Indias de Sevilla, donde se asienta que nació en 1492 y que fue al Nuevo Mundo, al Darién, con Pedrarias Dávila en 1514.

Es importante, también, que Díaz del Castillo no aparece en la carta escrita al emperador Carlos V por los 544 seguidores de Cortés en Segura de la Frontera en octubre de 1520. Pero el propio Bernal explicó (capítulo 134 de su *Historia verdadera*) la ausencia de su firma en ese momento: estaba enfermo de calenturas. Claro que esa excusa –y aquí no habla Hugh Thomas, sino Duverger–, pudo inventársela el primogénito del propio Bernal

---

[62] Hugh Thomas, «¿Bernal o Cortés?», una larga referencia en *Letras Libres,* http://www.letraslibres.com/mexico-espana/bernal-o-cortes. Interesante, sobre la intervención de Hugh Thomas en la polémica, la observación de María del Carmen Martínez Martínez, de que el historiador inglés no llegó a conocer que en el escrito de Veracruz del 20 de junio de 1519 figura la firma de don Bernal. Traducción de Gabriela Hernández Adame y Guillermo Rousset, *Antonio de Mendoza, primer virrey de la Nueva España*, Meximox, México, 1993.

[63] Incluso dijo que era la lengua apropiada para hablar con Dios.

[64] Arthur Aiton, *Antonio de Mendoza, first viceroy of New Spain*, Duke University Press, 1927.

[65] Cabe insistir en lo dicho, *sensu contrario*, en la nota número 62 de este capítulo.

al repasar el texto originario atribuido a Cortés por el hispanista francés. También es interesante, sostiene Thomas, que Bernal Díaz no fuera llamado así hasta 1552, año desde el cual aparece ya con su segundo apellido, «del Castillo», seguramente –lo supone Duverger– para semiennoblecerse a sí mismo, sin que ese nombre de solo Díaz esté documentado.

Por otro lado, Hugh Thomas reconoce que, efectivamente, Cortés se estableció en 1543 en una casa en Valladolid que alquiló a «uno de sus parientes, Rodrigo Enríquez, cerca de lo que hoy es la Plaza Mayor de la ciudad, de camino al río Pisuerga». Allí, según Duverger, «investigó y después escribió el libro que siempre creímos que era de Díaz del Castillo. Y a ese respecto, la única persona que sabía lo que estaba pasando realmente era, según la explicación de Duverger, un primo de Cortés, con frecuencia también su abogado, fray Diego Altamirano». Hugh Thomas cree que, si Cortés hubiera escrito el libro, el secreto habría salido a la luz en algún momento a través de su familia o de la de Bernal Díaz.

María del Carmen Martínez Martínez también rechazó las tesis de Duverger. Y lo hizo en un notable artículo en el que sostuvo que, según documentos hasta entonces inéditos y apreciados por ella misma, se demuestra la capacidad de Bernal «para escribir, e incluso su actuación como escribano». En ese sentido, se cita el pleito con el fiscal Villalobos, en el que se conservan tres peticiones del conquistador (Bernal), y la probanza *ad perpetuam rei memoriam* que hizo en la villa del Espíritu Santo en marzo de 1539.[66]

El historiador mexicano Rodrigo Martínez Baracs también terció en la polémica, manifestando su interés por el libro de Christian Duverger, *Crónica de la eternidad*, ante el cual, la mayoría de los autores se pusieron muy en contra. Pero Martínez Baracs adoptó un punto de vista conciliador: pese a los múltiples errores factuales de Duverger, un argumento suyo resiste toda prueba: nadie podía saber tantas cosas y detalles sobre Hernán Cortés sino el mismo Hernán Cortés.

Por lo demás, la polémica no fue inútil, porque en ella participaron los historiadores mencionados (y además Antonio García

---

[66] María del Carmen Martínez Martínez, «Bernal Díaz del Castillo: memoria, invención y olvido», en *Revista de Indias*, vol. LXXVIII, núm. 273, págs. 399-428, 2018. Seguramente el artículo más definitivo en contra de las tesis de Duverger.

de León y Esteban Mira Caballos), que aportaron nueva información sobre Bernal Díaz del Castillo, lo que dio una nueva dimensión al personaje. Con todo, la documentación más temprana que afirma la autoría de Bernal de la *Historia verdadera* sigue siendo la mención del doctor Alonso de Zorita –ya se dijo antes–, que le vio en Guatemala, habló con él y dejó constancia de ese encuentro en el proemio historiográfico de su *Relación de la Nueva España*, escrita hacia 1578-1585.[67]

Hernán Cortés según sus biógrafos

Ya hemos visto cómo los cronistas de Indias trataron la figura de Cortés, desde López de Gómara y Bernal Díaz del Castillo hasta Fernández Oviedo y otros, con una visión personal más próxima o más alejada del conquistador. Ahora podremos hacer un repaso de las principales biografías del conquistador.

Prescott, en el mundo anglosajón

El gran reconocimiento de la figura de Cortés por el mundo anglosajón se debe, sin duda, a William H. Prescott, por su *Historia de la conquista de México*,[68] como máximo mentor del personaje en toda la América sajona y, *de facto*, en los demás países angloparlantes del mundo.

Prescott concibió su biografía de Cortés yendo más allá de la reconquista de Tenochtitlán, llegando su narración hasta el final de su vida, con toda la penosa historia del gran personaje, obstruido por la burocracia de Carlos V y su

William H. Prescott (1796-1859), biógrafo de Cortés y Pizarro en Estados Unidos.

---

[67] Rodrigo Martínez Baracs, «Actualidad de Hernán Cortés», en María del Carmen Martínez Martínez y Alicia Mayer (coords.), *Miradas sobre Hernán Cortés*, ob. cit., págs. 273 y siguientes.
[68] Primera edición de 1843. En versión reciente, Editorial Antonio Machado, Madrid, 2004.

desdén personal. De modo, dice Alberto Rodríguez, que «William Prescott incluye dentro de la literatura norteamericana lo complejo de lo hispánico, otorgándole un lucimiento excepcional».[69] Con el resultado de la hegemonía histórica de Prescott que duró casi un siglo hasta los siguientes grandes biógrafos de Cortés, del español Madariaga primero, de Hugh Thomas después y de los mexicanos José Luis Martínez y Juan Miralles.

Por lo demás, manifiesta Richard L. Kagan, en la reputación de Prescott como historiador fue muy importante –y lo mismo opinó Hugh Thomas– la calidad poética que impregna su prosa, así como su reconocida capacidad para pintar vívidos retratos, concebidos a fin de *transportar* a sus lectores a la época y al país sobre el cual estaba escribiendo.[70] En ese sentido, está claro que Prescott cultivó cuidadosamente lo que él mismo llamaba un estilo *natural* de escritura, poniendo gran empeño en captar la atención del lector. Lo que logró, en parte, al transmitir una cierta sensación de intriga narrativa, así como un ritmo que mejora el relato, yuxtaponiendo momentos de acción dramática, como batallas, con otros de más calmoso acontecer.

Prescott atribuyó la caída de Tenochtitlán a la *ambición* de los conquistadores, pero también, en primer lugar, al valor y a la pericia militar de Cortés, a quien alabó por *la constancia de su propósito* y por *ser el cuerpo y alma de la empresa.*

Pero según el ya citado Richard L. Kagan, hubo otros factores que ayudaron a Prescott a explicar la gran victoria de Cortés: no solo su personificación de España, sino también de la cristiandad y de la civilización europea, fuerzas a las que no podía oponer resistencia la *semicivilización bárbara de los mexicas* (sic). En definitiva, Prescott reconoció muchas ventajas al conquistador.[71]

La raza también explicó, según Prescott, la derrota de los mexicas –con palabras que hoy no serían políticamente correctas–: «los aztecas eran *asiáticos* y, por ello, inferiores naturalmente a los españoles que, a pesar de sus propios defectos,

[69] Alberto Rodríguez, «El historiador William Prescott y su visión de los españoles», https://cvc.cervantes.es/literatura/aih/pdf/12/aih_12_4_031.pdf.
[70] Prescott fue también autor de la *Historia del reinado de Isabel y Fernando, los Reyes Católicos*, e *Historia de la conquista del Perú*.
[71] Richard L. Kagan, *Los cronistas y la Corona*, Marcial Pons Historia, Madrid, 2010.

el fanatismo religioso en particular, seguían siendo europeos y destinados, por tanto, por la Providencia a rescatar a otros pueblos de la *salvaje superstición*».

Madariaga, orgullo hispano

La obra *Hernán Cortés*, de Salvador de Madariaga, fue muestra importante de erudición.[72] Y, sobre todo, quiso desentrañar el corazón, con frecuencia quijotesco, del conquistador, que ciertamente tuvo otros sentimientos no tan preclaros en su personalidad.

José Vasconcelos en una imagen de 1914, un convencido cortesiano que vislumbró la raza cósmica.

Como sucedió con otras obras suyas, Salvador de Madariaga escribió su *Cortés* durante el más largo exilio de España (1939-1977), transcurrido sobre todo en Oxford, dándole a su historia el carácter de epopeya española y ejemplo del heroísmo e inteligencia de lo que fue el Imperio en su hora iniciática. Hay, pues, en su obra –como en su *Cristóbal Colón*[73] o, de otra manera, en su *Bolívar*–[74] una indudable nostalgia que patentiza un orgullo indiscutible que el autor sentía por todo lo hispano, hasta casi ver la Nueva España como un paraíso:

> Con su incansable actividad, había dado el primer impulso a aquella nueva nación, trazando las primeras líneas de su prosperidad económica, del respeto a los naturales, de la enseñanza de naturales y blancos, y del ennoblecimiento de la tierra mediante la reina de las artes cívicas, la arquitectura. Antes de su muerte había ya entre los naturales bastantes teólogos y latinistas para asustar a ciertos clérigos timoratos que no auguraban nada bue-

---

[72] Salvador de Madariaga, *Hernán Cortés,* Espasa, Barcelona, 2000. 1.ª edición en 1945.
[73] Salvador de Madariaga, *Vida del muy magnífico señor don Cristóbal Colón*, Hermes, México, 1952.
[74] Salvador de Madariaga, *Bolívar*, Espasa Libros, Madrid, 1984.

no de tantas letras; y la primera prensa del continente americano trabajaba ya en Méjico a plena marcha. Nobles edificios hacían ya de Méjico la capital más bella del orbe nuevo. Apenas muerto Cortés, Cervantes de Salazar registra la prosperidad de Tlaxcala y elogia la belleza de los edificios urbanos, la fertilidad de las tierras, la riqueza, contento y bienestar de los naturales y el buen gobierno que allí ejercía uno de los capitanes de Cortés, a quien se debía en gran parte tanta prosperidad, gracias a su cuidado en establecer excelentes comunicaciones para las que había construido ya treinta y tres puentes de piedra.[75]

No obstante, en la obra de Madariaga también se reconoce plenamente el alto nivel de la civilización mexica, que procuró estudiar a fondo.[76]

Pereyra y Vasconcelos: el fundador de México

Carlos Hilario Pereyra y José Vasconcelos fueron dos intelectuales mexicanos profundamente inquietos por la figura de Cortés. Pereyra (Saltillo, Coahuila, México, 1871-Madrid, 1942), abogado, diplomático, escritor e historiador, se estableció en España en 1916 y, sin haber solicitado la nacionalidad, consideró a su nuevo país de residencia como su segunda patria, y desde ella luchó contra la corriente antiespañola, basada en los trabajos de historiadores como el escocés William Robertson, el economista inglés William Cunningham y el historiador francés Charles Seignobos, cuyas prédicas anticortesianas habían tenido un impacto muy negativo en la opinión pública sobre las acciones de los conquistadores españoles.

En ese sentido, Pereyra se fijó el objetivo de reivindicar todo lo hispanoamericano e ibérico, asumiendo la tarea de revisar la historia de la obra de España en América, convirtiéndose en un

---

[75] Salvador de Madariaga, *Hernán Cortés*, Espasa Calpe, Madrid, 1982, págs. 560-561.

[76] El autor de este libro conoció a don Salvador de Madariaga en 1973, cuando se le concedió el Premio Carlomagno. Asistimos a su entrega en Aquisgrán un trío de amigos: Alberto Ullastres, José B. Terceiro y yo mismo. Era un escritor entusiasta de la vida, que, a su vuelta a España, en 1977, adoptó a una actitud de cerrazón con la izquierda. Sin duda por el malogrado Congreso de Múnich de 1962.

reconocido hispanista. Hasta el punto de que de él se dijo que era hispanista más hispanista que los propios españoles. Por lo demás, en su biografía de Cortés,[77] defendió la *Historia verdadera* de Bernal Díaz del Castillo de las acervas críticas recibidas del citado Robertson,[78] en una obra de envergadura titulada *Hernán Cortés y la epopeya de Anáhuac.*[79]

Pereyra tuvo su mejor discípulo en José Vasconcelos Calderón, un estudioso de la historia de México y singularmente de la descomposición del porfiriato y del triunfo ulterior de la revolución mexicana.[80] No debe ocultarse que durante un tiempo se sintió atraído por las primeras etapas de gobierno de Hitler, sobre todo por la rápida recuperación de la economía alemana tras la Gran Depresión; una actitud, por lo demás, bastante extendida entonces en Iberoamérica, y a la que no fue ajeno, por un tiempo, el propio John Maynard Keynes ante la inicial política de empleo del III Reich (1933-1938).

Vasconcelos hizo una síntesis de la biografía de Cortés de Pereyra, que ya hemos comentado en la Nota preliminar del autor, en la línea de ver a don Hernán como el *creador verdadero de la nacionalidad mexicana* y origen de una nueva *raza cósmica*, en contra de la idea cerrada de algunos indigenistas.[81] Según dice Miguel Saralegui, muchos intelectuales imaginaron esa posible raza cósmica como un crisol común de las naciones iberoamericanas, originado por el mestizaje: el hecho fundamental de la historia de América y de la humanidad (sic), pues «a diferencia de los ingleses, los españoles se mezclaron con los indígenas, creando una tercera raza, caracterizada por la mezcla y no por la pureza».[82]

---

[77] *Hernán Cortés y la epopeya de Anáhuac* (1906), Ed. América, Madrid, 1915.

[78] *Prólogo y antología de la obra de Bernal Díaz del Castillo; Descubrimiento y conquista de Méjico (Historia verdadera la conquista de la Nueva España)* (1915), Espasa Calpe, Madrid, 1933.

[79] Editorial América, Biblioteca de la juventud hispanoamericana, Madrid, 1915.

[80] Sobre estos temas, el capítulo 11 de este libro.

[81] José Vasconcelos, *Hernán Cortés. Creador de la nacionalidad*, Ediciones Xochitl, México 1944.

[82] Miguel Saralegui, «La ciudad cósmica hispana», *ABC*, 13-X-2018.

José Luis Martínez: un trabajo cabal e instructivo

Y viene ahora la referencia a la obra que, a mi juicio, es más completa para el estudio de Cortés. Se trata del libro que en 1990 publicó el estudioso mexicano José Luis Martínez, uno de los máximos impulsores del Colegio de México (antigua Casa de España).[83] Destacado académico, diplomático, ensayista, historiador, cronista, bibliógrafo, editor y humanista, cursó la carrera de Letras Españolas en la Facultad de Filosofía de la UNAM, con estudios de Filosofía e Historia del arte de 1938 a 1943. Fue miembro de número de la Academia Mexicana de la Lengua, institución que dirigió de 1980 a 2002. También se desempeñó como director del Fondo de Cultura Económica de 1977 a 1982, y desde 1990 fue miembro de sus comités de Historia y de Literatura.

En la primera página de su libro sobre Cortés, Martínez reprodujo la octava real que le dedicó Lope de Vega:

Cortés soy, el que venciera
por tierra y por mar profundo
con esta espada otro mundo,
si otro mundo entonces viera.
Di a España triunfos y palmas
con felicísimas guerras,
al rey infinitas tierras,
y a Dios infinitas almas.[84]

Como también se incluyó en el frontispicio del libro una cita de Octavio Paz que ya se vio en la Nota preliminar del autor del presente libro:

Apenas Cortés deje de ser un mito ahistórico y se convierta en lo que es realmente –un personaje histórico–, los mexicanos podrán verse a sí mismos con una mirada más clara, generosa y serena.

---

[83] José Luis Martínez, *Hernán Cortés*, Fondo de Cultura Económica, México, 1990.
[84] También memorable es la octava real que Lope de Vega dedicó a don Álvaro de Bazán, marqués de Santa Cruz, victorioso en Lepanto y otras batallas.

José Luis Martínez, en su *Hernán Cortés*, intentó muy seriamente *poner las cosas en su sitio* desde el lado mexicano, elaborando así «el mejor trabajo que conozco sobre Cortés», según Salvador Durán, especialista en historia de México y director del Museo Nacional de Historia, que tiene su sede en el Castillo de Chapultepec, en el DF.[85] En el trabajo de José Luis Martínez se presta gran atención a la historia de las civilizaciones del México prehispánico, con una información que desborda la de otros libros, más allá que Madariaga, Miralles o Hugh Thomas. En lo que se ve una labor y un conocimiento que

José Luis Martínez, autor de la biografía de Cortés seguramente más completa e innovadora.

deriva de una larga investigación antes de iniciar la redacción del libro sobre el conquistador.

Publicado por el Fondo de Cultura Económica, en papel biblia, con 1.016 páginas, la obra del profesor Martínez reúne excelentes ilustraciones, incluyendo referencias de los principales códices mexicas. Y sobre el método seguido, nada mejor que sus propias palabras:

> Las apologías o las condenaciones pueden reforzar las convicciones previas de cada uno, pero no logran cambiar el pasado y nos ayudan escasamente a conocerlo mejor. Respecto a Cortés y la conquista, algunos partidaristas han considerado suficiente un puñado de hechos para apoyar sus juicios, y conceden más atención a las argumentaciones que a la indagación de los acontecimientos.
>
> Mas, evitando este predominio de las actitudes, ha sido posible también un tercer camino. En el caso de Cortés se cuenta con un enorme acervo de documentos, publicados a lo largo de muchos años o inéditos en parte…

---

[85] Susana Gaviña entrevista a Salvador Durán, director del Museo Nacional de Historia de México, «La gran desventura de Cortés es el uso político que se ha hecho de él», *ABC*, 15-XII-2014.

La presente obra sobre Cortés tiene como norma principal la decisión de guiarse por un honesto afán de conocimiento. Como para lograrlo solo tenemos los testimonios del pasado, lo que unos y otros contaron y conservamos, se evita todo vuelo imaginativo, de modo que cada hecho recogido tiene una base documental...

De los escritos de Cortés, las *Cartas de relación* son los más importantes, en cuanto ofrecen el primer testimonio de lo que fue el México antiguo y su conquista...

Esto ha sido posible gracias a que el autor de la presente obra trabajó al mismo tiempo en la recopilación y edición del *corpus* que ha llamado *Documentos cortesianos* –que recoge algo más de trescientos–, y al que, además de las *relaciones*, sigue constantemente para exponer la historia de Cortés. Así pues, el presente estudio y los *Documentos* están concebidos como una unidad.[86]

En definitiva, la obra de José Luis Martínez es una visión referenciada, paso a paso, con notas bibliográficas y comentarios muy precisos, de lo que fue la proeza de la conquista y de la poliédrica figura de quien ejerció entonces un protagonismo absoluto: Cortés, gran soldado que aprendió ese oficio por sí mismo; conquistador infatigable que no dejó que le vencieran ni el temor ni la temeridad; estadista constructor de un Estado, México, en el cual el mestizaje avanzó imparable. También fue diplomático para negociar la lucha contra el adversario común de los mexicas con las diferentes etnias mexicanas.

Hugh Thomas: visión de un portento histórico

Con Hugh Thomas (Windsor, 1931-Londres, 2017), el autor de este libro tuvo una buena y larga amistad, a partir de su *opera prima*, *The Spanish Civil War*, que fue como un mazazo para millones de lectores sobre el drama de España entre 1936 y 1939. Una guerra fratricida, que podría haberse evitado, y que por décadas dividió

---

[86] José Luis Martínez, *Hernán Cortés*, ob. cit., págs. 11 a 13.

a los españoles. Un tema sobre el que hablamos largamente.

En cierta ocasión invité a Hugh a un encuentro de la Universidad Complutense de Madrid, en San Lorenzo de El Escorial, con ocasión de cumplirse los cincuenta años de terminación de la Guerra civil.[87] Y la última vez que nos vimos fue en Panamá, en 2013, con ocasión de los 500 años de Balboa en la Mar del Sur, invitados, él y yo, por la Autoridad del Canal de Panamá. Estaba allí con su esposa, Vanessa, y hablamos de la posibilidad de promover una iniciativa de hispanistas para apoyar la idea de resolver el problema de Gibraltar. No seguimos en el proyecto por la muerte de Hugh, poco después.

Hugh Thomas, lord Thomas de Swynnerton, gran hispanista y biógrafo cortesiano.

Lo cierto es que, cuando me decidí a hacer este libro, tuve ocasión de conocer la ingente labor de Hugh en varias otras facetas de la historia de España distintas de la Guerra civil. Con libros como *El imperio español de Carlos V*,[88] *El señor del mundo. Felipe II y su imperio*[89] y, sobre todo, *La conquista de México*,[90] una obra que salió al mercado antes que las biografías de José Luis Martínez y Juan Miralles.

Precisamente, a propósito de *La conquista de México*, Lord Thomas de Swynnerton dirigió en 2002, en la Universidad Internacional Menéndez Pelayo de Santander (UIMP), un curso sobre don Hernán, en el que el historiador afirmó que «no solo fue el militar capaz de tomar México con únicamente 500 hombres», para acto seguido reivindicarle como un hombre culto y gran escritor. El hispanista inglés afirmó que si México no reconoce a Cortés se

---

[87] De aquel encuentro surgió un libro compilado por el autor, *La Guerra de España 50 años después*, Planeta, Barcelona, 1989, que tuvo edición portuguesa.
[88] Planeta, Barcelona, 2010.
[89] Planeta, Barcelona, 2013.
[90] Primera edición en inglés de 1993. Edición española de 1994. Hemos utilizado la edición de Booket, de 1.136 páginas de apretada tipografía.

debe a que es «demasiado complicado para los mexicanos» (sic),[91] una objeción más propia de Prescott; si hubiera desarrollado esa idea, habría sido interesante.

Según Thomas, las Cartas de relación de Cortés a Carlos V son, después de *La Celestina*, lo mejor en la literatura española del siglo XVI, y para él estuvo claro que el capitán general de la Nueva España y los que fueron con él a la conquista, se interesaron por la cultura azteca mucho más que los colonizadores de segunda generación y después. En ese sentido, sostuvo que el México actual es nieto de la conquista, cuyo impacto más letal «no fueron las matanzas, sino las enfermedades, viruela y gripe principalmente, que mermaron la población» por el mero contagio de los mexicas de las dolencias de Europa.

Thomas subrayó que la conquista no podía ser armoniosa: «En México hubo una pugna de una religión con otra. Los españoles querían oro, poder y las almas de los indios. Por otra parte, buscar en el pasado la moralidad de nuestros tiempos (o su carencia) no facilita la labor del historiador».[92]

En su curso de Santander en la UIMP, Thomas también contó que decidió estudiar a Cortés porque vio que, como gran obra sobre él —para un anglosajón, se entiende—, solo existía el libro de Prescott de 1843:[93] «Pensé que podría aportar algo», dijo y, así las cosas, se enfrascó en el Archivo General de Indias, en Sevilla, donde examinó, uno por uno, durante cuatro años, gran cantidad de documentos inéditos. De modo que en 1993 publicaba en inglés las 900 páginas de *Conquest: Cortés, Montezuma, and the Fall of Old Mexico*,[94] una obra que explica, en prosa muy dinámica, los orígenes del México actual y la mezcla de las culturas indígena y española.

También en su entrevista de Santander, Thomas dijo que habría querido ser Carlos V antes que Hernán Cortés, dos personajes que, junto con Francisco Pizarro, fueron —afirmó— *los gigantes de*

---

[91] https://elpais.com/diario/2002/07/02/cultura/1025560806_850215.html.

[92] *Conquest: Cortés, Montezuma, and the Fall of Old Mexico*, Simon & Schuster, Nueva York, 1995. Versión española en Planeta, Barcelona, 2010.

[93] En la década de 1980, cuando Thomas empezó a leer sobre Cortés, aún no existían los libros de José Luis Martínez y Juan Miralles.

[94] *La conquista de México*, versión española, Booket, Planeta, Barcelona, 2012.

la época más importante de la historia de España.[95] Y en defensa de Carlos V manifestó que «fue el principal estadista de su época, al dar por descontada su propia grandeza. Tenía un sentido del deber, del honor y de su papel en la historia y en el cristianismo muy superior a los reyes de su época», aunque la versión del pueblerino citada en el capítulo 8 fue muy distinta, según podrá verse. Fue, además —subraya—, «un digno heredero de su abuela Isabel».[96] Todo lo cual no obsta para que, al final, Carlos rechazase a Cortés, ordenando su desposesión de cargos en México y la retirada de la primera biografía escrita por López de Gómara.

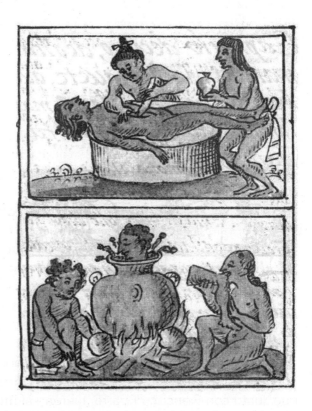

«Llevaban los cuerpos al calpulco, adonde el dueño del cautivo había hecho su voto o prometimiento; allí le dividían y enviaban a Moteccuzoma [sic] un muslo para que comiese, y lo demás lo repartían por los otros principales o parientes; íbanlo a comer a la casa del que cautivó al muerto. Cocían aquella carne con maíz y daban a cada uno un pedazo de aquella carne en una escudilla o cajete, con su caldo y su maíz cocido, y llamaban aquella comida *tlacatlaolli* [guisado de carne humana].» *Fuente: Juan Miralles, Hernán Cortés. Inventor de México, Tusquets, Barcelona, 2001 (el texto procede de La Historia verdadera).*

---

[95] http://www.elmundo.es/elmundo/2010/11/29/cultura/1291034204.html.

[96] Thomas fue autor también del libro *El Imperio español de Carlos V*, Planeta, Barcelona, 2010.

Precisamente Thomas reconoce que Carlos «no fue consciente» de la potencialidad de sus posesiones americanas, por las que profesó un interés fundamentalmente económico. De modo que Carlos V, según Thomas, la segunda espada de la cristiandad, no se percató de que los conquistadores eran, en cierto modo, la reencarnación de los españoles que habían recuperado España de manos musulmanas.

Podríamos incluir aquí al biógrafo último de Cortés, Christian Duverger, pero a sus aportaciones más que polémicas sobre la vida de Cortés y sus obras ya nos hemos referido antes en este mismo capítulo.

Juan Miralles: *Cortés,* inventor de México

En realidad, en el amplio trabajo de Miralles hay todo un nuevo aire de frescura, de auténtico viaje a la conquista y a todo lo que sucedió después en la azarosa vida de don Hernán: tan exaltado como perseguido, tan glorificado como maltratado por quien había recibido de sus manos –Carlos V– un territorio mayor que el del Sacro Imperio Romano Germánico, y con un solo mando, español, en vez de medio millar de reyes, *margraves* (marqueses), duques, electores, etc. de lo que entonces era Alemania. Con una nota diferencial: Miralles detalla –con mayor precisión que José Luis Martínez–, la crueldad de los mexicas, refiriéndose especialmente al canibalismo masivo de la superestructura que gobernaba Tenochtitlán.[97]

Para Miralles, Cortés fue el gran conquistador, pese a reconocer sus crueldades ocasionales, como cuando cortó dedos de los pies a sus enemigos o amputó manos a los espías. Sin olvidar lo que hizo con Cuauhtémoc (ahorcado) y su esposa (apropiada por un tiempo) en el viaje a Las Hibueras. A la hora de defender sus aspiraciones, lo rememora el autor, Cortés fue durísimo, de un rigor y una crueldad a veces aparentemente innecesaria, pero que contribuía a que su figura inspirara el temor que él buscaba como más importante que su propia coraza.[98]

---

[97] Juan Miralles, *Hernán Cortés, inventor de México*, Tusquets, Barcelona, 2001.
[98] https://elpais.com/diario/2002/04/01/cultura/1017612004_850215.html.

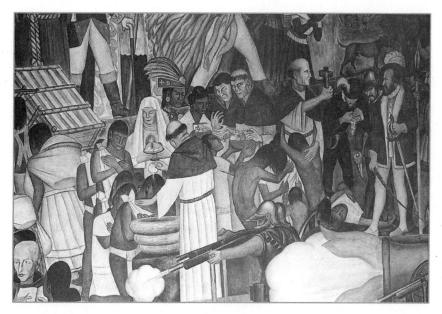

Diego Rivera: *Los españoles en México*. Mural en el Palacio Nacional, México.

El que no sale tan bien parado en la obra de Miralles es Bartolomé de Las Casas, ejemplo de fama histórica ganada las más de las veces con exageración de las *maldades hispanas*. «Ese santón que habla siempre en tercera persona... Ese clérigo que alteró los diarios de a bordo... Escribió mentiras monstruosas», dice Miralles. Pero, con todo, reconoce que Las Casas fue un gran historiador de la conquista, casi siempre del lado contrario a los españoles, contribuyendo así al surgimiento de la leyenda negra.

Miralles cuenta cómo se decidió a escribir sobre Cortés: «Encontrándome en Ecuador, tuve oportunidad de conversar con don Juan Pérez de Tudela, en los días en que este era secretario de la Real Academia de la Historia, que me dijo: «Miralles, no olvides que está pendiente de escribirse la biografía de Hernán Cortés, y esa deberá escribirla un mexicano».[99] Repuse que yo no era historiador, a lo que el viejo maestro apuntó: «No olvides que Historia es interpretación; y me he dado cuenta de que tú interpretas los fenómenos. Tú eres historiador, aunque no poseas

---

[99] José Luis Martínez todavía no había escrito la suya que, recordémoslo, se publicó en 1990.

91

un diploma».[100] Y efectivamente, la Historia es, sobre todo, interpretación.

Miralles rompió definitivamente con el tópico de que los conquistadores y los colonos fueron a México solo para enriquecerse y que apenas hubo unos cuantos frailes buenos. Son palabras de Miralles a Tulio Demicheli en una entrevista de las que recogemos algunos párrafos:

> En los frescos de Diego Rivera, en el Palacio Nacional, asoman conquistadores con perfil de aves de presa, ávidos de oro y frailes regordetes. Conocido el fuerte antiespañolismo de Rivera (y demás muralistas prosoviéticos), aquí la responsabilidad no es imputable a él únicamente, sino a aquellos que lo autorizaron para que dispusiera a su antojo de esos muros...
>
> Además, era una moda: todo lo español era retrógrado. Frente a ese tópico, lo primero a tener en cuenta es que fueron muy pocos los conquistadores que recibieron encomiendas, de ahí que un gran número tuvieran que dedicarse a ocupaciones diversas: Lencero montó una venta en el camino a Veracruz, que fue muy renombrada (de conquistador a ventero); Francisco de Aguilar también montó otra muy exitosa, que abandonaría al ingresar al convento (fueron cerca de una docena los conquistadores metidos a frailes). Un caso notable es el de Benito Bejel, antiguo tambor en las guerras de Italia, presente en los combates contra los tlaxcaltecas, y que redobló en Otumba. Pues este veterano, que redobló en el Garellano, se presentó ante el cabildo de México para solicitar autorización para montar una escuela de danza.[101]

Más que el afán del oro, parecería que la guía fuera el ideario de la hidalguía caballeresca. Si a Cortés no lo hubieran retenido forzoso en la corte entre 1540 y 1547, seguramente habría partido en uno de sus barcos para la búsqueda de la mítica tierra de Cíbola, y de haber tenido más éxito en sus navegaciones por la Mar del Sur (Pacífico), quizá hubiera emprendido la mayor hazaña de su vida, la conquista de China.

---

[100] Tulio Demicheli entrevista a Juan Miralles, «En la historiografía mexicana, Hernán Cortés no habita en el limbo, sino en el infierno», *ABC*, 17-IX-2001.
[101] Juan Miralles, ob. cit., perdí la paginación exacta.

Colofón al capítulo 2: cronistas y biógrafos

–Usted habla demasiado bien, tal vez, de los cronistas de Indias: ¿no escribieron al dictado de los oficiales de la Corona o de sus propios promotores, como fue el caso de López de Gómara, capellán y cronista de Cortés?

–No crea, y no diga eso de Gómara, porque no fue ni el capellán que dicen, ni escribía al dictado. Los cronistas tenían su amor propio y su cultura, y, ciertamente, introducían de su cosecha no pocas reflexiones filosóficas, fantasías y fábulas, propias de los libros de caballerías y de otras literaturas de su época... Además, son interesantes las contradicciones de unos cronistas con otros, lo que significa una autonomía indudable de tales narradores.

–Y de la polémica de Duverger, ¿de qué lado se pone usted?

–No cabe duda de que, con gran atrevimiento, Duverger señaló muchas circunstancias a favor de su tesis...

–¿Realmente lo reconocen así los expertos?

–Sí, sí, especialmente Hugh Thomas y Rodrigo Martínez Baracs, aunque al final ninguno de los dos dé la razón a Duverger... Bernal sigue siendo un personaje... muy enigmático, cierto. Como dijo Martínez Baracs, sabía de don Hernán más que él mismo.

–Entonces, qué me dice usted, ¿que Duverger tergiversó la realidad o acertó en sus tesis?

–No, no, en absoluto, subrayó una serie de extrañas circunstancias. Pero era mucho trabajo para Cortés hacer la *Historia verdadera* y al tiempo ayudar a López de Gómara con su crónica. Además, el testimonio de Zorita, de haber estado con Bernal en Guatemala y haber visto el libro en ciernes, eso fue definitivo. Realmente la historia de que los hijos de Cortés se pusieron de acuerdo con el de don Bernal para pasarle el original cortesiano de la HV es demasiado rocambolesco. La trazabilidad, como se dice ahora, del manuscrito no está demostrada ni podrá serlo, lo más seguro.

–Y de los biógrafos, ¿qué cabe decir?

–En general muy bien documentados, y la mayoría favorables a don Hernán, deslumbrados por su figura y sus proezas. Porque lo cierto y verdadero es que la realidad superó a la ficción.

–Y eso ¿no menoscaba la calidad de tales biógrafos?

—Yo pienso que no. Los biógrafos norteamericanos, mexicanos, españoles, ingleses y franceses, casi siempre coinciden en la figura del conquistador como hombre valiente, decidido, culto, generoso y, sobre todo, para el que lo más importante no era el oro (aunque no hay duda de que le gustaba mucho), sino *conquistar*. Además, se enamoró de México y procreó, con doña Marina, el primer mestizo. Carlos V no le recibió en su segundo y definitivo viaje a España porque le veía muy inteligente y ambicioso, capaz de alzarse por la independencia de una Nueva España con sus amplios e imprescindibles recursos para la Corona. Pero el conquistador, en contra de tales temores, siempre fue leal a su rey.

Capítulo 3
La forja del conquistador

Extremadura, tierra de conquistadores

Extremadura, originariamente la parte más meridional del Reino de León, y en el siglo XV ya dentro de la Corona de Castilla, alcanzó la máxima grandeza de sus gentes al participar estas en las navegaciones, conquista y evangelización del Nuevo Mundo. A partir de 1492, fueron muchos los extremeños que se lanzaron a la aventura de unas Indias hasta entonces no imaginadas.[1]

Esa expansión no cabe asimilarla a una conquista en el sentido tradicional del término, pues España, por su composición de diversos reinos no integrados en plenitud, y con recursos limitados, no contaba con ejércitos regulares, ni permanentes, ni suficientemente poderosos como para realizar la amplia ocupación para explorar, vencer y colonizar. Ni la Corona de Castilla, la más poderosa de España, tenía medios financieros para organizar empresas de conquista.

Así pues, tras la primera experiencia de Colón —de financiación estatal—, el Consejo de Indias (recuérdese lo visto en el capítulo 1) organizó todo un esquema de acciones jurídicas (*capitulaciones*) para abarcar y poner bajo su control las nuevas tierras que los conquistadores iban adquiriendo para Castilla, por medio de una serie de contratos con los emprendedores que pactaban con el Rey, sin coste alguno para la Corona, que recibía por lo menos el quinto real de los ingresos reconocidos en cada caso. Y si Hernán Cortés, como se verá, siguió diferente

---

[1] Conferencia de Ramón Tamames, «Una idea histórica y económico-social de Extremadura. Reflexiones sobre pasado, presente y futuro», a invitación de la Caja Rural de Almendralejo, en Cáceres, el 25 de septiembre de 2014.

método a la previa capitulación, siempre separó el quinto real por delante de todo.

Entre los conquistadores que llegaron a América destacaron muchos extremeños, empezando por Vasco Núñez de Balboa (de Jerez de los Caballeros, Badajoz), cuya descubierta del Mar del Sur en 1513 tuvo el máximo valor estratégico, al demostrar que las tierras avistadas por Colón en el Caribe no eran las Indias sino un continente hasta entonces desconocido.[2]

Después de Balboa, llegaron otros grandes extremeños: el propio Hernán Cortés (de Medellín, Badajoz), conquistador de México; Francisco Pizarro (Trujillo, Cáceres), que se hizo con el Imperio de los incas; Ñuflo Chaves, explorador y conquistador de parte de lo que hoy son Bolivia y Paraguay, recordado como fundador de la actualmente segunda ciudad boliviana, a la que dio el nombre entero de su pueblo natal, Santa Cruz de la Sierra, aunque la nueva ciudad está en una gran planicie sin sierra alguna en su entorno. Pedro de Valdivia (Villanueva de la Serena, Badajoz) fue el conquistador de Chile, nuevo país al que inicialmente se bautizó como Nueva Extremadura.

Cortés, en concreto, tuvo entre sus compañeros de conquista a, por lo menos, diez extremeños:

- De Badajoz, Pedro de Alvarado y sus hermanos.
- De Burguillos del Cedro (Badajoz), Leonel de Cervantes.
- De Cáceres, Juan García Holguín.
- De Fregenal de la Sierra (Badajoz), Juan Jaramillo.
- De Medellín (Badajoz), Andrés de Tapia, Gonzalo de Sandoval, Álvaro de Mendoza y Alonso Hernández Portocarrero.
- De Oliva (Badajoz), Francisco Méndez Chico.[3]

La inmensa mayoría de los soldados que sobrevivieron a la conquista se quedaron en las Indias, para convertirse en los *criollos*, que tras generaciones serían los protagonistas de la in-

---

[2] Sobre Balboa y otros aspectos de la conquista, una pequeña obra del mismo autor de este libro: «Vasco Núñez de Balboa y el Mar del Sur. Navegaciones y conquistas en los siglos XVI a XIX. Un ensayo histórico con ocasión del quinto centenario de Balboa y el océano Pacífico», editada por la Autoridad del Canal de Panamá en 2013.

[3] Hugh Thomas, *La conquista de México*, ob. cit., pág. 223.

dependencia, y también del odio antiespañol; además, con un trato a los indios mucho peor que el de los españoles originarios, que respetaron las lenguas y muchas de las costumbres de los nativos, que en muchos casos conservaron sus comunidades y autoridades.

El hecho de que muchos importantes conquistadores fueran extremeños ya asombró a los contemporáneos de la conquis-

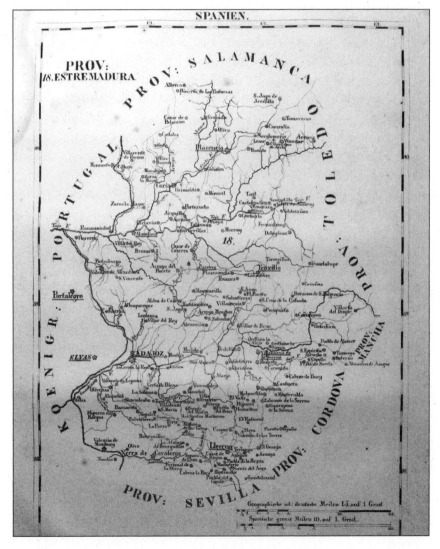

Mapa antiguo de Extremadura. *Fuente:* Archivo Biblioteca Diputación Provincial de Cáceres.

ta, como nos lo demuestra el siguiente texto de Garcilaso de la Vega *el Inca* (1564):[4]

> Gonzalo Pizarro y sus cuatro hermanos, de los cuales la historia ha hecho larga mención, fueron naturales de la ciudad de Trujillo en la provincia de Extremadura, madre extremada, que ha producido y criado hijos tan heroicos, que ha ganado los dos imperios del Nuevo Mundo: México y Perú. Don Hernando Cortés, marqués del Valle, que ganó México, fue también de Medellín. Y Vasco Núñez de Balboa, que fue el primer español que vio la Mar del Sur, era natural de Xerez [de los Caballeros] de Badajoz; y don Pedro de Alvarado [Villanueva de la Serena, Badajoz], que después de la conquista de México pasó al Perú con ochocientos hombres. Y también extremeños fueron Gómez de Tordoia, Pedro Holguín, Hernando de Soto, Pedro del Barco y Chaves; y otra gente ayudaron a ganar aquellos reinos, los más de ellos extremeños.[5]

Igualmente fue extremeño Francisco de Orellana, de Trujillo, primer navegante en todo el curso del Amazonas, cuya descubierta benefició luego a Portugal y Brasil, y no a España, por negligencia española del caso, según se vio más atrás.

Asimismo, hubo una gran mujer extremeña en la conquista: Inés Suárez, en verdad poco recordada y de gran interés por su excepcional historia. Nació en Plasencia, provincia de Cáceres, en 1507 y murió en Santiago de Chile en 1580 a los 73 años de edad. En 1527, su primer marido se embarcó con destino a Panamá e Inés permaneció en España esperándolo. Pasaron los años y, cuando ella llega a Perú, buscándolo, le informan sobre su muerte en la batalla de las Salinas, en la guerra entre los Pizarro y Almagro. Como compensación por ser viuda de un soldado, recibió una encomienda en Cuzco, donde se instaló.

Algún tiempo después, Inés conoció a Pedro de Valdivia, maestro de campo de Pizarro, y entre ellos nació lo que hoy se dice un *romance*. Cautivada con los planes de Valdivia para conquistar

---

[4] Mario López Martínez, *Conquistadores extremeños*, Lancia Ediciones, León, 2004.
[5] Inca Garcilaso, «Genealogía o relación de la descendencia del famoso Garci Pérez de Vargas», *Revista de Historia y de Genealogía Española*, Madrid, 1929.

las tierras que el Adelantado Diego de Almagro había recorrido cuatro años atrás, le acompañó en su azarosa aventura de Chile y se convirtió en una de las fundadoras de la ciudad de Santiago.[6]

Cortés: adolescencia y primera juventud

Entrando ya en la síntesis histórica que haremos de la vida de Cortés (capítulos del 3 al 6 de este libro), su nacimiento se fija, generalmente, en 1483, se dijo que el mismo día que Lutero, el promotor de la Reforma. De tal modo que, en México, los franciscanos vieron en esa pretendida coincidencia una especie de favorable augurio: «¡Hernán Cortés de Monroy y Pizarro Altamirano, el conquistador y evangelizador de la Nueva España, vino al mundo para convertir a los indios y compensar así la pérdida de batallones de cristianos volcados en favor de la Reforma!».[7]

Cortés siempre profesó gran admiración por su padre, Martín Cortés de Monroy, de hidalguía menor, que mantuvo con él una sana relación de confianza y complicidad toda su vida. Y a pesar de la distancia que separó a padre e hijo durante muchos años, don Martín no dudó en prestarle el apoyo más decidido siempre que pudo. Así, en marzo de 1520, cuando su hijo estaba en México en situación muy incierta en cuanto a la legalidad de su aventura, por la relación anómala mantenida con Diego de Velázquez, Martín intervino ante el Consejo Real de Carlos V[8] para denunciar la innoble actitud del gobernador de Cuba hacia su hijo.

Martín Cortés se cuidó de que en su adolescencia Hernán aprendiera a montar a caballo y a manejar la espada de acero, dos habilidades que le fueron de lo más útiles en la conquista.

---

[6] En agosto de 2006, la escritora chilena Isabel Allende publicó una novela, *Inés del alma mía*, sobre la figura de Inés de Suárez. Otra mención a su figura es la de *Ay mamá Inés. Crónica Testimonial* (1993), escrita por Jorge Guzmán. En 1968, Josefina Cruz de Caprile, autora de *Doña Mencía la Adelantada*, había publicado ya *La Condoresa*, como biografía novelada de la gran mujer que fue doña Inés.

[7] Christian Duverger, *Hernán Cortés. Más allá de la leyenda*, Taurus, Madrid, 2013, pág. 35. Lo cual no es cierto, naciendo y muriendo los dos personajes en diferentes días y años.

[8] El autor prefiere la expresión *Carlos V el emperador*, a Carlos I, porque, aparte de ser más internacional que lo de rey Carlos I, siempre habría que citarle en conjunción legal con su madre Juana I, hasta la muerte de la reina en 1555, precisamente cuando empezaron las abdicaciones de Bruselas de Carlos V.

Además, a la edad de catorce años, en 1499, Hernán pudo ser enviado a realizar estudios de Humanidades a la Universidad de Salamanca –aunque no hay prueba documental de su estatus de universitario–, donde fue acogido por Francisco Núñez Valera, notario, casado con Inés de la Paz, hija natural del abuelo Monroy. En su casa se hospedó Hernán, seguramente por dos años, para luego, a principios del invierno de 1501, regresar a Medellín.

Según Bartolomé de Las Casas y Bernal Díaz del Castillo, Cortés volvió a Medellín con el grado de bachiller en leyes, ya que en esa época, para ese título, solo se requerían dos cursos de estudios, así como buen conocimiento del proceder de Gobierno y Justicia, y del latín. Y eso fue todo, porque Hernán prefirió dejar Salamanca y cambiar la soledad de la reflexión en aulas, bibliotecas y despachos por el mundo de las armas.[9]

La salida de Salamanca del joven bachiller casi coincidió con darse a la vela una flota de treinta navíos con destino a La Española, con dos mil quinientas personas a bordo, dirigida por Nicolás de Ovando, quien había sido facultado por los Reyes Católicos para acabar con el monopolio de autoridad otorgada a Cristóbal Colón por los mismos reyes, y así instalar en las Indias una verdadera administración de la propia monarquía. Más concretamente, Ovando dejó Sanlúcar de Barrameda el 13 de febrero de 1502, sin Cortés embarcado, a pesar de haberse enrolado, pues en el último momento cambió de opinión a causa de una reyerta por asuntos de faldas durante un viaje a Valencia.

Parece que Hernán tuvo una idea alternativa a la de ir a las Indias: Italia, para allí hacer la carrera de las armas al lado del Gran Capitán, don Gonzalo Fernández de Córdoba, que había ganado Nápoles y Sicilia para Castilla, contra los franceses y a iniciativa de Fernando el Católico.[10] Pero el caso es que, finalmente, partió para La Española en 1504, tuvo un viaje muy accidentado para, finalmente, arribar a Santo Domingo, donde le recibió un amigo de la familia, un tal Medina, secretario de Ovando, por entonces gobernador general de la isla.

---

[9] *El dios de la lluvia llora sobre México*, es una novela histórica de László Passuth (Austral, Madrid, 2015), que tuvo gran éxito.

[10] Francisco López de Gómara, *La conquista de México*, edición de Plaza Editorial, 2016, pág. 8.

Casa de Colón en Santo Domingo, hoy República Dominicana. Palacio del Virrey de las Indias, que seguramente inspiró a Cortés para la casa palacio que hizo construir en Cuernavaca.

A su arribada a Santo Domingo, Cortés se asombró ante el estado de cosas que pudo observar: la Española, después de casi doce años de su descubierta, aún no estaba pacificada, continuaba la lucha contra los indios taínos, que a su llegada estaban en plena rebelión. Trance en el que, apenas instalado, ayudó al gobernador Ovando, quien le encargó conducir ciertas operaciones *pacificadoras*. De modo que, a los veinte años, el de Medellín se convirtió en hombre clave para el gobierno de La Española, por valores personales que ya serían para siempre los suyos: negociar buscando siempre la persuasión para evitar la violencia en primera instancia, sin eludir, al final, si fuera necesario, el más duro de los embates.

Tras contribuir a la pacificación de La Española, Cortés ocupó un lugar destacado en el círculo de los colaboradores de Ovando, lo que explica su presencia en el repartimiento de indios, haciéndose con una encomienda en la que trató de aclimatar la caña de azúcar originaria de Canarias. Pero fascinado por la acción política, pronto se trasladó a vivir a Santo Domingo, donde se construyó una casa y adquirió fama como un gran jugador de naipes y coleccionista de aventuras amorosas. Sobre todo, con las hijas de los caciques indios, en lo que fue su primera muestra de mestizaje, que luego mantuvo, durante toda su vida, como lo más natural para los españoles en las Indias.

Cortés se asentó, pues, en Santo Domingo, sin más proyecto aparente. Pero en 1509 llamaron a Ovando a España y, ante la sorpresa general, para sucederle en el mando supremo de las Indias se nombró a Diego Colón. Todo un salto atrás, al regresar a la situación virreinal del Gran Almirante de 1492. Y fue en 1509 cuando hubo un episodio colateral que podría haber cambiado su historia.

Sucedió que, en noviembre de 1509, Diego de Nicuesa y Alonso de Ojeda organizaron una expedición para conquistar y colonizar las regiones de Tierra Firme y el Darién, entre lo que hoy son Colombia y Panamá, con Francisco Pizarro como uno de los capitanes, y Vasco Núñez de Balboa que se coló en una nave de polizón huyendo de sus acreedores. Cortés quiso participar en esta misión, pero se lo impidió un tumor que sufrió en el muslo derecho y que se extendió por la pantorrilla.[11]

Siguió Hernán dos años más en La Española y pudo ver una escena que le marcó para toda su vida: el dominico Antonio de Montesinos, ante las prácticas de algunos colonos españoles, provocó un gran escándalo el primer domingo de Adviento de 1511, ante el virrey Diego Colón y los encomenderos: en el momento crítico del sermón de la misa acusó a todos ellos de exterminar a los indios por su ansia de lucro, y les declaró en pecado mortal. Defensa de los indígenas por la que acabó siendo expulsado de Santo Domingo por decidirlo así el virrey Colón. Con el resultado de que, a su regreso a España, el dominico fue recibido por Fernando el Católico, rey regente en Castilla, encuentro del que surgieron las primeras Leyes de Indias, dadas en Burgos el 27 de diciembre de 1512: todo un primer marco jurídico de buen trato a los indígenas, una querencia real que ya se mantendría para siempre. Como ya en 1504 había manifestado la reina Isabel en su testamento: era una obligación considerar a los indios como a súbditos castellanos.

Montesinos fue un verdadero precursor de Bartolomé de Las Casas en lo referente a la defensa de los nativos ante el peligro de su extinción, como de hecho sucedió a la postre con los indios taínos de La Española, Jamaica, Cuba y Puerto Rico. Algo

---

[11] José Luis Martínez, *Hernán Cortés*, ob. cit., pág. 116.

que Hernán Cortés ya siempre recordaría, para no actuar del mismo modo en México.

Diego Velázquez y Cortés: una relación difícil

Diego Colón, ya lo dijimos, hijo del Gran Almirante y segundo y último virrey de todas las Indias, en La Española, quiso extender sus dominios empezando por organizar la conquista de la vecina isla de Cuba. Para lo cual, en 1511, convocó a Diego de Velázquez a efectos de redactar las oportunas capitulaciones, nombrándole teniente de gobernador de la nueva ínsula a conquistar.

Velázquez había acompañado a don Cristóbal en su segundo viaje, en 1493, año desde el que ya no dejó más La Española, con una experiencia, pues, de diecisiete años, tiempo durante el cual escapó a las fiebres, a las flechas de los indios y a las conspiraciones entre españoles. Velázquez, de Cuéllar (Segovia), era hombre de fuerte naturaleza y de familia noble, todo un gigante jovial, pero cruel con sus enemigos.[12]

La aventura cubana

Hechas las capitulaciones con el virrey Colón, Velázquez eligió a Cortés como su segundo, puesto que aceptó don Hernán sin más vacilaciones, contento de salir de su rutina como hacendado en La Española, algo que le resultaba más que limitado para sus ambiciones. Si bien es verdad que, por su experiencia anterior de pacificador, rechazó el papel que inicialmente le propuso Velázquez de ser él autoridad militar de la empresa cubana.

Optó por un cargo civil con importantes implicaciones políticas y financieras, haciéndose nombrar tesorero. En tanto que, para el puesto militar de la expedición, Velázquez eligió al entonces adjunto del gobernador de Jamaica, Pánfilo de Narváez, quien ocupó el cargo de *jefe de guerra*, función que ciertamente

---

[12] Christian Duverger, *Hernán Cortés. Más allá de la leyenda*, Taurus, Madrid, 2013, pág. 101 y siguientes.

cumplió, hasta conseguir la sumisión de los caciques cubanos. Narváez tendría, años después, un papel harto difícil en su relación con Cortés, según se verá.

Entre 1511 y 1518, Cortés nuevamente llevó una vida más o menos placentera en Cuba, otra vez como encomendero, aunque en seguida asumió una buena parte del poder, al convertirse en regidor de Santiago, al oriente de la isla, la primera capital. Allí, en medio de una riqueza incipiente, podría haberse quedado para siempre, pero no tardó en surgir la ocasión de nuevas aventuras.

Concretamente, en la primavera de 1511, un barco español que regresaba del Darién (en el Panamá de hoy) y trataba de alcanzar Santo Domingo, encalló frente a la isla de Jamaica: unos veinte hombres se arrojaron a una chalupa e, impulsados por corrientes y vientos del Este, llegaron a las tierras luego denominadas del Yucatán. Y a partir de ese momento, por algunos náufragos que se salvaron, se supo de las grandes riquezas que por allí podría haber.

Entre esos náufragos, que en parte cayeron en manos de los indios mayas del Yucatán que les salvaron la vida, figuraban Gerónimo de Aguilar y Gonzalo Guerrero; el primero desempeñaría, como intérprete, un papel muy importante en la conquista de Cortés según se explicará en su momento.

Exploraciones de Yucatán[13]

Pasaron los años, hubo otros episodios y corrieron nuevos rumores, de modo que en 1517 el teniente de gobernador Diego Velázquez decidió explorar qué podía haber en el Yucatán, tan próxima a Cuba. Y para ello se planteó obtener el necesario permiso oficial, ya que los movimientos de navegación y conquista debían ser autorizados siempre por el mando oficial español de Santo Domingo. A cuyos efectos, Velázquez cogió desprevenidos a los monjes jerónimos, recién llegados a La Española, y que insólitamente eran una especie de comité de gobierno de las Indias, tras haber sido despedido Diego de Colón por el regente Cardenal Cisneros.

---

[13] Dos experiencias muy bien narradas y *mapeadas*, podríamos decir, en Hugh Thomas, *La conquista de México*, ob. cit., pág. 139.

En definitiva, el gobernador de Cuba consiguió la autorización de tan singular autoridad ejecutiva, a fin de armar barcos y explorar las islas vecinas. O lo que es lo mismo, para comerciar con los indios próximos a Cuba y adquirir buen oro, así como jugosas redadas de esclavos, muy demandados por el hecho de que los recursos humanos eran cada vez más cotizados en La Española, debido a que la escasez de mano de obra se dejaba sentir entre los encomenderos, por el impacto letal de la difusión en las islas de las enfermedades traídas de Europa, y también por los frecuentes abusos de los encomenderos de los indios taínos.

Al amparo de esa licencia exploratoria de los tres monjes jerónimos, bastante vaga en cuanto a su alcance, Velázquez emprendió la exploración de Yucatán, de manera que, en 1517, puso al frente del proyecto de navegación a un rico hidalgo establecido en Cuba, Francisco Hernández de Córdoba, que aceptó hacerse a la vela con tres navíos y 110 hombres, casi todos desertores de un contingente recién llegado de Panamá, que había huido del persistente rigor de su gobernador, el longevo Pedrarias Dávila, *decapitador* de Balboa.[14] Entre esos fugitivos estaba Bernal Díaz del Castillo, que sería el mayor testigo y cronista de la aventura de Cortés en México, según ya se ha comentado.

La referida expedición de Hernández de Córdoba resultó bien breve, por los penosos encuentros que tuvo con los indios mayas, que le causaron muchas bajas. Así que regresó a Cuba antes de lo previsto (véase mapa de pág. 107), sin conseguir una visión suficiente de los buscados territorios. Por lo cual, Velázquez organizó una segunda expedición a Yucatán, con Juan de Grijalva a la cabeza, que a diferencia de su predecesor fue retrasando mucho su retorno a Cuba (véase también mapa de pág. 109). De ahí que, para averiguar qué había pasado con sus enviados, Velázquez comenzó a preparar una tercera fuerza que encargó a Cortés, quien ya tenía para sí una idea de la posible importancia del tema: se trataba de conquistar lo que podría ser todo un imperio, pleno de riquezas; un difícil empeño lleno de grandeza.[15]

---

[14] Pedrarias fue quien decidió decapitar a Vasco Núñez de Balboa, tras el descubrimiento del Mar del Sur en 1513, por desavenencias entre ambos, en una clara lucha por el poder en la gobernación del Darién.

[15] Hugh Thomas, *La conquista de México*, ob. cit., pág. 162.

Hernán se dispuso, una vez más, a dejar la monotonía de su vida de rico hacendado en Cuba —estaba ya casado con Catalina Juárez—, por lo que negoció una serie de acuerdos con su socio Diego de Velázquez, de quien había sido secretario, para luego tener un grave altercado. Y pensando a lo grande, se dispuso a fijar los contratos jurídicos para una expedición mucho más ambiciosa que las dos anteriores y de lo que el propio Velázquez pensaba para la tercera.

En los aspectos organizativos, Cortés dio prueba de gran competencia, al delegar en su amigo Juan de Salcedo —el futuro marido de una concubina cubana suya, de quien había tenido una hija, Catalina Pizarro—, la misión de visitar al gobiernillo de los jerónimos de Santo Domingo, a fin de que autorizasen a Velázquez, y a él mismo por delegación, a emprender la nueva expedición. Salcedo regresó pronto con el permiso firmado y, a renglón seguido, Cortés hizo que Velázquez le firmara un contrato *ad hoc*, «de muy buena tinta», según Bernal Díaz del Castillo. En otras palabras, Hernán supo *habilitarse* legalmente para un viaje mucho más prometedor.

Por lo demás, Cortés, que tenía muy buena relación con el secretario del gobernador de Cuba, Andrés de Duero, dictó de hecho las *instrucciones* que firmó el gobernador para el proyecto, fechadas el 23 de octubre de 1518. De esta manera se hizo con el mando absoluto de la empresa, sin olvidar incluir en su mandato aspectos como el de la acción humanitaria, el celo cristiano, la curiosidad científica, el beneficio de la Corona (el célebre *quinto real*), amén del compromiso antiesclavista de las Leyes de Burgos de 1512, etc.

La habilidad de Cortés en todos esos prolegómenos fue tal, que el bufón de Diego Velázquez, llamado *Cervantes el loco*, le dijo a su señor: «A la gala de mi amo Diego, ¿qué capitán has elegido? Que es de Medellín, de Extremadura. Mas temo, Diego, se te alce con la armada, que le juzgo por muy gran varón en sus cosas». Y eso es lo que sucedió cuando Velázquez —tras finalmente conversar con Grijalva recién llegado a Cuba— quiso sustituir a Cortés de su puesto al frente de la expedición. Pero era demasiado tarde: don Hernán ya se había dado a la vela hacia el Yucatán en febrero de 1519.

Viaje de Hernández de Córdoba (1517). *Fuente:* Hugh Thomas, *Conquista de México*, ob. cit., pág. 234.

Preparativos para la expedición a México

Navegando desde Santiago de Cuba a lo largo del sur de la isla, Cortés y su flota llegaron a la ciudad de Santísima Trinidad (véase mapa en el siguiente capítulo), que por aquellos días se convirtió en verdadero centro neurálgico de Cuba,[16] en medio de gran efervescencia,[17] y que disponía de una excelente ensenada bien protegida para hacer el debido aprovisionamiento de las bodegas de las naves.

Antes de zarpar de Cuba, la armada se aprovisionó lo mejor que pudo con vino, aceite, vinagre, garbanzos y otras legumbres, azúcar, maíz, yuca y ají. La carnicería de Fernando Alonso se quedó vacía porque Cortés le pagó con una cadena de oro todos los puercos y carneros, e incluso la multa correspondiente por desabastecer la ciudad. La experiencia de las armadas anteriores hizo que las pipas de agua estuviesen bien selladas, de modo que los soldados de Cortés no pasaron por la difícil situación en que se vio Hernández de Córdoba, cuando disponer de agua dulce se convirtió en un problema.[18]

---

[16] El autor visitó Trinidad en 2007; la ciudad del siglo XVIII que todavía es la más española de Cuba, convertida hoy en un complejo turístico.

[17] Christian Duverger, *Hernán Cortés. Más allá de la leyenda*, Taurus, Madrid, 2013, págs. 129 y siguientes.

[18] María del Carmen Martínez Martínez, *Veracruz 1519…*, ob. cit., pág. 143.

Además de los trescientos hombres embarcados en Santiago, el capitán general de la expedición logró convencer a la mayoría de los componentes de la recién llegada exploración de Grijalva, para que volvieran a partir hacia Yucatán, logrando así un refuerzo de doscientos hombres, cuya experiencia sería muy valiosa. Entre ellos estaba Antón de Alaminos, todo un gran piloto marino. A ellos se agregaron doscientos indios taínos, varios marineros portugueses, algunos esclavos negros y unas indias para hacerse cargo de la cocina, amén de tres notarios y dos curas, personajes esenciales para los trámites de toma de posesión, actas, etc. Como también fue en uno de los barcos el carpintero de ribera Martín López, cuya labor sería crucial después, al construirse los bergantines; una de las *armas secretas* de guerra naval de Cortés en la reconquista de Tenochtitlán, según se verá.

Claro que no todo fueron facilidades: Cortés sufrió para reunir el armamento necesario, muy superior al de los mexicas en lo que se refiere a la pólvora, que favorecía indudablemente a los españoles. Lo mismo que sucedió con los cañones de bronce y los falconetes, pequeñas piezas de artillería montadas sobre ruedas, que disparaban balas de piedra o metal de dos libras, pero que, con su metralla, causaban gran temor y no pocos destrozos. Las otras armas de fuego disponibles fueron arcabuces, que se completaban con las mortíferas ballestas. Claro que entre los demás efectivos decisivos siempre estuvieron los caballos, de los que, al principio, los nativos creyeron que, con el jinete, formaban un solo animal.

En definitiva, cabe decir que la primera fase de la conquista de México se hizo, en lo esencial, *a punta de espada*, las más de las veces de excelente acero toledano y, sobre todo, manejadas con destreza. Debe subrayarse, como ya se ha dicho, que en el enfrentamiento con miles de enemigos, las tropas auxiliares de nativos −totonacas, tlaxcaltecas, cholutecas, etc.−, serían la clave del triunfo:[19] la conquista de México fue merced a los indios que Cortés ganó para su propia causa.

---

[19] El minucioso relato de los preparativos puede verse en José Luis Martínez, *Hernán Cortés*, ob. cit., págs. 131 y siguientes.

Viaje de Juan de Grijalva (1518). *Fuente:* Hugh Thomas, *La conquista de México*, ob. cit., pág. 235.

El buen trato a los naturales fue, pues, decisivo. Y es que, como subraya Bernard Grunberg, el verdadero objetivo de la conquista de Cortés era colonizar, y no el trueque y el saqueo, como tenía pensado Velázquez. Más aún, don Hernán no quiso nunca para México la triste experiencia antillana de expolio sistemático, ni la desaparición del mundo indígena. Así, una vez reconquistada Tenochtitlán, ya en la plenitud de su gobierno, Cortés introdujo el sistema de la encomienda, que serviría de fundamento a la colonización: cada poblador, casado, se comprometía a quedarse en la tierra por lo menos ocho años, con el derecho de hacer trabajar a los indios para su provecho, a condición de instruirlos en la fe católica.[20]

A la hora de la gran partida para México desde San Cristóbal de La Habana (por entonces en la parte del Caribe y no del golfo de México), Cortés puso los puntos sobre las íes al reunir a sus compañeros y dirigirles una arenga sobre la cual escribirían después abundantemente los cronistas de Indias. Se refirió a la gloria que estaban por alcanzar, al honor de España, del rey por el cual iban a luchar y de la importancia de la cristianización que llevarían a cabo. Como un verdadero capitán general, explicó, además, que había que liberar a los indios de las garras de las tinieblas, de la esclavitud, del demonio y de dejar de ser su propia carne alimento preferido de los guerreros opresores y caníbales.

---

[20] Bernard Grunberg, «Hernán Cortés: un hombre de su tiempo», en María del Carmen Martínez y Alicia Mayer (coords.), *Miradas sobre Hernán Cortés*, ob. cit., págs. 23 y siguientes.

Era toda una revolución de valores: no mencionó el oro, porque ya se sobrentendía que habría esa retribución.

El conquistador sintió desde el primer momento, sobrevolando la idea, que las tierras a conquistar eran propias de España, según las bulas pontificias y el Tratado de Tordesillas, donadas por el Papa a los RR.CC., sobre todo para ser evangelizadas y para eso llevaba a sus curas, y llamaría después a los franciscanos y demás órdenes mendicantes.

La arenga de Cortés demostró —diríamos en léxico de hoy, personificó— su calidad de líder, con notables sentimientos políticos y de solidaridad. A diferencia de otros dirigentes, que se basaban, simplemente, en el *ordeno y mando*, como Pedrarias en Panamá, Velázquez en Cuba, etc. De ahí la adhesión que Cortés tuvo siempre de su tropa, movida por su palabra y su ejemplo de bravura.

Finalmente, desde San Cristóbal de la Habana, el 10 de febrero de 1519, la flota abandonó la costa de Cuba. Eran 11 naves, 518 infantes, 10 cañones de bronce, 14 falconetes, 13 arcabuceros, 32 ballesteros, 110 marineros y unos 200 indios y negros como auxiliares de tropa. Y algo muy importante: 16 caballos, algo fundamental, como ya se ha dicho.

En realidad, el número de expedicionarios es un tema más complejo. Diego Velázquez afirmó que Cortés partió «con seiscientos». Cortés, en la carta que escribió en Cozumel para los españoles perdidos en Yucatán, mencionó que lo acompañaban «quinientos soldados y once navíos»; el número está en consonancia con los poco más de 450 que decía tener a mediados de agosto. En la Carta del cabildo, los hombres de guerra son 400, muchos de ellos caballeros e hidalgos, y dieciséis de caballo. El mismo número repitió en España Martín Cortés, el padre del conquistador, y Bernal Díaz concretó 508 soldados y 100 marineros, si bien, en otro pasaje de su narración, afirmó que en la guerra andaban 450. A la llegada de Narváez mencionó que eran cien hombres menos y, años más tarde, en la respuesta a los curiosos caballeros que pusieron en duda su memoria, sostuvo que fueron «quinientos e cincuenta compañeros». Andrés de Tapia elevó a 560 el número de expedicionarios.[21]

---

[21] María del Carmen Martínez Martínez, *Veracruz 1519...*, ob. cit., págs. 126-127.

Los capitanes de las once naves fueron Alonso Hernández Portocarrero (al que Cortés entregaría más tarde como esposa a doña Marina), Alonso Dávila, Diego de Ordás, Francisco de Montejo, Francisco de Morla, Francisco de Salcedo, Juan de Escalante, Juan Velázquez de León (pariente del gobernador de Cuba), Cristóbal de Olid, Gonzalo de Sandoval y Pedro de Alvarado. Algunos de esos capitanes eran veteranos de la guerra de Italia, conducida por Gonzalo Fernández de Córdoba, el *Gran Capitán*.

Como piloto principal iba Antón de Alaminos, con la experiencia de las dos expediciones anteriores de Francisco Hernández de Córdoba y Juan de Grijalva. Hay que recordar que, según José María González Ochoa, «las noticias traídas por Grijalva sobre la existencia de un gran imperio más allá del Yucatán, precipitaron los preparativos de Cortés y los recelos del gobernador Velázquez».[22] La gran proeza empezó el 10 de febrero de 1519, cuando los once navíos se dieron a la vela, rumbo a Yucatán.

Colofón al capítulo 3: la forja del conquistador

—¿No fue Cortés un traidor a sus pactos con Velázquez, el gobernador de Cuba?

—Depende de cómo se vea. Entrando a fondo en el asunto, aparte de que fue don Hernán quien seguramente más recursos aportó a la aventura, lo arriesgó todo por una causa más importante que la de Velázquez, que no buscaba sino algo de oro y capturar cuantos más esclavos mejor. Esa diferencia de pretensiones se ha destacado en prácticamente todos los estudios sobre Cortés.

—Pero Velázquez, delegado del poder real en el momento de organizarlo todo, tenía la legitimidad...

—Pero la perdió, primero al arriesgar mucho menos que Cortés y, sobre todo, cuando se arrepintió de que don Hernán

---

[22] Posteriormente, Grijalva participó en nuevas expediciones por tierras mexicanas junto a Pánfilo de Narváez (1520), fue comandante de la flotilla de Francisco de Garay a Pánuco (1522) y estuvo en Nicaragua con Pedrarias Dávila, en donde fue muerto por los indios en el valle de Ulanche el 21 de marzo de 1527. José María González Ochoa, *Quién es quién...*, ob. cit., pág. 161.

fuera su socio y quiso impedir su salida de Cuba con sus once naves. Además, renunció a un protagonismo asociado.

–¿Por qué Velázquez no intervino antes, al ver la envergadura de los preparativos de la expedición en que estaba don Hernán?

–Por temor a que los demás apoyaran a Cortés más que a él mismo. No supo asumir la grandeza y el riesgo de buscar el Imperio anunciado. Velázquez, en realidad, ya era un rentista, incapaz de dejar su poltrona de Cuba.

–¿No fue una situación desesperada la de Cortés, al desengancharse de Velázquez?

–De hecho, sí lo fue en los primeros tiempos, hasta el punto de que intuyó claramente el peligro de ser declarado traidor a Velázquez, y por eso no dudo en liderar la empresa él solo, para luego autolegalizarse con la Carta del cabildo y el tesoro enviado a Carlos V, según veremos. En definitiva, se ganó la legitimidad, convenciendo los procuradores a Carlos V en las Cortes de Santiago de Compostela de 1520, y en gran medida también por el oro que le hizo llegar.

–¿Cómo calculó Cortés todo lo que necesitaba para la expedición?

–Las vituallas que reunió no habrían dado para más de dos o tres meses de actividad de algo más de 400 hombres. Como todo conquistador en ciernes, Cortés previó que podría vivir sobre el terreno. Sobre lo que nunca habló antes fue sobre sus posibles aliados *in situ* contra el adversario principal, una cuestión que luego fue clave. Definitivamente, como veremos, esa posibilidad la vio de inmediato, por los primeros contactos habidos con los indígenas en su camino a Tenochtitlán.

–Entonces, Cortés fue a la aventura sin saber prácticamente nada sobre qué pasaría...

–Tuvo la intuición, pero seguro que nunca pudo imaginar la grandeza de la expedición que en sus inicios planeó tan cuidadosamente... Eso lo reflejó bien en sus Cartas de relación.

–Quiere decir algo más ahora, en el inicio de la gran aventura...

–Aunque sea adelantar ideas... Cortés fue empresario de su propio proyecto, arriesgó todos sus recursos. Adicionalmente, brilló por su valentía como soldado junto a sus capitanes, con un coraje excepcional en Otumba, que recondujo la tragedia de la Noche triste. Asimismo, don Hernán es considerado como un estratega, estudiado por la reconquista de Tenochtitlán, en la que combinó la guerra naval de su armada de once bergantines, con la lucha inacabable por tierra con los valerosos mexicas hasta la rendición final de Cuauhtémoc.

—Solamente todo eso... ¿No se pasa usted un poco?

—No lo crea. Igualmente fue un gran diplomático, que consiguió la alianza de las naciones indias enfrentadas a los aztecas. Como igualmente se convirtió en un verdadero estadista al fundar la Nueva España, que rigió directamente por casi un lustro como gran gobernante. Y, por último y no lo menos importante, ejerció de puntual escritor con sus *Cartas de relación* al rey-emperador, en lo que fue una narración espléndida, base de todos los relatos, crónicas y biografías ulteriores.

Capítulo 4

Navegando de Cuba a Veracruz y ruta de Cortés

El litoral mexicano

Como ya se ha dicho en el capítulo 3, los prolegómenos de la gran proeza fueron arduos, por los muchos preparativos para el gran viaje de Cuba a México, la gran aventura. Con una primera parte, la larga navegación de La Habana hasta la nueva ciudad de Veracruz, y después la ruta por tierra a Tenochtitlán.

Cozumel y Tabasco: Aguilar y Malinche

Ya en la mar abierta, la expedición de once naves puso rumbo a la Isla de Cozumel, al noreste de Yucatán (véase mapa), en la idea de contactar con efectivos mayas, de los que ya se tenía noticia por el viaje de Grijalva. La idea era recuperar a dos españoles que se sabía que habían caído prisioneros en el naufragio antes mentado de la nave procedente de Jamaica años atrás.[1] De modo que, tras controlar a la población de la isla, se buscó a los dos cautivos, que efectivamente aparecieron.

De los dos soldados, Gonzalo Guerrero no quiso unirse a los recién llegados, pues en la tribu en que habitaba ya tenía mujer, tres hijos y se había adaptado a la vida maya. En cambio, Gerónimo de Aguilar, irreconocible en su atuendo indígena y con sus vistosos tatuajes, alcanzó a la expedición en su propia piragua: su amo maya aceptó generosamente, que se fuera libre con sus compatriotas.

---

[1] Christian Duverger, *Hernán Cortés. Más allá de la leyenda*, ob. cit. págs. 137 y siguientes.

Cortés se despidió de las autoridades mayas de Cozumel y les entregó una imagen de la Virgen María, para que figurara en un buen lugar junto a los ídolos locales. Y en ese acto, pidió a uno de los curas expedicionarios que dijera lo que fue la primera misa mexicana. Después, levaron anclas y pusieron rumbo al cabo Catoche del Yucatán, entrando ya en el golfo de México, con escala enseguida en el río Tabasco (15 de marzo de 1519).

Allí, los mayas regalaron veinte mujeres a los españoles, entre ellas estaba *Malinche* o *Malintzin* –también conocida como *Tenépatl*, por su facilidad de palabra–, muy joven, esclava náhuatl, propiedad de unos mercaderes locales. El recién rescatado Aguilar, hablando con Malinche en lengua maya hizo el gran descubrimiento de que la joven poseía el náhuatl como lengua materna. Por ello mismo, ella y Aguilar sirvieron de intérpretes para Cortés con los mexicas: Aguilar podía traducir del español al maya y Malinche del maya al náhuatl, de modo que, con ese dúo, Cortés tuvo desde el principio la posibilidad de dialogar con los interlocutores llegados de Tenochtitlán.

Malinche fue bautizada casi de inmediato, con el nombre de Marina, convirtiéndose en una de las figuras más relevantes de la conquista, no solo por ser una intérprete muy valiosa, sino también al mostrarse como hábil negociadora. Con ella se originó el primer caso de mestizaje, al tener un hijo de Cortés. Y años después tuvo más descendencia con Juan Jaramillo, marido que le escogió don Hernán durante el viaje a Las Hibueras. Debe destacarse que, por las dificultades de los mexicas para pronunciar la palabra *Cortés*, y por estar siempre acompañado por Malintzin, él fue conocido también, en muchas ocasiones, con el propio nombre de *Malinche*.

De no haber encontrado a Aguilar y Malinche para la interpretación simultánea especificada, Cortés no habría podido conversar desde el principio con los sucesivos enviados de Moctezuma, y habría sido muy difícil la entrada pacífica en Tenochtitlán, el apresamiento de Moctezuma, etc. No habría habido más remedio que abrirse paso combatiendo desde la misma Veracruz, en una empresa más que difícil.

La facilidad de comunicación permitió acceder de inmediato a lo más principal de la sociedad mexica, sin la cual ocupar el

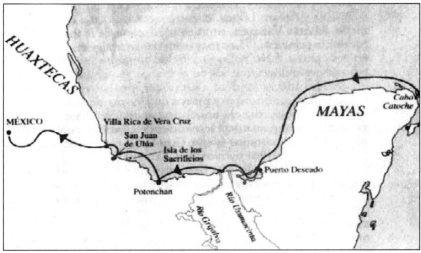

El viaje por mar de Hernán Cortés (1518-1519). *Fuente:* Hugh Thomas, *La Conquista de México*, ob. cit., págs. 234 y 235.

territorio habría sido muy lento, a la manera de lo que ocurrió en Norteamérica con los ingleses en la costa este, donde para cruzar los Apalaches hacia el oeste se tardó casi un siglo. Y pronto se evidenció que la actuación de Malinche –que aprendió rápidamente español– sería mucho más que la de una máquina de traducir, como dijo Juan Miralles:

Fue *trasladadora de culturas*. Puede imaginársela captando el misterio de un dios muerto, clavado a un madero, pero que resucitó y vive. Amén del dogma de la Trinidad, buscando las palabras adecuadas para realizar el traslado a la mentalidad indígena… Por ello, no resulta exagerado decir que ella fue la llave que abrió las puertas de México. Pieza clave para la conquista, y que, en su día, fue altamente respetada por los caciques, al punto en que Bernal dice que estos, al no poder pronunciar el nombre de Cortés, por no existir la letra erre en la lengua náhuatl, lo hacían llamándolo *Malinche*. Esto es, el capitán que acompaña a la señora Malintzin.[2]

En cuanto a Gerónimo de Aguilar, está claro que en un principio funcionaba como un binomio con Malinche, pero al ir aprendiendo ella el español, su labor declinó en importancia.

Batalla de Centla

La expedición de los once navíos continuó costeando para llegar al río Grijalva, bautizado así en la anterior expedición, en la que los indios combatieron con éxito a los españoles. Por ello, de inmediato, los nativos exigieron a Cortés que se fuera de su tierra, amenazándolo con la guerra. Pero don Hernán, conforme a los usos de las instrucciones recibidas de los gobernantes jerónimos de Santo Domingo, les hizo, por tres veces, el requerimiento formal para que se sometieran. A consecuencia del rechazo, se produjo el enfrentamiento, con una gran victoria sobre los mayas: la batalla de Centla, en que los españoles se sirvieron por primera vez de sus caballos con verdadero éxito.

Parece que ese combate de Centla fue de grandes proporciones; por todas partes aparecían escuadrones de indios que cargaban, poniendo a los españoles en situación cada vez más

---

[2] En la *quinta relación* (3 de septiembre de 1526), Cortés relató al emperador los servicios prestados por Malinche: «Marina, la lengua». En el viaje de retorno de Las Hibueras a México –en compañía del esposo de Malinche, Hernández Portocarrero–, ella dio a luz a una niña, que se llamó María. A partir de ese momento se eclipsó rápidamente en la vida de Cortés. Juan Miralles, *Hernán Cortés, inventor de México*, ob. cit., pág. 430.

difícil, hasta que apareció Cortés al frente de un gran pelotón de jinetes, lo que cambió el curso de la lucha: ante tan extraños *centauros*, el pánico cundió entre los indios, que huyeron en desorden. El número de participantes en la batalla fue muy elevado: se dijo que habían tomado parte cuarenta mil hombres, cifra a todas luces magnificada.

La misma tarde de ese gran suceso, llegaron a Cortés emisarios de parte de los caciques locales, pidiendo que no se les hiciese daño, para luego presentarse los propios jefes con gran boato.

Cortés y doña Marina, su inteligente intérprete, según el *Lienzo de Tlaxcala*.

Un encuentro en el que quedó concertada la paz, tras aceptar los naturales ser vasallos del lejano emperador Carlos V, de quien nunca antes nadie había oído hablar en aquellas latitudes.

Tras la batalla de Centla, como era Domingo de Ramos, Cortés resolvió que la festividad se celebrase solemnemente y, para ello, fray Bartolomé de Olmedo y el padre Juan Díaz se revistieron con sus ornamentos eclesiales y, a la vista de los indios que contemplaban en silencio la escena, el ejército cortesiano participó entero en una procesión, llevando cada uno un ramo entre las manos.

En la reñida batalla de Centla, el capitán de Cortés Andrés de Tapia contó que había visto un jinete sobre un «caballo rucio picado», que aparecía y desaparecía haciendo mucho daño a los indios. Y en ese mismo sentido, yendo un poco más lejos, el cronista López de Gómara escribió que los soldados habían creído que era el apóstol Santiago, patrón de España, quien luchaba en su bando. En cambio, Bernal Díaz del Castillo, con un rasgo de fino humor, comentó al respecto: «pudiera ser que los que dice Gómara fueran los gloriosos apóstoles Señor Santiago o Señor

San Pedro, y yo, como pecador, no fuese digno de verlos. Lo que yo vi y conocí fue a Francisco de Morla en un caballo castaño, y venía juntamente con Cortés».[3]

Al pueblo próximo a Centla se le impuso el nombre de Santa María de la Victoria, donde los expedicionarios pasaron cinco días, tras los cuales, abordaron nuevamente los navíos para reanudar su navegación. Al igual que en Cozumel, Cortés no dejó allí a nadie de guarnición: parecía bastar con el recuerdo dejado con la resonancia de la gran pugna ganada.

En el siguiente episodio registrado en el viaje, la expedición llegó a la isla de San Juan de Ulúa, punto en la costa ya alcanzado por Grijalva. Fue el Jueves Santo, 21 de abril de 1519, y fue allí donde aparecieron los primeros enviados de Moctezuma. Lo que se tradujo en el intercambio de regalos, con las primeras joyas de oro y otros presentes por parte de los mexicas, a cambio de cuentas de vidrio y otras piezas que ex profeso llevaban los españoles.

De inmediato se supo que los embajadores enviados por Moctezuma habían viajado desde Tenochtitlán ante la noticia de que, finalmente, habían alcanzado el país los emisarios anunciados por el dios Quetzalcóatl, según leyenda muy arraigada, transmitida por los profetas mexicas, que auguraba el propio fin del dominio de los naturales del país.

Parecía, pues, como si Quetzalcóatl, cumpliendo su promesa de volver por el mar de oriente, lo hiciera con los blancos barbados. Por ello mismo, los embajadores de Moctezuma, intentaron que Cortés abandonara su idea de ir a Tenochtitlán, *sobornándole* con el oro que le iban obsequiando. Visión aurea que fue precisamente un acicate más para insistir en la marcha para llegar a la legendaria ciudad.

El tlatoani (emperador) Moctezuma II, creía firmemente en la profecía, en sus negros presagios, que parecieron confirmarse por la estela de un cometa, un fuego espontáneo en la casa astral del dios Huitzilopochtli (el de la guerra), así como un rayo en el Templo Mayor y otros sucesos por igual sorprendentes.

Para los mexicas corría el año 13 conejo cuando las embarcaciones españolas fueron descritas como «montañas que se movían

---

[3] José Luis Martínez, *Hernán Cortés*, ob. cit., pág. 157.

Diego Rivera, *La Malinche*, Palacio Nacional, México.

sobre el agua, con hombres barbados de piel blanca dentro de ellas». Inmediatamente, Moctezuma ordenó a sus súbditos en la costa construir atalayas y montar guardias en una serie de puntos, para vigilar otras posibles arribadas de las temidas naves. Pronto comenzó a difundirse la idea de que los españoles querían intercambiar oro por cuentas de vidrio, y que el mejor modo de deshacerse de aquellos enviados divinos, sin necesidad de pelear, era sencillamente entregarles oro, o mujeres, y aceptar lo que trajeran para intercambiar.

Las noticias sobre Quetzalcóatl no debieron sonarle mal a Cortés, porque él era, al fin y al cabo, según la doctrina cristiana, un mensajero divino. Porque en la bula *Inter caetera* de 1493, el papa Alejandro VI, había asignado a Castilla su donación mundial (recuérdese el capítulo 1), confirmada en Tordesillas, para la evangelización. Y eso es lo que don Hernán trató de hacer desde que desembarcó en Cozumel, en su labor de representante del Dios único y verdadero en forma de Padre, Hijo y Espíritu Santo. Por tanto, que Quetzalcóatl *se hubiera enterado* de tan alta misión, debió parecerle lógico y natural, y coyunturalmente muy favorable.

Fundaciones de la Villa Rica de la Vera Cruz

Frente a la isla de San Juan de Ulúa, en zona muy poco habitable, se hizo la fundación de la primera ciudad española en México. Bernal Díaz, testigo excepcional, recuerda que desembarcaron y allí se fundó la Villa Rica de la Veracruz, «porque llegamos el jueves de la [última] Cena y desembarcamos en Viernes Santo *de la Cruz*». Luego, con el mismo nombre, esa ciudad se asentó en un mejor emplazamiento.[4]

En la playa, frente a San Juan de Ulúa, los españoles tuvieron un encuentro con los indios totonacas, sumamente amistosos, que invitaron a Cortés a visitar su propia ciudad, Cempoala, adonde fue don Hernán por tierra con un amplio grupo de sus hombres; fue la primera ciudad indígena que conocieron, de unos 30.000 habitantes, de muy buenas casas de cal y canto, toda clase de jardines y amplias huertas de regadío.

Cempoala estaba gobernada por Quauhtlaebana, un jefe muy obeso, por lo que entró en la historia con el nombre de *Cacique Gordo*, quien tomó a los españoles por justicieros caídos del cielo, que llegaban para poner coto a los abusos de los mexicas, según el propio cacique expuso a Cortés. Su pueblo era desgraciado desde hacía veinte años, cuando los del Lago Texcoco impusieron a los totonacas sus dioses y sus exigencias. En un principio, solo para que les rindieran culto, pero después para requerimientos de tributos y, finalmente, la obligación de entregar jóvenes de su nación a fin de ser sacrificados en Tenochtitlán. Para los totonacas, pues, Moctezuma era un déspota que tenía subyugados a muchos pueblos de su entorno. Toda una revelación para don Hernán, que pronto apreció que aquella inmensa y bella tierra se encontraba dividida en banderías en lucha entre sí. Lo que facilitaría definitivamente su tarea: divididos los indios, sería más fácil hacer alianzas con una parte de ellos y lograr la victoria.

Para sellar la amistad con los españoles, el *Cacique Gordo* les entregó ocho mujeres jóvenes, todas ellas hijas de caciques,

---

[4] María del Carmen Martínez Martínez, *Veracruz 1519. Los hombres de Cortés*, Universidad de León, en colaboración con el Instituto de Humanismo y Tradición Clásica de la Universidad de León y con el Instituto Nacional de Antropología e Historia de México, León, 2014, pág. 78.

vestidas y enjoyadas ricamente, a cambio de que Cortés los librara del vasallaje a Moctezuma. Adicionalmente pidieron ayuda también contra los indios de Cingapacinga, que desde la proximidad les hacían asaltos con destrozos y malos tratos.

Por su parte, don Hernán prometió que, una vez derrotado el Imperio mexica, la nación totonaca sería libre. Pero, al final, la historia fue muy otra: con el tiempo, sus miembros se vieron diezmados por su lucha en la nueva alianza militar con los recién llegados, y también por las enfermedades. Los totonacas nunca volvieron a ser lo que fueron y muchos terminaron como siervos de los nuevos señores en sus propias tierras, de-

El *Cacique Gordo* de Cempoala, según imagen que se guarda en el Museo de América, Madrid.

dicadas sobre todo al cultivo de caña de azúcar. De manera que la floreciente Cempoala acabó viéndose deshabitada y su cultura extinguida y olvidada. Para solo ser descubierta de nuevo, a fines del siglo XIX, por el arqueólogo e historiador mexicano Francisco del Paso y Troncoso.[5]

Los españoles, en su visita a Cempoala, aumentaron sus efectivos con cuatrocientos indios, y desde allí, camino al mar, convergieron con la flota, que desde San Juan de Ulúa navegaba buscando un fondeadero adecuado. En ese trance, Cortés debió vivir horas muy angustiosas pensando que tal vez la flota entera pudiera haber desertado y volviera a Cuba atraídos por Diego de Velázquez. Pero pronto cesaría en sus preocupaciones, al aparecer las velas en el horizonte: no faltaba ni uno solo de los once navíos.

---

[5] Profesor de náhuatl y director del Museo Nacional de Arqueología, Historia y Etnología de la Ciudad de México en dos ocasiones (1889-1890, 1891). Una de sus principales contribuciones fue dar a conocer la hasta entonces inédita obra de fray Bernardino de Sahagún, a quien nos referimos en el capítulo 8.

Fue entonces cuando se fundó la segunda Villa Rica de la Vera Cruz, comenzando por el trazado de calles, asignando solares a los vecinos y poniendo los cimientos para alzar una fortaleza de piedra, lo cual venía a significar que la expedición era una incursión duradera: quedó claro que las intenciones de Cortés eran quedarse y prosperar en los nuevos territorios.[6]

La carta del Cabildo[7]

En aquellos mismos días, Cortés dio un gran paso inutilizando sus naves para evitar futuras deserciones, hecho que algunos autores trocaron en que *había quemado las naves*. Frase que hizo fortuna, incorporándose al idioma universal como sinónimo de la decisión de no volverse atrás.

Pero en realidad no hubo quema: Cortés se encontraba departiendo en medio de un grupo de sus soldados, cuando se acercaron unos maestres que le eran adictos y, de acuerdo con un plan convenido de antemano, les hizo saber, en público y de manera que todos lo oyesen, que los navíos se encontraban comidos por la *broma* (microorganismo que ataca la madera en el mar), de manera que las naves ya no podían navegar. De modo que, tras esas manifestaciones, y aparentando que no había otra salida, don Hernán ordenó que se sacase de las naos todo lo aprovechable y que las echasen sobre la playa. Los marineros confabulados fueron barrenando los barcos para abrir vías de agua y declararlos inservibles.[8]

Tras esos sucesos se presentó en la recién fundada Villa Rica una embajada de Moctezuma, encabezada por dos jóvenes que

---

[6] A las escasas posibilidades de los médanos de la costa en San Juan de Ulúa se sumaba la incómoda compañía de los mosquitos que abundaban en el lugar. Por ello, en cuanto tuvieron conocimiento de un emplazamiento más protegido, el capitán decidió ponerse en camino. Bien pudo ser a finales de mayo cuando despachó las embarcaciones con los bastimentos y la artillería hacia el emplazamiento en el que poblarían la Villa Rica de la Vera Cruz. Cortés y sus compañeros fueron por tierra y, en el camino, se detuvieron en Cempoala. María del Carmen Martínez Martínez, *Veracruz 1519...*, ob. cit., pág. 96.

[7] Hernán Cortés, *Cartas y relaciones al emperador Carlos V*, ob. cit., págs. 1 y siguientes.

[8] Precisamente ese episodio se destaca en *El Quijote*, cuando el Ingenioso Hidalgo se pregunta: «¿quién barrenó los navíos y dejó en seco y aislados a los valerosos españoles, guiados por Cortesísimo Cortés en el Nuevo Mundo?». *El Quijote*, capítulo 7 de la segunda parte.

insistieron a Cortés para que renunciara a ir a Tenochtitlán, lo cual le dio a don Hernán la oportunidad de acusarles de falta de cortesía, por haberles dejado solos, privados de alimentos, a diferencia de los totonacas, que habían demostrado ser sus amigos. Por ello, insistió en ser invitado por Moctezuma y, como gran final del encuentro, un pelotón de jinetes, con Pedro de Alvarado a la cabeza, hizo todo tipo de evoluciones. Era un mensaje para Moctezuma: que aceptara sus

Mural en el Palacio Municipal de Veracruz, que representa la redacción del acta de fundación de la Villa Rica de la Vera Cruz.

propósitos de visita, ya fuera por las buenas o las malas. Sin más, los emisarios se retiraron para dar cuenta a su *tlatoani*.

Instalado en Villa Rica de la Vera Cruz, Cortés se decidió a neutralizar los cargos de ser rebelde y usurpador de funciones de los que, suponía, ya le había acusado Velázquez desde Cuba y que podían pesar sobre su persona. Y ese fue el origen de *La Carta del Cabildo*[9] que inspiró el propio Cortés. Al tiempo que en su vivienda improvisada escribió, durante once días esforzados, la primera carta de relación y otros documentos. Sus planteamientos cabe resumirlos así:

- Villa Rica de la Vera Cruz se constituyó como villa, como la máxima autoridad en el nuevo territorio. Así que los soldados elegidos por Cortés para el cabildo designaron alcalde y otras autoridades para, a continuación, nombrar a Cortés capitán general y justicia mayor. En otras palabras, si bien don Hernán ya tenía la *auctoritas* para mandar, quiso garan-

---

[9] José Luis Martínez, *Hernán Cortés*, ob. cit., págs. 156 y siguientes.

tizar su autoridad con los referidos nombramientos de un cabildo que, previamente, se había declarado por entero adicto a Carlos V.

- Se constató por todos los firmantes de la carta —los nuevos vecinos de Vera Cruz— que Diego Velázquez rechazó a Cortés después de haberlo escogido, pensando solo en su propio provecho de *rescatar oro pero no de poblar*. La idea de Cortés, en cambio, era la de conquistar, objetivo mucho más importante que los contemplados en las anteriores expediciones de Hernández de Córdoba y de Grijalva.

- Se declaró que Cortés se asoció con Velázquez, pero que don Hernán se vio «movido con el celo de servir a *sus Altezas Reales en directo y en pro de la fe católica*». Es decir, con una idea más allá de la de acumular oro e indios para volver de inmediato a Cuba, y siempre pensando en el rey-emperador.

Las decisiones así adoptadas formalmente por el Cabildo en Villa Rica eran análogas a las que se tomaban en las capitulaciones a preparar normalmente por el Consejo de Indias, para otorgar la concesión de una determinada zona a conquistar; en función de la potestad que el monarca había recibido del mismísimo Papa, vía las bulas de 1493, confirmadas por el Tratado de Tordesillas de 1494. De manera que, con la carta del Cabildo, Cortés, a su propio juicio, quedaba legalizado y desligado de Diego Velázquez.

Esa carta oficialmente fue obra de sus firmantes, el Cabildo en pleno. Un texto que se descubrió en 1777 en la Biblioteca Imperial de Viena, donde la encontró el historiador escocés William Robertson.[10] Debe subrayarse que la primera *carta de relación* de Cortés a Carlos V, diferente de la *Carta del cabildo*, nunca fue hallada, hasta el punto de que John Elliot y otros piensan que nunca se escribió, por lo que se supone que la *del Cabildo* fue la misma primera carta de relación que se dio por perdida.[11]

---

[10] Capellán Real de Jorge III (1761), rector de la Universidad de Edimburgo (1762), e Historiador Real en 1764. Fue una figura destacada en la Ilustración escocesa.

[11] J.H. Elliott pensaba lo mismo. Véase «Cortés, Velázquez and Charles V», Introduction a *Hernán Cortés, Letters from Mexico*, traducido y editado por A.R. Pagden, An Orion Press Book, Grossman Publishers, Nueva York, 1971.

Posible lucha entre tlaxcaltecas y mexicas. *Códice Durán*.

Esa idea no la asume la historiadora María del Carmen Martínez Martínez, por entender que Cortés confió su primera relación a los procuradores que fueron a España con la *Carta del cabildo* y el gran tesoro para Carlos V. Si no la hubiera escrito, dice la profesora, carecerían de sentido las alusiones que hizo el propio don Hernán en su segunda Carta de relación, en la que expresamente es mencionada la primera. Para recordar que en aquella «muy larga y particular relación» había informado de «las cibdades y villas que yo a él [Carlos V] tenía subjetas y conquistadas. Y dije ansimismo que tenía noticia de un gran señor que se llamaba Muteeçuma que los naturales desta tierra me habían dicho que en ella [Tenochtitlán] estaba, segund ellos señalaban las jornadas: hasta noventa o cient leguas».[12]

En cualquier caso, entre junio y julio de 1519, arribó un barco de Cuba, y su capitán, refiere Bernal Díaz del Castillo,[13] era Francisco de Salcedo, apodado el *Pulido* «porque en demasía se preciaba de galán y elegante». Con él iban Luis Marín, luego distinguido capitán de Cortés, y diez soldados, un caballo y una yegua. Y con la nao llegaban noticias frescas: el gobernador Diego Velázquez había recibido autorización de la Corona para conquistar y poblar

---

[12] María del Carmen Martínez Martínez, *Veracruz 1519…*, ob. cit., pág. 26.
[13] Bernal Díaz del Castillo, *La Historia verdadera…*, ob. cit., págs. 85 y siguientes.

precisamente las mismas tierras en que Cortés y sus gentes se encontraban. La capitulación se había firmado en Zaragoza el 13 de noviembre de 1518, y Velázquez debió recibir esa *buena nueva* en la primavera de 1519.

El tesoro para Carlos V

Con esas noticias, Cortés se percató de la gravedad de la situación: además de rebelde se había convertido en usurpador de funciones, que ya habían sido otorgadas por el emperador a favor de Velázquez y, por tanto, algo había que hacer. En ese sentido, la estrategia inmediata fue enviar la Carta del cabildo a Carlos V, y además hacerle llegar un gran presente: un cúmulo de oro y otros objetos preciosos que se reunió con todo lo percibido por la expedición hasta entonces, incluyendo plata, piedras preciosas, plumerías, cueros, ropa de algodón, etc. Como parte del obsequio se incluyeron «cuatro indios, dos de ellos caciques, y dos indias», tal como lo había hecho Colón, para que en la corte de los RR.CC. conocieran a los habitantes de las tierras descubiertas.

El regio presente fue inventariado con detalle en la lista que firmaron, como de *recibido*, Montejo (luego adelantado de Yucatán y descubridor de las ruinas mayas de Chichen Itzá) y Hernández Portocarrero, que juntos se dieron a la vela para España el 26 de julio de 1519 en la única nao conservada de las once que Hernán Cortés llevó a México, la *Santa María de la Concepción*,[14] que navegó para llegar bien y rápido a España, en gran medida, merced a la pericia del piloto preferido de Cortés, el ya mencionado Antón Alaminos, que en la ocasión descubrió el mejor *tornaviaje*, a través de las Lucayas (hoy Bahamas), aprovechando la corriente del Golfo. Así, los procuradores arribaron a tiempo para que el tesoro fuera exhibido en las Cortes de Castilla en Santiago y La Coruña, antes de que Carlos se embarcara para coronarse emperador de Alemania en Aquisgrán. Toda una coyuntura altamente favorable a Cortés.

---

[14] María del Carmen Martínez Martínez, *Veracruz 1519...*, ob. cit., pág. 72.

Lo enviado por don Hernán fue el mejor aporte para Carlos V, que pudo redimir créditos tomados para conseguir el dinero con que atraerse a los siete *electores*, que le habían elegido emperador, en dura pugna con Francisco I de Francia. Así pues, en medio de toda clase de tensiones con el frustrado candidato francés, Carlos —a través de su negociadora principal, su tía Margarita de Austria—, pudo reembolsar, al menos en parte, los préstamos contraídos con sus banqueros alemanes.

El tesoro enviado por Cortés fue exhibido con ocasión de las Cortes en Santiago de Compostela y Coruña, y luego pasó por las ciudades flamencas, donde se celebró la entronización del joven Carlos como cabeza del Sacro Imperio Romano Germánico. La exhibición hecha en el Palacio del Ayuntamiento de Bruselas pudo verla el pintor y grabador alemán Alberto Durero, que anotó en su diario la descripción de algunos de los objetos: llegaban de «la nueva tierra del oro», y el conjunto de las piezas estaban valoradas en 100.000 florines.[15]

En resumen, mediante el regalo y la Carta del cabildo, Cortés puso medios importantes para que el emperador estuviera informado de las riquezas de México, así como sobre la necesidad de convalidar al conquistador don Hernán que de tanta fortuna le proveía.

De la Villa Rica a Tenochtitlán

Cambiando ahora de orilla, al otro lado del Atlántico, Cortés se dispuso a iniciar la marcha desde la Villa Rica de la Vera Cruz hacia el interior. Momento en que fue informado de la presencia de un navío que, ignorando todas las señales que le hicieron desde tierra para que fondease, siguió de largo. Como navegaba tan próximo a la costa, Escalante, uno de los capitanes de Cortés, galopó a lo largo de la playa en paralelo a la nao, averiguando que se trataba de gente de Francisco Álvarez Pineda, un capitán de Francisco de Garay, gobernador

---

[15] José Luis Martínez, *Hernán Cortés*, ob. cit., pág. 183. Para una valoración más clara puede verse el Glosario de monedas al final de este libro.

de Jamaica, nombrado, según capitulaciones con la Corona, como adelantado de la región del Pánuco.

De modo que Garay podía *poblar* en la desembocadura del río Pánuco, algo que ilustraba sobre cómo desde España se iban asignando concesiones a las que aspiraba el propio Cortés. Algo más que preocupante.

Los de Pineda se marcharon de la costa dejando en tierra a seis hombres que fueron apresados. Entre ellos figuraba Alonso García Bravo, el *Jumétrico,* que más tarde habría de ayudar a Cortés en el trazado de la nueva ciudad de México, tras su reconquista en 1521. Con Garay, Cortés tendría después un encuentro en la ciudad de México, en 1524, del que se dará debida cuenta.

En ese contexto se emprendió la marcha a Tenochtitlán, un recorrido largo (entre 500 y 600 km, unas 100 leguas) por tierras ignotas para los españoles, que se dejaron guiar por sus asociados nativos (véase mapa con la ruta de Cortés).[16]

En el camino al interior, las tropas hicieron una escala en tierra de amigos, Cempoala (16-VIII-1519), el señorío del *Cacique Gordo.* Allí, Cortés convocó a los demás jefes tribales de la región para notificarles que era llegado el momento de iniciar la marcha, con el propósito de entrevistarse con Moctezuma. Habían transcurrido cuatro meses menos cinco días desde aquel Jueves Santo en que se llegó a Cozumel, y en la Villa Rica quedaría, para cuidar de la retaguardia, Juan de Escalante, gran amigo de Cortés, con el encargo de concluir la construcción de la fortaleza.

La mayoría de los expedicionarios, sin una idea clara de lo que andaban buscando, constituían una masa heterogénea: eran desocupados, antiguos soldados de los tercios del Gran Capitán, gente que se ganaba el pan con la espada en las nuevas áreas de conquista, siempre en la idea de conseguir un buen botín; aventureros que se embarcaron porque en España no tenían cosa mejor que hacer. Por otra parte, se contaban quienes ya comenzaban a tener una situación estable en Cuba, y que, movidos por la ambición, o porque se aburrían, se embarcaron en la aventura cortesiana. Pero, por encima de esas caracterizaciones, todos habían adquirido ya un título de honor: *eran soldados de Cortés.*

---

[16] José Luis Martínez, *Hernán Cortés*, ob. cit., págs. 208 y siguientes.

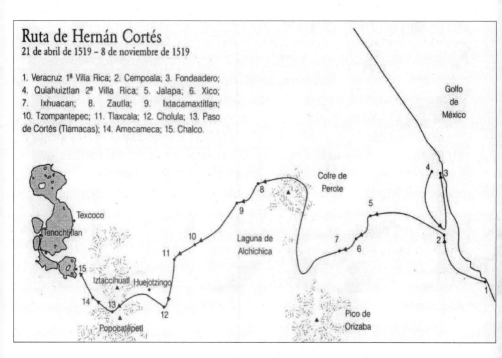

Ruta de Hernán Cortés
21 de abril de 1519 - 8 de noviembre de 1519

1. Veracruz 1ª Villa Rica; 2. Cempoala; 3. Fondeadero;
4. Quiahuiztlan 2ª Villa Rica; 5. Jalapa; 6. Xico;
7. Ixhuacan; 8. Zautla; 9. Ixtacamaxtitlan;
10. Tzompantepec; 11. Tlaxcala; 12. Cholula; 13. Paso de Cortés (Tlamacas); 14. Amecameca; 15. Chalco.

Fuente: Juan Miralles, *Hernán Cortés. Inventor de México*, Tusquets, Barcelona, 2001.

Al principio de la marcha, Pedro de Alvarado iba a los lomos de su yegua, al frente de un centenar de hombres, como avanzadilla, seguidos por el grueso de las tropas y auxiliares, a un día de diferencia. Iban separados para no parecer, en principio, una carga excesiva para los poblados por donde pasaban y en donde se abastecían de lo que podían. Hasta que, en Jalapa, la antigua Xalapan, volvieron a unir fuerzas Cortés y Alvarado para marchar juntos.

Al ir subiendo a la cresta del Anahuac desde las bajas tierras calientes, pobladas de densa selva, el paisaje varió abruptamente, entrando la expedición en las serranías y terrenos más inhóspitos, donde solo crecían cactáceas, el agua faltaba y lo único que podían llevarse a la boca eran tunas, de nopal o chumbera. Esa fruta desconocida les ocasionaría un gran sobresalto a los soldados, al ver que la orina se les tornaba roja: pensaron que expulsaban sangre.

Fueron días penosos los que pasaron atravesando aquellos páramos. Hasta llegar a Zocotlan (hoy Zautla), dentro ya de los límites de la Sierra de Puebla, una población importante con casas de piedra labrada y muchas huertas. Les dieron de comer *y les volvió el alma al cuerpo*. El cacique se llamaba Olintecle y era un individuo que para moverse tenía que apoyarse en dos mancebos, con un rictus nervioso que movía sus carnes, estremeciéndose a cada paso; de ahí que los españoles le impusieran el mote de *el Temblador*.

Temblador se mostró verdaderamente angustiado, solo de pensar cuál sería la reacción de Moctezuma al enterase de que había dado acogida a tales visitantes sin la licencia debida. Y cuando Cortés le preguntó si era vasallo de Tenochtitlán, apesadumbrado, respondió con otra pregunta: «¿pero es que hay alguien que no sea vasallo de Moctezuma?».

En Zautla los españoles vieron lo que era un verdadero tzompantli, es decir, una pila bien ordenada de centenares de cráneos, sostenidos por varas que los atravesaban por las sienes. Ocasión en la que muchos murmuraron por lo bajo, pensando en darse media vuelta, para regresar por donde habían venido. La respuesta de Cortés fue en tono de estímulo: la verdadera actitud debía ser crecer en grandeza y no en pobreza.[17]

Llegado el momento de la partida de Zautla, Cortés pidió al *Temblador* que le diese oro, a lo que este replicó que, aunque lo tenía, no podía entregarlo sin la autorización de Moctezuma. En cambio, aceptó facilitar a veinte notables zautlatecas para que les acompañasen e indicaran el mejor camino en cada caso. Y como ya nada les retenía en Zautla, Cortés y los suyos se encaminaron a Ixtacamaxtitlan, pueblo en el que reposaron tres días, sin emisarios de Tenochtitlán, por lo que Cortés resolvió no aguardar más una autorización o invitación formal, y reemprender la marcha a la capital mexica.

Alianza con los tlaxcaltecas

Siguiendo en su andadura, los esforzados invasores encontraron una gran cerca, que era parte de la frontera de Tlaxcala, donde el

---

[17] José Luis Martínez, *Hernán Cortés*, ob. cit., págs. 216 y siguientes.

Llegada de Cortés a Tlaxcala en septiembre de 1519, *Lienzo de Tlaxcala*.

18 de septiembre de 1519 fueron recibidos con verdaderas fiestas, en Tizatlán, ciudad que a Cortés le pareció mayor, más fuerte y mejor abastecida que Granada «en el tiempo en que se ganó» (1492). Y como en Cempoala, don Hernán trató de adoctrinar a los tlaxcaltecas, pidiéndoles que abandonaran a sus dioses así como los sacrificios humanos y el canibalismo.[18]

En realidad, Tlaxcala era una confederación de varias ciudades-estado, unidas desde mucho tiempo atrás en contra de los mexicas y sus aliados, los señoríos de Texcoco y Tlacopan (la *triple alianza*, según veremos). Y por las historias náhuatl se sabía que, en torno a 1455, comenzaron las guerras de la aludida tripleta contra Tlaxcala, siendo su objetivo principal la captura de prisioneros para canibalizarlos; en interpretación ulterior de algunos

---

[18] José Luis Martínez, *Hernán Cortés*, ob. cit.

científicos europeos, porque así ganaban las proteínas indispensables para la alimentación de los guerreros.

Llegó Cortés al territorio de Tlaxcala al mando del ejército totonaca-español, numéricamente muy inferior a los efectivos bélicos tlaxcaltecas, una densa población distribuida en múltiples localidades, gobernadas todas ellas por una especie de senado común, que tras recibir a Cortés recapacitó sobre qué trato había de darse a los recién llegados, a quienes, al igual que los mexicas después, consideraron semidioses, impresionados por sus caballos y sus armas de fuego.

En esa deliberación los de Tlaxcala se inclinaron en parte por sellar de inmediato una alianza con los arrogantes invasores. Pero otros manifestaron sus dudas sobre que realmente fueran dioses, dada su ambición de oro, así como por sus acciones de destrucción de templos y desprecio de leyes ancestrales. Todo lo cual les pareció que evidenciaba un comportamiento más humano que divino. Al final, la resolución senatorial fue atacar a los barbados de piel blanca recién llegados.

Los hombres de Cortés, que ya esperaban la confrontación, infligieron una severa derrota a los de tlaxcala, a lo que siguió una gran matanza, que el senado logró detener con la oferta de un acuerdo de paz. De modo que los señores ofrecieron una nueva fiesta a los españoles el 18 de septiembre de 1519, ocasión en que se estableció la crucial alianza para formar frente común contra los mexicas, con vivas muestras de confraternización, que incluyeron el regalo de mujeres a los españoles, entre las que se encontraba una hija del cacique principal, Xicoténcatl el viejo, con quien casó Pedro de Alvarado… naturalmente tras ser bautizada con el cristiano nombre de Luisa Tecuelhuatzin.

Hoy en día, el territorio de aquellos tlaxcaltecas procortesianos es uno de los 23 estados de México, calificado que fue, en tiempos de la Nueva España, de comunidad «muy noble y muy leal a Carlos V, rey-emperador». Por lo cual, los asociados, durante el tiempo de la Nueva España (casi tres siglos), tuvieron la protección de la Corona española, hasta el punto de que desde Tlaxcala salieron efectivos humanos, con especial protección real, en busca de nuevos asentamientos en América Central y en Nuevo México. Luego, con la independencia, Tlaxcala se convirtió en

Matanza de Cholula, *Lienzo de Tlaxcala*.

objeto de desprecio para muchos mexicanos que, contaminados por el antiespañolismo desde el indigenismo, llegaron a hablar, incluso, del «estado traidor».

El caso es que durante su estadía en Tlaxcala, Cortés intentó aprovechar el retorno, otra vez, de mensajeros de Moctezuma, para que llevaran con ellos a dos de sus mejores capitanes, Pedro de Alvarado y Bernardino Vázquez de Tapia, a fin de conocer mejor la verdadera actitud de los mexicas y de su señor Moctezuma. Pero ese intento no llegó a materializarse, seguramente por el interés de los propios mexicas de que ningún barbado de piel blanca llegara a su capital, y menos aún como espías.[19] Lo cual hizo todavía más apetecible arribar un día a la *ciudad del águila en el nopal*, significado en náhuatl del nombre de Tenochtitlán: hoy en el escudo de México.

_____

[19] José Luis Martínez, *Hernán Cortés*, ob. cit., pág. 224.

Antes de salir de Tlaxcala, los representantes de Moctezuma propusieron a Cortés que se trasladara a Cholula, por ser señorío asociado a Tenochtitlán, y en la idea de que allí mismo podría acabarse con los invasores. A pesar de lo cual, prosperó la propuesta de ir a Cholula, por mucho que los tlaxcaltecas no lo aconsejaran.

Matanza en Cholula y avistamiento de un destino

El 18 de octubre de 1519 fue la salida para Cholula, centro religioso importante para los pueblos del altiplano y ciudad muy rica, en la que se rendía especial culto al dios anunciador, Quetzalcóatl, con el augurio ya comentado de que los barbados blancos acabarían para siempre con la hegemonía mexica. Contaba el lugar con la pirámide más alta de todo el altiplano, de ciento veinte gradas; y, además de ese templo principal, Cortés enumeró cuatrocientas treinta y tantas torres de templos en la ciudad.[20]

Cholula tenía un gobierno —ya se ha dicho— que mantenía buenas relaciones con el imperio de Moctezuma, lo que explica que fuera gran enemiga de Tlaxcala. Y teniendo en cuenta esa situación, Cortés, tras aposentarse como huésped ilustre, hizo llamar a los cholutecas principales y les echó en cara la emboscada que según él mismo había averiguado estaban preparando para dar muerte tanto a hispanos como a totonacas y tlaxcaltecas. Y sin más aviso, ante la vista de los mensajeros de Moctezuma que allí estaban, organizó una gran matanza, para que los enviados de Tenochtitlán vieran que los presuntos mensajeros de Quetzalcóatl no se andaban con remilgos.

Posteriormente, esa matanza fue objeto de grandes críticas por Bartolomé de Las Casas, malqueriente constante de Cortés, en su *Brevísima relación de la destrucción de las Indias*. En la que hizo la crítica más dura a la acción de los conquistadores, naturalmente sin que el reverendo padre se percatara de las aviesas intenciones de los cholutecas. Por lo demás, a la matanza siguió lo esperado: Cortés se alió para siempre con los de Cholula.

---

[20] Bernal Díaz del Castillo, *Historia verdadera*, ob. cit., págs. 131 y siguientes.

Los españoles permanecieron los últimos días del mes de octubre de 1519 en Cholula, ya con Cortés como nuevo señor indiscutido, quien además consiguió que *se amistaran* cholutecas y tlaxcaltecas entre sí, una muestra más de su capacidad diplomática.

De esos días merece recordarse la hazaña de Diego de Ordás, quien con varios acompañantes subió a la cima del volcán Popocatépetl, «que entonces echaba mucho fuego». Y sin noción clara aún de la influencia climática de las alturas, Cortés observó el frío extremo en las tierras altas, que no tenían el calor de la isla Española, a pesar de su latitud muy similar.

Al final, el 1 de noviembre de 1519, los españoles, con efectivos muy recrecidos, salieron de Cholula para cruzar la sierra por el paso de Amecameca, desde cuyos altos ya pudieron contemplar el Valle de México con su gran lago de Texcoco y Tenochtitlán al fondo. La fuerza que así llegó estaba entrenada y se había cohesionado con tantos avatares durante la larga ruta seguida.

Colofón al capítulo 4: de Cuba a Veracruz y ruta de Cortés

—Cortés se valió mucho de las previas exploraciones de Hernández de Córdoba y de Grijalva para llegar a Yucatán.

—Sí, él valoró mucho lo informado por esas dos expediciones. Teóricamente, la misión inicial de don Hernán era encontrar a Grijalva, que parecía haberse perdido por aquellos mares y territorios de Dios. Y, además, llevaba como piloto preferido a Alaminos, que ya había trabajado con Grijalva.

—¿Y no volvió Grijalva a Cuba antes de salir Cortés desde La Habana? Entonces, ¿por qué dio orden de salida?

—Cortés ya no podía dejarlo todo y volverse a Santiago de Cuba a resignarse junto a Velázquez, abandonando la gran aventura en la que había invertido fondos suyos y de otros muchos, sobre todo del propio Velázquez, quien ya le había imputado como si fuera un delincuente. Don Hernán, incluso, se llevó en su expedición a muchos hombres y efectos del propio Grijalva.

—O sea, lo dicho: que don Hernán, puenteó a Velázquez...

—Técnicamente hablando, sí, aunque en el evidente contexto de que no podía hacer otra cosa que poner rumbo a México: «la peor decisión es la indecisión», que diría después Benjamín Franklin. Cortés optó, pues, por emprender la navegación que le llevó a Cozumel, San Juan de Ulúa y Villa Rica de la Vera Cruz, incluyendo la batalla de Centla, la amistad con el *Cacique Gordo* de Cempoala y los contactos con los emisarios de Moctezuma. Y luego seguiría la que hoy precisamente se llama *ruta de Cortés*, entre la Villa Rica y la capital mexica. Era una acción muy pensada, con episodios importantes en su desarrollo, como Cempoala, Zocatean, Tlaxcala, Cholula, etc.

—Y del trato que tuvo con los tlaxcaltecas, ¿qué me dice usted?

—Pues que muy bien: forjó una alianza formidable, no solo para llegar hasta Tenochtitlán…, sino, sobre todo, para la reconquista de la ciudad lacustre meses después. Sin ellos, Cortés y su gente no habrían sobrevivido.

—¿Y de la matanza de Cholula?

—No es cínico y cruel decirlo: inevitable. No olvide nadie que eran tributarios de Moctezuma. Seguramente sería el tlatoani mismo quien ordenó preparar allí mismo la conjura contra Cortés, que este supo evitar aunque fuera con tanta sangre… Era la guerra.

ANEXO: la ruta de Cortés, hoy

Sobre la ruta de Cortés por tierra, transcurridos más de dos siglos desde la gesta, apareció una fuente histórica que ha posibilitado la aproximación a la verdadera vía de los conquistadores españoles, en una edición de la *Historia de la Nueva España*, publicada por el ilustrado arzobispo novohispano Francisco Antonio de Lorenzana en 1770. En la que se incluyó un capítulo titulado «Viage de Hernán Cortés desde la Antigua Vera-Cruz á México, para la inteligencia de los pueblos, que expresa en sus cartas y se ponen en el mapa».[21] Cada una de las etapas del itinerario se explica con una serie de notas sobre el significado de los topónimos in-

---

[21] *Historia de la Nueva España*, edición aumentada con otros documentos y notas por Francisco Antonio Lorenzana, Imprenta de Joseph Antonio de Hogal, México.

dígenas y resumiendo la evolución histórica de aquellos lugares desde tiempos prehispánicos hasta 1770.[22]

Por otro lado, estará bien recordar que, en 1755, desembarcó en el puerto de Veracruz el virrey Agustín de Ahumada Villalón, marqués de las Amarillas, en cuyo séquito había un joven alférez de artillería, Diego García Panes, con especiales habilidades en matemáticas e ingeniería. Tras una larga estancia en México, antes de su regreso a España en 1790 y como resultado de sus estudios, terminó el *Diario particular del camino que sigue un virrey de México desde su llegada a Veracruz hasta su entrada pública en la capital*. Diario en el que analizó cada una de las jornadas, quince, que debían de seguir los gobernantes por el Camino Viejo, y la distancia en leguas, 101, de las mismas.[23] Era lo que entonces se tardaba en el recorrido, aparte de los días de descanso o las paradas protocolarias destinadas a visitar fortificaciones o saludar a autoridades civiles y eclesiásticas en el tránsito.

Ya en nuestro tiempo, la ruta de Hernán Cortés ha sido puesta en valor por diferentes medios de comunicación que han pretendido mostrar este camino como un itinerario cultural, cargado de referentes históricos y patrimonio monumental, despojándolo así de las connotaciones ideológicas asociadas por unos u otros de sus protagonistas. De modo que, en 2001, la revista *Arqueología Mexicana* dedicó un extenso número monográfico al estudio del recorrido, analizando cada uno de los espacios de las diferentes etnias y creencias, e introduciendo especiales para los sitios de mayor interés.[24]

Del mismo modo, en 2005, Karla Hernández publicó un nuevo artículo bajo el título «Siguiendo la ruta de Cortés, de Veracruz a México», que volvería a presentar la temática en cuestión para el viajero que se dispusiera a realizarla.[25]

---

[22] Luis Sierra Nava, *El cardenal Lorenzana y la Ilustración*, Fundación Universidad Española, Madrid, 1975.

[23] Diego García Panes, *Diario particular del camino que sigue un virrey de México. Desde su llegada a Veracruz hasta su entrada pública en la capital*, CEHOPU, CEDEX, Madrid, 1994.

[24] *Arqueología mexicana*, n.º 49. La ruta de Hernán Cortés, mayo-junio, 2001.

[25] Karla Hernández, «Siguiendo la ruta de Cortés, de Veracruz a México», en *Arqueología mexicana*, vol. XIII, n.º 73, mayo-junio, 2005, CONACULTA, pág. 29.

En la misma línea, aunque con carácter más divulgativo, la revista mexicana de actualidad femenina *Perfil*, publicó en su número 562 un dosier bajo el título «La ruta de Cortés: un viaje al corazón de México», en el que su autora, Isabel Arauz, señalaba este recorrido como una «ruta mística que recuerda el paso de los colonizadores y los últimos vestigios de las gloriosas culturas autóctonas».[26]

Una de las primeras apuestas del sector del turismo organizado en México sobre el camino que nos ocupa fue la del Grupo Empresa Rebozo. Ecoturismo y turismo responsable, que ofrece este paquete de viajes con el nombre «La ruta de Hernán Cortés y Nuevas Aventuras».[27] De manera que, retomando los pasos de los conquistadores, se ofrece una gran variedad de actividades, desde las que se denominan *suaves*, hasta las más *fuertes de emociones*.

Una oferta turística alternativa, más limitada, es la que presenta la empresa R&K Viajes Internacionales,[28] con una duración de ocho días con siete noches de alojamiento, que incluye las dietas y los traslados. De la misma manera, el perfil del itinerario plantea una «combinación equilibrada de sitios arqueológicos, ciudades coloniales culturales, naturaleza en estado puro, coloridos y costumbristas grupos indígenas que permiten al visitante disfrutar de un México auténtico y profundo».

---

[26] Isabel Arauz, «La ruta de Cortés: un viaje al corazón de México», *Perfil*, n.º 252, México, 2008.

[27] http://www.marlene-ehrenberg.com.mx/cortes.html.

[28] http://www.rkviajes.com/mexico/ruta%20de%20cortes.html.

Capítulo 5

Desde el encuentro a la Noche triste

En Tenochtitlán

Tenochtitlán era el centro del imperio mexica, sustentado en la *triple alianza* de México, Texcoco y Tacuba, que en conjunto controlaban otros 38 señoríos (véase el mapa del Lago). Además, había otros dominios independientes que habían logrado resistir la fuerza de los mexicas, como eran los de Colima, Michoacán, la Huasteca, el mundo maya y el Soconusco (véase el mapa del México central).

Más al norte de esos territorios, algunos de los cuales tenían culturas avanzadas, en las planicies, montañas y tierras áridas del Anahuac vivían numerosas etnias diferentes. Unas sedentarias y de agricultores, y otras nómadas e indomables, de guerreros semisalvajes llamados genéricamente chichimecas, cuya resistencia al dominio español se mantuvo por siglos y que incluso siguieron luchando después de la independencia.

En ese contexto de señoríos y tribus, la expedición cortesiana llegó a Tenochtitlán el 8 de noviembre de 1519, produciéndose entonces el primer encuentro entre el señor de los mexicas y el gran capitán español. Algo así como si, hoy en día, fueran visitantes de otra galaxia, después de una larga travesía por el universo.

Ambos personajes esperaban conocerse, y al fin lo hacían, en medio de muy confusos sentimientos: ninguno de los dos tenía claro cuál iba a ser el desenlace del encuentro, pero sí sabían que sería algo decisivo para sus respectivos destinos.

Encuentro de dos civilizaciones

Tal como se ha visto, Moctezuma (siempre II) había hecho numerosos intentos para disuadir a Cortés de su avance hacia Tenochtitlán: el *tlatoani* (emperador en náhuatl), envió grandes regalos a los presuntos emisarios de Quetzalcóatl para convencerles de no visitar su ciudad. Pero todo había sido inútil, y llegó un ejército compuesto por más o menos cuatrocientos españoles y numerosos totonacas, zautlatecas, tlaxcaltecas y cholultecas.

En la ciudad era 8 de noviembre, el «8 Ehecatl» del año «1 acatl», mes Quecholli del calendario azteca. Allí estaba la ansiada meta de tan largo viaje: la ciudad ensoñada, construida sobre varias islas primitivas del lago Texcoco (véase mapa), y unida a tierra por varias calzadas.

La ruta de Cortés desde la Villa Rica la habían cubierto entre el 16 de agosto y el 8 de noviembre, en noventa y dos días de esfuerzos para unos 600 km, mediando combates, penurias e incertidumbre, a veces con problemas de falta de agua y demás aspectos de la intendencia de una formación numerosa, que en su mayor parte ya había de vivir sobre el terreno. Sobrevivir y llegar con un gran fuego militar fue expresión de la capacidad organizativa de Cortés y sus capitanes.

En una de las calzadas de acceso a la ciudad, la del sur, Moctezuma esperaba a Cortés acompañado de unos doscientos señores y, allí mismo, el tlatoani descendió de las andas en que le transportaban. Apoyado en dos hombres, se adelantó a recibir a su huésped, que, siempre cauteloso, había dispuesto a sus hombres a punto de guerra, desplegando sus banderas, con tambores y atabales tocando con toda fuerza. Al acercarse al monarca, relatase en la *Historia verdadera* —y antes en las propias *Relaciones* de Cortés—, el capitán español bajó de su espléndido corcel y fue al encuentro de Moctezuma con ánimo de abrazarlo, lo que le impidieron los acompañantes del emperador mexica.[1]

A través de los *lenguas*, o intérpretes, hubo parlamentos ceremoniales; los españoles por medio de Aguilar y Malinche. Y en ese primer intercambio personal, Cortés le echó a Moctezuma al cuello

---

[1] Bernal Díaz del Castillo, *Historia verdadera*, ob. cit., pág. 148.

Diego Rivera, Tenochtitlán, Palacio Nacional, México.

un collar de cuentas de vidrio, a lo que el señor de Tenochtitlán correspondió con uno de «caracoles colorados y camarones de oro de mucha perfección». Después, la numerosa comitiva entró en la ciudad y Cortés y sus principales se instalaron en una muy grande y hermosa casa, en una gran plaza: el palacio de Axayácatl, donde fueron obsequiados con ropas, viandas muy variadas, servicios y joyas.

Desde ese histórico 8 de noviembre de 1519, Cortés debió pensar en el peligro que a partir de entonces se cernía sobre él y sus tropas. Era imaginable el propósito de Moctezuma de recibir a los extranjeros en su capital, presentándose al principio amistoso y pacífico y, después, atacarlos por sorpresa. Cortés sabía de sobra que la ciudad lacustre podría ser muy peligrosa.

La gran ciudad lacustre

A la llegada de los españoles, Tenochtitlán, rodeada por *chinampas* (jardines flotantes), tenía calles y canales (cruzados por puentes, algunos de ellos portátiles) que llegaban hasta la plaza mayor. El transporte se realizaba por medio de canoas o por cargadores de a pie (*tamemes*). En la plaza central o mayor (hoy el *zócalo*) se situaban los centros religiosos y administrativos, los palacios y los principales templos (*teocalli*, donde se realizaban los sacrificios humanos).[2]

Al norte de la plaza mayor salía el camino real hacia Tlatelolco (conquistado en 1473 por Tenochtitlán), que poseía otra gran plaza dominada por el templo de Huitzilopochtli, el dios de la guerra, que era la sede del más importante mercado, donde las compraventas se realizaban por trueque o pagando con granos de cacao, que desempeñaban la función de moneda.

La situación lacustre hacía que no fueran necesarias grandes fortificaciones; solo los templos y las principales mansiones tenían gruesos muros de piedra. Por lo demás, en los barrios de la ciudad, las casas eran muy distintas según la posición social de sus habitantes (entre 250.000 y 500.000 en el momento de la conquista); las chinampas albergaban chozas con techos de paja cubiertos de lodo y paredes de varas; las casas más frecuentes, asentadas sobre plataformas para protegerse de las inundaciones, eran de adobe, no tenían ventanas y poseían un patio interior.

Durante los noventa años de historia antes de Cortés, la seguridad de Tenochtitlán se sostuvo (ya antes se ha dicho algo) gracias a la triple alianza con las otras dos ciudades lacustres, Texcoco y Tacuba, que eran satélites de Tenochtitlán. Texcoco, la capital de la cultura, era formidable y en ella se hablaba una elegante versión del idioma del valle, el náhuatl. Tacuba era menor.

De las casas que Moctezuma tenía en la ciudad, Cortés decía que eran maravillosas y que en España no había nada semejante. Y con especial sensación se refirió a la amplitud y belleza del jardín zoológico, con estanques para los peces y jaulas para las aves; cada especie era atendida según sus necesidades y, junto a los animales, había casas de albinos y otros *monstruos*.[3]

Los tres aliados se garantizaban mutuamente una economía ventajosa, de unas cincuenta pequeñas ciudades-estado lacus-

---

[2] Ibídem, pág. 158.
[3] Hernán Cortés, *Cartas de relación, segunda carta de relación*, págs. 51 y siguientes.

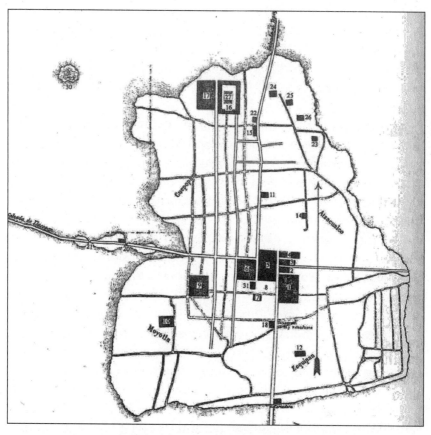

Croquis de Tenochtitlán antes de la reconquista. Explicación:

1. Palacio de Moctezuma
2. Templo de Tezcatlipoca
3. Casa de las aves
4. Palacio de Axayácatl
5. Teocalli mayor
6. Palacio de Moctezuma el viejo
7. Palacio del Tlilancalqui
8. Plaza principal
9. Casa de fieras
10. Tianquiztli de México
11. Tezontlalamacoyan
12. Huitznahuac
13. Huitzilan
14. Atzacualco
15. Xacaculco
16. Tianquiztli de Tlatelolco

17. Teocalli de Tlatelolco
18. Xoluco
19. Cortadura de Tecpantzinco
20. Cortadura de Tolteacalli
21. Cortadura de Toltecaacalopan
22. Tlacochcalco
23. Xocotitla o Cihuatecpan
24. Coyonacazco o Amaxac
25. Tetenantitech o Tetenamitl
26. Apahuaztlan
27. Momoxco
28. Petlacalli
29. Fuerte de Xoloc
30. Nonohualco
31. Cuicacalco

Fuente: José Luis Martínez, *Hernán Cortés*, ob. cit., pág. 388.

tres, ninguna autosuficiente. De las faldas de las montañas se conseguía leña como combustible, y madera para muebles tallados, herramientas agrícolas, canoas, armas e ídolos. Y del nordeste se obtenían sílex y obsidiana para herramientas y armas. La alfarería era un arte floreciente en las orillas del lago, donde también se conseguían sal y juncos para la cestería. El Templo Mayor, en el centro geométrico de Tenochtitlán, simbolizaba la sede de los dioses, aunque cada oficio poseía su propia divinidad y se disponía de un gran número de santuarios.[4]

Los sacerdotes eran ascetas y célibes, y ocupaban una posición social elevada. Al mando de todos ellos había dos sumos sacerdotes: uno al servicio de Huitzilopochtli y el otro, al de Tlaloc (dios de la lluvia). El tlatoani nombraba a ambos y era considerado como un ser semidivino y respetado como tal. Tanto Moctezuma II como su predecesor, Ahuízotl, fueron sumos sacerdotes antes de convertirse en monarcas. Y si México no era una teocracia, ciertamente la religión tenía presencia ubicua.

Moctezuma tenía una familia numerosa: esposa legítima y varias mujeres más, una de ellas hija del rey de Tacuba, otra era hija del cacique de una pequeña ciudad, Ecatepec. Además, gozaba de muchas concubinas. Las estimaciones sobre el número de sus hijos varían entre diecinueve y ciento cincuenta, si bien se sabía que su esposa principal le había dado tres hijas.[5]

Cuando Cortés escribió su segunda carta de relación a Carlos V, en Segura de la Frontera, el 30-X-1520, narró sus conversaciones con Moctezuma, quien explicó a don Hernán la historia de su pueblo, citando a Quetzalcóatl y sus mensajeros, que se suponía llegaban para sojuzgar a los mexicas. Un parlamento que concluyó con la dramática confesión que hizo de su propia condición personal: «soy de carne y hueso, soy mortal y palpable». Y Cortés, como enviado de Quetzalcóatl, o más bien de Carlos V, aceptó el efectivo dominio que se le ofrecía con tanta humildad, con la asunción de que a partir de ese momento los mexicas eran súbditos del rey-emperador.

---

[4] Hugh Thomas, *La conquista de México*, ob. cit., págs. 459 y siguientes.
[5] Ibídem, pág. 85.

Mapa de la cuenca de México en la época prehispánica con el Lago de Texcoco. Dibujo de Miguel Covarrubias, en J.L. Martínez, *Hernán Cortés*, ob. cit., pág. 20. Cortés llegó por el sur, cruzando la calzada de Coyoacán, para entrar a Tenochtitlán. La salida de la Noche triste fue de Tenochtitlán a Tlacopan, siguiendo toda la orilla al noroeste, doblando por Chapultepec hacia el oeste en dirección Otumba.

Limitación del poder de Moctezuma

Cortés narró los acontecimientos a Carlos V en su segunda relación, describiendo muy admirado la ciudad lacustre, el inmenso y variado mercado de Tenochtitlán, los templos, las casas, la organización urbana, los palacios, y el servicio y protocolo de la corte, ganado por la refinada y avanzada civilización del México antiguo. Sin duda alguna, Tenochtitlán era el espacio más evolucionado de todas las Indias, de un nivel de vida superior al de los incas en Perú.

Moctezuma contaba con muchos sirvientes y guardias, acróbatas, bufones y bailarines. En orden de precedencia le seguían sus principales consejeros, la familia real inmediata, los administradores de mayor jerarquía y los nobles (los *pipiltin*); entre estos últimos, las veintiún familias más importantes de Tenochtitlán, que poseían títulos imponentes además de palacios espléndidos, en los que celebraban festivales y escuchaban a jóvenes recitar poemas, o a ancianos hablar sabiamente.

Los antepasados de Moctezuma habían construido la gran ciudad que, en 1519, abrumaba a los que venían de otras partes del imperio, y que políticamente parecía haber llegado a su límite en los tiempos en que llegó Cortés. Y no porque lo dijera Quetzalcóatl, sino porque los sucesivos monarcas habían ampliado mucho sus fronteras, en parte por la necesidad de garantizar la obtención de recursos de las zonas templadas o calientes. Pero, según parecía, ya no concebían de cara al futuro más guerras importantes, expediciones como las del emperador Ahuítzotl a finales del siglo XV, que ya provocaron en el pueblo mexica cierto desasosiego. Después de todo, los soldados no eran profesionales, sino agricultores o artesanos que habitualmente habían de ocuparse de sus cultivos y sus oficios.

Por lo demás, Moctezuma contaba con las aptitudes necesarias para enfrentarse a las dificultades que pudieran surgir. Llegado al trono en 1502, en 1518 contaba con cincuenta años y se le llamaba Moctezuma *Xocoyotzin* (*el menor*) para diferenciarlo de su bisabuelo, el gran monarca que reinó a mediados del siglo XV. Como la mayoría de los mexicas, era de tez oscura y estatura mediana, de cabello ondulado y nariz aguileña; de cuerpo bien proporcionado, delgado, de cabeza grande y ventanas de la nariz ligeramente aplastadas. Era astuto, sagaz, prudente, sabio, experto, áspero en el hablar y muy determinado. Sus súbditos lo veían como el más elocuente y capaz de los gobernantes.[6]

---

[6] Bernal Díaz del Castillo, *Historia Verdadera…*, ob. cit.

Aztecas y otros pueblos del México central en 1519. El imperio azteca en vísperas de la conquista. De Jon Manchip White, *Cortés and the Downfall of the Aztec Empire*, Londres, 1971. Del libro de José Luis Martínez, *Hernán Cortés*, ob. cit., pág. 23.

El gobierno del dios anunciado[7]

Después de seis días de reposo y abundancia desde su llegada a la capital mexica, Cortés recibió malas noticias de Veracruz: los súbditos de Moctezuma de por allí habían dado muerte, en una emboscada, a cuatro españoles, entre ellos a Juan de Escalante, el ya mentado capitán que comandaba el destacamento de la costa, gran amigo de Cortés. Un mensajero desde Veracruz llevó a Moctezuma la cabeza ensangrentada de un español para demostrar que los barbados blancos no eran inmortales, según se decía admirativamente.

Indignado por haberse roto el buen entendimiento y pensando en lo peor, en un ataque en toda regla, Cortés hizo una demostración de fuerza: aprisionó al propio monarca mexica (véase figura de Moctezuma con grilletes) y le exigió que llamara a Teno-

---

[7] José Luis Martínez, *Hernán Cortés*, ob. cit., pág. 385

chtitlán a su cacique en el área de Veracruz (Cuauhpopoca) para castigarlo. Moctezuma aceptó y, días después, en una hoguera formada por montones de flechas, escudos y mazas mexicas, en la plaza mayor de la ciudad, el referido cacique fue quemado vivo junto con otros de sus principales: un acto dramático y brutal, que permitió a Cortés consolidar su dominio de la situación en medio del poderío de unos aztecas que parecían, por el momento, subyugados por el conquistador.

Días después, tras haberse resignado a su cautiverio por los propios *enviados de los dioses*, con sus cruentas demostraciones de fuerza, el tlatoani fue adaptándose a su nuevo estatus, más o menos con expresión de lo que ahora se llama el *síndrome de Estocolmo*.[8] Pero había ya mexicas más que críticos con la blandura de Moctezuma, de ahí que este se sintiera más seguro preso de Cortés que no en su propio palacio.

Moctezuma volvió una y otra vez a referirse al esperado retorno de Quetzalcóatl, y mandó llamar a muchos señores súbditos suyos para ordenarles vasallaje al capitán español y a su rey-emperador. Y mostró a sus admirados invasores las cámaras de su palacio, la Casa de las aves, en las que guardaba gran cantidad de joyas y aderezos. Tras lo cual, los españoles pidieron al tlatoani que les mostrara los lugares en donde tenía más tesoros y riquezas.

A pesar de tantas exigencias de los visitantes, se recreció la intimidad de los españoles con el alto señor cautivo, y aunque algunos le faltaban ocasionalmente al respeto en su alta dignidad, la mayoría lo acataban y al tiempo lo compadecían. Y en los ocios, el señor mexica y el capitán general español disfrutaban del juego *totoloqui*, un divertimento de bolos.

Cortés –tal vez pensando en futuras complicaciones– mandó construir dos bergantines para navegar por el lago de Texcoco. Y Moctezuma, a bordo de uno de ellos, asistió a una cacería, acompañado por tres de los principales capitanes de Cortés: Velázquez de León, Alvarado y Olid. Excursión de la que volvió muy contento por las muchas piezas cobradas.

---

[8] Trastorno psicológico temporal que aparece en una persona que ha sido secuestrada. Consiste en mostrarse comprensivo y benevolente con la conducta de los secuestradores, identificándose progresivamente con sus ideas, durante el secuestro o incluso tras ser liberada.

Cortés recibido por Moctezuma, *Códice Durán*, XXV.

Permanentemente custodiado, Moctezuma continuó sus actividades cotidianas como máximo regidor de su propio pueblo. Convivió con Cortés y sus capitanes, les mostró la ciudad y los alrededores, y ya con ese conocimiento más íntimo, el conquistador le pidió que abandonase a sus dioses y que prohibiese los sacrificios humanos. Y ante el asombro y disgusto de los sacerdotes mexicas, se derribaron las efigies de los dioses, se impusieron imágenes cristianas y se celebró una misa en la cúspide del Templo Mayor.

Moctezuma se sometió a la custodia de Cortés al parecer de buen grado: la guardia castellana, en aquella incierta situación, le proporcionaba, ya se ha dicho, mayor seguridad que la suya propia. Con respecto a esta convivencia escribió Cortés al emperador Carlos V: «le ofrecí su libertad, rogándole que volviese a su casa, y me dijo todas las veces que él estaba bien allí y que no quería irse, porque no le faltaba nada, como si estuviese en su casa».[9]

Durante los ocho meses que duró esa situación (noviembre 1519 a junio de 1520) más o menos pacífica en Tenochtitlán, en prevención de futuros hechos bélicos, Cortés mantuvo bien fuerte su espacio costero de Veracruz. Que era uno de los dos puntos fuertes para sustentar la irrupción hispana; obviamente, el otro

---

[9] Juan Bautista González, *El juego de la estrategia en la conquista de México*, Instituto Español de Estudios Estratégicos (CESEDEN), 1985.

era Tenochtitlán. Entre ambos se extendía la «zona liberada», tan amplia como precariamente dominada por Cortés.

En ese tiempo de paz, don Hernán aprovechó para organizar excursiones al objeto de inspeccionar las minas: Gonzalo de Umbría se dirigió hacia Zacatula en la región mixteca, en el actual estado de Oaxaca; Diego de Ordás se trasladó a Tuxtepec y Coatzacoalcos, también en el entorno de Oaxaca; Andrés de Tapia y Diego Pizarro fueron a la zona de Pánuco, próxima por el norte a Veracruz. Cortés también pidió a Moctezuma que exigiera más oro a todos los pueblos tributarios de los mexicas, y el tlatoani accedió a la petición. Todavía con la esperanza de que, a cambio de entregar esos tesoros, los barbados visitantes se retirarían de Tenochtitlán. El oro iba fundiéndose en barras por los orfebres de Moctezuma, separándose siempre en esa operación el quinto real para el emperador.

En un momento dado, Moctezuma, preocupado por su permanencia como *tlatoani*, le insistió a Cortés en que se retirase ya de Tenochtitlán, pero la respuesta fue negativa, con la excusa de no disponer de las embarcaciones necesarias, pues las naves en que llegaron, ya lo vimos antes, se habían barrenado para hundirlas. Por lo que, con la prolongación de la visita, fue cundiendo el malestar entre los mexicas por las acciones de los conquistadores españoles y el vergonzante comportamiento del propio tlatoani, que intentó por todos los medios evitar un levantamiento popular. En ese sentido, a petición de Cortés, Moctezuma dirigió un discurso solemne a su pueblo en el cual, llorando, se reconoció otra vez como vasallo de Carlos V y pidió que se rindiera obediencia a sus barbados emisarios. Creía en las profecías y supersticiones, pero también temía que en caso de un enfrentamiento armado, su pueblo fuese derrotado, tal como se aseguraba en las propias profecías.

En consecuencia a lo narrado, Cortés envió a la Villa Rica a sus capitanes Gonzalo de Sandoval, Martín López, Andrés Núñez y Alfonso Yáñez con órdenes oficiales de construir nuevas embarcaciones, ostensiblemente a la vista de los mexicas, pero al mismo tiempo dio instrucciones secretas para que tales trabajos se realizaran de la manera más lenta posible.

Moctezuma con grilletes en los pies. José Luis Martínez, *Hernán Cortés*, ob. cit., pág. 246.

Procedimientos y complicaciones[10]

Mientras en Tenochtitlán ocurría todo lo narrado, los procuradores Alonso Hernández Portocarrero y Francisco de Montejo, enviados de Cortés a España, llegaron a Sevilla y de allí fueron a Santiago de Compostela y Coruña, donde se reunían las Cortes de Castilla, convocadas poco antes del viaje del rey Carlos a Alemania para coronarse emperador. Y, al tiempo que llegaban los procuradores de Cortés desde México, arribaban igualmente los de Velázquez desde Cuba.

Cortés, capitán general y gobernador de la Nueva España

Los emisarios de Diego Velázquez fueron convocados de inmediato por el influyente obispo de Burgos, Juan Rodríguez de Fonseca, secretario de Indias, quien enterado de los acontecimientos en Cuba y México, como primera medida, dio órdenes al contador de la Casa de Contratación, Juan López de Recalde, de in-

---

[10] José Luis Martínez, *Hernán Cortés*, ob. cit., págs. 258 y siguientes.

cautar el tesoro que transportaban los procuradores cortesianos llegados de Veracruz.[11]

Rodríguez de Fonseca, desde el Consejo de Castilla, atendía todos los asuntos de las Indias y manifiestamente estaba en contra de Cortés. Pero, en cambio, el obispo de Badajoz, Pedro Ruiz de la Mota, y el secretario del rey, Francisco de los Cobos y Molina, quedaron impresionados por el oro que los procuradores traían de México y abogaron por Cortés ante Carlos V. Por otra parte, los llegados de Veracruz acudieron a Medellín a ver a Martín Cortés, padre del conquistador, para tratar de conseguir una entrevista entre él y el rey, a fin de aclarar que Cortés era ya el verdadero representante directo del monarca y no un mero subordinado de Velázquez.

Carlos, además de atender los asuntos de la guerra de las Comunidades de Castilla, ya alzadas en armas, tenía la prioridad de viajar a Aquisgrán, en Alemania, ya se ha dicho, a fin de ser coronado. Por lo cual mostró un cierto interés, pasajero, por los asuntos de Indias, en lo que se refería a las riquezas. Así las cosas, en su camino a Coruña para embarcarse en una parada en la evocadora ciudad de Tordesillas –donde estaba enclaustrada su madre la reina Juana–, el monarca sostuvo una reunión con los procuradores de Cortés, y el 30 de abril de 1520, en Santiago de Compostela, una facción del Consejo de Castilla también escuchó a los emisarios cortesianos; ya con un cierto visto bueno previo del monarca, que estaba asombrado de la magnitud del tesoro recibido, pensando, seguro, en lo que nuevas remesas podrían significar para la financiación de sus hazañas.

Así las cosas, en La Coruña, Lorenzo Galíndez de Carvajal, Consejero de Castilla, interrogó a los procuradores cortesianos, Montejo y Hernández Portocarrero; así como a la parte contraria, esto es, el enviado del gobernador de Cuba, que era Gonzalo de Guzmán. Tras lo cual, el obispo de Burgos, Fonseca, con toda la fuerza del Consejo, acusó a Cortés y a sus hombres de desertores

---

[11] Las casas de contratación o lonjas eran establecimientos destinados al control de la actividad comercial, el tránsito de personas y expediciones, e intervenían en los juicios comerciales. La más antigua fue la de Barcelona, habilitada en 1401, y la más famosa la de Sevilla, establecida por los Reyes Católicos en 1503, y que se ocupaba de lo relativo a los viajes a las Indias.

Moctezuma seguramente con alguno de sus hijos, aún niños. *Códice Durán*.

y traidores, por faltar a lo acordado con Velázquez. Tras todo lo cual, el 17 de mayo de 1520 se decidió aplazar la resolución del tema hasta escuchar nuevas declaraciones, tanto provenientes de los enviados de Velázquez como de los de Cortés.

Al final, los tesoros enviados por don Hernán a Carlos V pudieron más que nada, y el emperador otorgó al conquistador los títulos de capitán general y gobernador de la Nueva España: por la evidencia de sus grandes acciones de la conquista y, sobre todo, por el tesoro recién llegado, en un momento en que Carlos necesitaba recursos para varios menesteres, tal vez entre ellos, ya se dijo, el de cumplir definitivamente con el *premio* dado a los príncipes electores alemanes por el trono imperial que le habían otorgado.

Esa decisión sería de gran contento para Cortés —cuando lo supo, meses después—, porque equivalía a gobernar la Nueva España durante años. Pero, ciertamente, las denuncias de Diego Velázquez y otros proseguirían. Desde Cuba, su gobernador siguió fraguando su venganza, como pasamos a ver.

Arribada de Pánfilo de Narváez[12]

Volviendo ahora de los escenarios europeos a los de las Indias, y continuando con las *complicaciones* españolas en aquellas latitudes, Diego Velázquez, desconociendo aún los últimos sucesos en España –Cortés ya capitán general y gobernador de la Nueva España–, confiscó en la isla de Cuba los bienes de don Hernán y de varios de sus capitanes más señalados. E, inasequible al desaliento, organizó una nueva expedición de nada menos que diecinueve embarcaciones, mil cuatrocientos hombres, ochenta caballos, veinte piezas de artillería y mil auxiliares taínos cubanos –mucho más de lo que había dispuesto Cortés en 1518–, y puso a Pánfilo de Narváez al frente de la empresa, con órdenes secretas para arrestar o dar muerte a su antiguo socio.

Cuando Rodrigo de Figueroa, juez de residencia de los altos comisionados españoles en La Española, se enteró de los planes de Velázquez consideró que una tal pugna fratricida no era beneficiosa para la Corona. De tal forma que envió a Cuba al oidor Lucas Vázquez de Ayllón, junto con el alguacil Luis de Sotelo y el escribano Pedro de Ledesma, con la orden de detener la expedición de Narváez, lo que ya no fue posible: las fuerzas reunidas navegaban hacia Veracruz.

Por su lado, Cortés recibió a un *anunciador* de esa gran expedición, Alfonso de Vergara, emisario de Diego de Velázquez, que llegó directamente a Tenochtitlán, a quien don Hernán pidió disculpas por el mal trato que su capitán Gonzalo de Sandoval le había dado en Veracruz. Y a fin de compensarle de esas penalidades, le organizó un banquete y le regaló abundante oro. Ante lo cual, el comisionado de Velázquez quedó pasmado, haciéndose de inmediato gran amigo de su anfitrión, a quien informó de todos los detalles de la flota que estaba por llegar. Se acordó entonces que sería bueno enviar regalos a los hombres de Narváez para congraciarse con ellos.

En ese contexto, Cortés, temiéndose lo peor, quiso solucionar el problema de Narváez personalmente y salió de Tenochtitlán, marchando con cuantiosos efectivos hacia la costa, dejando en la

---

[12] Francisco López de Gómara, *La conquista de México*, ob. cit., pág. 133.

Cortés derrota y prende a Narváez, *Lienzo de Tlaxcala*.

ciudad lacustre una guarnición de ochenta hombres al mando de Pedro de Alvarado. Previamente había enviado a sus capitanes Velázquez de León y Rangel para que se reunieran con él en Cholula e ir ya juntos a Cempoala para afrontar desde allí a los de Narváez.

Mientras tanto, los recién llegados, subestimando la fuerza, prestigio y popularidad de Cortés, le hicieron proposiciones inaceptables de rendición. También es cierto que las entrevistas de los mensajeros de ambas partes sirvieron de espionaje recíproco, y desde el lado cortesiano se sobornó a los oficiales de Narváez.[13]

Cortés, con sus hombres, avanzaron hacia Veracruz y acamparon el 28 de mayo de 1520 en la ribera del río Chachalacas, pocas horas antes del ataque que había decidido hacer contra las fuerzas de Narváez. E informado de los pormenores de sus contrincantes, se posicionó de la mejor manera contra Narváez, confiado en que el ataque se demoraría por las desfavorables condiciones del tiempo, muy alborotado en la ocasión.

---

[13] Ibídem, pág. 139.

En cualquier caso, pese a que las fuerzas de Cortés eran menos numerosas que las de Narváez, su ataque sorpresa fue veloz y certero, con gran inteligencia de sus capitanes: Diego Pizarro, con sesenta hombres, tenía órdenes de apoderarse de la artillería; Gonzalo de Sandoval, con ochenta, debía capturar o matar directamente a Narváez; Juan Velázquez de León se enfrentaría a las fuerzas de su primo Diego Velázquez; Diego de Ordás tendría que capturar a la columna mandada por Salvatierra y, finalmente, Andrés de Tapia y el propio Cortés reforzarían con su ayuda a los otros capitanes según se desarrollaran los acontecimientos.

Gracias al oro y a promesas hábilmente repartidas, Cortés se aseguró la complicidad de muchos de los hombres de Narváez, sobre todo de los artilleros, que no dispararon, y al final resultó que el ejército recién arribado se pasó prácticamente por entero a sus filas.[14] Narváez acabó preso en Veracruz, donde rumió su desdicha durante casi dos años, en tanto que los navíos arribados de Cuba quedaron en los atracaderos, despojados de velas, timones y agujas o brújulas, para que nadie osara hacerse a la mar con ellos. Se confió su cuidado al capitán Pedro Caballero, de modo que Cortés, con la expedición de Narváez, se encontró en posesión de una flota importante con la cual abastecerse, amén de todo un refuerzo a su ejército traído de Cuba.

Alvarado y la matanza del Templo Mayor[15]

Mientras se tomaban tales providencias en Veracruz, en junio de 1520 llegaron noticias, más que alarmantes, de Tenochtitlán: había estallado la rebelión de los mexicas, teóricamente ya vasallos de Carlos V, que habían atacado e incendiado la fortaleza donde se encontraban los españoles, quemando los bergantines que ya eran cuatro, en el lago de Texcoco. Al oír tan aciagas nuevas, Cortés partió apresuradamente para el altiplano y llegó a la ciudad lacustre el 24 de junio de 1520. Don Hernán recriminó a Pedro de Alvarado –hombre muy valiente pero poco político– por el episodio

---

[14] José Luis Martínez, *Hernán Cortés*, ob. cit., pág. 260.
[15] Francisco López de Gómara, *La conquista de México*, ob. cit., págs. 142 y siguientes.

Imagen del *Códice Durán*, donde se ilustra la matanza perpetrada por Alvarado en el Templo Mayor de Tenochtitlán, en ausencia de Cortés.

de ruptura de la paz con Moctezuma, pero lo cierto es que algo así tenía que suceder un día u otro. Lo que menos le gustó fue que eso ocurriese sin él poder controlar la situación por estar en Veracruz.

El caso es que durante la ausencia de Cortés se debía celebrar una ceremonia en honor del dios de la guerra, Huitzilopochtli, y para ello, los mexicas, sumisamente, pidieron permiso al capitán Pedro de Alvarado, quien lo otorgó. Y ya autorizados, siguió un extenso ritual con sacerdotes y jóvenes guerreros que bailaban y cantaban, desarmados, en el gran espacio del Templo Mayor.

En la ocasión, Alvarado, revestido de una autoridad que no le daba mayor sensatez, mandó cerrar las salidas, pasos y entradas al patio sagrado del templo y comenzó la matanza de los allí reunidos. «Dieron un tajo al que estaba tañendo el tambor, le cortaron ambos brazos y luego lo decapitaron, en tanto que otros españoles mataban con lanzas y espadas; corría la sangre como el agua, y todo el patio fue sembrándose de cabezas, brazos, tripas y cuerpos de hombres muertos», según el relato de Bernal Díaz del Castillo.[16]

---

[16] Bernal Díaz del Castillo, *La Historia verdadera*, ob. cit., págs. 229 y siguientes.

El responsable de la gran matanza, Pedro de Alvarado, en el proceso de residencia que luego se le hizo, no negó los hechos antes descritos, y argumentó que los indios querían matar a los españoles, al ser la fiesta a Huitzilopochtli, solamente un pretexto para alzarse y acabar con los invasores. Agregó que los indios habían quitado del templo la imagen de la virgen y que, en su lugar, habían puesto la del señor de los aztecas. Al reconvenirlos por tan *irreverente actitud* –dijo Alvarado– mataron a un español y ya se trabó la pelea. De cualquier manera, Moctezuma, por los sucesos narrados, perdió toda su autoridad.

La gran matanza provocó la inevitable indignación entre los mexicas, espeluznados ante lo sucedido. Y una multitud se agolpó delante del palacio de Axayácatl, residencia de los oficiales de Cortés y de Moctezuma, quien pidió al tlacochcálcatl (jefe de armas) de Tlatelolco, Itzcuauhtzin, que calmara a la población enardecida y que no se combatiera a los españoles.

Al llegar a Tenochtitlán, Cortés se dio cuenta de la situación: al final, como no podía ser otra cosa, llegaba la *guerra total* con los mexicas, idea que seguramente él tenía plenamente asumida desde tiempo atrás, si bien actuó para aplazar esa posible situación. Entendiendo, además, que, si se produjera algún suceso que justificase la guerra por parte española, no estaría conquistando la ciudad, sino *reconquistándola*, porque Moctezuma y sus gentes, para él, ya eran súbditos de Carlos V.[17]

Muerte de Moctezuma

La rebelión ya no pudo ser detenida y la población, ofendida por la actitud del propio tlatoani, gritaba «¡Ya no somos tus vasallos!». Se sentían vejados por el ataque alevoso de los hombres de Alvarado en el Templo Mayor, por lo que sitiaron el palacio de Axayácatl durante más de veinte días, donde los españoles resistieron como pudieron a miles de atacantes.

---

[17] Juan Bautista González, *El juego de la estrategia en la conquista de México*, Instituto Español de Estudios Estratégicos (CESEDEN), 1985.

Ataque de los mexicas en Tenochtitlán, previo a la Noche triste.
Lienzo de Tlaxcala.

De regreso de la costa a Tenochtitlán, con duros enfrentamientos ya en su acceso a la ciudad, Cortés pudo reunir a sus hombres en el palacio Axayácatl, donde se defendieron del redoblado acoso mexica. De acuerdo con Bernal Díaz, Cortés llegó de Veracruz con más de mil trescientos soldados, noventa y siete caballos, ochenta ballesteros, ochenta escopeteros, nueva artillería y más de dos mil tlaxcaltecas. A pesar de todo lo cual, era difícil reconquistar las anteriores posiciones.[18]

Según la tercera carta de relación, la furia de la lucha con los mexicas rebeldes era incontenible, con la acometida continua de más y más escuadrones de indios. De manera que las muertes causadas por la artillería no decidían nada: cada tiro se llevaba

---

[18] Entre los soldados de Narváez había llegado a Veracruz uno que padecía la viruela. Con él se desató una epidemia virulenta que contribuyó a facilitar la labor de los de Cortés.

161

por delante a diez o doce hombres, pero los huecos se cerraban otra vez con guerreros que ya no se asustaban de la pólvora.[19]

Una vez más, Cortés decidió servirse de Moctezuma a fin de apaciguar la situación, y para ello le solicitó que, desde una azotea del palacio, el tlatoani pidiera a sus súbditos el cese de la lucha. Y precisamente cuando estaba en ello, fue herido por una de las piedras que arrojaban desde abajo los furiosos manifestantes. Aunque versiones indígenas contaron luego que Moctezuma fue muerto a puñaladas por los españoles la misma noche que huyeron de Tenochtitlán.

Moctezuma fue llevado, herido, al interior del palacio, donde falleció tres días después. Su cuerpo y el de Itzcuauhtzin, señor de Tlatelolco que también resultó malparado por los enojados mexicas, se llevaron fuera del palacio por dos sirvientes y se arrojaron a una acequia.

La Noche triste[20]

Ante los acontecimientos narrados, finalmente se decidió la salida de la ciudad en la noche del 30 de junio de 1520, la misma que un soldado llamado Blas Botello, nigromante y astrólogo, había predicho que habrían de dejar Tenochtitlán para no perecer todos. Entre los muchos que murieron figuró él mismo, y en sus papeles se hallaron los cálculos matemáticos que le habían inspirado tales vaticinios.

En la fuga de la ciudad, Cortés llevó consigo a un hijo y dos hijas de Moctezuma y a algunos señores nobles nativos, así como a cuarenta o cincuenta indios, utilizando un puente de madera portátil para cruzar fosos y canales.

Gonzalo de Sandoval y otros capitanes se pusieron en marcha al frente de unos doscientos peones, veinte jinetes y cuatrocientos guerreros tlaxcaltecas, en tanto que en el centro de la comitiva se transportaba el tesoro, junto a Hernán Cortés, Alonso de Ávila, Cristóbal de Olid, Bernardino Vázquez, Malinche y otras mujeres,

[19] Bernal Díaz del Castillo, *Historia verdadera*, ob. cit., pág. 234.
[20] Ibídem, pág. 235.

La huida de la Noche triste. *Lienzo de Tlaxcala.*

prisioneros mexicas y el grueso de las fuerzas españolas y aliadas. En la retaguardia figuraban Pedro de Alvarado, Juan Velázquez de León, la caballería y la mayor parte de los soldados de Narváez que habían subido a Tenochtitlán con Cortés una semana antes.

Según el primer balance que hizo don Hernán, en la Noche triste murieron ciento cincuenta españoles… y cuarenta y cinco yeguas y caballos, amén de más de dos mil indios auxiliares, entre los que mataron al hijo e hijas de Moctezuma, y a señores mexicas que se llevaban presos. Según López de Gómara, Cortés se dio cuenta de la magnitud de la tragedia:

> Cortés se sentó, y no a descansar, sino a hacer duelo sobre los muertos y que vivos quedaban, y pensar en la mala fortuna que le daba con perder tantos amigos, tanto tesoro, tanto mando, tan grande ciudad y reino; y no solamente lloraba la desventura presente, más temía la venidera, por estar todos heridos, por no saber adónde ir, y por no tener cierta la guardia y amistad en Tlaxcala; y ¿quién no llorara viendo la muerte y estrago de aquellos que con tanto triunfo, pompa y regocijo entrado habían?[21]

---

[21] Francisco López de Gómara, *Historia general de las Indias*, ob. cit., págs. 151 y siguientes.

Se impuso la fuerza del número sobre las pocas posibilidades de maniobra de los españoles, y Cortés, viendo a sus hombres desbaratados, optó definitivamente por la retirada, que al ser descubierta se trocó en atropellada fuga, si bien, ya en tierra firme, los mexicas aflojaron su presión y no explotaron el éxito logrado inicialmente. Lo cual permitió a Cortés transformar la *caótica huida en retirada estratégica*: tuvo incluso tiempo de hacer recuento de efectivos. Aunque es cierto que siete días después de la Noche triste, los conquistadores fueron ferozmente atacados: «creíamos ser aquel el último de nuestros días, según el mucho poder de los indios y la poca resistencia que en nosotros hallaban», comentó el propio Cortés. Pero allí en Otumba, los españoles lograron abatir al jefe de las tropas mexicas y le arrebataron su estandarte –por Juan de Salamanca, que se lo dio a Cortés–, de modo que la acción se decidió plenamente a favor de los españoles. Seguía la vida y había esperanza: nadie dijo que en la ocasión se apareciera el apóstol Santiago a lomos de su blanco caballo: el de Medellín *sustituyó* al de Compostela.

Del lado mexica, en los días siguientes a la Noche triste, se eligió al nuevo tlatoani, sucesor de Moctezuma, Cuitláhuac, un hombre reflexivo, según parece, pero que al poco tiempo murió de viruela y fue sustituido por Cuauhtémoc, quien para ser elegido había mandado asesinar a varios hijos de Moctezuma susceptibles de tomar el poder y, en particular, al favorito, al designado para su sucesión, a quien se conocía por el nombre de Asupacaci. En otras palabras, la letal epidemia hizo que Cortés tuviera en Cuauhtémoc un adversario mucho más temible que al sosegado Cuitláhuac.

Colofón al capítulo 5: Moctezuma bienhallado

–Hasta su llegada a Tenochtitlán, Moctezuma no quiso ver a Cortés. ¿Tanto temía los negros augurios de Quetzalcóatl...?

–Ciertamente. En cambio, a don Hernán las profecías del dios agorero no le parecieron malas, sobre todo por su efecto de atemorizar al tlatoani... Aparte de eso, Cortés iba representando a un rey-emperador y a un Dios distinto, con la divina misión de evangelizar, según lo mandado en las

La batalla de Otumba.

bulas papales de 1493. Hay que comprender la época: se estaba entonces en un mundo en el que el Olimpo azteca y el mundo celestial cristiano contaban casi más que la vida real. Los mexicas eran temerosos de sus dioses, y los españoles se movían por su impulso cristiano, superior a cualquier otra cosa.

—Seguro que ambos tenían tales representaciones y misiones propias. Pero a la hora de luchar Cortés no vaciló en nada y recurrió a matanzas y castigos cruentos. Además, ¿no se valió el conquistador de su superioridad tecnológica, que decimos hoy: pólvora, cañones, arcabuces, caballos, espadas de acero...?

—Claro, como en cualquier otra conquista. Años después, en el mar, los barcos ingleses evolucionaron mejor que los españoles, y sus cañones tenían un tiro mucho más largo. Pero no todo era tecnología. La organización de los efectivos humanos y su calidad militar fueron algo decisivo. Y, sobre todo, Cortés supo asociarse a los enemigos de Moctezuma, convirtiéndolos en sus indispensables fuerzas auxiliares: totonacas, zuatlatecas, tlaxcaltecas, cholutecas, etc. Se dice que los indios conquistaron México en 1521, y que fueron los españoles (criollos) los que le dieron la independencia en 1821.

—¿Y de Moctezuma, qué?

—Que al parecer don Hernán llego a convencerle de aceptar el vasallaje a Carlos V. Pero luego, llegó la *guerra total*, que era inevitable. Como mucho después habrían dicho Darwin o Wallace, con el evolucionismo, vencieron los más aptos por su experiencia, que en este caso indudablemente eran los españoles.

—¿Y cómo Cortés no fulminó a Alvarado, verdadero causante de la Noche triste?

—Por lo que antes se ha dicho: la guerra total era inevitable, y Cortés lo sabía. Lo que hizo Alvarado fue adelantarla más o menos, pero, en cualquier caso, llegó la hora…

—Último asunto, ¿no tuvo Cortés la idea de desistir después de la Noche triste? ¿Cómo fue posible que, tras una retirada así, retomara la iniciativa?

—Esa es la cosa. Cortés no era cualquiera: lo había arriesgado todo al emprender la aventura. Y tras la Noche triste tuvo la certeza de que había perdido una batalla, pero que ganaría la guerra. En Otumba, siete días después, se confirmó ese pensamiento. Además, si hubiera desistido de la desvergüenza de la derrota, tendría que haber respondido ante la justicia.

—¿Don Hernán se sentía predestinado?

—Eso tal vez lo sabían Malinche y Sandoval, su amante y su gran amigo… Pero creo que no escribieron nada al respecto…

Capítulo 6

La reconquista de Tenochtitlán y los años de oro de Cortés

Preparativos estratégicos

La batalla de Otumba, el 7 de julio de 1521, permitió a los españoles superar la depresiva situación de la Noche triste. Y tras ella el ejército de Cortés siguió su marcha en dirección a Tlaxcala (véase el mapa), de donde había sido el mayor número de bajas durante el accidentado éxodo de Tenochtitlán. Hasta el punto de que don Hernán llegó a pensar que los tlaxcaltecas podrían haber cambiado de actitud y ya no se mostrarían tan hospitalarios como lo habían sido hasta entonces.

Tlaxcala, aliada siempre

En contra de tales previsiones, los españoles fueron recibidos en Tlaxcala con afecto por el senado confederal, debido al dolor compartido por los muertos en un trance conjunto. Y también por el deseo de venganza, así como por los efectos reconfortadores de la victoria de Otumba. En ese mejor ambiente de lo esperado, las fuerzas de Cortés pudieron reponerse y comenzar a reorganizarse. Aunque se tardaría ocho meses en abordar definitivamente la reconquista de Tenochtitlán, mayo de 1521, que solo sucumbiría en agosto de ese año.

¿Fue tan grave el error de los mexicas de, tras la Noche triste, no perseguir a Cortés y los suyos hasta (posiblemente) exterminarlos? Sí. Sobre todo, porque tras Otumba, cesaron por completo los ataques a los españoles. Con Cuauhtémoc al mando —tras el breve paréntesis del tlatoani Cuitláhuac elegido después de la defección de Moctezuma y en seguida muerto por la viruela–, los mexicas se ocuparon de recoger los despojos de la gran persecución, así como las riquezas del bagaje de la gran mesnada española, limpiando los canales y las acequias de la ciudad. También, es cierto, reforzaron sus defensas por si volvían los barbados blancos.[1]

Las tropas del conquistador empezaron a recuperarse, y se recibió una buena y consoladora noticia: Veracruz estaba en paz. Esto hizo que muchos alentaran la posibilidad de concentrarse en su puerto, pero Cortés decidió seguir la preparación de su campaña en Tlaxcala, activando todos los preparativos para la recuperación de la perdida capital lacustre. De manera que, tras veinte días de descanso y reflexión, se reemprendió la actividad con recrecida cautela en todo.[2] Y si bien algunos textos, como uno de Bernardino de Sahagún, afirman que hubo una entrevista Cortés-Cuauhtémoc para tratar de un posible entendimiento, ni López de Gómara, ni Bernal Díaz del Castillo mencionan ese encuentro, que es casi seguro que no llegara a producirse: la guerra total estaba decidida.

Lo primero que hizo don Hernán en su proyecto de reconquista fue asegurar la ruta a la costa, para cubrir los aprovisionamientos procedentes de fuera. Y siguió toda una campaña militar a fin de castigar a las huestes aliadas de los mexicas en torno al lago, no solo para recuperar el honor y el ánimo, sino también al objeto de dificultar la llegada de los suministros a Tenochtitlán, restando así apoyos a Cuauhtémoc. En Cortés siempre rigió el principio de que Moctezuma había reconocido el vasallaje a Carlos V, por lo que consideraba a todos los mexicas, oficialmente, como súbditos del rey-emperador. Por consiguiente, cualquier acción insumisa debía de ser considerada rebeldía y había que castigarla implacablemente.

---

[1] Bernal Díaz del Castillo, *Historia de la conquista de la Nueva España*, Editorial Porrúa, México, 1966, pág. 240.
[2] José Luis Martínez, *Hernán Cortés*, ob. cit., págs. 311 y siguientes. También Juan Miralles, *Hernán Cortés. Inventor de México*, ob. cit., págs. 257 y siguientes.

Segura de la Frontera y segunda carta de relación

A veinte leguas al sureste de Tlaxcala, en el corazón de las altas planicies que formaban en el horizonte una línea continua, en el entorno de la localidad nativa de Tepeyacac (Tepeaca), Cortés fundó la nueva «Ciudad de Segura de la Frontera» —que hoy conserva su nombre, en el estado de Veracruz—, para desde allí controlar la región tlaxcalteca, así como la ruta de Veracruz a Tenochtitlán.[3] Y fue allí, el 4 de septiembre de 1520, cuatro meses después de la Noche triste, donde se produjo un nuevo acto fundacional, análogo al de la Villa Rica de la Vera Cruz: se redactó un acta de constitución del nuevo cabildo santiaguino. Y de ello dio conocimiento Cortés en su segunda carta de relación a Carlos V, en la que se describieron los últimos acontecimientos de la Noche triste, sin dar mayor importancia al duro revés que había significado la salida de Tenochtitlán.

El conquistador hizo que toda la tropa española firmara esa carta al Emperador, recordando, pues, por segunda vez, que eran ellos quienes, en nombre del rey, le habían elegido capitán general y justicia mayor, porque lo merecía y porque era el más apto a la hora de servir los intereses de la Corona, mientras que el vilipendiado Diego de Velázquez no causaba sino perjuicios a la jurisdicción real. De modo que los 544 signatarios de Segura de la Frontera insistieron en su súplica a Carlos V, diciendo que «conviene a la buena población e pacificación de este tierra, que Vuestra Majestad sea servido de nos le mandar dar por nuestro capitán e justicia mayor en estas partes».

A esa carta agregó Cortés una serie de correos privados: a su padre, don Martín, a su apoderado, su primo Francisco Núñez y a otros varios de sus contactos en la corte, en España. Alonso de Mendoza y Diego de Ordás fueron los responsables, esta vez, de llevar las misivas a Carlos V y, por una serie de dificultades, zarparon con destino a la península ibérica mucho después, en marzo de 1521.[4]

---

[3] Bernal Díaz del Castillo, *Historia de la conquista de la Nueva España*, ob. cit., pág. 246.
[4] Hernán Cortés, *Cartas y relaciones…*, ob. cit., págs. 51 y siguientes.

Además, en la segunda carta de relación, Cortés anunció al emperador, no sin viva muestra de orgullo, que había decidido dar nuevo nombre al territorio de su conquista: «Me pareció –se dice en la carta de relación– que el más conveniente para esta dicha tierra era llamarse la *Nueva España del Mar Océano*... Humildemente suplico lo tenga por bien y mande que se nombre así». Una denominación que perduró hasta 1821, cuando la independencia de México: Cortés fue, ciertamente, el primer novohispano.

La decisión referida resultó de lo más novedosa, y patriótica, pues España, en 1520, era todavía un concepto sin consagrar oficialmente, que en la mentalidad popular unía a diversos componentes territoriales: los de las coronas de Castilla y Aragón, la recién incorporada Navarra (1512), y ya desde 1492 también el antiguo Reino de Granada y Canarias. Un conjunto geográfico y político que anticipaba la realidad de las cosas, por mucho que en los principios del siglo XVI, España estaba aún muy lejos de ser un Estado único, superando los compartimentos de varios territorios, cada uno con sus propias instituciones políticas, económicas, etc.

El machacamiento y otros preparativos

Desde el nuevo emplazamiento de Segura de la Frontera, Cortés dirigió ataques a una serie de localidades para *machacar* a los aliados de los mexicas en torno al lago. Ante ello, algunos señoríos prefirieron no oponer resistencia y aceptar la alianza con las fuerzas españolas. Pero otros, como Tecamachalco y Acaptelahuacan, fueron casi exterminados debido a la oposición que mostraron.

Por otra parte, en los mismos días de la declaración de Segura de la Frontera llegaron varias naves a Veracruz; una de ellas procedente de Cuba, comandada por Pedro Barba, quien llevaba una carta de Velázquez dirigida a Narváez, al suponerse que por entonces debía estar a punto de capturar a Cortés. Pero no hubo mayores problemas, pues el capitán de la nave y su tripulación entera decidieron unirse a don Hernán, como de costumbre. Lo mismo sucedió a poco después con una embarcación capitanea-

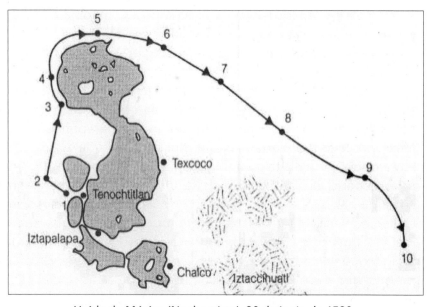

Huida de México (Noche triste), 30 de junio de 1520.
1. Tacuba; 2. Los Remedios; 3. Cuautitlán; 4. Tepotzotlan; 5. Zitlaltepec;
6. Xolox; 7. Otumba; 8. Calpulalpan; 9. Hueyotlipan (9 de julio de 1520);
10. Tlaxcala. *Fuente: Juan Miralles, Hernán Cortés. Inventor de México,*
Tusquets, Barcelona, 2001.

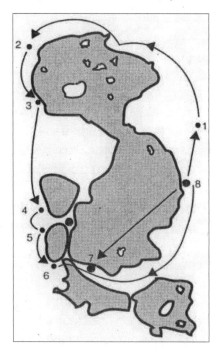

Preparativos para el asedio a Tenochtitlan:

1. Olid y Alvarado parten de Texcoco el 10 de mayo de 1521 al frente de sus respectivas columnas y pernoctan en Acolman. 2. Entran sin resistencia en Zitlaltepec, donde pernoctan. 3. Se detienen en Cuautitlán, abandonada igualmente. 4. Llegan à Tacuba, que ha sido despoblada. 5. Marchan a Chapultepec (15-20 de mayo) para destruir el caño del acueducto.
6. Olid sienta su real en Coyoacán, mientras Alvarado lo hace en Tacuba.
7. Sandoval inicia operaciones contra Iztapalapa. 8. Cortés, quien permanecía en Texcoco con los 13 bergantines se suma el ataque contra Iztapalapa desde la laguna (31 mayo).

Fuente: Juan Miralles, Hernán Cortés, ob. cit.

171

da por Rodrigo Morejón, que también llegó a tiempo para el gran asalto a Tenochtitlán que estaba preparándose.[5]

En medio de tantos preparativos, resurgieron las intrigas: nueve soldados que lograron escapar de la Noche triste, y a quienes Cortés había dejado volver a Cuba, al llegar al puerto de Santiago, testimoniaron en contra de don Hernán.[6] Así lo hizo Andrés de Duero por su odio al gran conquistador y su fervor por Diego Velázquez, quien no vivía más que por el anhelo de abatir a su antiguo subordinado y socio, soñando de noche con él, y hablando de él todo el día. Lo cual explica que la Audiencia de Santo Domingo abriera proceso contra Cortés, acusándole, incluso, de alentar el canibalismo de sus aliados tlaxcaltecas. Asegurando, además, que todo el oro que se conseguía era exclusivamente para él, que había robado sus naves a Narváez, recluyéndolo en prisión. Adicionalmente, se decía que toleraba a sus soldados el juego y la blasfemia.[7]

En paralelo a esos sucesos, la muerte por viruela de Cuitláhuac, el tlatoani sucesor de Moctezuma, provocó una seria crisis política entre los aztecas, que no se resolvió hasta diciembre de 1520, cuando Cuauhtémoc fue solemnemente elevado al máximo rango, aunque de hecho ya mandaba él desde la Noche triste.

Por su parte, Cortés aprovechó los últimos meses de 1520 para algunos enfrentamientos bélicos importantes en los que destacó a su lado Gonzalo de Sandoval, ya como su efectivo brazo derecho.[8] Concretamente, don Gonzalo encabezó en diciembre de 1520 una fuerza de doscientos soldados, doce ballesteros y veinte caballos para controlar una serie de pueblos en el camino de la Villa Rica de la Vera Cruz a Tlaxcala, en los cuales los mexicas habían establecido recientemente varias guarniciones que convertían en peligrosa la ruta a la costa.[9]

El 25 de marzo de 1521 —ya en vísperas de comenzar la gran batalla—, Sandoval coincidió con Cortés en Texcoco y, por ciertos

---

[5] Bernal Díaz del Castillo, *Historia de la conquista de la Nueva España*, ob. cit., pág. 250.
[6] Christian Duverger, *Hernán Cortés. Más allá de la leyenda*, Taurus, Madrid, 2013, págs. 221 y siguientes.
[7] José Luis Martínez, *Hernán Cortés*, ob. cit., págs. 317 y siguientes.
[8] Hugh Thomas, *La conquista de México*, ob. cit., págs. 651 y siguientes.
[9] Bernal Díaz del Castillo, *Historia de la conquista de la Nueva España*, ob. cit., págs. 255 y siguientes.

prisioneros mexicas a quienes se interrogó, se supo de las intenciones de Cuauhtémoc: ir en la guerra hasta el final. Se les preguntó si había entre ellos alguien que pudiese llevar un mensaje al tlatoani para que se sometiera al rey de España, como ya lo habían hecho anteriormente, sin ningún deseo de aniquilarlos sino de ser amigos y encaminarlos hacia el cristianismo.[10] Pero nadie aceptó el encargo.

El 13 de abril Cortés salió rumbo a Cuernavaca (al sur de Tenochtitlán y actualmente capital del estado de Morelos), ciudad de antiguos aliados de los mexicas. Y en esa avanzada se detuvo primero en Teputzlan (Tepoztlán, hoy día),[11] cuya población era famosa por el pulque, y tenían como patrón a *Tepoztecatl*, el dios de los excesos alcohólicos (algo así como Baco). Los conquistadores recordarían este pueblo por el enfrentamiento y también por ser lugar donde «se hubieron muy buenas indias».

En principio, no había forma de entrar en Cuernavaca, pues sus habitantes habían destruido los puentes. Pero nuevamente Cortés convenció a algunos indios locales para que traicionaran a su ciudad; existía un pasaje por el que adentrarse incluso los de a caballo. De modo que, tomados por sorpresa, los defensores huyeron y Cuernavaca cayó sin dificultad; los señores locales se rindieron y «dieron obediencia a su majestad», el siempre misterioso Carlos V. A Cortés la ciudad le gustó y, más tarde, mandaría construir allí un palacio en medio de una extensa encomienda.[12]

Naturalmente, más que nunca, don Hernán contaba con sus aliados y, a ese respecto, lamentó mucho la muerte, debida a la viruela, del principal de los tlaxcaltecas, el Maxicatzin. No obstante, podía seguir fiándose del jefe Xicoténcatl *el Viejo*, quien al poco tiempo fue bautizado con la mayor fiesta que a la sazón pudo hacerse en Tlaxcala.[13]

Los mexicas apelaron a sus dioses para conseguir la victoria, pero los sacerdotes se mostraron muy asustados. Sus invocadas deidades enmudecieron. Al parecer, Cuauhtémoc dirigió en-

---

[10] Ibídem, pág. 641.

[11] Como se dijo en la Nota preliminar, el autor tuvo ocasión de visitar el lugar con Antonio María Sbert.

[12] Ibídem, pág. 644. El autor también visitó Cuernavaca.

[13] Bernal Díaz del Castillo, *Historia de la conquista de la Nueva España*, ob. cit., pág. 268. Maxicatzin adoptó el nombre de Lorenzo de Vargas. Ibídem, pág. 302.

tonces una arenga nada optimista a sus partidarios: «Valerosos mexicas: ya veis cómo nuestros vasallos todos se han rebelado contra nosotros. Ya tenemos por enemigos no solamente a los tlaxcaltecas y cholultecas, sino también a los texcucanos, chalcas, xuchimilcas y tepanecas, los cuales, todos, nos han desamparado y dejado y se han ido y llegado a los españoles y vienen contra nosotros».[14]

Los trece bergantines[15]

Un tema fundamental de la reconquista, hasta el punto de que en realidad fueron el *arma secreta* de Cortés para esta empresa de recuperar Tenochtitlán, que tuvo mucho de verdadera batalla contra las miles de canoas mexicas. Con la experiencia previa de los cuatro bergantines que surcaron el lago de Texcoco durante meses, hasta junio de 1520, cuando en la Noche triste fueron destruidos por los tenochtecas, que nunca pensaron, para su desgracia, en utilizarlos ellos mismos.

Cortés se percató de que la guerra final iba a ser por tierra y por el lago y los canales, y de ahí la atención que dedicó al tema de su propia flota. Así, en octubre de 1520, se inició la construcción de los bergantines en Tlaxcala, que duró hasta marzo de 1521; muy lejos del lago, pero lugar seguro. A tales efectos, se recuperaron de Veracruz, de los barcos barrenados en 1519, toda una serie de elementos: clavazones, estopa, velas, cables y calderas para hacer la brea. Y bajo la dirección de Martín López, el carpintero de ribera ya mentado, se construyeron los 13 navíos, básicamente con madera y resina de los pinares próximos a Tlaxcala. Diego Hernández fue el aserrador principal, y Hernando de Aguilar el herrero, con cientos de indios en todos los trabajos.[16]

Una vez listas las embarcaciones, se probaron en el río Zahuapan, de Tlaxcala, en un embalse que allí se formó para tal propósito. Y una vez realizadas las pruebas de navegación, se em-

---

[14] Ibídem, pág. 655.
[15] Barco de velas cuadradas o redondas, en dos palos —el mayor y el trinquete— con un número variable de remos por banda.
[16] Bernal Díaz del Castillo, *Historia de la conquista de la Nueva España*, ob. cit., pág. 273.

prendió el transporte de las naves, despiezadas, al lago de Texcoco, frente a Tenochtitlán. Una ardua tarea, organizada admirablemente con ocho mil tlaxcaltecas portadores para tal labor, bajo las órdenes de Sandoval, que atravesaron zonas muy peligrosas de indios enemigos. Ya en Texcoco, se cavó una gran zanja a modo de dique seco, y allí se recompusieron las trece embarcaciones. La botadura de los navíos dio motivo a una ceremonia con música, salvas de cañón, estandartes desplegados y gritos de entusiasmo de indios y castellanos. Fray Olmedo dijo misa a orillas del lago.[17]

Doce bergantines. Falta uno, la nao capitana de Cortés, de mayor eslora (*Códice Florentino*).

Según cálculos de C. Harvey Gardiner,[18] doce de los bergantines tenían 11,6 metros de eslora y 3,92 de manga, y la nave capitana, la 13, era mayor: 13,44 metros. Cada navío llevaba seis remeros a babor y otros tantos a estribor, con uno o dos mástiles, con velas y un cañón en cada nave, salvo la capitana que portaba dos. La capacidad de cada embarcación era de 25 hombres, con su impedimenta de armas y municiones.[19] Y Cortés seleccionó los capitanes y tripulaciones de cada embarcación, para una lucha que se reveló durísima, por los miles de canoas repletas de mexicas con piedras y flechas, en una contienda inacabable de sol a sol que acabó precisamente, según veremos, por la acción de uno

---

[17] Hugh Thomas, *La conquista de México*, ob. cit., pág. 659. Bernal Díaz del Castillo, *Historia de la conquista de la Nueva España*, ob. cit., pág. 275.

[18] «Naval power in the conquest of Mexico», citado por J.L. Martínez, *Hernán Cortés*, ob. cit., pág. 294.

[19] El transporte de naves por tierra ya se había hecho por españoles en el caso del Gran Capitán y Balboa en el istmo de Darién. José Luis Martínez, *Hernán Cortés*, ob. cit., pág. 294.

de los navíos. Dos bergantines marinearon la laguna por la noche para impedir el abasto a los mexicas con canoas que aprovechaban la oscuridad.[20]

La segunda parte de la historia de los bergantines fue bien triste para el carpintero de ribera Martín López, quien dijo haber financiado la construcción de las naves, con un coste de 6.000 pesos. Y, al reclamarle ese pago a Cortés, todo fueron dilaciones, y fue la propia Corona la que, tras muchos avatares, entregó 30.000 ducados de oro, si bien es verdad que Cortés compensó a López con una encomienda y algunas casas en la nueva ciudad de México. A pesar de lo cual, el *ingeniero naval* y sus hijos siguieron pleiteando contra don Hernán, subrayando siempre la importancia que para la victoria habían tenido los bergantines.[21] Lo cual era más que cierto.

La reconquista

La campaña para reconquistar Tenochtitlán permite incluir a Cortés entre los genios militares universales, sobre todo por lo que fue su descrita acción preparatoria, y luego la propia batalla, entre mayo y agosto de 1521. Una larga actividad que había empezado con la decisión de no abandonar la empresa tras la Noche triste.

El cerco a Tenochtitlán se formalizó tras el bélico recorrido de *machacamiento* en torno a la laguna, que dejó a la orgullosa capital definitivamente aislada y a Cuauhtémoc sin aliados fuera de la vieja triple alianza con Texcoco y Tacuba. El ardoroso tlatoani reunió por entonces a su consejo para tomar la decisión final de resistir o pedir la paz, y puesto que su areópago se inclinó por lo primero, se aprestó a una defensa que fue *numantina*.[22]

El plan estratégico de Cortés en su primera etapa fue el de acosar con el hambre, cortando el abastecimiento de la ciudad mediante la destrucción de las canoas y la ocupación de las calza-

---

[20] Bernal Díaz del Castillo, *Historia de la conquista de la Nueva España*, ob. cit., pág. 312.
[21] José María González Ochoa, *Quién es quién en la América del descubrimiento*, ob. cit., pág. 212.
[22] Juan Bautista González, *El juego de la estrategia en la conquista de México*, Instituto Español de Estudios Estratégicos (CESEDEN), Madrid, 1985.

das. El capitán general no quiso arriesgar vidas castellanas, y en ese sentido puede decirse que pocos jefes militares de la historia se mostraron tan renuentes a perder efectivos humanos.

Todos se dieron cuenta de la importancia de los bergantines, que en la laguna cumplieron la importante misión de servir de puestos de tiro para lograr el dominio del medio acuático, lo que no fue fácil, ya que los aztecas, conocedores de las diferencias de profundidad en cada parte del lago, pusieron trampas, inmovilizando en más de una ocasión las naves, sobre las que se lanzaban al asalto desde sus canoas.

Mayo de 1520: comienzo de la gran batalla

Tras los preparativos mencionados en Texcoco, la segunda ciudad más importante después de Tenochtitlán, Cortés hizo un alarde de fuerza el 28 de abril de 1521: confirmando que sus efectivos, merced a los refuerzos recibidos, casi habían duplicado el ejército que le quedó después de la Noche triste, convocó a sus aliados indígenas de Tlaxcala, Huejotzingo, Cholula y Chalco, sobrepasando los 50.000 hombres de guerra, que más tarde llegarán a 150.000; siempre según las *crónicas*, ciertamente magnificadoras de las cifras.

Todo el mes de mayo de 1521 se pasó en los últimos preparativos para el sitio de la ciudad, asignando guarniciones y capitanes para sus calzadas de acceso. E igualmente se fijaron las misiones en detalle: los capitanes de Cortés dirigirían a la masa de indios aliados, que combatieron con arrojo por el mucho odio que tenían a los mexicas.

A Veracruz llegaron nuevos envíos de Velázquez para tratar de imponer su autoridad, pero todo fue en vano. Cortés, usando de su capacidad persuasoria fue incorporando tales huestes a sus propios efectivos. Y de Veracruz partían expediciones con finalidad logística (viajes a Jamaica y La Española) para comprar caballos y suministros.[23] A últimos de mayo de 1521, los sitiadores cor-

---

[23] Juan Bautista González, *El juego de la estrategia en la conquista de México*, Instituto Español de Estudios Estratégicos (CESEDEN), 1985.

taron el acueducto que llevaba el agua a la ciudad, y el día último de ese mes se inició la lucha, con Cortés a bordo de su bergantín que hacía de nave capitana.

Frente a los españoles y sus aliados, los señores de la triple alianza de Cuauhtémoc, Coanácoch (Tacuba) y Tetlepanquétzal (Texcoco) lograron reunir —se dijo sin mayores evidencias y con las exageraciones habituales— alrededor de 300.000 hombres y miles de canoas para afrontar el sitio. Fortificaron la ciudad cuanto les fue posible y acopiaron víveres, armas y proyectiles para lo que pensaban que sería una gran batalla, como efectivamente lo fue.

Los sitiados tenían un punto fuerte con las provisiones: el mercado de Tlatelolco, al noroeste de la ciudad. Por tanto, era preciso tomarlo y Cortés dio instrucciones a Alvarado y a Sandoval para que concertasen sus acciones sobre ese objetivo. Pero la oposición azteca en el lugar se trocó en auténtica ferocidad; coincidiendo con el aniversario de la Noche triste, hubo todo un enérgico contraataque en el que fueron capturados sesenta y dos españoles, un tremendo tributo que pagó Cortés, con un efecto demoledor en la tropa: la posibilidad de ser apresados por el enemigo se convirtió en una pesadilla.[24] Con la mencionada pérdida, el sitio se alargó y los mexicas y sus aliados hicieron muchos regocijos con los capturados que fueron víctimas del canibalismo a luz del día.

La destrucción de la ciudad

La lucha fue muy dura, con avances y retrocesos, y quedó claro que los mexicas resistirían hasta la muerte. Fue entonces cuando Cortés tomó una decisión importante: la ciudad entera había de ser destruida para ir consolidando el avance en cada espacio reconquistado. Por eso, don Hernán dio orden a los capitanes de los bergantines de que incendiaran todo, a ambos lados de cada canal, incluido el Palacio de Axayacatlan —donde los españoles tuvieron su primera residencia tenochteca— y la mismísima Casa de las aves de Moctezuma.

---

[24] Juan Bautista González, *El juego de la estrategia en la conquista de México*, ob. cit.

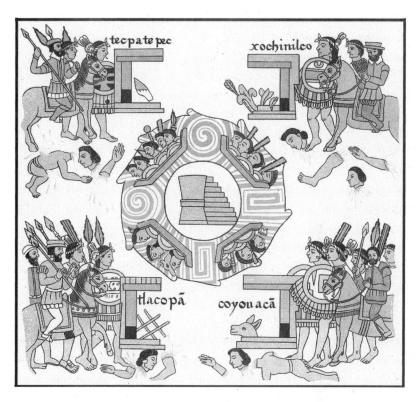

Expedición de Cortés a Texcoco el 22 de enero de 1521. En el centro de la ilustración, la isla de México con los que la defienden desde sus canoas. En los ángulos, representación de la toma de cuatro ciudades, con su jeroglífico: Tecpatepec, Xochimilco, Coyohuacan y Tlacopan (del *Lienzo de Tlaxcala*).

Fue un proceso destructor, una demolición total, a la que contribuyeron con entusiasmo los efectivos indígenas aliados, con palas y azadones para arrasarlo todo, en lo que se veía como la definitiva desaparición de los opresores mexicas; una auténtica guerra de desgaste que acabó en la ocupación de la ciudad barrio a barrio y casa a casa.

Cortés lamentó todo ese proceso, el acabar con la más hermosa de las ciudades, pero en las muchas discusiones ulteriores siempre se consideró inevitable su destrucción. Varias veces ofreció a Cuauhtémoc una salida airosa, pero la respuesta se mantuvo siempre igual: «no queremos sino morir».

A pesar de las muchas inconveniencias, la penetración española en la ciudad siguió avanzando con el gran auxilio de los tlaxcaltecas y demás aliados. De modo que se tomó la importante calzada que conducía a la ciudad de Tacuba, y la gente de Cortés comunicó ya entre sí todos los grupos de la operación. El 24 de julio de 1521 se quemó el palacio de Cuauhtémoc y, para entonces, los sitiadores ya eran dueños de las tres cuartas partes de Tenochtitlán.

El trabajoso final

La moral de victoria prosperó en el campo de Cortés, con refriegas que continuaron día tras día, cuando el hambre iba debilitando a la indómita población indígena. De noche, sus más esforzados elementos salían a buscar raíces y hierbas para comer algo, y, en una ocasión, al alba, los soldados españoles atacaron a las mujeres y los niños inermes que se afanaban en esa tarea.

Al final, el 13 de agosto de 1521, Cortés dio la orden de asaltar el último reducto de Cuauhtémoc y sus principales, ya completamente cercados en un espacio reducido al norte de la ciudad, en Tlatelolco, al que era difícil llegar por tierra. Por lo cual ordenó a Sandoval, almirante de la flota de bergantines, que completaran el cerco de los mexicas que aún resistían en aquellos lugares y que buscara a Cuauhtémoc, que efectivamente estaba por allí, disponiéndose a abandonar Tenochtitlán, dispuesto a cruzar la laguna para refugiarse en algún lugar que pudiera acogerlo al otro lado, y proseguir la lucha fuera de la ciudad.

En tales circunstancias, Sandoval, en su misión de busca y captura, indicó al capitán de uno de sus bergantines, García Holguín, que interceptara al propio Cuauhtémoc, que con una serie de grandes canoas de acompañamiento se daba ya a la fuga con sus mujeres y en compañía de Coanácoch y Tetlepanquétzal. Es decir, abandonaban la escena los tres señores de México, Texcoco y Tacuba. Los tres vestían mantas de maguey (agave), muy sucias, sin ninguna insignia de su alta categoría. Además, llevaban en su bagaje cantidad de oro y otras piezas valiosas.

Viendo Cuauthémoc ya irremediablemente que García Holguín iba a apresarle desde su bergantín, le rogó que no le matara y que, con sus deudos, les llevaran adonde estaba *Malinche*, es decir, Cortés. Y tras ciertas fricciones con Sandoval –por aquello de quién había hecho prisionero al tlatoani–, se fueron al encuentro con Cortés, que prácticamente estaba siguiendo la operación desde una de las azoteas en el barrio de Amaxac (número 24 en el croquis de Tenochtitlán). Ya en presencia de Cortés, se dio por rendida Tenochtitlán, cuando los mexicas que seguían con vida desertaban en masa del lugar de la batalla, buscando salvarse de los españoles, que ya dominaban la ciudad por entero.

El breve diálogo de Cortés con Cuauhtémoc –registrado en la segunda carta de relación–, revela el más noble patetismo:

> Cuauhtémoc llegóse a mí y díjome en su lengua, que él ya había hecho todo lo que de su parte era obligado para defenderse a sí y a los suyos, hasta venir en aquel estado; que ahora hiciese de él lo que yo quisiese; y puso la mano en un puñal que yo tenía, diciéndome que le diese de puñaladas y le matase.[25]

En definitiva, la decisión final que llevó a la victoria la tomó Cortés con Sandoval. Y al final se comprobó que la idea de construir y maniobrar los bergantines había sido de lo más decisoria; así se resolvió la gran batalla, que por momentos parecía inacabable, y que en varias ocasiones estuvo a punto de escorarse a favor de los mexicas.

Tras ese trágico diálogo referido, cesó la terrible y cruenta batalla. El apresamiento de Cuauhtémoc, último señor de Tenochtitlán, se produjo en la tarde del martes 13 de agosto de 1521, día de san Hipólito. En tanto que para los mexicas era el día segundo de la veintena *xocolhuetzi*, del año *yei calli*. El sitio de la ciudad había durado 75 días, según Cortés, pues para él se había iniciado el 30 de mayo. Una batalla como no hubo otra en toda la historia de la conquista de las Indias.

Pero, como subraya el profesor Bernardo García Martínez, la conquista no terminó el simbólico 13 de agosto de 1521, día de san Hipólito, con el apresamiento de los señores de la triple alianza del Lago. Quedaba hacerse con los señoríos de todo el México central, una misión de gran alcance, no suficientemente valorada his-

---

[25] Bernal Díaz del Castillo, *Historia de la conquista de la Nueva España*, ob. cit., págs. 339 y siguientes.

tóricamente, para consolidar el núcleo de Tenochtitlán. Con ello, Cortés aseguró la dominación española con todo un repertorio de acciones principales, ciertamente llenas de horrores, epidemias y muerte, que, a la postre, fueron el decisivo fundamento del pleno poder español en México.[26]

Fue Clausewitz quien escribió que «solo aquel que realice grandes hechos con medios pequeños habrá alcanzado la meta en forma triunfante». Tal vez, al emitir tal sentencia, el célebre tratadista pensó en algún arquetipo de lo que decía, y está claro que más de un personaje histórico puede inscribirse en ella: «Si se estableciera tal nómina, por merecimientos, el nombre del capitán general don Hernán Cortés, luego marqués del Valle, habría de figurar en sitio destacado con el mejor de los derechos».[27]

Los años de oro de Cortés

Después de su victoria sobre los defensores de la ciudad de México, vino un largo periodo excelso para Cortés. El 15 de octubre de 1522, Carlos V le designó gobernador, capitán general y justicia mayor de la Nueva España, nombramientos que Cortés no recibió oficialmente hasta mayo de 1523. Alcanzó entonces la cumbre de su gloria, teniendo el poder absoluto en la Nueva España.

Obras son amores

Ese engrandecimiento de su poder no corrompió a Cortés ni lo enloqueció. Así hubiera cometido hasta entonces crímenes, abusos y actos de soberbia, el empleo más notorio de su poder fue para fundar y organizar el nuevo país que se estaba creando.[28]

---

[26] Bernardo García Martínez, «Hernán Cortés y la invención de la conquista», en María del Carmen Martínez Martínez y Alicia Mayer (coords.), *Miradas sobre Hernán Cortés*, ob. cit., págs. 23 y siguientes. Un ejemplo de la complejidad de esas operaciones –que no cabe llamar *menores*–, fue la del dominio español en Michoacán. En ese sentido, está la ingente obra de Rodrigo Martínez Baracs, *La vida michoacana en el siglo XVII*, INAH, México, 1999.

[27] Juan Bautista González, *El juego de la estrategia en la conquista de México*, ob. cit.

[28] José Luis Martínez, *Hernán Cortés*, ob. cit., pág. 813.

Dos muertes bajo sospecha: Catalina Xuárez, primera esposa de Cortés, y Francisco de Garay, gobernador de Jamaica y de Pánuco.

Cortés desarrolló una gran labor hospitalaria tras la reconquista de Tenochtitlán (1521),[29] dando presencia a la Iglesia y a las órdenes religiosas mendicantes; se inició por entonces la construcción de dos grandes hospitales: el de San José para indios, y el de la Limpísima Concepción, hoy conocido como de Jesús Nazareno, donde reposan sus restos. Atendía Cortés, con cierta urgencia, la vastísima necesidad creada por las epidemias de origen europeo, que tanto afectaron a los naturales y cuyos estragos fueron extraordinarios, según veremos con algún detalle en el capítulo 9 de este libro.

La obra hospitalaria de Cortés no quedó constreñida a la ciudad de México. Fundó otros hospitales, como asimismo construyó la sede del conservatorio y el museo de la ciudad. Luego, después de muerto Cortés, llegó la increíble construcción de las ciudades hospitales de Vasco de Quiroga, cuyo centro inicial estuvo en Pátzcuaro, según veremos.[30]

---

[29] Remigio Vela Navarrete, «Cortés, más que un conquistador», *ABC*, 25-IV-2015.

[30] A ellas se refiere Rodrigo Martínez Baracs en *Convivencia y utopía: el gobierno indio y español de la «ciudad de Mechuacan» 1521-1580,* Fondo de Cultura Económica, México, 2015.

Cortés, omnipotente gobernador de México: una síntesis

Desde la definitiva victoria y la recuperación de Tenochtitlán, como dueño absoluto del país, Cortés desarrolló su labor de gobernante de los diferentes y anchos dominios que supo ocupar, entre las dos costas del Golfo, entre agosto de 1521 y el inicio de su viaje a Las Hibueras (octubre de 1524). En ese periodo de algo más de tres años, los principales hechos de Cortés se reseñan seguidamente.

Hasta 1526 se agregaron extensos territorios no señoreados antes por los mexicas. En 1521, Gonzalo de Sandoval incorporó Coatzacoalcos, entre 1521 y 1524, y Luis Marín las tierras de Oaxaca y Chiapas. En 1522, Cristóbal de Olid agregó el reino región de Michoacán y Zacatula, mientras el propio Cortés penetraba hasta la provincia de Pánuco. Pedro de Alvarado conquistó, en 1523 el Reino de Guatemala y Nuño de Guzmán la denominada Nueva Galicia.

Cristóbal de Tapia,[31] designado por Carlos V, siguiendo recomendaciones del obispo Fonseca, llegó a Veracruz (diciembre de 1521) con el mandato de retirar a Cortés el gobierno de la Nueva España. Pero en el camino a la ciudad de México tuvo una conferencia en Cempoala con varios procuradores de cabildos y de Cortés y, debidamente *compensado* con oro, decidió que no era bienvenido y se retiró a Cuba.

La tercera carta de relación la escribió Cortés a Carlos V en Coyoacán (15 de mayo de 1522), relatando la reconquista de la capital de los mexicas. Tuvo una extensa difusión y contribuyó definitivamente a la gloria universal del conquistador.

Los procuradores Quiñones y Ávila salieron de Veracruz rumbo a España con un nuevo tesoro que don Hernán envió al rey-emperador. Fueron apresados y robados por piratas franceses (julio de 1522), que lo entregaron a Francisco I, quien se dio cuenta de lo rico que llegaría a ser Carlos V, merced a la riqueza que le proporcionaría la conquista de México.

Catalina Xuárez Marcaida, esposa de Cortés, viajó de Cuba a México (agosto de 1522), pero su vida mexicana sería bien corta.

---

[31] Era veedor de las fundiciones de oro de Santo Domingo, hombre vacilante de poca *auctoritas* como para imponerse a Cortés.

La llegada de Hernán Cortés, Diego Rivera, Palacio Nacional, Ciudad de México.

Se sospecha que, en su muerte repentina tras una agitado cena, pudo participar el propio Cortés. Algo que no llegó a confirmarse en el ulterior juicio de residencia, según subrayó Hugh Thomas.

En septiembre de 1522, Juan Bono de Quejo, nuevo enviado de Diego Velázquez, visitó a Cortés en Coyoacán. Ambos se entendieron de inmediato y, en vez de retornar a la Isla, Bono se volvió directamente a España sin dar cuenta de nada a su comandante.

El 8 de noviembre de 1522 se publicó en Sevilla la segunda carta de relación a Carlos V, que tuvo gran difusión en toda Europa. Y lo mismo sucedió con la tercera (30 de marzo de 1523).

El 26 de junio de 1523 Carlos V dio a Cortés unas primeras instrucciones sobre el tratamiento a dar a los indios. En lo sucesivo, se hicieron cada vez más frecuentes los mandatos recibidos del rey-emperador.

En diciembre de 1523, por encargo de Cortés, Pedro de Alvarado partió a la conquista del que luego se llamaría Reino de Guatemala. Sería el enlace entre los españoles de Cortés al norte y los de Pedrarias al sur (Panamá, Costa Rica y Nicaragua).

También en diciembre de 1523, después de varias acciones fracasadas contra Cortés, Francisco de Garay, gobernador de Jamaica, y con ese mismo título de la región de Pánuco —en manifiesta discrepancia con don Hernán, que consideraba esa zona como propia de México—, fue muy bien recibido en la capital mexicana. Pero después de asistir con Cortés a la misa de Navidad, murió el 27 de diciembre en situación confusa.[32]

Cortés gobernó con no poca sabiduría desde 1521 a 1524. Fueron años plenos de realizaciones de todo tipo, con buen trato a los indios. Al final de su periodo de gloria, Cortés hizo su viaje a Las Hibueras, que ninguno de sus biógrafos acabó de entender, tema del que nos ocupamos en la primera parte del siguiente capítulo 7. No se puede descartar la hipótesis de que, viéndose acorralado Cortés por la creciente burocracia de Carlos V en México, decidiera dejarles el gobierno a los burócratas y buscar otros horizontes. Tal vez pensó que el viaje a Las Hibueras tenía muchas posibilidades, tantas como las que le ofreció el de Veracruz a Tenochtitlán en 1519.

Colofón al capítulo 6: guerra total

—Y de la batalla de Tenochtitlán, más de un año después de la Noche triste, ¿qué me dice usted?

—Lo que he comentado en este mismo capítulo: la *guerra total* estaba latente desde que Moctezuma fue tan bien hallado por el conquistador el 8 de noviembre de 1519. Pasado un tiempo, el tlatoani le dijo a su huésped que la visita ya había

---

[32] En 1519, Francisco de Garay encomendó la misión de explorar y cartografiar el golfo de México, desde Pánuco a la Florida, a Álvarez de Pineda, quien elaboró la primera carta del litoral sur de los actuales EE.UU. Sus conclusiones principales fueron que en el sector estudiado no había ningún paso entre Atlántico y Pacífico, y la Florida no era una isla, sino una península. Bernal Díaz del Castillo, *Historia de la conquista de la Nueva España*, ob. cit., págs. 372 y siguientes.

durado suficiente y que se fuera, con todo el oro que quisiera, pero que se fuera.

—Y Cortés se excusó: no tenía naves para volver a Cuba, las estaba construyendo y eso tardaría. En realidad, lo que quería era echar raíces en el imperio mexica y sus aledaños, nunca pensó en irse. Y tras la Noche triste tuvo claro que el momento de la guerra total acabaría llegando.

—Muchas certezas ve usted, pero cambiando de tercio, la derrota de los mexicas, ¿no fue el triste final de una civilización formidable?

—Son inevitabilidades de la guerra. También fue el final de los galos la batalla de Alesia con Julio César. O Numancia para los celtíberos por la acción de Escipión el Africano. Y, después, lo mismo sucedió en Accio a Cleopatra y a los faraones, por decisión de Octavio Augusto... En cualquier caso, la civilización mexica dejó profundas pervivencias en su cruce con la española. Surgió el México nuevo con el mestizaje. Algo que Cortés propició siempre. Mantuvo a la realeza azteca, la lengua náhuatl, el autogobierno en parte de las poblaciones indígenas, y acabó con los sacrificios humanos y el canibalismo, difundiendo el cristianismo. Lo veremos más adelante, don Hernán fue el *padre* de la nacionalidad mexicana, el *inventor* de México... Claro que no fue *padre de la patria* después de 1821...

—¿El mestizaje fue impuesto a hierro y fuego?

—No. Hubo mucho hierro y fuego en las colonizaciones británicas en América del Norte, sin mestizaje, los indios semiexterminados, en sus reservas, en un deterioro histórico. Y lo mismo sucedió en Canadá con los franceses, o con los holandeses en sus Indias orientales, donde nadie habla ya el neerlandés, porque tampoco hubo mestizaje. Hoy, muchos mexicanos, lo quieran o no, son los descendientes de Cortés y Malinche, o los descendientes de Alvarado o Sandoval. Y resulta inquietante que quienes más se quejan, deberían pensar que esos españoles sí tuvieron límites a su acción explotadora, con las Leyes de Indias, que ciertamente muchas veces no se cumplieron, pero que la clerecía exigió a los encomenderos. En cambio, después de la independencia, la protección de los indios fue abandonada por los criollos primero, y por la tecnocivilización después.

–Entonces, con Cortés todo fue un *happy end*...

–Yo no he dicho eso y no lo diré nunca. Cualquier enfrentamiento de civilizaciones tiene su coste sobre todo para los inicialmente vencidos, y eso sucedió en México. Pero en la lógica de la historia, han de reconocerse los orígenes, y aunque no diré lo de *honrar padre y madre*, hay que tener una visión más histórica para contemplar y comprender el pasado y pensar en el futuro. Como ya hicieron Pereyra, Vasconcelos, Octavio Paz, José Luis Martínez, Juan Miralles y otros ilustres mexicanos de ayer y de hoy, que valoran la necesidad de resituar a Cortés en su verdadero contexto histórico e incluso antropológico. En 1821, el Primer Imperio decretó la muerte histórica de Cortés, pero hoy sigue más estudiado que nunca. Quizá Mandela al reconocer la historia de los Boers y los británicos en su país, sea un modelo político de esa necesaria integración... o así parece.

–Y en su relato, ¿no pinta usted de rosa al Cortés de después de la batalla de Tenochtitlán?

–No lo crea. La labor de ensanchamiento, reconstrucción y de ordenación del país entre agosto de 1521 y 1526, fue ingente: los años de oro de Cortés...

Capítulo 7

Parte final de la vida de Cortés

Penalidades de Las Hibueras

¿Por qué el tan citado y criticado viaje de Hernán Cortés a Las Hibueras,[1] en la plenitud de su prestigio y su poder, tres años después de la conquista de Tenochtitlán y cuando dominaba por entero su nuevo país, México? ¿Sintió que había fracasado en algo a lo largo de la conquista y la ulterior dedicación que prestó a su nueva patria? ¿O sintió la necesidad de estar más activo, y echó de menos la intensidad de las luchas anteriores?

En el plano estrictamente territorial, don Hernán, en octubre de 1524, ya controlaba mucho más de lo que fue el imperio azteca, tras ocupar él y sus capitanes amplios territorios más allá del anterior dominio mexica, como ya se ha visto en el capítulo 6.[2] ¿Qué más quería?

Un viaje casi increíble

El motivo formal del viaje a Las Hibueras parece claro, pero no explica todo. En enero de 1524, Cortés había enviado una importante expedición al mando del capitán Cristóbal de Olid, con el propósito de encontrar el siempre buscado paso entre ambos océanos, y, asimismo, con la misión de poblar una serie de territorios ponderados por su presunta riqueza.

---

[1] *Hibuera* es el nombre de una clase de calabaza en una lengua indígena mesoamericana. Fue la primera palabra que los hombres de Cristóbal Colón retuvieron de su llegada a las costas de la actual Honduras.

[2] Christian Duverger, *Hernán Cortés. Más allá de la leyenda*, ob. cit., págs. 261 y siguientes.

Cristóbal de Olid (Linares, Jaén, 1488) había participado en 1515 en la conquista de Cuba y, después, también en la expedición de Grijalva a Yucatán en 1518. Por lo demás, demostró su valentía en la batalla de Centla, y lo propio sucedió en Tlaxcala, en la reconquista de Tenochtitlán y en misiones ulteriores en Michoacán.

Para avituallar esa expedición Olid recaló en Cuba, donde se reunió con Velázquez, con quien se puso de acuerdo en contra Cortés, quien, indignado por su traición, decidió enviar una fuerza de castigo en junio de 1524: cinco navíos bien artillados y abastecidos y cien soldados al mando de Francisco de Las Casas, quien, al encontrarse ya próximo a la zona en que se suponía estaba Olid, en el pueblo de Naco, en la actual Honduras, se asoció con González Dávila, otro capitán de Cortés que ya andaba por allí. Juntos buscaron a Olid, lo apresaron, lo sentenciaron y fue decapitado.[3]

Ya iban ambos capitanes rumbo a México a informar del finiquito dado al problema Olid, cuando Cortés, todavía sin noticias al respecto, e impaciente por obrar rápido, emprendió su expedición a Las Hibueras, a fin de hacer una justicia que ya estaba consumada. Decisión propia de la impaciencia y el orgullo, y asaz temeraria: abandono el gobierno de la Nueva España, con el peligro que suponía un largo viaje por rutas mal conocidas. Actitud que sus más fieles en México le criticaron en vano.

La cortesiana expedición partió en octubre de 1524 con la gran pompa de una corte de pajes, mayordomos y acompañantes de todo tipo, llevando consigo un chambelán, un doctor en medicina, un cirujano, halconeros, músicos, juglares, amén de trescientos españoles armados, cincuenta caballos y algunos miles de guerreros indígenas. En el bagaje iban la cama y la vajilla del conquistador.[4]

Además, en tal corte ambulante iban, bien vigilados, los señores del Valle de México: el primero de ellos, Cuauhtémoc, que seguía siendo el tlatoani a la orden directa de Cortés. Y como presos figuraban el señor de Texcoco, Tetlepanquétzal, así como dos altos dignatarios de Tlatelolco. Cortés no quería perderlos de vista, consciente de que si los dejaba en México urdirían alguna rebelión.

---

[3] Bernal Díaz del Castillo, *Historia de la conquista de la nueva España*, Editorial Porrúa, México, 1966, págs. 420 y siguientes.
[4] Ibídem, pág. 424.

Muerte de Cuauhtémoc

La primera parte del itinerario, por tierras conocidas, hasta Coatzacoalcos (véase mapa) fue de lo más placentera, con grandes recibimientos y fiestas en los pueblos por donde pasó la comitiva. Y ya antes, al discurrir por Orizaba, Cortés decidió que se celebrase el casamiento de su capitán, Juan Jaramillo, con doña Marina, Malinche, con gran celebración.

En el curso del viaje se apreció que las diferencias entre Moctezuma y Cuauhtémoc eran evidentes. El primero, veterano gran guerrero, creía en las profecías –que al final *se cumplieron*–, y tal vez en algún momento pensó en un gobierno mixto con los españoles, salvando así su condición de tlatoani. En cambio, Cuauhtémoc era personaje muy diferente: joven y patriota, contrario radicalmente al invasor y en pro de la guerra total. Por eso, aunque Cortés le propuso muchas veces la negociación para alcanzar un acuerdo, él se negó siempre.

Cristóbal de Olid, capitán de Cortés, una vez le salvó la vida y al final le traicionó en 1524. Murió decapitado en Naco, Honduras.

Tras la gran victoria cortesiana en Tenochtitlán, recordemos, el día de san Hipólito, el martes 13 de agosto de 1521, sin que se sepa cómo y por qué, la cooperación con el tlatoani –como antes con Moctezuma– se reanudó por tres años, desde 1521 hasta 1524. De modo que, cuando se inició la expedición a Las Hibueras, Cortés llevó consigo al derrotado pero todavía líder de los aztecas, aunque sin que llegara a crearse amistad entre ambos. Además, durante la citada expedición, Cortés debió convencerse de que ya no tenía sentido seguir en la referida convivencia en el nuevo México, con todos los oficiales que iban llegando enviados por Carlos V.

El largo viaje, tras los primeros regocijos y entretenimientos, fue haciéndose cada vez más penoso:[5] los sufrimientos empeza-

---

[5] Ibídem, págs. 428 y siguientes.

ron por las enfermedades en la tropa y el paso de un gran río, donde hubo que tender un puente flotante «con los troncos de más de mil árboles del grueso del cuerpo humano y de diez varas de longitud para llegar al pueblo denominado Alcalá Chico». Allí tuvo lugar el acontecimiento más dramático de todo el periplo, que seguramente había ido gestándose en la cabeza de Cortés. Así las cosas, y temeroso de que se tramaba una conspiración contra él, hizo comparecer a Cuauhtémoc y a Tetlepanquétzal, imputándoles que, según sus noticias, estaban conjurándose para matarle y fugarse. Y aunque los dos mexicas principales le aseguraron que no eran ciertas tales presunciones, les condenó a morir ahorcados.[6]

Bernal Díaz del Castillo, testigo presencial del drama, refiere que «cuando iba a ejecutarse la sentencia, el desdichado tlatoani reprochó al español con sentidas palabras la injusta muerte que le daba, y que Dios habría de demandarle». Pero es que, además de esa crueldad, sucedió que Cortés abusó de la joven viuda de Cuauhtémoc, Isabel Moctezuma, quien entró en la historia como una princesa triste, utilizada como moneda de cambio en sucesivos matrimonios arreglados por el conquistador. Con el resultado de que, tras el casorio de Isabel con Pedro Gallego Andrade (muerto enseguida), ella dio a luz una hija de Cortés (Leonor Cortés Moctezuma), a quien su madre nunca reconoció.

Balance del periplo

Después de la muerte de Cuauhtémoc, los viajeros siguieron su incierto recorrido, sufriendo toda clase de penalidades, incluido el paludismo, que atacó al propio don Hernán, quien tanto se agravó que decidió hacer su disposición testamentaria. Al tiempo que ordenaba preparar un barco que le condujera al puerto de Veracruz con vuelta a México.

Ya prácticamente al final del largo periplo, se fundó la ciudad de Trujillo, con los españoles del primo de Cortés, Francisco de Las Casas, que estaban por allí. Y fue precisamente en la nueva vi-

---

[6] Ibídem, págs. 433 y siguientes.

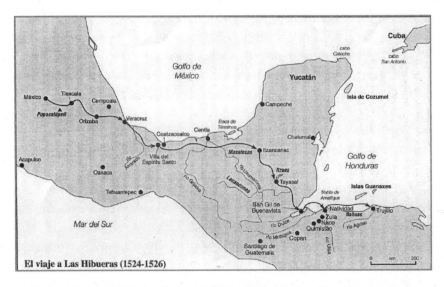

El viaje de Cortés a Las Hibueras (1524-1526). *Fuente:* Christian Duverger, *Crónica de la eternidad*, ob. cit., pág. 272.

lla donde se supo que Cristóbal de Olid ya había sido ajusticiado. Ante lo cual, Cortés no hizo ningún comentario sobre la inutilidad formal de aquel viaje con tal balance de pérdidas y sufrimientos, que había atravesado el istmo de Tehuantepec, el sur de la península del Yucatán y la porción norte de la actual Guatemala hasta llegar a la Honduras de hoy.

En Trujillo, a pesar de las muchas miserias del viaje, aún tuvo aliento Cortés para expedir las ordenanzas municipales de esa villa, así como las instrucciones para su buen gobierno, que se confió a Hernando de Saavedra, con vistas a la evangelización y la prohibición de la idolatría de los naturales. Don Hernán definió «el buen trato que debía darse a los marinos, mercaderes y pobladores que pasaran por el nuevo enclave, evitando impuestos excesivos y con la expresa prohibición de juegos de dados y naipes».[7]

A Trujillo llegaron fuerzas españolas dirigidas por Francisco Hernández de Córdoba –homónimo del descubridor de Yucatán–, bajo las órdenes de Pedro Arias Dávila (*Pedrarias*), gobernador de Panamá. Y al escuchar Cortés que la zona era rica en

---

[7] Ibídem., págs. 448 y siguientes.

metales preciosos, se interesó por las minas explotables y llegó a prepararse para expedicionar a la contigua Nicaragua. Pero al recibir malas nuevas de México en voz de fray Diego de Altamirano, todo cambio: don Hernán prefirió cancelar la prevista etapa nicaragüense y regresar por vía marítima a Veracruz, enviando a los soldados que aún seguían con él a Guatemala para dar apoyo a Pedro de Alvarado.

Cortés partió de Trujillo hacia Veracruz el día 25 de abril de 1526 y, en la que fue su quinta carta de relación, transmitió su relato de la expedición a Las Hibueras, con un protagonismo notorio sobre el inhóspito y muy formidable entorno natural, de territorios de montañas cerradas, veredas angostas, ciénagas trabajosas, bosques impenetrables, etc. Aunque también se refirió a la «buena tierra llana y alegre sin monte». En ocasiones, los ríos eran pequeños, en otras tan grandes que lo invadían todo: había que salvarlos con canoas, balsas, troncos e incluso recurriendo a «las puentes de Cortés».[8]

Retorno a México: desgobierno y juicio de residencia

El lapso entre la salida de Cortés para Las Hibueras, el 12 de octubre de 1524, y su regreso a la capital de la Nueva España, el 19 de junio de 1526 (un año y ocho meses), fue uno de los periodos más turbios de la dominación española en México, por lo desvergonzado de las pasiones de quienes gobernaron durante la ausencia del capitán general, cuando sus bienes fueron saqueados y sus amigos maltratados y aún muertos por los oficiales reales: «Yo quedo agora en purgatorio, y tal que ninguna otra cosa le falta para infierno, sino la esperanza que tengo de remedio», escribió a su padre el 26 de septiembre de 1526.[9] Y aún no terminadas las fiestas del recibimiento, encontrándose don Hernán en un retiro franciscano para descansar, recibió noticias de que el 23 de junio de 1526 había llegado a Veracruz Luis Ponce de León, juez designado por el emperador para abrirle juicio de residencia.

---

[8] Hernán Cortés, *Cartas de relación…*, ob. cit., págs. 351 y siguientes.
[9] José Luis Martínez, *Hernán Cortés*, ob. cit., págs. 462 y siguientes.

En las circunstancias reseñadas, Cortés se reunió con los miembros del cabildo, quienes le retiraron la vara de mando de gobernador —que se entregó a Ponce de León— e hicieron pregonar después por toda la ciudad que don Hernán quedaba sujeto al ya mencionado juicio de residencia. Un proceso judicial no necesariamente punitivo, porque en realidad constituía una sana revisión normal de la actuación de cualquier oficial de la Corona al término de su mandato, o por causas graves en el transcurso del mismo.

El juicio de residencia no llegó a iniciarse en la referida ocasión, pues el juez Ponce de León se vio atacado de calentura y *modorra*[10] y murió a mediados de julio de 1526. Y al mismo tiempo que el juez, fallecieron treinta personas más de las que con él habían llegado de España. Como subrayó Hugh Thomas:

> Los seis mil folios manuscritos del *juicio de residencia*, si bien son a menudo repetitivos, tediosos e irrelevantes, contienen información sobre casi todos los aspectos de la conquista y sus consecuencias. No se pueden pasar por alto así como así. En ellos, los testigos presenciales de lo ocurrido (el propio Cortés, Bernal Díaz del Castillo, fray Francisco de Aguilar, Andrés de Tapia, el Conquistador Anónimo y una o dos personas que hablaron con los historiadores Cervantes de Salazar, fray Bartolomé de Las Casas y Fernández de Oviedo) pasan de ser unos diez a más de ciento. ¡Cuán a menudo, en la transcripción del *juicio de residencia* (con su tan difícil escritura procesal), un testigo al que se le preguntaba si sabía esto o lo otro «dixo —según reza seductoramente el texto— que porque ansí lo vido este testigo»![11]

María del Carmen Martínez Martínez, de la Universidad de Valladolid y coordinadora del libro *Miradas sobre Hernán Cortés*, ha hecho una concienzuda investigación de los pleitos que tuvo el conquistador a lo largo de su vida, y ha llegado a la conclusión de que libró más batallas ante la justicia que durante las empre-

---

[10] Su significado según el *Diccionario* de la Real Academia Española: «sueño muy pesado y, a veces, patológico».

[11] Hugh Thomas, *La conquista de México*, ob. cit., págs. 16 y 17.

sas de conquista.[12] Y concluye que los miles de páginas de los procesos son reveladoras del recio carácter del conquistador a la hora de pleitear. Más concretamente, y según calculó el propio Hugh Thomas, la publicación del juicio de residencia formaría tres gruesos volúmenes, que, incluidas la introducción y las notas, aumentarían a cuatro o cinco.[13]

Por otra parte, según Rodrigo Martínez Baracs, el juicio de residencia de Cortés tiene un enorme interés potencial, sobre todo si se edita en transcripción anotada. Lo cual permitiría ubicar la constelación de testigos que declararon en cargo, descargo y de oficio.[14]

En relación al juicio en cuestión, y ya en España en su segunda y definitiva vuelta, en 1540, se informó a don Hernán que no podría retornar a México hasta que terminara el penoso procedimiento. Y, aunque sea adelantar acontecimientos, el caso es que el juicio no llegó a cerrarse y se archivó sin sentencia a la muerte de Cortés, en 1547. Y como final del tema, habrá de recordar que de sus muchos capitanes, solo Juan Álvarez declaró en su contra en 1529.

En la *quinta carta de relación,* firmada en Ciudad de México el 3 de septiembre de 1526, Cortés formuló un resumen de los cargos que se le hacían en el juicio de residencia, sobre todo a propósito de la imputación de si gobernó como un tirano autócrata: nunca hizo otra cosa —manifestó— que *cumplir con las órdenes reales,* sin ser cierto que hubiera obtenido para sí el mayor provecho de la conquista.

Volviendo al desgobierno durante la ausencia de Cortés, muertos el juez Ponce de León y demás acompañantes, el conquistador no aceptó reasumir los cargos de gobernador y de justicia, como se le propuso. Seguramente porque pensó que eso no sería bueno para su juicio de residencia, por lo que dio su apoyo a Marcos de Aguilar para el gobierno civil y judicial. Quedan-

---

[12] María del Carmen Martínez Martínez, «Más pleitos que convenía a su estado», en María del Carmen Martínez Martínez y Alicia Mayer (coords.), *Miradas sobre Hernán Cortés,* ob. cit., pág. 107.

[13] Rodrigo Martínez Baracs, «Actualidad de Hernán Cortés», en María del Carmen Martínez Martínez y Alicia Mayer (coords.), *Miradas sobre Hernán Cortés,* ob. cit., págs. 269 y siguientes.

[14] Rodrigo Martínez Baracs, «Actualidad de Hernán Cortés», en María del Carmen Martínez Martínez y Alicia Mayer (coords.), *Miradas sobre Hernán Cortés,* ob. cit., págs. 249 y siguientes. Martínez Baracs estima interesante el hallazgo de Hugh Thomas en el juicio de residencia de Cortés de un testimonio que niega que el conquistador matara a su primera esposa a Catalina Xuárez Marcaida.

do él como capitán general y administrador de los indios, cargos más nominales que otra cosa, que ejerció hasta el final con gran nobleza: justo antes de ser desposeído de sus responsabilidades, el 27 de junio de 1526, asignó tierras a Isabel Moctezuma, la ya mentada viuda de Cuauhtémoc.

Parecía como si la hazaña de la reconquista de Tenochtitlán –dice José Luis Martínez– fuera ya algo remoto, de modo que don Hernán fue habituándose a que fueran otros quienes gobernaran, con torpeza y codicia. Y para empeorarlo todo, en 1529, tomó posesión de la primera Audiencia Real de México el avieso Nuño de Guzmán, que se reveló como el peor enemigo de Cortés. Solo estuvo en el cargo un año; fue destituido por sus brutalidades y malas maneras. Pero siguió en México, donde adquirió los derechos de conquista de un importante territorio, que se llamó Nueva Galicia –actualmente los estados de Jalisco, Zacatecas, Nayarit y Michoacán–, donde cometió toda clase de crueldades con los indios, hasta el punto de que Bartolomé de Las Casas le llamó *Gran Tirano*. Fue destituido en 1537 como gobernador de Nueva Galicia por el virrey Mendoza, como luego se verá.[15]

Viaje a España (1528-1530)

Al final de su quinta y última carta de relación (septiembre de 1526), Cortés solicitó de Carlos V autorización para viajar a España y, a principios de 1528, recibió con alegría la carta que le envió el presidente del Consejo de Indias y obispo de Osma, Francisco García de Loaisa, en la que se decía «lo mucho que convenía que volviese a Castilla», para que el rey le viese y conociese, aconsejándole que se pusiera en marcha a la mayor brevedad, ofreciéndole su favor e intercesión para que Carlos V le hiciese merced de recibirlo. Y seguidamente, el propio rey le envió una cédula, firmada el 5 de abril de 1528, en la cual le daba instrucciones para el viaje. Sobre el cual López de Gómara recogió de labios de Cortés los propósitos para volver a su tierra de origen:

---

[15] José Luis Martínez, *Hernán Cortés*, ob. cit., pág. 821.

A casarse por haber hijos; a parecer delante del rey su cara descubierta, y a darle cuenta y razón de la mucha tierra y gente que había conquistado y en parte convertido [al cristianismo], e informarle a boca de la guerra y disensiones entre españoles de México.[16]

Itinerario del conquistador

En 1528 Cortés cumplió 43 años, de los cuales había pasado 24 lejos de su padre y su madre. Era natural que quisiera volver para visitar a sus progenitores y mostrar a los suyos cuánto había hecho, cuánto tenía y cuánto se había engrandecido por su propio esfuerzo.

Como entonces para viajar a lo grande era necesario comprar el barco más apropiado, Cortés envió a Veracruz a uno de sus mayordomos, Pedro Ruiz de Esquivel, para que adquiriera dos buenas naos. Pero al enterarse algún malhechor de ese propósito, al cruzar la laguna de Texcoco para ir a su destino, le mataron y desaparecieron también los indios remeros y el negro que le acompañaba. Todo para robar las dos barras de oro que llevaba. Cortés volvió a enviar a otros mayordomos, que finalmente compraron las dos naos y las proveyeron de abundancia de suministros para el viaje. Fue por entonces cuando Cortés tuvo conocimiento por una carta de García Loaisa, presidente del Consejo de Indias, de la reciente muerte de su padre, por quien organizó exequias.[17]

La amplia comitiva salió de Veracruz a mediados de abril de 1528, y desde allí, en un viaje sin escalas de 42 días, llegaron al puerto de Palos de la Frontera, del que Colón había zarpado en su primer viaje, el 3 de agosto de 1492. Y fue en Palos, donde Cortés vio morir a su fiel amigo y capitán Gonzalo de Sandoval, hombre de todas las batallas, experto en situaciones desesperadas, compañero de los buenos y malos días. Expiró en casa de un fabricante de cordajes, donde había encontrado acogida, y mientras agonizaba su anfitrión le despojó de trece barras de oro que

---

[16] Francisco López de Gómara, *Historia de las Indias y conquista de México*, ob. cit., págs. 265 y siguientes.

[17] Bernal Díaz del Castillo, *Historia de la conquista de la nueva España*, ob. cit., pág. 483.

constituían su fortuna.[18] todo ello ocasionó gran disgusto a Cortés, que se dirigió después a Sevilla, donde se detuvo dos días, y fue espléndidamente recibido por el duque de Medina Sidonia, don Juan Alonso Pérez de Guzmán, quien le aposentó en su palacio y le regaló, al partir, varios potros de su célebre caballeriza.

Luego, con toda su amplia comitiva, Cortés viajó a su lugar natal, Medellín, donde se encontró con su madre, viuda y triste, y se enteró de que el oro que enviaba regularmente a su padre no siempre llegaba a su destino: a veces el rey lo confiscaba antes, en Sevilla. Otras veces el mensajero se quedaba con una parte. El caso es que, después de haber rezado ante la tumba de su padre, Martín, pidió que se le erigiera un monumento funerario en el convento de San Francisco, para albergar allí sus restos mortales.

Cortés, ya marqués del Valle, con su escudo de armas arriba a su derecha. Grabado anónimo, muy difundido y cuidadoso del personaje, del siglo XIX, del libro *América*, de Rudolf Cronau.

La posterior escala fue en el Monasterio de Guadalupe, y Bernal Díaz la refirió con todos los pormenores, especificando que la pequeña imagen de Nuestra Señora de Guadalupe, ennegrecida por el tiempo e ilustrada con piadosas leyendas, fue desde el siglo XIV uno de los más venerados iconos de Extremadura. Era, pues, natural que Cortés compartiera esa devoción y la difundiera en la Nueva España.[19]

---

[18] Christian Duverger, *Hernán Cortés. Más allá de la leyenda*, ob. cit., págs. 299 y siguientes. María del Carmen Martínez Martínez sostiene, bien documentada, que en realidad Sandoval murió en Niebla, también en la provincia de Huelva.

[19] Bernal Díaz del Castillo, *Historia de la conquista de la nueva España*, ob. cit., págs. 465 y siguientes.

También informó Bernal Díaz que Cortés hizo en Guadalupe su novena y, entre rezo y rezo, tuvo la ventura de encontrar a doña María de Mendoza, mujer del poderoso secretario de Carlos V y comendador mayor de León, don Francisco de los Cobos. Doña María traía también en su comitiva a «una doncella, su hermana, Francisca, que era muy hermosa». De modo que si bien para entonces Cortés ya tenía convenida su boda con doña Juana de Zúñiga, por negociaciones hechas por su padre con el duque de Béjar y el conde de Aguilar, el conquistador viajero disfrutó del encuentro con doña Francisca.

Al final, Cortés se casó con doña Juana de Zúñiga, hija del segundo conde de Aguilar, y sobrina del duque de Béjar (las capitulaciones matrimoniales las había firmado ya el padre, don Martín Cortés), en el monasterio de Guadalupe, ofreciendo a su futura esposa un riquísimo presente de joyas y esmeraldas, una de las cuales fue valorada por ciertos mercaderes de Sevilla en cuarenta mil ducados.

Encuentro con Carlos V

Tras la visita a Guadalupe, don Hernán debía encontrarse en Toledo con Carlos V, a quien llevó, debidamente preparado, un memorial sobre su ejecutoria y sus proyectos de porvenir. Y, según se cuenta, en su exposición oral, insistió en la defensa de las tradiciones indígenas, en la necesaria evangelización a cargo de las órdenes mendicantes, la vigencia de las encomiendas y visión del equilibrio entre la conservación de los indios y la posibilidad de que los españoles vivieran en las tierras conquistadas.

Parece que Carlos V quedó impresionado por la determinación el conquistador. Sin embargo, las Indias seguían siendo para el rey-emperador una abstracción, una realidad que solo tenía relevancia por las grandes riquezas que podía proporcionar para financiar sus aventuras transpirenaicas y mediterráneas, en defensa de la religión católica y de la idea de forjar una unión para una Europa en paz.

Después de la primera entrevista, Cortés cayó enfermo y corrió el rumor de que agonizaba. De ahí que convencieran al em-

Monasterio de Guadalupe, visitado por Cortés, de donde surgió la virgen más venerada en México, patrona de los mexicanos.

perador para que visitara a don Hernán. Ocho días después se había recuperado y tal vez lo que el rey había prometido estaba pensado para un moribundo que luego revivió... y tuvo que cumplirlo.[20]

Cortés recibió el título de marqués (del Valle de Oaxaca), así como la confirmación de todas las propiedades territoriales que él mismo había señalado, el cargo de gobernador de la Nueva España[21] y le fueron asignadas propiedades equivalentes a unos siete millones de hectáreas (70.000 km²) según José Luis Martínez, una superficie comparable a la de Portugal (90.212 km²).

Por su parte, Hugh Thomas, se refiere a 140.000 km² de tierras, en partes geográficamente distintas: Valle de México, Coyoacán, Tacubaya, terrenos de caza en Xico y Tepeapulco al sur de la laguna, así como solares situados en la propia capital. La Real Cédula de 9 de julio de 1529 concedió efectivamente a Cortés el conjunto de los señoríos de villas y pueblos «hasta en número de veinte y tres mil vasallos». Del México agrícola, Cortés recibió lo mejor, y

---

[20] Bernal Díaz del Castillo, *Historia de la conquista de la nueva España*, ob. cit., pág. 486.
[21] Christian Duverger, *Hernán Cortés. Más allá de la leyenda*, ob. cit., págs. 307 y siguientes.

tan importante patrimonio fue erigido en mayorazgo, declarado indivisible e inalienable en 1535, con una bula pontificia que le concedió el derecho de patronato.[22] Pero no recibió lo que más le interesaba: la gobernación de México, un tema en el que don Hernán insistió hasta cansar al propio emperador.[23]

Como conclusión sobre el primer viaje de Cortés a España, cabe decir que, por aquel tiempo, Carlos V, siempre obstinado, no deseaba más que una cosa: conseguir que el Papa le coronara solemnemente emperador. Algo no tan fácil, desde el punto y hora en que Carlos V había osado apresar a Clemente VII durante el Saco de Roma (1528), para después negociar su liberación, precisamente contra la promesa del Sumo Pontífice de que le ceñiría la corona de hierro de los reyes lombardos y la imperial.

Según sus proyectos, el 27 de julio de 1529 Carlos V abandonó España, embarcándose en Barcelona, adonde fueron a despedirlo muchos principales, entre ellos el propio Cortés. La emperatriz Isabel quedó como regente para España y sus Indias, y Cortés quedó definitivamente frustrado porque Carlos V no le ofreció ser el primer virrey de la Nueva España, para entrar así en una categoría de la más alta aristocracia, semirreal. El caso es que el emperador debió apreciar en el conquistador su gran ambición, sumamente peligrosa para sus propios designios. De modo que el primer nombramiento de virrey solo se hizo seis años después (1535), como veremos, en la figura de Antonio de Mendoza.[24]

En su retorno del primer viaje a España, Cortés se detuvo dos meses y medio en Santo Domingo (abril-junio de 1530). Luego desembarcó en Veracruz el 15 de julio de 1530, donde se vio rodeado de gran número de indios principales y notables españoles que acudieron a recibirle. Quejábanse unos y otros de verse pobres y maltratados, y dábanse mutuamente el parabién por la venida del marqués del Valle, a quien miraban como su salvador, y ofrecíanse a obedecerle ciegamente.[25]

---

[22] M. Hernández Sánchez-Barba, «El Marquesado del Valle de Oaxaca», *La Razón*, 13-IV-2015.

[23] Bernal Díaz del Castillo, *Historia de la conquista de la nueva España*, ob. cit., pág. 487.

[24] Ibídem, pág. 487.

[25] Hernán Cortés, *Cartas y relaciones de Hernán Cortés al Emperador Carlos V*, Imprenta Central de los Ferrocarriles, París, 1866, pág. xlii.

Desde Veracruz, Cortés se puso en camino para Tlaxcala con gran acompañamiento, llevando consigo a su madre y a la marquesa, su esposa, siendo recibido en las poblaciones del tránsito como un verdadero libertador, en la expectativa de que fuera a recuperar sus poderes.

Juana Zúñiga, segunda esposa de Cortés.

Pero, lejos de eso, en Texcoco, Cortés se halló con una provisión de los oidores de la Real Audiencia, mandándole, so pena de perdimiento de bienes, que no entrase en la capital. De modo que Cortés no pasó de allí y fijó su residencia (enero de 1531) en Cuernavaca, donde, ya se dijo antes, se construyó una hermosa casa-palacio, dando comienzo por entonces a su labor como Adelantado de la Mar del Sur, uno de los títulos recibidos de Carlos V, actividad de la que se dará cuenta en el capítulo 10 de este libro.[26]

Conversaciones con Pizarro

Nacidos en pueblos extremeños próximos entre sí (Medellín y Trujillo), Francisco Pizarro era tío de Cortés y coincidieron varios años en La Española. De allí, Pizarro partió para el Darién y luego el Perú, y Cortés para Cuba y, más tarde, México.

Por un cúmulo de circunstancias fortuito, Cortés coincidió en España con Pizarro, quien previamente había llegado hasta Tumbez, al norte del legendario Birú. Y explorado que hubo la costa norte del imperio inca, en 1529 viajó a España para solicitar al rey-emperador que le otorgara los nombramientos oficiales a fin de legitimar sus descubrimientos y abordar la efectiva conquista.

Pizarro llegó a Sevilla en noviembre de 1528, y allí fue encarcelado por denuncia de un acreedor. Sin embargo, liberado de tales

---

[26] Tuve ocasión de visitar esa casa en 1967, en mi primer viaje a México. La jornada terminó en la hermosa finca Las mañanitas.

enojos, logró llegar a Toledo, a la corte de Carlos V, acompañado de indios peruanos y de llamas andinas, amén de otros recordatorios, destinados a impresionar al Consejo de Indias y a la corte.

Parece que en el encuentro que tuvo con Cortés, este le aconsejó sobre la forma de proceder en Perú: dejarse reconocer como emisarios de alguna divinidad, aprovechar las desavenencias entre los indios y, de una forma u otra, apresar al Inca para conseguir la sumisión inmediata de sus desconcertados súbditos.[27]

Francisco Pizarro formuló capitulaciones con la reina-emperatriz, Isabel de Portugal, que ya actuaba como regente de España en ausencia de su marido Carlos V. En cualquier caso, ya con los documentos citados en su poder, pudo «descubrir, conquistar y poblar la provincia del Pirú».

Cortés y Pizarro parece que se encontraron nuevamente en Sevilla en enero de 1530, al salir ambos, por separado, rumbo al Nuevo Mundo. Posteriormente, en marzo de 1536, Cortés recibió una urgente misiva de Francisco Pizarro, que hubo de enfrentarse al poderoso ejército de Manco Inca Yupanqui, que sitió Cuzco durante meses. A esa petición de ayuda, Cortés respondió de inmediato enviando al puerto de El Callao dos navíos mandados por Hernando de Grijalva con soldados, caballos, provisiones, artillería y otras armas. A título personal, envió también a su primo ropas de seda, una túnica de piel, dos tronos de madera labrada, cojines preciosos, sillas de montar y arneses.

Pizarro recibió los refuerzos y regalos con verdadera gratitud, y por ello, en los propios barcos de Cortés ya de retorno, le envió joyas de oro para su esposa Juana de Zúñiga. Pero solo uno de los dos navíos retornó a Acapulco, pues el otro, el dirigido por el mentado Hernando de Grijalva, se aventuró hacia el oeste con la intención de explorar el Pacífico hasta las islas de la Especiería, y en la travesía fue asesinado por marinos amotinados.

En el contexto descrito, el transporte marítimo de pasajeros entre México y Perú se hizo interesante, y Cortés especializó el puerto de Huatulco, en la costa de Oaxaca, como cabeza de línea de esa ruta comercial. Sus barcos hacían escala en Panamá

---

[27] Son interesantes las observaciones de Esteban Mira Caballos sobre las relaciones Cortés-Pizarro en su libro *Francisco Pizarro*, Crítica, Barcelona, 2018, págs. 29 y siguientes.

Francisco Pizarro, tío de Hernán Cortés, conquistador del imperio de los incas, en el Perú.

para llegar luego a El Callao, con agentes comerciales permanentes y corresponsales de la empresa naviera.

Como subraya Esteban Mira Caballos, ha habido y hay toda una polémica sobre la primacía de Cortés o de Pizarro históricamente hablando. «Una batalla que Hernán Cortés y los suyos ganaron, logrando ampliamente sus objetivos. Y ello por dos motivos: uno, por la habilidad diplomática de Cortés, muy superior a la de Pizarro, y otro por el simple hecho de que tanto el de Medellín como sus principales hagiógrafos sobrevivieron al trujillano, por lo que tuvieron tiempo suficiente para manipular la historia a su antojo».[28] Cortés –sigue diciendo Mira– «se encargó personalmente de crear toda una literatura en torno a su persona, utilizando su oratoria, sus dotes de escritor y, con biógrafos de la talla de Francisco López de Gómara o, de otra manera, Francisco Cervantes de Salazar… forjó su propia leyenda y, como buen político, tuvo una capacidad excepcional para tergiversar los hechos, para presentar como éxitos sus propios fracasos, y para culpar a otros de sus males. En cambio, el trujillano jamás se preocupó en exceso por la posteridad. Contó con algunos cronistas, pero Francisco de Jerez o Sancho de la Hoz hicieron las veces de pajes o secretarios».

Indiscutiblemente, el *modelo Cortés* parece que influyó en Pizarro. Así, por ejemplo, se ha dicho que los sucesos de la isla del Gallo, durante el segundo viaje de Pizarro en Perú, estuvieron inspirados en la legendaria inutilización de sus naves por Cortés en Veracruz. Sin embargo, es obvio que ambos hechos ocurrieron en circunstancias muy diferentes.

---

[28] Ibídem, pág. 28.

Por otra parte, los tratos con Atahualpa y el intento de apresarlo sin disparar ni un solo tiro también se han vinculado con hechos de Nueva España, como destacara ya en el siglo XIX William Prescott y en la centuria siguiente otros historiadores. Incluso a Guillermo Lohmann Villena le parece *indubitable* que en la captura de Atahualpa, Pizarro tuvo presente la forma en la que Cortés aprisionó a Moctezuma.

Otra idea mil veces repetida es la relativa a cómo Cortés consiguió la adhesión de muchos indígenas, lo que inspiró a Pizarro: «el trujillano se encargó de establecer alianzas con pueblos indígenas que habían sido sometidos tan solo unas décadas antes por los incas y que añoraban su antigua libertad. Tanto la conquista de México como la del incario fueron en buena parte una *guerra entre indios*, aunque, eso sí, premeditada, dirigida y planeada por los hispanos».[29]

Finalmente, la clave de la victoria en las batallas estuvo en apresar al señor principal. Bastaba con identificarlo —solía estar en un lugar muy visible—, acometerlo y capturarlo para que su ejército se sintiese derrotado; idea de Cortés en Centla y Otumba que fue adoptada después por muchos.[30]

El primer virrey

Según Christian Duverger, el primer encuentro de Cortés con el que fue primer Virrey de la Nueva España (de 1535 a 1550), Antonio de Mendoza y Pacheco, fue una réplica de la entrevista con Carlos V. Pero frente a un virrey decidido a dominarlo todo, como verdadero amo, don Hernán se mostró tan hábil y tan complaciente, que subyugó a Mendoza y fueron amigos durante un largo tiempo.[31]

---

[29] Ibídem, págs. 29 y 30.

[30] Ibídem, pág. 31.

[31] Sobre Antonio de Mendoza, Lewis Hanke y C. Rodríguez, *Los virreyes españoles en América durante el gobierno de la casa de Austria*, Biblioteca de Autores Españoles, vols. 233-237, Madrid, 1976-1980; C. Pérez Bustamante, *Don Antonio de Mendoza*, Santiago de Compostela, 1928; J. Ignacio Rubio Mañé, *Introducción al estudio de los virreyes de Nueva España (1535-1746)*, Universidad Nacional Autónoma de México, UNAM, México, 1959; José Manuel González Ochoa, *Quién es quién...*, ob. cit., pág. 243.

Antonio de Mendoza

Vimos cómo Cortés quiso ser virrey de México y no lo consiguió de Carlos V, por el temor del emperador a otorgar demasiado poder a persona tan inteligente, prestigiada y ambiciosa. Por ello, el tal nombramiento recayó en Antonio de Mendoza, de la familia más aristocrática de España,[32] solo precedida por el duque de Alba. Puede decirse que el Virrey desempeñó su tarea de manera conveniente, según veremos, fijándonos en la relación entre él y Cortés.

Los Mendoza eran aliados de los Zúñiga –la familia de la segunda esposa de don Hernán–, pues en 1520 varios Mendoza tomaron partido en favor de los comuneros y en contra de Carlos como rey de España. Principalmente, la hermana de quien sería Virrey de la Nueva España, María Pacheco, esposa del valiente Juan de Padilla, uno de los tres dirigentes principales de la rebelión comunera, junto con Bravo y Maldonado. Y por eso mismo, pensó Cortés que tendría en el virrey un aliado natural y providencial frente a Carlos V, en lo cual erró, porque el monarquismo del representante real era profundo

Antonio de Mendoza, virrey de México y segundo del Perú, amigo y enemigo de Cortés.

y sentido. Si bien es verdad que cuando fue al Perú en 1549, también como virrey, esa fidelidad se puso a prueba, cuando quiso que los virreinatos fueran hereditarios y mucho más poderosos.

Cortés tuvo motivos de satisfacción respecto a Mendoza, cuando el virrey convocó a ciudad de México a Nuño de Guzmán, presidente que fue, ya lo vimos antes, de la primera Real Audiencia, y luego conquistador de la Nueva Galicia, amén de siempre enemigo del gran conquistador. Mendoza requirió a Nuño, con gran diplo-

---

[32] Christian Duverger, *Hernán Cortés. Más allá de la leyenda*, ob. cit., págs. 331 y siguientes.

macia, que acudiera a la capital, haciéndole creer que quería honrarlo, pues le invitó a una de sus casas a pasar la Navidad de 1536.[33]

Después de haber adormecido así la posible desconfianza de Nuño, el virrey hizo prenderle el 19 de enero de 1537 y le envió a la cárcel pública, con los condenados de derecho común, acusado de trato brutal a los indios. Un gesto virreinal que no disgustó a Cortés, quien se dedicó a nutrir la acusación del juicio de residencia abierto en contra del antiguo presidente de la Audiencia, quitándose así la espina que tenía clavada con Guzmán. Lo que además le permitió volver a sus dilectas operaciones al Mar del Sur y a desarrollar sus navegaciones, siempre en la idea de llegar un día a China, tal vez para su conquista.[34]

Durante los años 1535 a 1538, Cortés llevó una vida tranquila; los indios habían dejado de ser perseguidos y sus amigos los franciscanos podían desarrollar libremente su apostolado en todo momento, con el virrey Mendoza como su benefactor.

Señaladamente, el 6 de enero de 1536 el virrey aceptó inaugurar el colegio de la Santa Cruz en Santiago de Tlatelolco, imaginado por Cortés y los franciscanos: un seminario donde los jóvenes náhuatles habían de ser instruidos en su propia lengua y en latín, y no en español. Así, los frailes franciscanos cultivaban la cultura autóctona, capacitándose para predicar en ella: un hecho desconocido en la historia colonial del resto del mundo.

La obra de un gran virrey

Contrariamente a lo manifestado por Duverger, y más en línea con lo dicho por Hugh Thomas, el Virrey Mendoza fue un gobernante capaz y dedicado, de quien sintéticamente reseñamos los principales méritos:

- Hizo juicio de residencia —ya se ha visto desde otro enfoque— al gobernador del Reino de Nueva Galicia, Nuño de

---

[33] Bernal Díaz del Castillo, *Historia de la conquista de la Nueva España*, Editorial Porrúa, México, 1966, pág. 497.

[34] Arthur Aiton, *Antonio de Mendoza, first viceroy of New Spain*, Duke University Press, 1927. Traducción de Gabriela Hernández Adame y Guillermo Rousset, *Antonio de Mendoza, primer virrey de la Nueva España*, Meximox, México, 1993.

Guzmán y, en 1538, lo mandó preso a España por maltrato de los nativos.

- Previno una conspiración de esclavos negros en 1538, que podría haber tenido consecuencias muy graves.
- Derrotó a los indios chichimecas (norte de México) en la llamada Guerra del Mixtón (1541), en la que murió Pedro de Alvarado.
- Fundó en 1535 la casa de la moneda (la Ceca) para acuñar cobre y plata.
- Estableció la imprenta en México, cuya primera edición fue un *Catecismo en náhuatl y castellano*, debido al obispo Zumárraga (1539).
- Apoyó las ya señaladas expediciones de Cortés por el Pacífico (1539). De ahí que el cabo Mendocino, al norte de California, lleve esa denominación.
- Promovió la expedición de López de Villalobos a Filipinas (1542), que dio ese nombre al archipiélago de San Lázaro, que así lo había denominado Magallanes. Una expedición que fue precedente de la de Legazpi y Urdaneta (1564), que efectivamente incorporaron esas islas a la Corona de Castilla.
- Dictó ordenanzas de buen trato a los nativos, muy en la línea de Cortés en favor de la cultura mestiza.
- Coincidió con el hallazgo de las minas de plata de Zacatecas, las más importantes de la época en toda la Nueva España.
- Aceleró la construcción de México como ciudad capital del Virreinato, con hermosos edificios.
- Mejoró el puerto de Veracruz, haciéndolo apto para concentrar allí las flotas de las Indias en sus itinerarios a y desde España.
- Fundó la ciudad de Valladolid (hoy Morelia, en el estado de Michoacán).
- Inició gestiones para crear la primera universidad de México (precedente de la Universidad Nacional Autónoma de México, UNAM).
- Acató las Nuevas Leyes de Indias de 1542, pero no las aplicó: dejó que siguiera funcionando la encomienda, por entender que era la base misma de la economía de la Nueva España.

- Por sus aciertos durante 19 años en México, Mendoza fue designado segundo virrey de Perú (1549-1550), posición en la que se hizo crítico de Carlos V (ya se ha dicho algo de ello), al idear un régimen dinástico de virreyes, con derecho de sucesión, en paralelo a una cierta soberanía propia para el Perú. Hasta el punto de que se le atribuye un primer proyecto de declaración de independencia en 1549, que envió al propio rey-emperador. Pero su muerte en 1552 impidió más insistencia en el tema.

Enemistad Cortés-Mendoza

Según Duverger, la crisis del virrey y Cortés se originó en el transcurso de 1538, hasta alcanzar su máximo en 1539. Enfrentamiento debido a que Mendoza –según Duverger– quería para sí todo lo que tenía don Hernán y, al no conseguirlo, ansió destruirlo.

El primer problema entre conquistador y virrey podría parecer anecdótico, pero no fue tan superficial. Por razones ligadas al alejamiento de la metrópoli, el virrey Mendoza había recibido la autorización de acuñar moneda en la Nueva España, a fin de evitar las transferencias desde Castilla, siempre con la amenaza de los corsarios. Y por razones de economía más bien mezquinas, Mendoza decidió que el comercio de los indios se hiciera con moneda de cobre, manteniendo oro y plata para los españoles, cuestión a la que los nativos no se avinieron por considerar que sería una discriminación.

En segundo término, hubo diferencias sobre el establecimiento y actividades de la Inquisición en México, al extenderla hacia el norte sin contar con Cortés, a pesar de que este seguía siendo, más en teoría que otra cosa, capitán general. Y finalmente hubo también celos por parte de Mendoza a causa de las navegaciones de Cortés por la Mar del Sur, que finalmente le fueron prohibidas.

Otra cuestión fue una decisión de la regente, la emperatriz Isabel, y del Consejo de Indias, para que los colonos de Nueva España pudieran comprar tierras de propiedad indígena, ante lo cual el conquistador vio el peligro de que surgiera un latifundismo como el peninsular. De modo que, en su calidad de administrador de las Indias, exigió que a tales efectos la tierra estuviera vacía de pobladores nativos, lo cual no se aceptó. Decisión nada grata para Cortés y su afecto por los indios. El resultado fue que por la cédula publicada en Valladolid el 27 de octubre de 1535, se inició la historia de las grandes haciendas novohispanas, en demérito de las comunidades indígenas.[35]

Por lo demás, en 1532 se completó la primera catedral de México, en gran parte con la piedra procedente de las antiguas pirámides mexicas. Martín de Sepúlveda, el arquitecto (había trabajado en la reconstrucción de Tenochtitlán como maestro de obras, tras haber llegado Narváez a México) construyó inicialmente un edificio rectangular aislado, con un techo plano de madera y soportes de lo mismo, algo que no entusiasmó a Cortés. Después se hicieron muchos cambios hasta su ulterior configuración, compleja e imaginativa.

Aparte de esas y otras cuestiones, el virrey completó su espacio de gobierno con el éxito de la llamada Guerra del Mixtón, una grave rebelión indígena motivada por la brutalidad de que hacían gala muchos encomenderos en el norte de Nueva España. En tales circunstancias, los rebeldes indígenas sostuvieron que se

Primer real de a ocho acuñado en la ceca de México, 1538.

---

[35] Hugh Thomas, *El imperio español de Carlos V*, Booket, Planeta, Barcelona, 2012, págs. 484 y siguientes.

veían alentados en su lucha por mensajes recibidos de supuestos demonios rescatados de los viejos tiempos previrreinales.

Al principio, Mendoza creyó que la rebelión era un asunto local, pero pronto se percató de la amenaza que se cernía sobre todo el virreinato y envió una misión de paz encabezada por fray Martín de Jesús y Diego de Ibarra, cuyo rotundo fracaso llevó a la idea de emplear la fuerza para derrotar a los rebeldes. En ese sentido, Mendoza pidió a Pedro de Alvarado que aplazara sus planeados viajes de descubierta en el Pacífico y resolviera la situación. Y el ya veterano guerreador lo hizo, con tal denuedo y arrojo personal, que al caer en un barranco se le precipitó encima su caballo.[36]

Se condujo a Alvarado, malherido, a Guadalajara (en el actual estado de Jalisco) y allí se hospedó en casa de su primo, Juan del Camino, donde, víctima de la impetuosidad que siempre le había caracterizado, murió el 4 de junio de 1541. Así terminó la vida del más rotundo capitán de Cortés, que tanto quiso emularlo con la conquista del Reino de Guatemala, una intervención en Perú de la que desistió y el propósito de navegación a China.

Mendoza pasó las tres semanas siguientes poniendo sitio al campamento del Mixtón, con propuestas diarias de paz, así como fuertes descargas de artillería, hasta que finalmente consiguió la victoria. El virrey regresó a México, donde su éxito fue celebrado con grandes festejos, al considerarse tal acción bélica como definitiva muestra de que la presencia española en Nueva España era para siempre. Cortés, por el contrario, pensaba que eso ya lo había conseguido él mismo, mucho tiempo antes.

Último retorno a España y muerte

Reñido con el virrey Mendoza y frustrado por las costosas y poco fructíferas expediciones al Mar del Sur, Cortés pensó, análogamente a lo ocurrido en 1528, en la necesidad de un viaje a España para exponer directamente al emperador y al Consejo de Indias sus querellas y agravios, en la idea de solucionarlo todo de una vez.[37] Decisión

---

[36] Bernal Díaz del Castillo, *Historia de la conquista de la Nueva España*, ob. cit., pág. 560.
[37] José Luis Martínez, *Hernán Cortés*, ob. cit., págs. 727 y siguientes.

en la que también influyó el juicio de residencia en curso, que arreciaba en México por la acción de los detractores del conquistador.

Memoriales de agravios

La segunda y definitiva marcha a España (aunque el protagonista nada supiese de que lo era) la emprendió Cortés en enero de 1540, llevando consigo a su hijo legítimo, don Martín, amén de un buen séquito, aunque ya nada parecido a lo de la vez anterior en 1528; si bien le acompañaron gran número de servidores personales.

Esa segunda visita a España no llegó con los mejores augurios por los grandes lutos debidos a la muerte de la emperatriz Isabel, ocurrida en Toledo el 1 de mayo de 1539. No obstante lo cual, el Real Consejo de Indias, desde que supo que Cortés estaba ya en España, dispuso que se saliera a recibirle y le señalaron por posada las casas del comendador don Juan de Castilla. De manera que cuando iba al Consejo le esperaba siempre un oidor, que le llevaba a donde en aquel momento se encontrara el presidente, fray García de Loaisa, obispo de Sigüenza y cardenal.

En ese contexto y ya instalado en la corte, Cortés dirigió al emperador un memorial de agravios, con el propósito de protestar por las expediciones que el virrey Mendoza había despachado, quejándose de los impedimentos que se le habían puesto a él para sus propias navegaciones, incluyendo su acariciado propósito de, nada menos, la conquista de la China. Una idea que tiempo después recuperarían el cabildo de Manila y hasta el propio Felipe II, tras hacerse España con las Islas Filipinas.[38]

Entre paréntesis, diremos que de 1540 a 1542, estando Cortés en España, el virrey Mendoza preparó otra conquista, comandada por su amigo Francisco Vázquez de Coronado, quien buscó las legendarias Siete Ciudades de Cíbola.[39] Una expedición al norte de México que solo encontró desiertos, en donde los expedicio-

---

[38] Bernal Díaz del Castillo, *Historia de la conquista de la Nueva España*, ob. cit., pág. 499.

[39] Se trata de una vieja leyenda, según la cual, al producirse la invasión árabe en España en 1711, siete obispos se embarcaron para navegar hacia el oeste y fundar allí esas ciudades de Cíbola, que alcanzaron gran riqueza.

narios padecieron hambre y sed.[40] Aunque, al fin y al cabo, con esas avanzadas se extendieron los dominios de la Nueva España hacia las Montañas Rocosas, el río Colorado, el Gran Cañón, el fondo del golfo de California –que Francisco de Ulloa certificó no era una isla sino una larguísima península–, con el encuentro, también, de nuevos adversarios como los indios Pueblo de Nuevo México y Arizona y los del Llano Estacado en la actual Texas. Esta avanzada luego la consolidaría Juan de Oñate, según se verá en el capítulo 11 de este libro.

Pero, a pesar de esos requerimientos al emperador, de este solo obtuvo que se expidiera una cédula al virrey Mendoza para que levantara el secuestro de las naves que habían sido confiscadas a don Hernán, y que se le permitiera proseguir sus exploraciones en el Mar del Sur. Pero, ¿qué pudo hacer con aquellas naves recomidas por la broma,[41] con los aparejos podridos, las tripulaciones dispersas y el mismo capitán de la empresa muy lejos, en España? Simplemente, Cortés encargó a uno de sus apoderados, el licenciado Altamirano, que lo poco útil que pudiera quedar aún en el astillero de Tehuantepec lo destinara a la empresa naviera que había creado para el comercio entre México, Panamá y Perú.

Por otro lado, el Consejo de Indias envió un escrito de cargos contra Mendoza por las acusaciones que había hecho Cortés relativas a desmanes cometidos por hombres del virrey contra españoles e indios. Reprendiéndole por haber emprendido conquistas y descubrimientos, abandonando su exclusiva función de gobernante.

El desastre de Argel y otros episodios

Durante los casi siete años que al final de su vida Cortés pasó en España (1540-1547), el dominio del Mediterráneo se vio gravemente amenazado por los piratas berberiscos, que no permitían la segura navegación del comercio. Por lo cual, el emperador decidió hacerse con el puerto de Argel, que gobernaba el eunuco y renegado Azán Agá, dependiente de los turcos. Para lo que or-

---

[40] Bernal Díaz del Castillo, *Historia de la conquista de la Nueva España*, ob. cit., pág. 509.
[41] Recuérdese, un molusco que vive de la madera de los barcos, provocando a su inutilización.

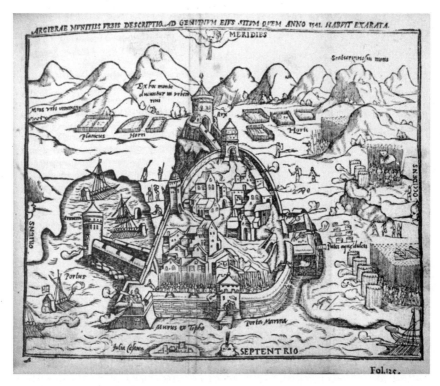

Argel en un grabado de 1555, que representa la ciudad y su muralla marítima: escenario del desastre de la flota de Carlos V.

ganizó una gran armada: 12.000 marinos y 24.000 soldados —alemanes, italianos y españoles— a bordo de 450 embarcaciones de todo tipo, que se reunieron en las islas Baleares, desde donde zarparon para atravesar el Mediterráneo.

El desembarco en las proximidades de Argel comenzó a hacerse con fortuna, y el 24 de octubre de 1541 se inició la marcha para sitiar la ciudad. Pero en ese momento se formó una formidable tormenta que arrojó a la costa 150 navíos que, con provisiones y armas, quedaron destruidos. Ante lo cual, Carlos V convocó un consejo de guerra, al que no se llamó a Cortés, y decidió levantar el cerco con la retirada general.[42]

---

[42] Bernal Díaz del Castillo, *Historia de la conquista de la Nueva España*, ob. cit., págs. 512 y 513.

Cortés protestó por esa decisión tan prematura, asegurando que él mismo podía «conquistar Argel con solo un reducido contingente del ejército», opinión que otros compartieron. Pero nada se hizo, y entre la tormenta y los ataques argelinos, la situación devino catastrófica. Como los demás, Cortés y sus gentes, entre las que iba su biógrafo Francisco López de Gómara, tuvieron que reembarcar en medio de la confusión, el fango y la lluvia.

Tras ese desastre, don Hernán se convenció de que su intento de impedir las expediciones dispuestas por el virrey Mendoza no sería tenido en cuenta, y de que por esas y otras sinrazones su permanencia en España podía darse por concluida. El conquistador se hundió en el desaliento, dejó de pleitear ante el Consejo de Indias por sus causas pendientes, y concentró su despecho en escribir tres cartas a Carlos V —en 1542, 1543 y 1544— para recordarle cuánto había hecho y reclamarle su apoyo, cosa que no consiguió.

Carlos V recibió y leyó esas cartas, pero el caso es que su secretario Francisco de los Cobos, anotó al margen de una de ellas: «No hay que responder». Así las cosas, la triste situación de Cortés, según José Luis Martínez, se acercó a lo que después contaría, seguramente sin ningún fundamento, el propio Voltaire en Francia: «Un día Cortés, no pudiendo tener audiencia del emperador, se abrió camino por entre la multitud que rodeaba la carroza del monarca y subió al estribo; y cuando Carlos V preguntó quién era aquel hombre tan osado, el propio Cortés contestó: «El que os ha dado más reinos que ciudades os dejaron vuestros padres»».[43]

Don Hernán se instaló de 1543 a 1545 en Valladolid, donde tuvo encuentros con Juan Ginés de Sepúlveda, defensor de la idea de que los indios eran seres humanos, con alma propia, pero que necesitaban de la tutela de los españoles. Y también se vio en ese tiempo con Bartolomé de Las Casas, que proclamaba la igualdad entre blancos e indígenas, pero no de los negros. Resulta dudoso el testimonio del célebre *apóstol de los indios* de que, durante las Cortes que convocó el emperador en la villa de Monzón (Huesca), en 1542, él y don Hernán tuvieron una última conversa-

---

[43] José Luis Martínez, *Hernán Cortés*, ob. cit. El referido episodio volteriano no fue nunca realidad.

ción, que el dominico recogió en su *Historia de las Indias*. Lo que sí fue cierto es que Las Casas nunca sintió la menor simpatía por el conquistador, al considerarlo astuto, traidor a Diego Velázquez, mal cristiano y condenable por sus crueles acciones militares.

La senda a la muerte: Academia y Castilleja de la Cuesta

Tratando de llenar de alguna manera los ocios de cortesano sin provecho, y siempre pendiente de que terminara el inacabable juicio de residencia para volver a la Nueva España, Cortés organizó en su casa de Valladolid una auténtica Academia, con personas muy doctas en temas de filosofía moral y con asistencias como la del cardenal Poggio, el experto dominico Pastorelo (arzobispo de Callar, Cagliari), el docto fray Domingo de Pico, el prudente don Juan de Estúñiga (comendador mayor de Castilla), el grave y cuerdo Juan de Vega, el ínclito don Antonio de Peralta (marqués de Falces), con su hermano don Bernardino, don Juan de Beaumont y otros eminentes próceres.

En esa Academia, de la que no se sabe mucho, se gestó, según Christian Duverger, la decisión de Cortés de escribir él mismo la *Historia verdadera* atribuida a Bernal Díaz del Castillo. Cuestión a la que nos hemos referido extensamente en el capítulo 2 de este libro.[44]

Para hacer frente a sus necesidades económicas —nos dice María del Carmen Martínez Martínez—, Cortés, durante sus últimos años en España, recurrió frecuentemente y, sobre todo, al crédito de Leonardo Lomelín, banquero genovés, con quien concertó, desde abril de 1542 y hasta su eventual vuelta a México, «mil ducados mensuales librados en dos pagos, a comienzos y a mediados de cada mes».[45] Además, don Hernán, con visión de futuro, para facilitar esa financiación, suministró a Lomelín azúcar de los ingenios que tenía en la Nueva España y, asimismo, concertó con él que le proporcionaría mano de obra para sus propiedades no-

---

[44] C. Duverger, *Crónica de la eternidad*, ob. cit.

[45] María del Carmen Martínez Martínez, «Hernán Cortés en España (1540-1547): negocios, pleitos y familia», en Martín Ríos Saloma (ed.), *El mundo de los conquistadores*, Madrid-México, Sílex-UNAM, 2015, págs. 577-598.

vohispanas, en operación por «500 esclavos de Cabo Verde en el plazo de año y medio».[46]

En Valladolid, Cortés acordó con Pedro Álvarez Osorio, marqués de Astorga (el 30 de julio de 1545), casar al hijo mayor del referido con su primogénita, María Cortés de Zúñiga. Para lo cual se comprometió a dotar a la novia con 100.000 ducados de oro, cuya entrega «se efectuaría en varios pagos en los cinco años posteriores al acuerdo». Los veinte mil ducados del primer plazo se hicieron efectivos prácticamente de inmediato.

Pero por la tardanza que se produjo en la llegada de María desde México, el marqués de Astorga rompió su compromiso con Cortés, y decidió casar a su vástago con una hija del duque de Alba, «y a pesar de que Cortés reivindicó se devolviera la parte ya pagada de 20.000 ducados, el marqués no aceptó tal devolución». Se inició así otro pleito que quedó pendiente a la muerte del conquistador, antes del retorno de su hija María.

No teniendo ya nada que hacer en la corte, en Valladolid, don Hernán se trasladó primero a Madrid y después a Sevilla, donde ya tuvo que hacer economías, pues si bien era muy rico en propiedades, tenía muchos gastos de sus expediciones al Mar del Sur y de sus casas, y de numerosos procuradores, administradores, agentes y criados. Y tan rico era que, incluso con las estrecheces que sufrió en los últimos meses de su vida, por su Testamento pudo saberse que en la antigua Híspalis mantenía mayordomo, contador, repostero, camarero, paje de cámara, botiller y caballerizo.

Con todo, a la postre, Cortés hubo de desmantelar su casa sevillana, aunque antes hizo llamar a Melchor de Portes, escribano público, y ante él dictó testamento el 11 de octubre de 1547 y lo entregó a la escribanía de Portes el siguiente día 12. Una última voluntad admirable, en principio, por la equidad y cuidados con que distribuyó sus bienes y por las fundaciones que ordenó mantener: el Hospital de la Concepción o de Jesús en la ciudad de México, un monasterio de monjas y un colegio de teología y derecho en Coyoacán. Además, ordenó diversidad de mandos para cada uno de sus criados y servidores, perdonando deudas y dejando legados.

---

[46] María del Carmen Martínez Martínez, «Hernán Cortés en España …», ob. cit.

Catedral de Valladolid, lugar más que relevante en tiempos de Carlos V, para su corte.

De la ciudad de Sevilla, Cortés se fue a la cercana Castilleja de la Cuesta, para allí «entender en su ánima», cuenta Bernal Díaz.[47] La casa que tenía en Sevilla, sin adornos señoriales, fue cerrada y Cortés pidió a su amigo, Juan Rodríguez, que lo alojara en su mansión de la calle Real.[48] Debió sentirse muy enfermo y extenuado, «de cámaras e indigestión», que padecía de tiempo atrás y que se le empeoraron. Aparte de que su mente no dejaba de trabajar con el pensamiento de que «no hay dolor mayor que recordarse, en la miseria, del tiempo otrora feliz», como había escrito Dante Alighieri. Aquel hombre que solo entendía la vida como acción, descubrió al final el consuelo en meditaciones espirituales.[49] Según una tradición, sus últimas palabras o desvaríos fueron:

---

[47] Bernal Díaz del Castillo, *Historia verdadera*, ob. cit., pág. 513.
[48] La localidad sevillana de Castilleja de la Cuesta es hoy conocida, entre otras cosas, por la fabricación de tortas de aceite muy características.
[49] José Luis Martínez, *Hernán Cortés*, ob. cit., pág. 816.

Mendoza… no… no… emperador… te… te… lo prometo… once de noviembre… mil quinientos… cuarenta y cuatro.

Post mortem

Murió Cortés con 62 años, el 2 de diciembre de 1547, extenuado por la disentería. Al día siguiente se abrió su testamento para leerlo. El 15 de diciembre siguiente, don Juan Alonso Pérez de Guzmán, duque de Medina Sidonia, escribió al príncipe Felipe –regente de España en ausencia de su padre el emperador– informándole de la muerte del conquistador. Y lo que no encargó Carlos V ni su hijo, lo hizo el mencionado duque, quien organizó exequias y honras fúnebres en el monasterio de San Francisco en Sevilla. De allí, sus restos tuvieron un largo periplo, para finalmente acabar en la iglesia del Hospital de Jesús, en la Avenida 20 de noviembre, cerca de El Zócalo, en Ciudad de México.

Iglesia de Castilleja de la Cuesta.

Colofón al capítulo 7: la segunda vida de Cortés

–¿No es usted demasiado complaciente en lo que ha llamado la segunda vida de Cortés? ¿No se inició la decadencia definitiva con el célebre viaje a Las Hibueras?

–Yo no veo tal decadencia. Resistió el periplo con fortaleza y volvió vivo y emprendedor. Además, se logró el enlace entre la conquista de México y las confiadas a Alvarado en Guatemala, así como la conexión con los españoles que por América Central llegaban desde Panamá. Fue, en cierto modo, una consolidación de la conquista cortesiana. Prácticamente todo el México actual quedó conocido y abarcado: desde Baja California (con las navegaciones) hasta Chiapas.

—Un viaje que aprovechó para desprenderse de Cuauhtémoc...

—Fue un desacierto, como él mismo debió recordar el resto de su vida. Pero, en frío, las circunstancias hay que tenerlas en cuenta: Cuauhtémoc intentaría un día matar a Cortés en la conjura que se dice preparaba, sin que quepa desechar la posibilidad de una fuga del tlatoani, que podría haber producido un levantamiento general de los mexicas, para perder todo lo que hasta entonces se había ganado para hacer la Nueva España...

—¿Y del desgobierno de México en la ausencia de Cortés?

—Muy sencillo: quedó en claro que los mentados oficiales de Carlos V eran peores administradores que el mismo Cortés y sus capitanes. Tal vez con el hecho de salir hacia Las Hibueras, el conquistador ya contaba con que los administradores recién llegados lo iban a hacer mucho peor que los suyos; así preparó su vuelta a España para hablar con Carlos V con mayores fundamentos y poder ser nombrado virrey...

—Y, precisamente, ¿no es usted demasiado terminante con Carlos V?

—Creo que no, pues el *Cesar*, como le llamaban (*Káiser*, emperador en alemán, procede de César), no estuvo a la altura de los acontecimientos. Claro es que, visto de otra forma, el de Gante sí que supo velar por sus imperiales intereses, y garantizar la continuidad de su poder en las Indias. Con el de Medellín de virrey, iba a ser *mucho Cortés*...

—¿Un fin desgraciado, pues, el de don Hernán?

—No precisamente feliz, desde luego, pero lo cierto es que él nunca perdió su temple y su grandeza hasta llegarle la muerte. Se movió siempre con la frente bien alta, admirado y odiado a la vez, e incluso vituperado y perseguido económicamente... Además, tras su segundo y definitivo viaje a España, se ocupó de promover la crónica de López de Gómara y, según Duverger, incluso escribió la propia *Historia verdadera*. En cualquier caso, en el atardecer de su vida, Cortés seguía siendo el definitivo conquistador de México y el verdadero fundador de la primera fase del Imperio continental de ultramar.

Capítulo 8

Protagonistas coetáneos de Cortés

Introducción

En este capítulo, como ya se indicó en parte en la Nota preliminar del autor, se incluyen apuntes biográficos de la trama de los principales protagonistas coetáneos de Cortés, en la gran aventura de la conquista de México y la ulterior colonización inicial de la Nueva España.

En ese sentido, el autor entiende que no hay posibilidad de explicar una obra de tan grande envergadura y tan perdurable, sin hablar de los demás protagonistas que contribuyeron a ella.

Fueron coetáneos que dejaron su huella en el devenir histórico de los procesos que aquí se tratan, como aconteció con Carlos V y su actitud frente al conquistador. O como ocurrió en las relaciones de don Hernán con Moctezuma y Cuauhtémoc, los dos tlatoanis con los que convivió el conquistador en circunstancias tan diferentes. Como igualmente debemos referirnos al gobernador de Cuba Diego de Velázquez. También fue decisiva la disponibilidad de Cortés de grandes capitanes, principalmente en casos como los de Alvarado y Sandoval.

Continuaremos con el debate de los grandes teóricos sobre la legitimidad de la conquista española y la orientación que debía darse a la realidad emergente de la Nueva España (la polémica del padre Las Casas y Ginés de Sepúlveda). Y terminaremos el repaso de ese elenco con dos verdaderas luminarias culturales, destacando la antropología nacida con Bernardino de Sahagún, y el designio utópico de nueva vida de las comunidades indígenas del *Tata* Vasco de Quiroga.

Sucesivamente, pues, iremos apreciando el papel de esos grandes coprotagonistas sin perder nunca de vista a Hernán Cortés, con quien las figuras que vamos a visitar mantuvieron nexos más o menos estrechos, siempre más que explicativos de lo que pasó en aquel espacio-tiempo de 1518 a 1547.

Carlos V, rey-emperador[1]

Carlos I de España y V de Alemania (Gante, Flandes, hoy Bélgica, 1500-Yuste, Extremadura, España, 1558), rey-emperador fue hijo de Juana de Trastámara, reina de Castilla, y de Felipe I de Habsburgo, *el Hermoso,* bastante más que rey consorte. Educado en los Países Bajos, sus preceptores fueron Adriano de Utrecht (luego papa Adriano VI) y Guillermo de Croy, de quienes recibió la influencia de grandes humanistas del Renacimiento, sobre todo de Erasmo de Rotterdam.

El rey-emperador asumió globalmente –diríamos hoy– el proyecto del italiano Mercurino Arborio di Gattinara –su gran canciller desde 1518 a 1530 y gran seguidor de Erasmo de Rotterdam– de restaurar un *imperio cristiano universal,*[2] para lo cual había de lograrse una hegemonía efectiva sobre los restantes reyes de la cristiandad. Lo que condujo a Carlos –y a España– a guerras continuas contra los rivales de tal hegemonía, que no fueron pocos, especialmente Francia, los turcos, los príncipes alemanes protestantes, etc.[3]

Como rey, Carlos suscitó importantes resistencias desde su llegada a España en 1517, debido a su práctica ignorancia del castellano, y también por los nombramientos que hizo de sus colaboradores, la mayoría extranjeros. Compareció ante las Cortes, reunidas en Valladolid, el 9 de febrero de 1518, rodeado por su séquito de asesores flamencos y con la mirada puesta en objetivos políticos que excedían con mucho los límites de la Península. Le ju-

---

[1] Ramón Carande, *Carlos V y sus banqueros,* Crítica, Barcelona, 2000. Primera edición de 1943.

[2] Otros formuladores de la idea de ese imperio cristiano universal fueron Pedro Ruiz de la Mota (obispo de Badajoz), y el ya mentado Fray Antonio de Guevara.

[3] El más íntimo colaborador de Gattinara fue Alfonso de Valdés, quien en 1522 presidió la entidad que dirimió el pleito Diego Velázquez-Cortés, dando la razón a este último.

Carlos V y la emperatriz Isabel de Portugal, copia de Rubens de un original perdido de Tiziano, Museo Nacional de El Prado.

raron como rey Carlos I, para reinar junto con su madre Juana, y le concedieron 600.000 ducados de servicios. Al mismo tiempo, se le hizo una serie de peticiones, como aprender a hablar el idioma del país, cesar los nombramientos a foráneos, prohibir la salida de metales preciosos y caballos del reino, y dar un trato más respetuoso a su madre, que ya por entonces estaba recluida en Tordesillas, enajenada tras la muerte de su esposo en 1506.[4]

Carlos fue el monarca que ostentó el título de Rey de España por primera vez, al unirse en una persona las coronas de Castilla y de Aragón, amén de Navarra, el reino de Granada, Canarias y las Indias. Además, inauguró la época imperial española, siendo ya cierto durante su reinado el famoso dicho de que *en sus dominios no se ponía el sol*.[5]

---

[4] Hugh Thomas, *El imperio español de Carlos V*, Planeta, Barcelona, 2010.
[5] Sobre Carlos V, John H. Elliott, *La España imperial*, Vicens Vives, Barcelona, 1977; Manuel Fernández Álvarez, *Carlos V, el césar y el hombre*, Espasa Calpe, Madrid, 1999; H.G. Koenigsberger, *El imperio de Carlos V en Europa*, Sopena, Barcelona, 1970; Salvador de Madariaga, *Carlos V*, Grijalbo, Barcelona, 1980.

Su política, poco respetuosa de la autonomía de sus reinos –él fue el primer titular de la Monarquía Hispánica–, pasó por las insurrecciones de las Comunidades de Castilla (1520-1521) y de las Germanías de Valencia y de Mallorca (1519-1524), cuando, en parte, estuvo fuera de España para coronarse emperador. Mandó aplastar militarmente esas rebeliones, y a su retorno (1522) decretó una amplia amnistía, mientras permaneció unos años en la Península (1522-1526), tiempo en que contrajo matrimonio con su prima Isabel de Portugal, tal como habían pedido las Cortes.

Carlos tuvo que librar cuatro guerras contra el rey «cristianísimo» de Francia, Francisco I, en 1521-1526, 1526-1529, 1536-1538 y 1542-1544, motivadas por diversos contenciosos territoriales en Italia y los Países Bajos. Enrique VIII de Inglaterra y otros Estados europeos (como Venecia, Florencia, Suiza, Dinamarca o Suecia) se aliaron ocasionalmente a Francia, temerosos de la hegemonía de los Habsburgo que Carlos había reforzado. E incluso el papado (bajo León X y Clemente VII) luchó contra el emperador, quien no dudó en hacer que sus ejércitos saquearan Roma en represalia (1527). Con todo, sus peores enemigos fueron Lutero y los príncipes alemanes que abandonaron la obediencia religiosa de Roma con la Reforma.

Un juicio crítico, altamente expresivo, es el que relató Salvador de Madariaga, a propósito de un viejo leñador en el Monte de El Pardo en Madrid. El siguiente texto, no tiene desperdicio:

> … el Emperador le preguntó cuántos años tenía y cuántos reyes había conocido. «Soy muy viejo, que cinco reyes he conocido. Conocí al rey don Juan el segundo, siendo ya mozuelo de barba, y a su hijo don Enrique, y al rey don Fernando, y al rey don Felipe, y a este Carlos que ahora tenemos». «Padre –preguntó el emperador–, decidme por vuestra vida, de esos cuál fue el mejor y cuál el más ruin». «Del mejor –contestó el viejo–, por Dios que hay poca duda, que el rey don Fernando fue el mejor que ha habido en España, que con razón le llamaron el Católico. De quien es el más ruin, no digo más sino a la mi fe, harto ruin es este que tenemos, y harto inquietos nos trae y él lo anda yéndose unas veces a Italia, y otras a Alemania, y otras a Flandes, dejando su mujer e hijos, y llevando todo el dinero de España, y con llevar lo

que montan sus rentas y los grandes tesoros que le vienen de las Indias, que bastarían para conquistar mil mundos no se contenta, sino que echa nuevos pechos y tributos a los pobres labradores que los tiene destruidos».[6]

En cuanto a su lucha por la hegemonía en Europa, Carlos hubo de enfrentarse, como campeón de la cristiandad, al avance de los turcos, que bajo el reinado de Solimán el Magnífico avanzaron por los Balcanes hasta el corazón de Europa, pusieron sitio a Viena en 1529 y lograron la anexión de Hungría en 1541, al tiempo que el corsario Barbarroja hostigaba la navegación en el Mediterráneo.

Durante el reinado de Carlos I, la corona de Castilla expandió sus territorios, pero a pesar de la formación de un imperio tan formidable, Carlos V no mostró por las Indias un interés mínimamente comparable al que dedicó a los asuntos europeos. Gastó, eso sí, grandes recursos llegados allende el océano en sus aventuras y propósitos transpirenaicos, con el continuo nomadismo de su corte, sin suficiente atención a todo un continente recién descubierto y conquistado, el Nuevo Mundo. Y aunque tuvo relación directa con los grandes navegantes y conquistadores —Magallanes, Elcano, Cortés, Alvarado, Jiménez de Quesada, Belalcázar y otros—, solo fue un trato ocasional, sin llegar a percatarse cabalmente de que era emperador en dos continentes.

Su trato con Cortés, lo hemos visto con cierto detalle en el capítulo 7 de este libro, dio pábulo a la gran exclamación: ¡qué gran rey habría sido de haber atendido mejor a sus grandes capitanes! Por su desconfianza, el emperador perdió a quienes habrían sido grandes colaboradores en magnas empresas.

El definitivo ocaso de Carlos V se produjo cuando comenzó a tener conciencia de que Europa sería gobernada por nuevos príncipes, de modo que su concepción del imperio omnicomprensivo se transformó en consolidar España como potencia hegemónica. En ese sentido, con las abdicaciones de Bruselas (1555-1556), Carlos dejó el gobierno imperial a su hermano Fernando como Rey de Romanos (aunque los electores alemanes no aceptaron la renuncia carolina formalmente hasta el 24 de febrero de 1558), en

---

[6] Salvador de Madariaga, *Hernán Cortés*, Espasa Calpe, Madrid, 1982, págs. 548-549.

tanto que la Monarquía Hispánica, incluyendo las Indias, pasaron a su hijo Felipe.

Carlos regresó a España por última vez en 1556, tras una travesía en barco desde Flandes hasta Laredo. Quería curarse de su enfermedad de la gota en una región de la que le habían hablado por su buen clima y alejada de las grandes ciudades, en La Vera, Extremadura, donde se propuso descansar y ponerse a bien con Dios. Tardó un mes y tres semanas en llegar a su último destino, y se acogió a la hospitalidad del tercer conde de Oropesa, Fernando Álvarez de Toledo y Figueroa, en su Castillo de Oropesa (hoy un espléndido parador nacional de turismo).

Allí esperó desde el 11 de noviembre de 1556 hasta el 3 de febrero de 1557, fecha en que finalizaron las obras de la casa palacio que había mandado construir junto al Monasterio de Yuste, donde permaneció un año y medio en retiro, alejado de la vida política, acompañado solo por la orden de los Jerónimos, quienes guiaron espiritualmente al monarca hasta sus últimos días.[7]

En su testamento, Carlos reconoció a Juan de Austria como hijo suyo, nacido de la relación extramatrimonial que tuvo con Bárbara de Blomberg en 1545, después de la muerte de la emperatriz Isabel, y a quien conoció en persona cuando fue a visitarle a Yuste.[8] Juan de Austria, luego con Felipe II, aparte de la victoria de Lepanto, podría haber sido también un gran colaborador, pero el rey nunca le dio su entera confianza, e incluso pudo participar en su prematura muerte en Flandes en 1578. Un comportamiento análogo al de Carlos V con Cortés.

Moctezuma y el sueño de Quetzalcóatl

Lógicamente, aparte de Carlos V, otros coetáneos de importancia máxima a que hemos de referirnos son los dos tlatoanis que don Hernán conoció: Moctezuma y Cuauhtémoc.

---

[7] El poema *Qué apartada vida,* de Fray Luis de León, resume a Carlos V en Yuste.

[8] Antonio Domínguez Ortiz, *La España de los Austrias,* en *Historia de España,* dirigida por Miguel Artola, tomo IV, Alianza Editorial, Madrid, 1972.

Moctezuma Xocoyotzin, del *Códice Durán*, con un penacho de plumas parecido al que se conserva en el Museo de Viena.

Moctezuma II, emperador de los mexicas de 1502 a 1520, era, según el cronista Francisco Cervantes de Salazar,[9] «hombre de mediana disposición, acompañada con cierta gravedad y majestad real, que parecía bien quien era aun a los que no le conocían. Era delgado, de pocas carnes, la color de la manera que todos los de su nación; el cabello largo, muy negro y reluciente, casi hasta los hombros. Tenía la barba muy rala, con pocos pelos negros casi tan largos como un jeme;[10] los ojos negros, el mirar grave, que mirándole convidaba a amarle y reverenciarle. Era hombre de buenas fuerzas, suelto y ligero; tiraba bien el arco, nadaba y hacía bien los ejercicios de guerra; era muy justiciero, y esto hacía que fuera amado y temido».

Según las tradiciones orales mexicas, antes de la llegada de los conquistadores españoles se dieron ocho señales durante los diez años anteriores, que anunciaban el colapso del Estado mexica, en todo lo cual Moctezuma creyó firmemente:

- Una columna de fuego apareció en el cielo nocturno (posiblemente un cometa).
- El templo de Huitzilopochtli fue arrasado por el fuego, mientras más agua se arrojaba para apagar el incendio, las llamas crecían más.

---

[9] Francisco Cervantes de Salazar, *Crónica de la Nueva España*, disponible en http://www.cervantesvirtual.com.
[10] La distancia entre las puntas del pulgar y el índice, extendidos.

- Un rayo cayó en el templo de Xiuhtecuhtli, en donde se llama Tzummulco; no se escuchó el trueno.
- Cuando aún había sol, cayó un fuego, en tres partes dividido, saliendo de occidente a oriente con una larga cola, se escucharon ruidos en gran alboroto como si fueran cascabeles.
- El agua del lago pareció hervir, por el viento que sopló, parte de Tenochtitlán se inundó.
- Se escuchó a una plañidera dirigir un canto fúnebre a los aztecas. Los mexicas referían que era la diosa Coatlicue, quien anunciaba destrucción y muerte a sus hijos, enviando a la Cihuacóatl (conocida posteriormente como *La Llorona*).
- Se cazó un extraño pájaro parecido a una grulla. Cuando Moctezuma Xocoyotzin miró en sus pupilas, pudo ver hombres desconocidos que se hacían la guerra y venían a cuestas de unos animales parecidos a venados.
- Gente extraña, con un cuerpo y dos cabezas, gente deforme y monstruosa, las llevaban a la casa de lo negro se las mostraban a Moctezuma y luego desaparecían (posiblemente hombres a caballo).[11]

A lo largo de los capítulos 5 y 6 de este libro se ha visto mucho de lo que fue la vida y la muerte de Moctezuma en relación a los españoles, antes de perecer en las vísperas de la Noche triste. Según Bernal Díaz del Castillo:

> Cortés lloró por él y todos nuestros capitanes y soldados, y hombres hobo entre nosotros, de los que le conoscíamos y tratábamos, que fue tan llorado como si fuera nuestro padre, y no nos hemos de maravillar dello, viendo que tan bueno era. Y decían que había diez y siete años que reinaba e que fue el mejor rey que en México había habido, e que por su persona había vencido tres desafíos que tuvo sobre las tierras que sojuzgó.[12]

---

[11] Bernardino De Sahagún, *Historia General de las cosas de la Nueva España*, «Libro segundo, que trata del calendario, fiestas y ceremonias, sacrificios y solemnidades que estos naturales de esta Nueva España hacían a honra de sus dioses», Colección sepan cuantos..., Editorial Porrúa, México, D.F., México. 2006.

[12] Bernal Díaz del Castillo, *Hernán Cortés*, ob. cit., pág. 234.

López de Gómara apunta que, a última hora, Moctezuma pidió que le bautizaran, pero Cortés no dice nada sobre el particular; sí apoyan ese extremo otros cronistas posteriores, como Cervantes de Salazar, Herrera o Solís.[13] Cabe pensar que si Moctezuma no hubiera muerto apedreado por su propio pueblo, la amistad con Cortés hubiera llegado a más. Pero lo más lógico es que esa relación nunca habría impedido la guerra total entre mexicas e invasores.

Cuauhtémoc, *el águila que cae*

Fue el gran *líder* azteca, se diría con lenguaje de hoy, ya muy considerado en el capítulo 7 de este libro. Cuauhtémoc (1496-1525), conocido por los conquistadores españoles como Guatemuz, fue el último tlatoani de Tenochtitlán.

Como ya se ha visto antes, asumió el poder en 1520, un año antes de la reconquista por Hernán Cortés de la ciudad lacustre, tras la muerte de Cuitláhuac (efímero sucesor de Moctezuma, que ya vimos fue víctima de la viruela). Cuauhtémoc, tras ser elegido tlatoani, se dio a la tarea de reorganizar el ejército mexica y fortificar la ciudad para la guerra contra los españoles. Tuvo claro que, tras la Noche triste, Cortés y los suyos regresarían, y por ello mismo envió embajadores a todos los señoríos del Anáhuac, solicitando su alianza. Para ello disminuyó la exigencia de sus contribuciones fiscales, e incluso las eliminó, para engrosar la facción antiespañola. Pero esa política no le ayudó, por el dinamismo cortesiano en hacer aliados.

Busto de Cuauhtémoc en la Plaza de la Constitución, Ciudad de México.

---

[13] Sobre Moctezuma, Charles Gibson, *Los aztecas bajo el dominio español*, Siglo XXI, México, 1981; Edward Matos Moctezuma, *Los aztecas*, Lunwerg Editores, Barcelona, 1989; Germán Vázquez Chamorro, *Moctezuma*, Historia 16 - Protagonistas de América, Madrid, 1987.

Tras la victoria en Tenochtitlán, Cortés aprobó el tormento de quemarle los pies a Cuauhtémoc, a fin de que revelara la ubicación de supuestos tesoros ocultos. Bernal Díaz del Castillo, en su *Historia verdadera* narra detalladamente cómo se llevó a cabo esa tortura, cuando el oro no era suficiente para repartir de forma satisfactoria entre la tropa española. Los oficiales de la Real Hacienda, y sobre todo el tesorero Julián de Alderete, y no Cortés, fueron los autores de ese tormento, aunque es cierto que don Hernán lo consintió, como se confirmó en el juicio de residencia: le humedecieron los pies con aceite, quemándoselos.

Fuentes posteriores atribuyeron a Cuauhtémoc un gran estoicismo en ese trance. En ese sentido, López de Gómara refiere que el señor azteca que le acompañaba en la tortura le pidió que cediera a las pretensiones de los torturadores, a fin de que cesara el tormento. Cuauhtémoc le miró con ira y lo trató con desprecio. Una novela histórica escrita por Eligio Ancona[14] en 1870 popularizó ese episodio con presuntas palabras del tlatoani: «¿Estoy yo acaso en un lecho de rosas?».

Tras el episodio de la tortura, el doctor Cristóbal de Ojeda fue quien le curó las heridas, y el tlatoani volvió, sorprendentemente, a su papel de noble mexica respetado y bien tratado, para servir a Cortés en el gobierno de los vencidos y así permaneció más de tres años. Hasta que en el viaje a Las Hibueras le llegaron rumores a Cortés de que Cuauhtémoc estaba conspirando en su contra.

Conforme a don Hernán en una de las Cartas de relación, un tal Mexicalcingo («ciudadano honrado de la ciudad de Temixtitlan») se le dirigió para denunciarle una conspiración para asesinarle y arremeter contra los españoles, de modo que «hecho esto, pondrían en todos los puertos de la mar recias guarniciones de gente para que ningún navío que viniese se les escapase». No se sabe si Cortés magnificó el alcance de la presunta conspiración, pero el hecho es que, sintiéndose vulnerable —ya se vio antes—, mandó ahorcar a Cuauhtémoc y al cacique de Tacuba.[15] Una decisión

---

[14] *Los mártires del Anáhuac*, Imprenta de José Batiza, México DF, 1870. Versión actual en CreateSpace Independent Publishing Platform, Scotts Valley, 2015.

[15] Sobre Cuauhtémoc, Charles Gibson, *Los aztecas bajo el dominio español*, Siglo XXI, México, 1981; Edward Matos Moctezuma, *Los aztecas*, Lunwerg Editores, Barcelona, 1989; Germán Vázquez Chamorro, *Moctezuma*, Historia 16 - Protagonistas de América, Madrid, 1987.

que seguramente pesó sobre él el resto de su vida, pero con la que puso fin a una larga tradición de los aztecas y sus aliados. Por supuesto, en España casi nadie criticó a don Hernán por esa decisión, pero el indigenismo halló finalmente el definitivo héroe que tanto necesitaba.

Diego Velázquez, gobernador de Cuba

Diego Velázquez nació en 1465 en Cuéllar, ciudad de la provincia de Segovia, que le dio su segundo apellido. Encabezó desde La Española la conquista de Cuba con Cortés, de quien primero fue gran amigo y luego enemigo acérrimo. En ese sentido, la expedición de castigo al mando de Pánfilo de Narváez (1520), que Velázquez envió contra Cortés, multiplicó sus gastos y le dejó muy debilitado económicamente.

Pero hacia 1523 volvía a estar en buena situación, por la buena marcha de sus empresas, repartidas en seis hatos y quince estancias en Cuba, que comprendían más de 1.000 cabezas de ganado vacuno, 3.000 cerdos, 1.000 ovejas y 205.000 *montones* de yuca, sin contar las ganancias que obtenía con el oro.

Con esos y otros recursos, Velázquez nunca cejó en su lucha contra el gran conquistador, al considerarle traidor de sus órdenes e intereses. Y después de la expedición de Narváez, en 1520, incitó a Cristóbal de Olid —ya se vio también— a rebelarse contra Cortés en Honduras, lo que le

Diego Velázquez de Cuéllar, gobernador de Cuba, enemigo de Cortés hasta su propia muerte, en 1524.

costó la vida al primero, y al segundo más de un año y medio de penosa expedición a Las Hibueras, como ya se ha visto en el capítulo 7 de este libro. También logró convencer al totonaca el *Gordo*, para que se pasara a sus filas con ocasión de la intentona de Narváez; aunque Cortés le perdonó al cacique por esa des-

233

afección, al estarle muy agradecido por su buena recepción en Cempoala en 1519.[16]

Velázquez fundó en Cuba ocho ciudades: Nuestra Señora de la Asunción de Baracoa, San Salvador de Bayamo, Santiago de Cuba, Santísima Trinidad, Santa María de Puerto Príncipe, Sancti Spíritus, San Cristóbal de la Habana y San Juan de los Remedios. Además, fomentó lo económico, con grandes progresos en todos los órdenes, con buen trato a los indios, según él mismo proclamó en su testamento. Murió triste y desencantado —cosa bastante lógica— en Santiago de Cuba, en la noche del 11 al 12 de junio de 1524. En su tumba se colocó una lápida de mármol escrita en rudo latín, con el siguiente epitafio:

> Aquí yace el muy noble y poderoso don Diego Velázquez, gobernador de las islas del Yucatán, quien las descubrió a costa de mucho trabajo y a sus expensas, las sometió, para honor y gloria de Dios Todopoderoso y de su Rey. También sometió y pacificó a sus expensas esta Isla [de Cuba]. Murió en el año del Señor de 1524.

Lo que parece claro es que Velázquez no supo apreciar la gran valía de Cortés —o se resistió a ello por su propia vanagloria—, o no quiso arriesgar su gustosa gobernanza de Cuba por la posibilidad, que sí intuyó don Hernán, de conquistar un imperio geográficamente tan próximo.

Por lo demás, no se avino a negociar con don Hernán, que seguramente habría accedido a llegar a algún tipo de acuerdo. En cualquier caso, el envío de Pánfilo de Narváez con sus tropas en 1520 para acabar con la aventura cortesiana fue el choque definitivo y, al tiempo, el origen de los episodios de la matanza del Templo Mayor por Alvarado que llevó a la Noche triste. Seguramente todo eso era inevitable, pero el disparadero fue de Velázquez a través de Narváez.

---

[16] Ricardo Majo Framis, *Vidas de los navegantes, conquistadores y colonizadores de los siglos XVI, XVII y XVIII*, Aguilar, Madrid, 1956.

Pedro de Alvarado y el Reino de Guatemala

Pedro de Alvarado y Contreras (Badajoz, 1485-Guadalajara, México, 1541), gran conquistador, participó primero en las campañas de Cuba, con Velázquez y Cortés, y también formó parte de la exploración de Juan de Grijalva de las costas de Yucatán y del golfo de México. Luego fue uno de los grandes capitanes de Cortés en la conquista de la Nueva España, el más relevante de los oficiales cortesianos, aunque Sandoval gozó de más confianza con don Hernán. Sin embargo, se le confió a Alvarado la conquista de Guatemala, que resultó más pacífica de lo esperado.[17]

En Tenochtitlán lo llamaban, en náhuatl, *Tonatiuh*, que significa *el Sol*, por su aspecto físico: rubio y de elevada estatura, fue el más apropiado modelo para la deificación, que inicialmente hicieron los mexicas de los españoles, como gente blanca y barbada que anunciaban el regreso de Quetzalcóatl.[18]

Durante la grave retirada española de Tenochtitlán, en la Noche triste, se le atribuye haber salvado la vida, pese a estar rodeado de una multitud de enemigos, saltando un canal apoyado en su lanza hincada en el barro: el famoso «salto de Alvarado», nombre hoy de una céntrica calle de Ciudad de México, situada en la zona donde pudo ocurrir el suceso.

Pedro de Alvarado, el más prepotente de los capitanes de Cortés, conquistador del Reino de Guatemala.

En 1527, ya separado de Cortés, viajó a España y se entrevistó con Carlos V, en lo que fue su momento

---

[17] Después de Cortés y Carlos V, Alvarado es el personaje más citado en la *Historia verdadera* de Bernal Díaz del Castillo. Sobre el encargo de Guatemala, págs. 379 y siguientes.

[18] Bernal Díaz del Castillo, *Historia de la conquista de la Nueva España*, Editorial Porrúa, México, 1966, pág. 530.

de mayor gloria, al recibir del emperador los nombramientos de gobernador, capitán general y adelantado del Reino de Guatemala, más de lo que en la Nueva España consiguió nunca Cortés.

Las noticias sobre las riquezas de los incas y la conquista que emprendió Francisco Pizarro en el Perú impresionaron vivamente a Alvarado, quien solicitó y consiguió permiso de Carlos V para hacer descubrimientos y conquistas en las tierras de la provincia de Quito, fuera de la zona asignada a Pizarro y Almagro. A tales efectos, construyó su propia flota en el Pacífico, en el puerto de Iztapa (Guatemala) fundado por él mismo, y a principios de 1534 se hizo a la vela con ocho navíos, en los cuales se embarcaron 500 infantes bien armados, 227 caballos y un buen número de indígenas de Guatemala.

Llegó Pedro de Alvarado a la Bahía de Caráquez, donde fundó la Villa Hermosa de San Mateo de Charapotó y realizó varias incursiones hasta llegar a las llanuras de Ambato, actualmente en Ecuador. Con un ejército muy debilitado, después de meses de padecer inclemencias en la selva costanera, se perdieron después de lograr huir los indígenas locales que inicialmente les hicieron de guías.

Al encontrarse con Diego de Almagro y Sebastián de Belalcázar, llegó a un arreglo amistoso: el 26 de agosto de 1534, Pedro de Alvarado recibió una indemnización por los gastos que había hecho en tan malhadada expedición y, a cambio, Diego de Almagro y Gonzalo Pizarro se hicieron con los barcos, caballos y hombres de Alvarado, quien regresó a Guatemala. Francisco López de Gómara, en su *Historia general de las Indias*, cifra la indemnización en cien mil pesos de oro, que le fueron cabalmente pagados.[19]

Cuando, con 56 años, incansable, se disponía a navegar a las Molucas, en la Especiería, el virrey de la Nueva España, Antonio de Mendoza, su *socio* para la gran empresa del Pacífico, le solicitó que, antes de darse a la mar, le ayudara a ganar la Guerra del Mixtón —ya se vio antes— contra los indios chichimecas. Fue abatido y aplastado por su propio caballo. Tras unos días de agonía, murió el 4 de julio de 1541.

---

[19] Sobre Pedro de Alvarado, Rodolfo Barón Castro, *Pedro de Alvarado*, Madrid, 1943; John E. Kelly, *Pedro de Alvarado: conquistador*, Princeton University Press, Princeton, 1932; Adrián Recinos, *Pedro de Alvarado, conquistador de México y Guatemala*, México, 1952.

Su cuerpo fue enterrado primero en la iglesia de Tiripitío, Michoacán, y trasladado en 1568 por su hija, Leonor Alvarado Xicoténcatl, a una cripta de la catedral de San José, de Santiago de Guatemala (hoy, la maravillosa ciudad de Antigua), junto a la tumba de su mujer, Beatriz de la Cueva, llamada la *Sin ventura*, no sin motivo: enviudó menos de un año después de suceder a su hermana como mujer de Alvarado, y luego sobrevivió a su segundo marido solo otro año.

Gonzalo de Sandoval, el mejor amigo de Cortés[20]

Gonzalo de Sandoval (Medellín 1497-Niebla 1528) era paisano de Cortés y gran amigo suyo. Siendo muy joven, pasó con él de La Española a Cuba y después a México, como el benjamín de sus capitanes. Tenía fama de blasfemo y de modos muy rudos, pero siempre trató bien a los solda-

dos. Después de que Moctezuma fuera sometido como tlatoani al servicio de Cortés, fue nombrado alguacil mayor de Villa Rica de Vera Cruz, donde apresó a los mensajeros de Pánfilo de Narváez y, en la batalla subsiguiente, fue quien le hizo prisionero.[21]

Vuelto a Tenochtitlán, Sandoval abrió la retirada española durante la Noche triste en julio de 1520, para luego encabezar operaciones de *machacamiento* en Tepeaca, donde posteriormente se fundó la villa de Segura de la Frontera. Dirigió la construcción de los famosos

Gonzalo de Sandoval, el más amigo y leal capitán de Cortés, gobernador de México en 1528.

---

[20] José María González Ochoa, *Quién es quién en la América del descubrimiento*, ob. cit., pág. 361.
[21] Bernal Díaz del Castillo, *Historia de la conquista de la Nueva España*, ob. cit., pág. 530.

trece bergantines para la gran batalla naval de Tenochtitlán, en la que Cortés prácticamente le hizo segundo en el mando. Al final de la larga lucha por la ciudad lacustre, ya lo vimos, García Holguín, uno de sus hombres, capturó al tlatoani Cuauhtémoc y, juntos los dos, lo llevaron ante Cortés para la definitiva rendición.

Posteriormente, Sandoval marchó a la región de Coatzacoalcos, pacificando Huatusco, Orizaba, Tuxtepec y Oaxaca, para después fundar la ciudad de Medellín al sur de la actual Veracruz. Creó además el puerto de Espíritu Santo sobre el océano Pacífico y, en Pánuco, reprimió una insurrección indígena. Viajó con Cortés a Las Hibueras en 1524, donde fue nombrado alguacil y se le concedieron algunas encomiendas. Al regreso de la expedición, ejerció de alcalde de justicia de Nueva España, en sustitución de Marcos de Aguilar al frente del Consejo de Gobierno.

A mediados de abril de 1528, regresó a España con Cortés, enfermó durante el viaje y murió en 1528 en Niebla, al poco tiempo de llegar a España; fue enterrado en el Monasterio de La Rábida.[22] Bernal Díaz del Castillo, su amigo y compañero de batalla, escribió que Sandoval fue un juez bueno y un buen administrador, amén de excelente soldado.[23]

Bartolomé de Las Casas, *apóstol de indios*

Sevillano, nació en 1474, de estirpe conocida desde tiempos de Fernando III de Castilla, de cuando se reconquistó Sevilla en 1248 con apoyo foráneo para esa *cruzada*; y, entre otros caballeros, figuró el francés Bartolomé de Casaux, origen del apellido Las Casas.

Cursó sus primeros estudios en el Colegio de San Miguel de su ciudad natal, y sus primeros contactos con la vida religiosa se relacionan con la visita que hizo a su tía Juana, monja en el Monaste-

---

[22] Bernal Díaz del Castillo, *La Historia verdadera*, ob. cit., pág. 582.

[23] Sobre los últimos tiempos de Sandoval, y con algunas diferencias con Bernal Díaz del Castillo, un valioso artículo de María del Carmen Martínez Martínez, «Bernal Díaz del Castillo y los últimos días de Gonzalo de Sandoval: relato y realidad», en Izaskun Álvarez Cuartero (editora), *Conflicto, negociación y resistencia en las Américas,* Ediciones Universidad de Salamanca, 2018. En ese artículo se señala que «la última voluntad de Gonzalo Sandoval, otorgada en la villa de Niebla, el 23 de mayo de 1528, rectifica y puntualiza algunas de las afirmaciones hechas en los capítulos CXCV y CCV de la *Historia verdadera*. Bernal no estuvo bien informado de la narración de las circunstancias de su muerte».

rio de Santa María de las Dueñas. Alrededor del 1500, Bartolomé terminó sus estudios en Salamanca –uno más de ese *Alma Mater* de las Indias– y consiguió plaza de *doctrinero* en una expedición a las Indias, que partió del puerto de Sanlúcar de Barrameda en febrero de 1502.

En 1506, tras años de encomendero en La Española, Las Casas regresó a Sevilla, donde recibió las órdenes menores del sacerdocio para, en 1507, viajar a Roma y ser ordenado presbítero. Sin embargo, esperó hasta 1510 para cantar su primera misa, en Concepción de la Vega (hoy La Vega, República Dominicana). El 15 de agosto de 1514, estando en la recién conquistada Cuba, a la edad de treinta años, pronunció un sermón en la nueva ciudad de Sancti Spíritus, en presencia del gobernador Diego Velázquez y, se supone, de Cortés entre otros presentes en la ocasión.

En septiembre de 1515, Las Casas embarcó de nuevo rumbo a Sevilla, como presunto defensor de los indios, y se entrevistó con el rey Fernando el Católico y con Cisneros, quienes determinaron enviar a los ya mentados tres frailes jerónimos, que ejercieron la gobernación de las Indias desde La Española –los mismos que dieron los permisos oficiales de exploración a Cortés en 1518–, y que acogieron a Las Casas como comisionado y protector universal de los indios. Don Bartolomé fue, desde ese momento, quien cuidó de los naturales en las islas La Española, Cuba, Puerto Rico y Jamaica, así como de Tierra Firme, ya en el continente, para informar a la *troika* de los padres jerónimos.

Durante décadas, Las Casas trabajó incansablemente en su apostolado, que tanto contribuyó a la promulgación de las Leyes Nuevas de Indias de 1542, prohibiendo la esclavitud de los nativos, y ordenando que todos quedaran libres de los encomenderos y se pusieron bajo la protección directa de la Corona.

Un episodio importante en la vida de Bartolomé de Las Casas, fue su relación con Baltasar Guerra, capitán de Pedro de Alvarado en el Reino de Guatemala, donde recibió una importante encomienda en Chiapas (ahora México). Allí se aposentó, según parece, en un retiro de solterón apacible, si bien Las Casas, obispo de la diócesis, pensó en ganarlo para la Iglesia y hacer de su encomienda un nuevo experimento evangélico. Pero en pocos meses, la amistad inicial entre los dos se trocó en enfrentamiento: las ideas del prelado, muy reglamentista y un tanto *negrero*, chocaron abiertamente con los intereses del hacendado. Con el paso del tiempo, el ya maduro Baltasar, quizá cansado de batallar con los dominicos, o sintiendo nostalgia, se retiró a España, a su Zamora natal, legando sus extensas tierras de Chiapas no a la Iglesia, sino a la Corona.[24]

En su defensa de los nativos, denunció los usos que hicieron los españoles de sus encomiendas, institución en la cual no vio sino una auténtica esclavitud de la población sometida, lo que le llevó a no pocas exageraciones y medias verdades. La hermosa ciudad de San Cristóbal de Las Casas, en Chiapas, lleva ese nombre en recuerdo de Bartolomé.

A finales de 1540, Las Casas comenzó su obra más conocida, *Brevísima relación de la destrucción de las Indias*,[25] dirigida al príncipe regente, futuro Felipe II, entonces encargado por su padre de los asuntos de Indias. En tal ocasión, se le ofreció que desempeñara el obispado de Cuzco, importantísimo en aquel momento, pero Las Casas no aceptó, aunque sí se hizo cargo del antes citado obispado de Chiapas en 1543. La *Brevísima relación* fue traducida a diversidad de lenguas europeas, y sirvió de base, en gran medida, a la leyenda negra contra la Monarquía Hispánica, como veremos en el capítulo 10 de este libro.

Cortés y él se conocieron en Cuba y se vieron después en España, durante el primer viaje de retorno de don Hernán, y no simpatizaron en absoluto. De hecho, Las Casas hizo todo lo posible para crearle la peor fama al conquistador.[26]

Los últimos años de Las Casas transcurrieron en Madrid, en el convento de San Pedro Mártir y luego en el de Atocha, cuando ya era conocido generalmente como el *Apóstol de los Indios*. Murió en 1566. Fue enterrado en el santuario de Atocha, aunque, posteriormente y por su disposición testamentaria, sus restos se trasladaron a Valladolid.

---

[24] José Mª González Ochoa, *Quién es quién en la América del descubrimiento*, ob. cit., pág. 162.

[25] Publicada en 1552, puede verse de inmediato en https://ciudadseva.com/tex-to/brevisima-relacion-de-la-destruccion-de-las-indias/.

[26] La bibliografía sobre Las Casas es muy abundante. Interesante la obra, versión española, de André Saint-Lu y Marcel Bataillon, *El padre Las Casas y la defensa de los indios*, Sarpe, Madrid, 1985.

A pesar de sus exageraciones y vehemencias, Bartolomé de Las Casas es considerado uno de los fundadores del derecho de gentes, junto con Francisco de Vitoria, y como protector de los indios se le estima un precursor de los derechos humanos, junto al jesuita portugués António Vieira.[27]

Juan Ginés de Sepúlveda, defensor de la conquista

Nacido en Pozoblanco, en el Valle de los Pedroches, en 1490, murió en esa misma ciudad cordobesa en noviembre de 1573. Reclutado por Carlos V para que le sirviese de biógrafo, recibió la cédula de ese nombramiento en Roma el 15 de abril de 1536.

Juan Ginés de Sepúlveda se formó como humanista en Italia, en cierto modo becado por el cardenal Cisneros al Colegio de los Españoles de Bolonia, tras haber estudiado en Córdoba, Alcalá de Henares y Sigüenza. En Roma, con el mecenazgo del papa Clemente VII, forjó su pensamiento moral, en el intento de resolver el conflicto entre magnanimidad y humildad, con la afirmación de que la segunda solo es posible si se es magnánimo y se prescinde de la gloria. A Sepúlveda le encargaron las arduas negociaciones entre Clemente VII y Carlos V, enfrentados para luego reamistarse con el tema de la coronación imperial en Bolonia en 1536.

Con gran esfuerzo elaboró la obra *De rebus hispanorum gestis ad Novum Orbem mexicumque*.[28] Por otro lado, la proximidad a Carlos V y su larga estancia en la corte le permitió conocer y tratar a muchas ilustres personas de la política, la milicia y la cultura, dándole el emperador ocasión de intervenir como consejero en muchas cuestiones. También escribió la *Crónica* de los primeros tiempos de Felipe II.

Con su obra *Democrates alter* (*El otro Demócrates*),[29] Ginés de Sepúlveda cubrió muchos detalles de lo que fue la época más no-

---

[27] Héctor Anabitarte, *Bartolomé de Las Casas*, Labor, Madrid, 1984; Marcel Bataillon, *El padre Las Casas y la defensa de los indios*, Ariel, Barcelona, 1976; Pedro Borges, *Quién era Bartolomé de Las Casas*, Rial, Madrid, 1984; Bartolomé de Las Casas, *Breve relación de la destrucción de las Indias*, ob. cit.

[28] Publicado en 1870 por la Real Academia de la Historia, Madrid.

[29] Escrita en 1544, editada, prologada y traducida por Marcelino Menéndez Pelayo, *Boletín de la Real Academia de la Historia*, n.º 21, Madrid, 1892.

toria de Cortés en España, cuando siguió a la corte, mostrándose el conquistador, según Sepúlveda, altivo y arrogante en su trato con el emperador, quien, según su versión, en un momento dado hubo de refrenarle para que recordase con quién estaba hablando, pues ningún otro cortesano se atrevió a dirigirse a él en un tono tan exigente. Lo que tal vez contribuyera a la actitud evasiva que Carlos fue mostrándole, dando vía libre para que actuase el fiscal de la Corona incoándole juicio de residencia.[30]

La controversia de Valladolid

Entre 1550 y 1551, Las Casas mantuvo una polémica con Juan Ginés de Sepúlveda, generalmente conocida como «La controversia de Valladolid». Pugna que se originó cuando Las Casas se enteró de que Sepúlveda había escrito el ya citado opúsculo *Democrates alter*, justificando la encomienda y la esclavitud.

La polémica versó nada menos que sobre la propia legitimidad de la conquista y aún se discute quién ganó en esa contienda verbal, ya que ambos se consideraron victoriosos, por mucho que no hubiera resolución final, y que los trabajos de Ginés de Sepúlveda no obtuvieron autorización para ser publicados, de ahí que tuviera más difusión lo que pensaba Las Casas. La polémica se celebró en el Colegio de San Gregorio de Valladolid, y el representante papal fue Salvatore Rourieri, que presidió a los dialogantes.

Fue una de las controversias más largas y destacadas de todo el siglo XVI, y se llevó a cabo por deseo expreso del emperador Carlos V, para su propia información, entre dos personajes, como acaba de verse, completamente distintos en cuanto a formación: el humanista Juan Ginés de Sepúlveda y el dominico fray Bartolomé de Las Casas.[31]

La polémica, por el lado de Las Casas, fue una reiteración de los argumentos expuestos en su libro *Brevísima historia de la destrucción de las Indias,* al que volveremos en el capítulo 9, por su

---

[30] Santiago Muñoz Machado, *Sepúlveda, cronista del emperador*, Edhasa, Madrid, 2012. También Juan Pablo Martín Rodríguez, *Juan Ginés de Sepúlveda, gênese do pensamento imperial* (tesis doctoral), Universidade Federal de Pernambuco, Recife, 2010.

[31] M. Hernández Sánchez-Barba, «La polémica de Valladolid», *La Razón*, 29-XII-2014.

Los dos grandes polemistas, Bartolomé de Las Casas **(izquierda)** y Ginés de Sepúlveda **(derecha)**: en contra y a favor de la conquista.

gran incidencia en la leyenda negra. En síntesis, Las Casas estuvo contra la colonización y, si se le hubiera hecho caso, tendría que haberse vuelto a la situación anterior. Como eso era imposible, Las Casas se mostró partidario de importar negros que trabajaran en lugar de los indios. Sin avenirse a explicar que los negros eran tan seres humanos como los nativos de las Indias.

Por su parte, Ginés de Sepúlveda defendió a los encomenderos y la política de Cortés en México, basándose para ello en argumentos aristotélicos, según los cuales la guerra justa era causa de la justa esclavitud, con pérdida de bienes conforme con el derecho de gentes. Consideraba justa la guerra librada contra los indios, «porque si bien a los paganos en general, por el solo hecho de su infidelidad no se les puede atacar con las armas, sí se les puede obligar cuando en su idolatría usan prácticas inhumanas como el canibalismo de la Nueva España, donde cada año se solían inmolar a los demonios 20.000 hombres inocentes».[32]

A la postre, la polémica quedó en tablas, pero con mayor racionalidad y pragmatismo por parte de Sepúlveda, crítico de Cortés, pero reconocedor de su obra. Por lo demás, la polémica

---

[32] José Joaquín Ugarte, «El doctor Ginés de Sepúlveda y los justos títulos de España para conquistar América», en *El Padre Osvaldo Lira. En torno a su pensamiento*, Universidad Adolfo Ibáñez-Zig-Zag, Santiago de Chile, 1994, págs. 503-548.

de Valladolid tuvo un precedente en 1524, cuando se produjo en México un acontecimiento único: dos delegaciones de clérigos de élite de ambas religiones –la cristiana y la azteca– entablaron una reflexión en torno a la naturaleza de Dios. El consejo español fue encabezado por un intelectual entregado a la fe y al ascetismo, fray Martín de Valencia, OFM, que acabaría sus días como ermitaño en un desierto del norte mexicano. Se propuso abrir los ojos a la clase sacerdotal nativa, por los únicos caminos posibles: la tolerancia y el respeto a sus credos.[33]

Ese hecho singular y admirable lo narró fray Bernardino de Sahagún en su *Historia general de las cosas de la Nueva España*,[34] y sucedió tras la reconquista de Tenochtitlán por Hernán Cortés, en la idea de demostrar que en la religión de los conquistadores prevalecía el espíritu y la concordia sobre la sangre, la magia y la superstición. En el bando español estuvieron doce teólogos franciscanos y, en el otro, doce sumos sacerdotes de la antigua y ya extinguida triple alianza azteca Texcoco-Tenochtitlán-Tacuba. En ese sentido, Cortés había solicitado al emperador que enviara a la Nueva España suficientes evangelizadores de acrisolada pureza y de costumbres intachables. No en vano, el autor de las Cartas de relación, ya había manifestado que su conquista militar debía de ser acompañada de una conquista espiritual:

> Que los sacerdotes que envíe Su Cesárea Majestad sean humildes, desprendidos de toda riqueza y temerosos de Dios; no obispos y prelados acostumbrados al lujo y el boato, para que así aparten a estos pueblos de las tinieblas de la idolatría con el ejemplo evangélico.

¿Eso lo hubiera dicho un descubridor sanguinario a quien solo empujaba la avidez del oro? ¿No fue Cortés en cierto modo un protector de los indios más eficaz y eficiente que el propio Las Casas?

---

[33] Fray Martín de Valencia, líder de los llamados *Doce apóstoles de México*, fue a México en 1524 y, junto con sus compañeros franciscanos, se ganó la admiración de los indígenas. También José María Iraburu, *Hechos de los apóstoles de América*, Fundación Gratis Date, Pamplona, 2003.

[34] Conocido como *Códice Florentino*. La primera edición moderna de la obra la hizo Carlos María Bustamante en México, Imprenta del ciudadano A. Valdés, 1829, dedicada al papa Pío VIII.

Fray Bernardino de Sahagún, primer antropólogo

Bernardino de Ribera, o Riviera, nació en Sahagún (León) en 1499, hizo sus estudios superiores en la Universidad de Salamanca, uno más de los que salieron de ese crisol de conocimiento y doctrina. Murió en México en 1590.

Su *Historia general de las cosas de la Nueva España*[35] fue escrita en 1569 y revisada en 1585, en edición bilingüe en castellano y náhuatl, compuesta por doce libros, con su investigación sobre la cultura indígena mexicana anterior a la llegada de los españoles. Un trabajo monumental, repleto de elementos pictográficos indispensables para el conocimiento de la cultura que efectivamente se desarrolló en el área de dominio azteca.

La mencionada obra fue una gran aportación para el conocimiento del mundo indígena, sin que pueda perderse de vista que era la versión de los vencidos. Especialmente válida, porque las relaciones de los propios indígenas resultaban de difícil seguimiento, por ser relatos, las más de las veces, sin gran ilación y cohesión cronológica. En síntesis, la obra de Sahagún fue referencia obligada para conocer la antigüedad mexica precortesiana.[36]

El primer antropólogo de la historia: Bernardino de Sahagún.

Sus primeros años en la Nueva España trascurrieron en Tlalmanalco (1530-1532), para luego ser guardián (y probablemente fundador) del convento franciscano de Xochimilco (1535). En 1536, y por orden real, el arzobispo de México Juan de Zumárraga fundó el Imperial Colegio de la Santa Cruz de Tlate-

---

[35] También denominada *Códice Florentino*, se publicó por primera vez entre 1575 y 1577. Edición más accesible hoy, S.L. Dastin, México, 2010.

[36] Romeo Ballán, «Bernardino de Sahagún: precursor de la etnografía», *Misioneros de la primera hora. Grandes evangelizadores del Nuevo Mundo*, Lima, 1991, págs. 260-263.

lolco, con el propósito de dar instrucción académica y religiosa de jóvenes nahuas, fundamentalmente a los nobles. Con algunas interrupciones, fray Bernardino estuvo vinculado al Colegio hasta su muerte, y fue allí donde formó discípulos que luego serían sus colaboradores en las investigaciones sobre la lengua y la cultura náhuatl. Los nombres de algunos de ellos son conocidos en los círculos especializados: Antonio Valeriano, de Azcapotzalco; Martín Jacobita y Andrés Leonardo, de Tlatelolco y Alonso Bejarano, de Cuautitlán.

Desde 1547 se consagró casi totalmente a la construcción de su mencionada obra histórico-antropológica, que habría de traerle no pocos problemas: en 1577 sus trabajos —considerados de gran contribución a la ciencia luego llamada antropología— fueron confiscados por orden real, probablemente por temor a que el valor que Bernardino asignaba al estudio de la cultura de los antiguos mexicanos, y a que sus métodos misionales, que respetaban las costumbres ancestrales mexicas, pudieran ser un obstáculo para la evangelización más convencional.

Una parte de la campaña en su contra provino de sectores religiosos disconformes con sus métodos misionales. Pero no fueron las razones religiosas las más importantes que llevaron a impedir la publicación de su obra, sino las políticas. La situación de la España de la segunda mitad del siglo XVI era de intolerancia ante el avance de la reforma protestante, en un clima en el que no eran bien vistas las investigaciones del tipo de las realizadas por Sahagún. Miguel Acosta caracteriza a tan singular figura por su método:

> Sahagún fue un genial precursor de la etnografía… Con irreprochable método que siglos más tarde habría de hacer suyo la etnografía, Sahagún preparó una sinopsis de la obra que se proponía, para recoger, conforme a ella, el material necesario. Consultó informantes, a quienes consideró absolutamente idóneos, y sometió el material recogido y elaborado a sucesivos mejoramientos hasta cuando, ya cernido, consideró suficiente su empeño. Deseoso de no faltar a la verdad y para que cada quien pudiese en el futuro juzgar sobre su atingencia,[37] anotó las circunstancias

---

[37] Conexión o correspondencia entre dos o más cosas.

en las cuales recogió informes, los nombres y conocimientos de quienes con él trabajaron y los repasos a los cuales hubo de someter la historia.[38]

Actualmente existe un centro industrial en el estado de Hidalgo que lleva su nombre, Ciudad Sahagún.[39]

El *Tata* Vasco de Quiroga, franciscano utópico

Vasco Vázquez de Quiroga y Alonso de la Cárcel, conocido como *Tata Vasco* entre los indígenas de Nueva España, nació en Madrigal de las Altas Torres, Ávila, en 1470, y murió en Pátzcuaro, México, en 1565. Hizo estudios de Jurisprudencia en Salamanca, y en 1513 fue nombrado visitador de la Real Audiencia y Chancillería de Valladolid. Posteriormente ejerció como juez de residencia en Orán, representando a la corona española en los tratados de paz de Carlos V con el rey de Tremecén (1526).

Sus notorios méritos, llamaron la atención de Pedro Ruiz de la Mota, poderoso obispo de Badajoz, quien le recomendó a la reina-emperatriz Isabel, regente en España durante las largas ausencias de Carlos V, para ser nombrado oidor de la segunda Audiencia de México, que fue notoriamente mejor que la primera, que presidió el brutal Nuño de Guzmán en 1528-1529. Allí se ganó el afecto general, merced a sus obras y a sus medidas económicas, que beneficiaron a los indígenas, que le mostraron su afecto con el nombre de *Tata*[40] *Vasco*.

Lector de la *Utopía* de Tomás Moro, Vasco trató de hacerla realidad, creando comunidades autosuficientes, empezando por la

---

[38] Miguel Acosta Saignes, «Raíces y signos de la transculturación», separata de la *Revista Nacional de Cultura*, Ministerio de Educación, Venezuela, 1948.

[39] Sobre Bernardino de Sahagún, Manuel Ballesteros Gaibrois, *Vida y obra de fray Bernardino de Sahagún*, Instituto Sahagún, León, 1973; Vicente Castro Florencio y José Luis Rodríguez Molinero, *Bernardino de Sahagún, primer antropólogo en Nueva España*, Universidad de Salamanca, 1986; Jorge Klor de Alba, *The Works of Bernardino de Sahagún, Pioneer Ethnograhper of Sixteenth Century Mexico*, Institute for Mesoamerican Studies – University of Albany, 1988; Miguel León-Portilla, *Bernardino de Sahagún, pionero de la antropología*, UNAM-Colegio Nacional, México, 1999.

[40] El americanismo *Tata* se refiere al padre, y de forma ocasional al abuelo, cariñosamente.

creación de los denominados *hospitales de indios*. No eran lo que hoy se entiende por hospitales, sino pequeños pueblos en donde los indios, libres de tributos, podían cultivar terrenos comunales, además de hacer labores específicas.

Sus ideas fueron presentadas en 1531 a Carlos V, y se inició su puesta en marcha poco después, con mucho éxito. El primer pueblo-hospital, Santa Fe, se fundó en 1532, cerca de Ciudad de México; y el segundo, Santa Fe de la Laguna, se levantó dos años después en Michoacán, en la región de los indios tarascos.

Preocupado por la igualdad de los indios, Vasco de Quiroga impugnó la Real Cédula de 1534 por la que se permitía la esclavitud, y ese mismo año escribió *Información en Derecho*, obra importante en la búsqueda de la justicia. En 1536, Vasco de Quiroga fue nombrado obispo de Michoacán, donde continuó su labor en defensa de los indios, poniendo en práctica otras ideas y fundando nuevos hospitales.[41]

El poeta y ensayista mexicano Gabriel Zaid, entre otros, vislumbró las formas alternativas, y posibles, de producción de bienes y de organización social frente al gigantismo económico y lo que el autor llama «la burocratización del mundo», defendiendo el *modelo Vasco de Quiroga*,[42] con las siguientes afirmaciones respecto de la entidad del *Tata*, todavía existente, de Santa Clara del Cobre (SCB):

1. Que el de los artesanos de SCB no es un modelo puramente económico. La viabilidad está al servicio de una vida más digna, interesante y creadora. Manera de entender el desarrollo que está recuperándose. En 1999, el economista Amartya Sen (*Development as freedom*) replantea el desarrollo desde ese punto de vista. Y, en la misma dirección, desde 1990, las Naciones Unidas han creado un Índice de Desarrollo Humano, que va más allá del PIB.

---

[41] José María González Ochoa, *Quién es quién...*, ob. cit., págs. 328 y 329. Sobre el *Tata* Vasco de Quiroga: Fintan B. Warren, *Vasco de Quiroga and his Pueblo-Hospitals of Santa Fe*, Academy of Franciscan History, Washington DC, 1963; Silvio Zavala, *Ideario de Vasco de Quiroga*, El Colegio de México, México, 1941 y *Recuerdo de Vasco de Quiroga*, Editorial Porrúa, México, 1965.

[42] Gabriel Zaid, «El modelo Vasco de Quiroga», *Revista de la Universidad de México*, 2005, págs. 22 a 25.

2. Que no limita el desarrollo rural a la agricultura. Las especialidades asignadas no son solamente agropecuarias, sino también de industria ligera: [las de Santa Clara] son artesanías de alta densidad económica (valor agregado por kilogramo o metro cúbico) que, por lo mismo, viajan fácilmente y pueden buscar mercados más amplios. En el modelo Vasco de Quiroga, los alimentos se producen para el consumo propio o local, no para exportar.

El *Tata* Vasco de Quiroga, el utópico amigo de los indios, que lo veneraron.

3. Que favorece la especialización, y así el intercambio entre distintas comunidades, según el principio de la ventaja comparativa. Lo cual tiene además ventajas semejantes a las marcas industriales: el prestigio de Santa Clara del Cobre es una garantía para los compradores y una ventaja para todo el gremio.

4. Que genera muchos empleos y aumentos de productividad con inversiones bajas de mucho trabajo intensivo y amor al oficio, en múltiples unidades de producción pequeñas.[43]

Colofón al capítulo 8: los otros protagonistas coetáneos

—¿Tanta importancia tenían los otros protagonistas coetáneos como para hacer el capítulo 8?

—Desde luego. Me pareció que era necesario incluirlos: Cortés no vivió en un páramo, y su vida fue una historia de relaciones, desde Carlos V al último tlaxcalteca de su alianza. En ese sentido, sus coetáneos eran personas llenas de acción

---

[43] Capítulo primero del libro *Don Vasco de Quiroga o la filosofía en busca de justicia*, editado en 2016 por el Instituto Mexicano de Doctrina Social Cristiana.

y de ideas: fueron parte muy importante, definitiva, de la vida y la obra de don Hernán, con los *tlatoanis* Moctezuma y Cuauhtémoc, a valorar en sus tan distintos perfiles.

—Y según usted, Cortés tuvo grandes colaboradores para la conquista...

—Sobre todo grandes capitanes, Alvarado, Sandoval y otros. Don Pedro, el arquetipo de barbado blanco profetizado por Quetzalcóatl, poderoso físicamente, valiente e impulsivo. El segundo, don Gonzalo, rudo, mal hablado, buen organizador, y verdadero brazo derecho de su gran paisano de Medellín.

—Incluye usted a los tres principales enemigos, más o menos declarados, del conquistador: el propio emperador Carlos V, Diego de Velázquez, gobernador de Cuba y el padre Las Casas. ¿Por qué tanta inquina contra Carlos V?

—No es inquina, es la verdadera realidad de quien desdeñó al mayor conquistador: le vio demasiado potente y le frenó en sus ambiciones...

—Y para que no falte nadie del entorno que fue creándose en los primeros tiempos de la Nueva España, entran de su mano el indigenólogo Bernardino de Sahagún y el utopista *Tata* Vasco de Quiroga.

—Efectivamente, dos personajes de gran altura: don Bernardino, tal vez el mayor estudioso de la cultura náhuatl. Y el *Tata*, un lector y efectivo seguidor de Tomás Moro.

—No se priva usted de nada: la controversia Las Casas-Ginés de Sepúlveda.

—Sí, sí, efectivamente... la *polémica de Valladolid*, inevitable en su momento: Las Casas en un idealismo impracticable y castigando a los negros para salvar a los indios, fue una contradicción... Ginés de Sepúlveda, reconociendo lo inevitable, la libertad de los indios, pero con la tutela de los españoles...

—Además, usted trata de convencernos de que a Cortés le gustaban otras cosas además del oro, las mujeres y el juego, con la cohorte de sus amigos y enemigos...

—*Nadie es perfecto*, que se dice en tales casos. Don Hernán supo valorar lo que había hecho, y lo que quería hacer después de ganar la guerra total: configurar un país nuevo, sincrético que se dice ahora. Es lo que al final más le interesó como enamorado de México, una tierra que llegó a considerar como su nueva patria. Su obsesión era que no se desorganizara lo vislumbrado por él, que México pudiera ser, dicho en léxico de ahora, *un hábitat hospitalario para todos*; eso sí, conservando él mismo cuanto más poder, mejor. De ahí que Carlos no le dejara llegar a virrey...

Capítulo 9

Contexto social: población, leyenda negra, lenguas, flotas, alimentos

Controvertida demografía

Como se verá seguidamente, sobre el tema de cuánta era la población de México al iniciarse la conquista, y cómo evolucionó luego con la presencia española, hay estimaciones para todos los gustos, y puede decirse que ninguna ofrece una seguridad razonable de ser la verdaderamente correcta.

De lo que sí se está seguro es de que hubo un auténtico colapso demográfico en el espacio conquistado, por las epidemias que se produjeron a raíz de la invasión microbiana que llevaron los conquistadores, de enfermedades usuales en Europa (viruela, tifus, tuberculosis, gripe, sarampión, etc.), y respecto de las cuales los españoles tenían ya una relativa inmunidad.

Sin perjuicio de observaciones demográficas que se harán más adelante, cabe decir que la contracción poblacional se produjo, sobre todo, en las áreas que tuvieron más contacto con los conquistadores, lo cual, sin duda, facilitó la conquista al disminuir el número potencial de adversarios a la hora de los combates. E hizo más rápido el mestizaje por razones cuantitativas obvias, a lo que también contribuyó la buena disposición erótica de los capitanes y soldados de Cortés.

Colapso y mestizaje[1]

Clavijero, un jesuita novohispano que ayudó a formular la idea de una identidad mexicana desde su amargo exilio de Bolonia en el siglo XVIII, se refirió a una población precortesiana de unos treinta millones,[2] mientras que William Robertson, uno de los más destacados historiadores del tema,[3] insistió en que los españoles exageraron el tamaño de la población indígena, a fin de realzar la hazaña de conquistarla. Desde entonces, actitudes similares marcaron otras cuantificaciones, atribuyendo algunos autores a la cruel conducta de los españoles el mayor desastre demográfico de la historia.[4]

En el siglo XX, el debate osciló entre las estimaciones de los minimalistas, de unos cuatro millones, y las de los maximalistas, de 30 y más. Así, Karl Sapper,[5] un erudito alemán, al que entonces se consideraba maximalista, decía en 1924 que México tenía una población de doce a quince millones. Alfred Kroeber,[6] en 1939, pensaba que la tierra cultivable de México habría podido sostener unos diez millones. Judian Stewart, en cambio, en un ensayo datado en 1949,[7] daba cifras mucho más bajas. Por su parte, el ensayista venezolano Ángel Rosenblat, en su *La población indígena y el mestizaje en América*,[8] estimó que México tenía cuatro millones y medio de habitantes en 1518 y todo el continente americano, en 1492, algo más de trece millones.

El fuerte y rápido declive demográfico de la Nueva España fue documentado en un estudio de S.F. Cook y W. Borah, en el que se estimó que los habitantes de México central antes de la llega-

---

[1] Santiago Muñoz Machado, *Hablamos la misma lengua*, Crítica, Barcelona, 2017, págs. 95 y siguientes.

[2] Gran figura de la Ilustración novohispana, fue autor de una muy difundida *Historia Antigua de México*, que escribió durante su exilio de Bolonia, cuando los jesuitas fueron expulsados de España y sus Indias.

[3] Autor de *The history of the reign of Emperor Charles the Fith*, W. and W. Stranan, Londres, 1769.

[4] Así opina en varios pasajes Hugh Thomas en *La conquista de México*.

[5] *Sobre la geografía física y la geología de la península de Yucatán*, 1896 (traducido y publicado en la *Enciclopedia Yucatanense*).

[6] Su trabajo sobre los indios californianos constituyó la base del *Handbook of Indians of California*, publicado en 1925.

[7] Citado por Santiago Muñoz Machado, ob. cit., págs. 95 y siguientes.

[8] *Handbook of South American Indians*, Eudeba, Buenos Aires, 1954, dos volúmenes.

da de Cortés, en 1519, eran 25 millones;[9] cuatro años después quedaban 17 millones, en 1548 podía haberse reducido la cifra a seis millones, en 1568 a tres millones, en 1580 a dos millones, y hacia 1630 quedaban solamente 750.000 indios: un declive en la senda de la extinción.

En cualquier caso, el actual valle de México fue uno de los principales centros demográficos de Mesoamérica y, según López de Velasco, en 1570 tenía 125.000 indios tributarios, y se puede calcular la

William Robertson, sobre el colapso demográfico en las Indias.

población nativa en total en 325 a 350 mil.[10] Calculando de otra forma, por etnias concretas, las cifras ofrecidas del colapso son de lo más impactantes:[11]

- **Aztecas:** eran la etnia dominante del antiguo México y vivían en el actual Valle Central. Se calcula que eran 1,6 millones en 1519, y que se vieron reducidos a 250.000 en menos de un siglo (1610).
- **Tepehuanes:** antes del contacto con los españoles la población de su área era de unos 100.000, pero se redujo a apenas 20.000 tras las epidemias de 1594, 1601-1602, 1606-1607, 1610 y 1616-1617.
- **Lacandones (Chiapas):** serían unas 12.000 personas que vivían en el actual estado de Chiapas. Tras la conquista, bajaron a 250 según Manuel Gamio.

Por otra parte, según Santiago Muñoz Machado, el cálculo de españoles que emigraron a las Indias a partir del siglo XVI tam-

---

[9] *Historia mexicana*, JSTOR, 1971.

[10] Charles Gibson, *Los aztecas bajo el dominio español (1519-1810)*, ed. Siglo XXI, Madrid, 1980.

[11] Antropólogo y arqueólogo mexicano (1883-1916), autor de *La población del Valle de Teotihuacán*, Instituto Nacional Indigenista, Teotihuacán, México, 1979.

bién resulta difícil de establecer, porque los expedientes de emigración, los *libros de asientos de pasajeros* o las *informaciones y licencias de pasajeros* de la Casa de Contratación, no facilitan el flujo completo de emigrantes. Y los cálculos sobre el número de individuos, partiendo de la capacidad de los barcos de transporte según su tonelaje, solo son aproximativos.[12]

No obstante, generalmente, se acepta que, hasta 1580, llegarían a América unas 200.000 personas procedentes de España, con autorización oficial, muchas de las cuales constan en el Archivo de Indias de Sevilla. En ese sentido, hay documentos como el *Catálogo de pasajeros a Indias*, que abarca de 1509 a 1559, que, sin embargo, no es un documento muy útil, ya que sus tres tomos dan noticia de 15.000 nombres como total en el periodo indicado y, seguramente, falta el cómputo de mucha población que se trasladó sin autorización.[13]

¿Un genocidio? Todo lo contrario

Lo que está claro es que el colapso demográfico no fue un *genocidio*. Según la Real Academia Española, el término significa: «exterminio o eliminación sistemática de un grupo humano por motivo de raza, etnia, religión, política o nacionalidad». Y al respecto, no hubo ningún plan sistemático preconcebido de genocidio, y no hay documento alguno, ni de la época, ni posterior a ella, que pruebe que hubo un plan de exterminio.

Por el contrario, la corona española protegió legislativamente a los indígenas. Desde los primeros años de la conquista estuvo preocupada por el buen trato al nativo, como se vio cuando la reina Isabel ordenó a los españoles destacados al Nuevo Mundo que tratasen con corrección a los naturales y respetasen sus modos de vida y costumbres. Más aún, en el codicilo de su testamento se dice bien claro que los indígenas no podrían ser esclavizados ni maltratados, siendo obligado darles un trato justo y digno,

---

[12] Santiago Muñoz Machado, *Hablamos la misma lengua*, ob. cit., págs. 102 y siguientes.

[13] Ibídem. El *Catálogo de pasajeros a Indias* 1509-1559 es solo una parte de los volúmenes publicados, que han cubierto el siglo XVI. Traducen en edición moderna la información que consta en los libros de asiento de pasajeros.

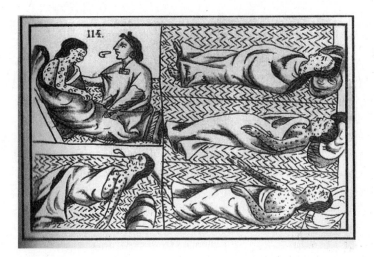

Mexicas afectados por una epidemia de viruela (*Códice Florentino*).

calificándolos de súbditos castellanos con los mismos derechos y deberes que los demás.[14]

Desde luego, históricamente, la primera experiencia demográfica en las Antillas fue muy negativa, y así lo percibieron los propios españoles, pues, ya a fines de la regencia de Castilla por Fernando el Católico, los *stocks* demográficos insulares en La Española se encontraban al borde de la extinción, que finalmente se produjo. Ciertamente, las tribus taínas de Santo Domingo, Cuba, Puerto Rico y Jamaica fueron las más castigadas del Nuevo Mundo, por las enfermedades y también por los abusos de los primeros encomenderos.

Precisamente, en relación con el caso de las Antillas, Fernando el Católico promovió las ya mentadas Leyes de Burgos de 1512, en las que se detallaba cómo había de ser el comportamiento con los nativos. Más tarde, en 1542, Carlos V decretó la regulación legal de las Indias, y dentro de ellas se definió el buen trato que debía dispensarse a los indígenas.

No parece que la corona española fuera tan cínica como para promulgar por un lado leyes de protección de los indios, y por otro irlos liquidando conscientemente. Además, la iglesia española siempre protegió a los indígenas (el padre Bartolomé de Las Ca-

---

[14] José Javier Esparza, «Nunca hubo un genocidio español en América», *La Gaceta*, 6-IX-2017. También Rafael Dobado, «El genocidio español en América y otros mitos», *El País*, 28-XI-2015.

sas y muchos más), e incluso durante la conquista, como se vio en el capítulo anterior, hubo serios debates entre distintas facciones eclesiales sobre si el indio era o no era un ser digno de tener alma. Lo cual *se resolvió* desde Roma mediante la bula *Sublimis Deus* del papa Pablo III de 1537, que dejaba bien claro que los indios eran seres humanos con alma, aunque «no estén en la fe de Jesucristo». Y en 1550-1551 el debate Las Casas-Ginés de Sepúlveda, la ya vista *polémica de Valladolid*, también arrojó mucha luz sobre el tema.

En cualquier caso, será interesante un resumen de las principales causas del colapso demográfico:[15]

1. **Las epidemias** pasaron a ser el agente principal de mortalidad. Los europeos a su llegada al Nuevo Mundo portaron con ellos microbios, bacterias y virus que no había en América, y los nuevos gérmenes camparon sin freno por extensos territorios.

2. **Hambre y desnutrición.** Las epidemias diezmaron a la población y, no solo eso, sino que la mortalidad llegó a impedir que muchos campos siguieran siendo cultivados y cosechados, y con ello se generaron situaciones graves de hambre y desnutrición.

3. **Caída de la natalidad.** Evidentemente la llegada de los españoles a América supuso para los nativos drásticos cambios en su forma de vida. Sobre todo, al principio, en las Antillanas se les obligó a adaptarse a otra forma de vida y de trabajo, distintas de sus costumbres y patrones sociales.

4. **Alianzas de pueblos indígenas con españoles.** Otra prueba del «no genocidio indio» estuvo en las numerosas alianzas que se produjeron durante la conquista entre pueblos nativos y los españoles. ¿En qué cabeza cabe que en una situación de exterminio se pueda dar una alianza así?

5. **Población española insuficiente,** por las cortapisas a la emigración desde España.

6. **Caciques indígenas colaboracionistas.** ¿Cómo iban los caciques a ser colaboracionistas con unos extranjeros recién

---

[15]http://www.elespiadigital.com/index.php/tribuna-libre/18863-10-razones-que-desmontan-el-genocidio-indio-en-la-conquista-de-america.

llegados, si estos estuvieran asesinando a sus compañeros de raza? No tendría sentido alguno.

7. **Los indios, al independizarse las repúblicas hispanoamericanas, perdieron la tutela** que les dispensaba la corona española.

Los nuevos gobiernos liberal-masónicos (casi por completo de criollos) sí que se propusieron, en ocasiones, exterminar a los indios, a fin de liberar tierras y pasarlas a sus manos. Hubo genocidio: recuérdese, por ejemplo, al general Roca en Argentina, en las guerras contra los indios, con clara intencionalidad tanto racial como económica. A propósito de la idea del genocidio, María José Villaverde subraya la falta de fundamentos serios:

Al decir de [Tzvetan] Todorov (*La conquista de América*), «ninguna de las grandes matanzas del siglo XX es comparable a dicha hecatombe» [se olvida de los nazis]. Y según un historiador catalán (Izard), los «castellanos» que arribaron a América asesinaron a millones de indígenas y esclavizaron a la mayoría de los que sobrevivieron al «sadismo de los blancos» y a las enfermedades contagiosas. A su juicio, la represión de Somoza y Pinochet no sería más que la continuación de la iniciada por Cortés y Pizarro. En resumen: 500 años de iniquidades. El mayor genocidio de la historia humana, equiparable al Holocausto, ahí es nada.[16]

No caben más necedades en cabeza humana, y como aporte a la controversia en la dirección contraria, y más realista, lo que dice Mario Vargas Llosa:

Hoy, las críticas deben recaer sobre todo en los Gobiernos independientes, que, en doscientos años de soberanía, no solo han sido incapaces de hacer justicia a los descendientes de incas, aztecas y mayas, sino que han contribuido a empobrecerlos, explotarlos y mantenerlos en una servidumbre abyecta. Y no olvidemos que las peores matanzas de indígenas se cometieron, en países como Chile y Argentina, después de la independencia, a

---

[16] En *El País*, 2-V-2016.

veces por gobernantes tan ilustres como Sarmiento, convencidos de que los indios eran un verdadero obstáculo para la modernización y prosperidad de América Latina. Para cualquier latinoamericano, por eso, la crítica a la conquista de las Indias tiene la obligación moral de ser una autocrítica.[17]

Miscegenación por la conquista

En la llamada *conquista erótica de las Indias*, el caso límite pudo darse en México: un soldado de Cortés, de Palos de la Frontera, de quien el cronista Bernal Díaz del Castillo solo recuerda su apellido, Álvarez, en solo tres años tuvo treinta hijos con mujeres indias.

> Fue un caso extraordinario, pero también era parte de un ambiente de fuerte generación mestiza en México y en el resto de las Indias, según Ricardo Herren, estudioso del tema. Así, en Asunción del Paraguay, el presbítero Francisco González Paniagua denunciaba en 1545 que el «español que está contento con cuatro indias es porque no puede haber ocho, y el que con ocho porque no puede haber dieciséis [...], no hay quien baje de cinco y de seis mancebas indígenas». Indudablemente, en el proceso de mestizaje hubo correspondencia de las nativas, pues cuando ellas descubrían a los españoles, los preferían por razones no solo eróticas, sino también darwinistas, podría decirse.[18]

Las mujeres indígenas intuyeron que un hijo mestizo tendría mejor cabida en el nuevo mundo en formación que uno puramente indio. Además, el vástago miscegenado le serviría a ella misma para adaptarse al nuevo universo: establecer lazos de sangre con los españoles era un paso importante para lo que hoy se llama *transculturación*. Y el mestizaje se vio muy facilitado también por razones eróticas, a las que se refiere László Passuth en la novela más difundida sobre Cortés y Malinche, con referencias no fundamentadas sobre los indígenas:

---

[17] Mario Vargas Llosa, «Hispanidad ¿mala palabra?», *El País*, 28-X-2018.
[18] Ricardo Herren, *La conquista erótica de las Indias*, Planeta, Barcelona, 1991

—¿Amabas a Cortés?

—Me hacía temblar y me infundía miedo, pero anhelaba su presencia y lo deseaba. Había vivido entre amor y enemistad cuando su llama me abrasó, esa llama que es desconocida entre nuestros hombres. Estos nos apartan de su lado en el lecho como a una flor que ha perdido el perfume, sin preocuparse por nosotras, con una expresión enigmática... Nunca una caricia, nunca una palabra de amor, nada de bondad, nada en absoluto. Y vinieron los españoles, cuya voz profunda es turbadora cuando hablan de amor, como si fuera un instrumento de cuerda. No hubo ni una sola mujer entre nosotras que hubiese podido resistir a su encanto. Los hombres españoles amaban con ardor insaciable, nunca estaban fatigados. Nosotras estábamos habituadas a una cosa bien distinta, a nuestros herméticos hombres tan alejados de la atracción de la mujer, a esos hombres que apenas nos miraban cuando recibíamos su amor... Nosotras fuimos señoras en las casas de aquellos hombres de cuerpo blanco como la espuma. ¿Te das cuenta de eso, Malinalli?[19]

En la conquista de México, el protagonismo de su máximo capitán, don Hernán, fue especial. Cortés no dejó por escrito en sus cartas y testimonios casi ninguna referencia a su gran afición erótica; está claro que, al principio de la conquista, no demostró interés personal en apropiarse de las mujeres que recibía como presente. Después, ante Moctezuma, desestimó la donación de una de sus hijas, alegando que ya estaba casado.

Por el contrario, en el juicio de residencia, uno de los testigos de cargo, Juan de Burgos, acusó a don Hernán de que «se echaba carnalmente con más de cuarenta indias». Otros recordaron el escándalo que significaba que en su casa vivieran varias hijas de Moctezuma jóvenes y de buen ver, con quienes también compartía lecho.

Por su parte, Vázquez de Tapia aseguró que Cortés «tenía infinitas mujeres» y disponía en su casa de un serrallo bien provisto, con mujeres «de la tierra y de Castilla, a las que llevaba a su cama sin tener prejuicio alguno porque algunas fuesen parientes entre

---

[19] László Passuth, *El dios de la lluvia llora sobre México*, Austral, Barcelona, 2015.

sí, según sus propios criados». Debido a estas relaciones, «algunas de ellas parieron del dicho don Hernán».[20]

Casi cinco siglos más tarde, los frutos de lo que fue un ejercicio maratoniano de *ars amandi*, si así puede llamarse, están a la vista: millones y millones de ciudadanos mestizos que pueblan el continente americano como testimonio vivo del más gigantesco proceso de mezcla racial conocido en la historia humana; relativamente, pocos varones españoles muy activos, y una población receptiva que se vio muy reducida por las epidemias antes citadas, fueron los motores de tal cambio en la composición étnica del Nuevo Mundo; la absoluta mayoría indígena fue reemplazada por los mestizos. Hoy los indios puros son minoría en el conjunto de Iberoamérica, salvo en países como Bolivia y, en menor grado, en parte del Perú. En cuanto a Paraguay, prevalece el bilingüismo español-guaraní como manifestación de una situación étnica compenetrada.

Los conquistadores, en cualquier caso, fueron resistentes a los nuevos climas, dietas, etc., en un medio que inicialmente les resultaba complejo y hostil; como destacó Walter Raleigh, corsario inglés de tiempos de Isabel I de Inglaterra (la *reina virgen*), y tradicional enemigo de los españoles, que dijo de forma muy expresiva:

> Es muy difícil o imposible encontrar otro pueblo que haya soportado tantos reveses y miserias como los españoles en sus descubrimientos en las Indias… Tempestades y naufragios, hambres, derrotas, motines, calor, frío, peste y toda clase de enfermedades, tanto conocidas como nuevas, además de una extrema pobreza y de la carencia de todo lo necesario, han sido sus enemigos… Más de uno o dos han consumido su esfuerzo, su fortuna y su vida en la búsqueda de un dorado reino, sin obtener de él al final más noticias que las que al principio ya conocían. A pesar de todo lo cual… no se han descorazonado. A buen seguro están de sobra compensados con esos tesoros y esos paraísos de que gozan, y bien merecen conservarlos en paz.[21]

---

[20] Ricardo Herren, *La conquista erótica de las Indias*, Planeta, Barcelona, 1991, págs. 203 y 204.
[21] Ibídem, págs. 42 y siguientes.

Por lo demás, la miscegenación en las Indias de España, contrastó con lo que ocurría en el mundo anglicano, como se manifiesta en el siguiente texto:

> Así se explica que sobre la Inquisición española los estudios haya que coleccionarlos por tomos mientras que apenas hay sobre la Inquisición en Francia. Tenemos cientos de artículos sobre la pureza de sangre en España pero casi nadie sabe que la pureza inglesa estuvo protegida por leyes hasta el siglo XX. Cuando Anita Delgado se casó con el marajá de Kapurthala tuvo que soportar años de marginación en la vida social y oficial del Raj británico porque los matrimonios mixtos estaban prohibidos. Pero sobre esto no hay simposios. La diferencia entre el caso inglés y el español es que la intolerancia española nunca impidió el mestizaje y la inglesa, pues… a la vista está. Y como está a la vista, hay que taparla. De muchos modos. Este es uno.[22]

Raza cósmica y realidad

Con verbo encendido, el mexicano José Vasconcelos cantó el nacimiento de una raza «hecha con el tesoro de todas las anteriores, la raza final, la raza cósmica». Porque, según él, la América hispana era «patria y obra de mestizos, de dos o tres razas por la sangre, y de todas las culturas por el espíritu».

Movimientos como el indigenista, surgidos en los primeros decenios del siglo XX, contribuyeron eficazmente a revalorizar los aportes originarios, en busca de una identidad *indoamericana*. En contra, otros valorizan la cultura aluvional europea, para distanciarse de las llamadas esencias originarias.

En otras palabras: cinco siglos después del inicio del proceso de miscegenación, los hispanoamericanos siguen contraponiendo el conquistador malo y destructor, y el indio bueno e inocente. O bien, enfatizan el español civilizador y cristianizador, contra el indio salvaje. Para asumir una identidad, con exclusión de la otra, como si eso fuese posible.

---

[22] María Elvira Roca, «British (In)tolerance!», *El Mundo*, 29-X-2018.

Actualmente, en México, con un total de 130 millones de habitantes, se calcula que hay 15 millones que hablan lenguas indígenas, repartidas en 55 pueblos distintos, y 30 lenguas diferentes, con casi todos sus individuos bilingües en español por la enseñanza pública primaria. Esa población representa el 11,5 por 100 del total, y las referidas lenguas se consideran en la Constitución mexicana como *nacionales*; pero, de hecho, con muchas limitaciones, si bien hay educaciones bilingües, emisoras de radio y televisión y algunos sitios de Internet en esas lenguas. Los hablantes del náhuatl –la más importante de ellas y la más representativa del México de la preconquista– se calcula en 1,75 millones.[23]

Herren menciona a propósito de los conquistadores *malos* un conocido caso de humorismo, que ilustra sobre lo absurdo del indigenismo recriminador. Es aquel del mexicano que increpa al español recién llegado, queriendo cargar sobre sus espaldas todos los crímenes perpetrados en América por sus antepasados. La respuesta del peninsular es recordarle que, en todo caso, los genocidas habrán sido los ancestros del propio mexicano recriminador, y no los de él, porque sus abuelos nunca salieron de España.[24]

Otro caso en busca de la hilaridad, es el pergeñado por argentinos, con la voluntad de negar la realidad indígena de su propio país: «Argentina –reza la humorada– es el único país blanco al sur de Canadá»,[25] con la malévola intención de recordar que Estados Unidos tiene su población negra. También se pretende así que Argentina es un país de pura raza europea, creencia más bien mítica y falsa. Hay países, como México, en los que Cortés y Cuauhtémoc siguen vivos en la leyenda, y otros, como Argentina, en el extremo opuesto de la geografía, donde el aporte indígena, contra toda evidencia, parece no existir, por los mitos de ser tan

---

[23] Datos procedentes de la Comisión Nacional para el Desarrollo de los Pueblos Indígenas.

[24] Ricardo Herren, *La conquista erótica de las Indias*, ob. cit., pág. 250.

[25] En Argentina hay medio centenar de comunidades nativas, desde mapuches a fueguinos, oficialmente reconocidas como tales por el Gobierno de la nación. Por lo demás, Canadá tampoco es *tan blanco*, ya que existen más de un centenar de lenguas indígenas reconocidas de las *first nations*. Un académico asigna a Argentina un 9 por ciento de mestizos y un 90 por ciento de európidos, basándose en criterios tan curiosos como el de los grupos sanguíneos. Como dicen algunos demógrafos locales, menos «científico», pero más contundente, sería invitar a que se dieran una vuelta por el país (no solo por Buenos Aires) y se fijaran en la alta proporción de «cabecitas negras» –según la propia expresión argentina– que componen la población rioplatense.

blancos. Cuando en el país viven 55 etnias indígenas reconocidas, con 955.032 personas en 2017, equivalentes al 2,38 por 100 de la población, de 30 pueblos considerados étnicamente distintos. Aparte de los más o menos mestizos (seguramente millones), que no figuran en ningún registro estadístico.

La leyenda negra

Hechos como las expulsiones de judíos y moriscos, la combatividad de los Tercios en los Países Bajos, la Inquisición, las *denuncias* de Fray Bartolomé de Las Casas sobre el trato de los conquistadores a los indios, las falsedades propaladas sobre la muerte del infante Carlos, el hijo de Felipe II a manos de su padre, etc., encontraron un eco propagandístico, una recepción entusiástica, de modo que se terminó imputando a los españoles una serie de anomalías o deficiencias de crueldad, fanatismo, intolerancia, etc.

Izquierda: portada del libro de Julián Juderías publicado en 1914 por la editorial Araluce. Derecha: Julián Juderías, estudioso de la leyenda negra.

La idea de Julián Juderías

Para combatir esas acusaciones por infundadas, la *Ilustración Española y Americana*, la gran revista de la Restauración canovista,

265

convocó, en junio de 1913, un concurso para realizar un estudio histórico bien documentado sobre el tema, que ganó Julián Juderías, con un trabajo que la revista publicó por entregas a principios de 1914.[26] Cuatro años después, en junio de 1918, murió Juderías prematuramente (¿quién no?), con solo 40 años de edad, víctima que fue de la mal llamada *gripe española*, que asoló al mundo con más de cincuenta millones de muertes, coincidiendo con la fase final de la Primera Guerra Mundial.

Para su libro, Juderías tuvo acceso a una ingente cantidad de fuentes documentales primarias, gracias, en parte, a su pretendido dominio de 16 idiomas. Y además de historiar la leyenda negra, denunció los horrores del colonialismo practicado por Francia, Inglaterra, Alemania, Holanda y Bélgica. Entre los cuales ninguno ha sido más terrorífico que el del rey Leopoldo II en el Congo belga, que se le adjudicó en el Congreso Africanista de 1885 en Berlín —gestionado por el Canciller Bismarck—, y que explotó como una finca privada de 2,5 millones de kilómetros cuadrados. Con una población inicial de tal vez unos 50 millones de habitantes, en solo tres décadas pudo quedar en menos de la mitad. Joseph Conrad se refirió al tema en su obra *El corazón de las tinieblas*,[27] y Mario Vargas Llosa escribió sobre el mismo asunto en su novela *El sueño del celta*.[28]

Juderías, un convencido feminista, demostró lo absurdo de la tesis de *las dos Españas*. En artículos anteriores ya había apuntado los absurdos prejuicios contra España y los españoles, y por eso pudo escribir su libro en menos de tres meses.

Más recientemente, María Elvira Roca Barea entró en el tema con un libro importante, en el que puso de relieve que la leyenda negra situó a España, como si fuera artículo de fe, como un país «inquisitorial, ignorante, fanático, incapaz de figurar entre los pueblos cultos, lo mismo ahora que antes, dispuesto siempre a las represiones violentas; enemigo del progreso y de las innovacio-

---

[26] *La leyenda negra y la verdad histórica* se editó en cinco entregas repartidas en números de enero y febrero de 1914. Su publicación le trajo al autor reconocimiento público y académico: se le nombró miembro de la Real Academia de la Historia poco antes de morir. Para mayor información, María Elvira Roca Barea, *Imperiofobia y leyenda negra. Roma, Rusia, Estados Unidos y el Imperio español*, Siruela, Madrid, 2016.

[27] Versión española en Editorial Abada, Madrid, 2013.

[28] Alfaguara, Madrid, 2010.

nes; o, en otros términos: una leyenda que habiendo empezado a difundirse en el siglo XVI, a raíz de la Reforma, no ha dejado de utilizarse contra de España desde entonces».[29]

En su obra, Juderías se pregunta con ironía: «¿Ha hecho algo España en el mundo, aparte quemar herejes y perseguir eminencias científicas, destruir civilizaciones y dejar por doquier huella sangrienta de su paso?». La leyenda atribuye a los españoles toda clase de brutalidades, ocurridas, para empezar, en Italia —con base en sus dominios del Milanesado y las dos Sicilias, que fueron parte de la Monarquía Hispánica durante dos siglos—, para seguir en las Indias en los siglos XVI y XVII.

Los ataques a Felipe II se acentuaron cuando el rey de España se ciñó la corona de Portugal en 1580, para ser el monarca más poderoso de la cristiandad en su tiempo. Fue presentado por sus enemigos como epítome del oscurantismo represivo y la crueldad total.[30]

Guillermo de Orange lideró el levantamiento de las Provincias Unidas contra Felipe II.

Seis españoles promotores de la leyenda

Juderías detectó que, en realidad, hubo seis españoles que tuvieron un papel esencial en la configuración de la leyenda. El primer caso fue el de Guillermo de Orange (1533-1584), vasallo de Felipe II en los Países Bajos, que se reveló contra el dominio español, en actitud que duró hasta el final de la Guerra de los 80 años, que acabó dando la independencia a las Provincias Unidas en 1648 en

---

[29] Citado por María Elvira Roca Barea en *Imperiofobia y leyenda negra. Roma, Rusia, Estados Unidos y el Imperio español*, Siruela, Madrid, 2016.

[30] Según varios pasajes de Hugh Thomas, por su libro *Felipe II, el señor del mundo*, Planeta, Barcelona, 2013.

la Paz de Westfalia. Su obra *Apología*, se considera como una de las más serias cimentaciones la leyenda.[31]

La referida Guerra de los 80 Años (o guerras de Flandes), se explicó en las escuelas holandesas como la lucha contra una España implacable y cruel, considerando a Guillermo de Orange como el heroico padre de la patria, que luchó contra los Tercios de Flandes del católico Felipe II, quien, legalmente, en manera alguna fue un tirano invasor, porque era el soberano legítimo de las Diecisiete Provincias: la actual Holanda, Bélgica, Luxemburgo, y porciones del norte de Francia y de Alemania del oeste.

El caso es que, tras ochenta años de luchas extenuantes, en 1648, con la Paz de Westfalia, la corona española reconoció la independencia de la República, de las Siete Provincias Unidas (Holanda).[32] Y los holandeses siguen cantando, en su himno nacional, la frase «servimos con honor al rey de España». Y en 2018, en el 450 aniversario del comienzo de esa larga contienda –tantas veces identificada como el *Vietnam español*–, el Instituto Cervantes de Ámsterdam y el célebre Rijksmuseum, ofrecieron una muestra sobre lo que empezó como la revuelta de Guillermo de Orange contra Felipe II, para acabar con la independencia de los Países Bajos.[33]

Yendo ahora al segundo español de la leyenda negra, se trata de Antonio Pérez, ex secretario de Felipe II, que con sus *Relaciones*[34] vituperó al monarca a quien juró lealtad. Conocía a fondo el entorno del rey, y combinó medias verdades con mentiras en un relato venenoso en donde incluyó el supuesto asesinato del Infante don Carlos a manos de su propio padre.

El tercer gran promotor de la leyenda negra desde España fue Reinaldo González Montes o *Montano*, que se encargó de engrosar la fábula política antiespañola con un libro-libelo donde narró «Las bárbaras, sangrientas e inhumanas prácticas de la Inquisición

---

[31] Publicado en diciembre de 1580, en respuesta al edicto de proscripción emitido contra él por Felipe II. Disponible en https://dutchrevolt.lei-den.edu/es-pañol/Fuentes/Pages/Apologia.aspx

[32] Ibídem.

[33] Isabel Ferrer, «Holanda quiere enterrar la leyenda negra española 450 años después», *El País*, 1-X-2018.

[34] Escritas bajo el pseudónimo de Rafael Peregrino y publicadas en París en 1598. Al respecto, puede verse la obra de Gregorio Marañón, *Antonio Pérez*, Espasa Calpe, Madrid, 1947.

española».[35] Una historia espeluznante en la que se cargaron las tintas, como si la Inquisición fuera un caso insólito en el resto de Europa.[36] En la que, recuerda Juderías, los tribunales ingleses quemaban vivas a las supuestas brujas, con harta frecuencia, llegando el caso hasta las *brujas de Salem* en las *Trece Colonias*, luego EE.UU.

Antonio Pérez, uno de los promotores desde España de la leyenda negra.

Como cuarto gran promotor español de la leyenda se cita a fray Bartolomé de Las Casas (ya varias veces citado en este libro), con su *Brevísima relación de la destrucción de las Indias*. Una obra que parecía bien intencionada, impresa en Sevilla en 1552, pero que redujo la conquista y la colonización de las Indias a una interminable matanza.

El quinto español en la lista hay que verlo en Luis Sánchez, clérigo que no tenía grado universitario sino de simple bachiller, que pasó dieciocho años en las Indias, trabajando como secretario del obispo Juan del Valle en la diócesis de Popayán, entre las actuales Colombia y Ecuador.

El informe hiperbólico y demoledor de Sánchez fue entregado el 26 de agosto de 1566 al cardenal Espinosa,[37] narrando las crueldades y abusos de los españoles, así como el desgobierno de las Indias, tomando como fuente principal su experiencia directa, que reflejó en su *Memorial sobre la despoblación y destrucción de las*

---

[35] Autor de *Artes de la Inquisición española*, considerado como el máximo exponente de la literatura hispana protestante del siglo XVI. Edición de Almuzara, Córdoba, 2010.

[36] Recordaremos que la Inquisición se fundó en Francia en 1184, para combatir la herejía de los cátaros, que querían el igualitarismo de la doctrina de Cristo, y que fueron erradicados. Se desarrolló prácticamente en toda Europa, y en la mayoría de sus escenarios, no fue más *bondadosa* que la española.

[37] Diego de Espinosa Arévalo (Martín Muñoz de las Posadas, septiembre de 1513-Madrid, 5 de septiembre de 1572), juez de apelación en la curia arzobispal de Zaragoza, provisor de la diócesis de Sigüenza (Guadalajara), oidor en la Real Audiencia y Chancillería de Valladolid, oidor en la Casa de Contratación de Sevilla, regente en el Consejo Real de Navarra, consejero en el Consejo Supremo y Real de Castilla, etc. Presidente del Consejo Supremo y Real de Castilla por deseo de Felipe II en 1565, fue nombrado Inquisidor General en diciembre 1566.

Indias. Nada tenía que envidiar en cuanto a desgarro y extremismo con la *Brevísima* de Bartolomé de Las Casas.[38]

En definitiva, como sostiene María Elvira Roca Barea, la amalgama de medias verdades y mentiras monstruosas tomó carta de naturaleza, y los propios españoles terminaron por creerse la leyenda negra. A ese respecto, resultó aleccionador el caso de las Cortes de Cádiz: los grandes próceres de aquel parlamento, y los poetas que les acompañaban, daban por buena todas las falsedades o exageraciones vertidas contra su país a lo largo de los siglos.

Según Luis Español, reeditor de la obra de Juderías (en 2014 para la editorial Espejo), con ella se registró un viraje radical en los estudios históricos sobre España, contra la tergiversación de la historia durante décadas. Luego llegaron nuevas investigaciones, como la del argentino Rómulo Carbia, que publicó *Historia de la leyenda negra Hispano Americana*, en 1948,[39] y la del colombiano Ignacio Escobar López con *La Leyenda Blanca*[40] en 1953.

Arnoldsson, Kamen y García Cárcel contra la leyenda

Entre los autores más responsables en su actitud contra la leyenda negra, hay que citar a Sverker Arnoldsson, que supuso un cambio importante en la tendencia general, y buscó la raíz de tantas imputaciones contra España, no solo desde el protestantismo, sino también dentro del mundo católico, insistiendo mucho en los libelos italianos.

En el sentido apuntado, Arnoldsson puso de relieve que uno de los orígenes más claros de la leyenda había de verse en Lutero, que sintió una evidente enemistad por España, a pesar de que el país todavía no era la potencia militar y cultural que llegaría a ser después. Para él, los españoles eran ladrones, falsos, orgullosos y lujuriosos.[41]

---

[38] Santiago Muñoz Machado, *Hablamos la misma lengua*, Crítica, Barcelona, 2017, págs. 239 y siguientes.
[39] Disponible en Marcial Pons, Madrid, 2004. Primera versión en 1948.
[40] Cultura Hispánica, Madrid, 1953.
[41] Sverker Arnoldsson, *La leyenda negra. Estudios sobre sus orígenes*, Göteborgs Universitets Årsskrift, Gotemburgo 1960, y *Los orígenes de la leyenda negra española*, El Paseo Editorial, Madrid, 2018.

Grabado del neerlandés Theodor de Bry (1528-1598) que muestra —más allá de lo realmente imaginable, y con la peor intención— la supuesta quema de indígenas en el Nuevo Mundo: imaginación fantasiosa y espeluznante.

Arnoldsson murió en 1959 y un año después fue publicada en español su obra, *Los orígenes de la leyenda negra española*, que culminó toda una vida de investigaciones, que le acreditó como uno de los hispanistas más destacados del siglo XX. A su esfuerzo se debe el hecho de haber abierto a la investigación áreas nuevas y necesarias en la comprensión de la historia de España, y de su visión conscientemente deformada.

Ciertamente, la negación de la leyenda negra fue cobrando fuerza en las últimas décadas. En unos casos se considera que no hubo cosa tal, y en otros se defiende que ya no existe. Así las cosas, el hispanista Henry Kamen sostiene que en el mundo anglosajón la leyenda negra ha desaparecido hace mucho, como demuestra de modo fehaciente el capítulo emitido sobre España el 10 de junio de 2012 de la serie Lonely Planet.[42]

En 2003 publicó Kamen su obra *Imperio*,[43] que generó críticas muy duras por su tesis contra la idea de que «España era un país pobre (¿en relación con qué?) y convertido en un imperio *solo* por la herencia de la dinastía austríaca de los Habsburgo», y que

---

[42] Lonely Planet, editor de guías de viajes, amplió su negocio mediante la creación de documentales basados en sus guías, y en la actualidad con amplia presencia en Internet.

[43] Henry Kamen, *Imperio: la forma de España como potencia mundial*, Aguilar, Madrid, 2003.

pudo «montar un gran negocio multinacional» gracias a una sola cosa: «la plata de América».[44]

Por su parte, Ricardo García Cárcel escribió el documentado libro *La leyenda negra. Historia y opinión*.[45] Con el propósito de «enterrar la creencia en ese mito, que ni es leyenda ni es negra, en tanto que la negritud viene contrapesada por los colores, *del rosa al amarillo*».

El escritor argentino Ernesto Sabato en su artículo «Ni leyenda negra ni leyenda blanca», publicado en el periódico *El País* en 1991, ante la proximidad del 500 aniversario del descubrimiento de América (1992), propuso una superación del «falso dilema» entre ambas leyendas, para presentar un enfoque que, sin negar y dejar de lamentar «las atrocidades perpetradas por los sojuzgadores», al mismo tiempo sea capaz de asumir la cultura, la lengua castellana y el mestizaje que se conformaron en las Américas.[46]

Los virreinatos en la realidad histórica

Al final, el mejor antídoto contra el tópico del imperio explotador quizá sea su poblamiento y urbanización, que distó mucho de ser un proceso azaroso o casual. En 1502 nació la hoy llamada «Organización urbana ovandina», de frey Nicolás de Ovando, gobernador de La Española, basada en el poblamiento de nuevos territorios: promoción de ciudades, estimulación del mestizaje, elección local de alcaldes y corregidores, etc.

Cortés siguió el modelo ovandino en la reconstrucción de Tenochtitlán de la que emergió México ciudad, con un repartimiento de tierras entre indígenas y españoles, según el modelo de trazo a cordel del plano de la nueva ciudad, que se basó en calles en línea recta y manzanas cuadradas (cuadras), con una plaza mayor o de armas (el viejo foro) destinada a ser el centro de la vida cívica.[47]

---

[44] María Elvira Roca Barea, *Imperiofobia y leyenda negra*, ob. cit., pág. 32.

[45] Ricardo García Cárcel, *La leyenda negra. Historia y opinión*, Alianza Editorial, Madrid, 1992, pág. 18, en María Elvira Roca Barea, *Imperiofobia y leyenda negra*, ob. cit., pág. 34.

[46] https://elpais.com/diario/1991/01/02/opinion/662770813_850215.html.

[47] María Elvira Roca Barea, *Imperiofobia y leyenda negra*, ob. cit., pág. 296.

En relación con lo que ahora llamamos *bienestar social*, en 1957, el catedrático de farmacología Francisco Guerra produjo general estupor en la Universidad de California —cuenta María Elvira Roca Barea—, al poner de manifiesto que «Lima, Perú, en los días virreinales, tenía más hospitales que iglesias y, por término medio, había una cama por cada 100 habitantes, índice considerablemente superior al que tiene hoy en día una ciudad como Los Ángeles»[48].

Henry Kamen, hispanista británico, contra la leyenda negra.

Adicionalmente, los españoles fundaron numerosos centros de educación superior, y se calcula que hasta la independencia egresaron de ellos 150.000 licenciados de todos los colores, castas y mezclas. Ni portugueses ni holandeses abrieron una sola universidad en sus imperios, y hay que sumar la totalidad de las creadas por Bélgica, Inglaterra, Alemania, Francia e Italia en su expansión colonial hasta 1800, para acercarse a la cifra de las universidades hispanoamericanas durante la época imperial.[49]

El listado que ofrece Wikipedia de las universidades y colegios virreinales en Hispanoamérica antes de 1810 es impresionante: 27 entidades consiguieron la real provisión, real cédula y bula o breve pontificio, con siete que siguen en funcionamiento (véase recuadro de pág. 275).[50]

---

[48] Francisco Guerra, University of California, *Bulletin*, 5, n.º 28 (25 de febrero de 1957), citado por Powell, *El árbol del odio*, pág. 35. Citado por María Elvira Roca Barea, en *Imperiofobia y leyenda negra*, ob. cit., pág. 300.

[49] Clementino Pastor Migueláñez, *Cultura y humanismo en la América colonial española*, Librosenlared, 2010, 2 tomos (libro Kindle), citado por María Elvira Roca Barea en *Imperiofobia y leyenda negra*, ob. cit., pág. 304.

[50] Debo esta referencia a Luisa Cruz Picallo, en su correo electrónico del 1-X-2018. https://es.wikipedia.org/wiki/Anexo:Universidades_y_colegios_virreinales_en_Hispanoam%-C3%A9rica#Universidades_fundadas.

También debe subrayarse que la administración de los reinos de Indias estuvo sometida, desde el principio, a sistemas cruzados de control y a contrapesos de poder que dificultaban la corrupción y la ineficacia, aunque es cierto que haberlas las hubo. Uno de esos procedimientos fueron los ya mencionados juicios de residencia, en los que se analizaban tanto la honradez en el trabajo como la consecución de objetivos, esto es, si el representante de la Administración había hecho correctamente todo aquello para lo que se le nombró. El juicio podía durar varios meses o años, y el responsable público no podía abandonar la ciudad en que había estado ejerciendo sus funciones hasta haber sido absuelto, y de ahí el nombre de *juicio de residencia*. El de Cortés duró más de seis años, ya se dijo, y solo se archivó (con más de 6.000 folios) por la muerte del conquistador.

La lengua española en las Américas

De la incidencia de España en las Indias de ayer, las Américas de hoy, la más importante es, sin duda, la lengua, con la realidad de casi 600 millones de hispanohablantes, siendo el español el idioma cotidianamente más hablado como primera lengua en los países en que es oficial; con la posibilidad de que en 2100 supere al chino, si se cumplen las previsiones del Fondo de Población de la ONU para China (su población caería a 900 millones solamente, algo más que dudoso), y si se estima la fuerte expansión poblacional en Iberoamérica.

La implantación del español en las Américas no fue un efecto inmediato de la conquista, sino que la lengua llevada desde España tuvo un tiempo largo de convivencia con las lenguas indígenas, que en parte hoy continúa. Hubo un cierto criterio de imposición de la lengua de los conquistadores solo al final de la era virreinal, que se acentuó con el nacimiento de las nuevas repúblicas hispanoamericanas ya independientes.

En ese sentido, Santiago Muñoz Machado ha subrayado cómo las Leyes de Indias emitidas en Burgos mantuvieron las encomiendas —a pesar de la presión de ciertos clérigos—, con mayor control oficial para evitar los abusos del trabajo de los indios, y con más preocupación por su adoctrinamiento y enseñanza.[51] En este último aspecto, cada encomendero que tuviera cincuenta indios, estaba obligado a designar al que le pareciera más hábil, a leer y a escribir en castellano, para que luego el así designado enseñara a los demás de la encomienda. De modo que, además de sobre «las cosas de la fe», también se planteó el aprendizaje de la lengua española.

Universidades en funcionamiento continuo desde su fundación

- Real y Pontificia Universidad de San Marcos, Lima, Perú, por Real Provisión del 12 de mayo de 1551, actual Universidad Nacional Mayor de San Marcos (UNMSM).

- Pontificia Universidad de Córdoba, Argentina, 1613, actual Universidad Nacional de Córdoba (UNC).

- Real y Pontificia Universidad de San Francisco Xavier, Sucre, Bolivia, 1624, actual Universidad Mayor Real y Pontifica San Francisco Xavier de Chuquisaca (USFX).

- Colegio Mayor de Nuestra Señora del Rosario, Bogotá, Colombia, hoy Universidad del Rosario, fundada por el arzobispo de Santa Fe en el Nuevo Reino de Granada fray Cristóbal de Torres en 1653, previa autorización del Rey Felipe IV, para enseñar filosofía, teología, jurisprudencia y medicina, actual Universidad del Rosario.

- Real y Pontificia Universidad de San Carlos Borromeo, Guatemala, por Real Cédula del 31 de enero de 1676, actual Universidad de San Carlos de Guatemala (USAC).

- Real Universidad de San Antonio Abad, Cuzco, Perú, 1692, actual Universidad Nacional de San Antonio Abad del Cuzco (UNSAAC).

- Real y Pontificia Universidad de San Gerónimo, Cuba, 1721, actual Universidad de La Habana.

Fuente: Wikipedia.

---

[51] Santiago Muñoz Machado, *Hablamos la misma lengua*, ob. cit., págs. 74 y siguientes.

En ese contexto, las instrucciones oficiales que preconizaban la enseñanza del español se enfrentaron con la opinión de los frailes, que creían más adecuado ser ellos mismos quienes aprendieran las lenguas locales para predicar en ellas... y seguir *mandando*. No obstante, se dictaron cuatro Reales Cédulas referentes a la lengua entre junio y julio de 1550, con verdadera intención castellanizadora, apoyadas en la aceptación voluntaria; manteniendo en paralelo la preocupación por el manejo correcto de las lenguas indígenas, sobre todo en la predicación.

En definitiva, las lenguas indígenas no se abandonaron, como muestra el hecho de que, en mayo de 1559, el franciscano fray Rodrigo de la Cruz pidiera a Carlos V que mandara a todos que aprendieran la lengua mexicana (náhuatl). Y Luis de Velasco, segundo virrey de la Nueva España, manifestó lo mismo a Felipe II años más tarde. Así, en la Real Cédula de 19 de septiembre de 1580, dio al náhuatl el título de «lengua general de los indios», por ser el medio más necesario para la enseñanza de la doctrina cristiana y para que los curas y sacerdotes administraran los sacramentos.

En el Colegio de Tlatelolco los idiomas para la enseñanza, siguiendo la recomendación de Ramírez de Fuenleal,[52] presidente de la Real Audiencia de Santo Domingo, fueron en latín y el náhuatl, prescindiendo del español porque se pretendía, sobre todo, que los futuros profesores indígenas instruyeran a los mexicas en su propia lengua, en tanto les enseñaran otras humanidades y ciencias en latín. El Colegio fue dirigido por los franciscanos, y participaron en él profesores muy notables y estudiosos frailes como fray Bernardino de Sahagún, pero al final fue un fracaso por no introducir el bilingüismo mucho más útil en español.

En ese ambiente de convivencia lingüística, las gramáticas en lenguas indígenas (hasta doce de ellas) se publicaron a partir de la primera mitad del siglo XVI. De modo que, en el citado Colegio de Tlatelolco, ya hubo gramáticas elementales de náhuatl, algo inusitado por comparación con otras colonizaciones.

---

[52] Noble, religioso, político y jurista español que ejerció los cargos de obispo de Santo Domingo y presidente de su Real Audiencia de 1527 a 1530. Desde su cargo intentó evitar las encomiendas vitalicias, y promovió la libertad de los indígenas, aunque sujetos al pago de tributos y a la justicia de los corregidores. Alentó a los misioneros franciscanos a la investigación de los pueblos prehispánicos, les propuso la fundación del colegio de la Santa Cruz de Tlatelolco para la educación superior de los jóvenes indígenas de estirpe.

Ciertamente, la tendencia hispanizadora empezó a cambiar con Carlos II, *el hechizado*, que a esos efectos firmó la Real Cédula de 25 de junio de 1690, recomendando ya un mayor uso del castellano.[53]

Hispanización de las Américas[54]

Las reformas borbónicas acometidas por Felipe V inmediatamente después de su acceso al trono y continuadas por sus sucesores, especialmente por Carlos III, incidieron en la Nueva España con nuevas orientaciones y con la recuperación de prerrogativas por

Cardenal Lorenzana: en defensa del español en América durante el reinado de Carlos III.

la Corona, en paralelo a la reducción del poder y la influencia de las instituciones eclesiásticas; toda una reorganización, pues, de la Administración sobre la base de una centralización más estricta.[55] Estas políticas incidieron en que el castellano fuera utilizado en todas las celebraciones religiosas, procesiones, congregaciones, espectáculos, corridas de toros, carnavales y fiestas de toda clase. Así como en la atención a los desvalidos y vagabundos, por entonces acogidos en instituciones de la Iglesia y en ejercicio de la virtud de la caridad, etc.

La figura más destacada por la fuerza y convencimiento con que defendió, en el siglo de la Ilustración, la enseñanza del español en América, fue Francisco Antonio de Lorenzana y Buitrón,[56]

---

[53] Santiago Muñoz Machado, *Hablamos la misma lengua*, ob. cit., págs. 389 y siguientes.

[54] Ibídem, pág. 280.

[55] Con carácter general, esa tendencia puede verse en Richard Herr, *España y la revolución del siglo XVIII*, Aguilar Maior, Madrid, 1988.

[56] Cardenal, historiador, liturgista y humanista ilustrado español. Desde el 14 de abril de 1766 al 27 de enero de 1772 asumió el arzobispado de México. Supo conjugar la fe católica con el reformismo ilustrado e intereses sociales e incluso científicos. Recogió y publicó las actas de los primeros concilios provinciales de México en 1555, 1565 y 1585. Desafortunadamente sus decretos, que envió a Madrid para ser confirmados, no fueron aprobados por los monarcas ni por el Papa y quedaron sin publicar.

arzobispo de México, quien en junio de 1769 dirigió una carta al rey Carlos III sobre la necesidad de la unidad lingüística en América. Con este objetivo, en su escrito arremetió contra la práctica de los misioneros de no predicar en castellano. Decía Lorenzana en su carta al Rey:

> «... a causa de que los párrocos y ministros hacen alarde de estar cada día más expeditos en los idiomas con la frecuente comunicación con los naturales, y no hay quien promueva en los pueblos el castellano, antes bien tiene noticia de que les impresionan en que es falta de respeto hablar en castellano o se les castiga si lo hacen...».

En 1768, Lorenzana dio a los párrocos y misioneros unas «Reglas para que los indios mexicanos sean felices en lo espiritual y en lo temporal», que concluían asumiendo la necesidad de usar el castellano para la explicación de la doctrina cristiana y en el trato común, para que los indios «aprendan y se suelten a hablarlo aun en aquellas cosas de comercio y trato económico. Y encarecemos lo mismo a la justicia secular, dueños de haciendas y demás personas que puedan contribuir a fin tan importante...».[57]

Carlos III acogió las recomendaciones del arzobispo Lorenzana promulgando dos Reales Cédulas sobre la necesidad de poner remedios urgentes. La primera de ellas, de 16 de abril de 1770, llevaba el siguiente expresivo título: «Para que en los Reynos de las Indias, islas adyacentes y de Pilipinas, se pongan en práctica y observen los medios que se refieren y ha propuesto el Arzobispo de México, a fin de conseguir que se destierren los diferentes idiomas de que se usa en aquellos dominios, y solo se hable en castellano». En la segunda Real Cédula de Carlos III, de 22 de febrero de 1778, además de recordarse la anterior de 1770, se introdujeron medidas para aplicar por gobernadores y corregidores.

---

[57] Santiago Muñoz Machado, *Hablamos...*, ob. cit., págs. 429-432.

Criollos, independencia e integración lingüística[58]

En las Américas, el independentismo frente a España era casi totalmente de naturaleza criolla, y por ello hispanohablante. A diferencia de levantamientos indígenas, como el de Túpac Amaru en Perú, que era proquechua. Por ello, en las nuevas repúblicas de la América antes española, se oficializó el uso exclusivo del español en todos los medios, con la aspiración de una unidad lingüística. Si bien es cierto que con el nacionalismo surgió un cierto independentismo lingüístico, como subraya Santiago Muñoz Machado:

> estuvieron unidos, como puede comprenderse fácilmente, en la oposición total contra la Real Academia Española, especialmente en su función estatutaria de fijar el idioma. Reconocer la autoridad de la Real Academia, fundada en 1713 y que a la altura temporal de las Independencias ya había preparado ocho ediciones de su *Diccionario* de la lengua castellana, era equivalente, para los románticos nacionalistas, a una prórroga indefinida de la colonización. Se había roto con España, definitivamente, desde un punto de vista político, pero no había habido separación cultural y lingüística. Aceptar los criterios idiomáticos de la Academia Española resultaba de todo punto inconveniente.[59]

En las nuevas repúblicas independientes, aunque no estuviera declarado como tal, el español ya era de hecho la lengua oficial en toda la administración, incluidas fuerzas armadas, gobernadores, alcaldes, etc. Y las nuevas escuelas públicas pasaron a enseñar únicamente en español, que era la forma de identificar la nacionalidad y consolidar y ampliar las capacidades de cada uno de la veintena de Estados. Como también plantea Muñoz Machado, «las sucesivas generaciones de criollos se preocuparon de fortalecer la identidad de la nueva república poniendo en juego los valores que habían heredado de sus padres, entre los cuales, de modo principal, la lengua».

---

[58] Ibídem, págs. 397 y siguientes.
[59] Ibídem, pág. 621.

«Por mi raza hablará el espíritu», fue el lema de José Vasconcelos, en 1920, para la UNAM: habla el espíritu iberoamericano con una lengua única y común, son los 600 millones de hispanohablantes de ambos hemisferios, parafraseando el artículo 1 de la Constitución de Cádiz de 1812 que decía: «España es la reunión de los españoles de ambos hemisferios».

Flotas de Indias y galeones

El transporte a España de metales preciosos y otros productos desde las Américas planteó difíciles problemas técnicos –dice Antonio Domínguez Ortiz–,[60] agravados por el estado de guerra casi permanente y por la profusión de piratas. Realidad que impuso el sistema de convoyes, organizado por un conjunto de leyes entre 1543 y 1566.

El sistema resultó costoso pero eficaz, y esa escolta de buques de guerra se costeó mediante un impuesto llamado de *avería*, que se recaudaba con un porcentaje variable del valor de los cargamentos, todo ello administrado por la Casa de Contratación. Tanto en el XVI como en el XVII, las pérdidas por la acción enemiga fueron relativamente escasas, inferiores a las causadas por la furia de los elementos.[61]

En principio, salían dos flotas anuales de Sevilla: una en primavera hacia Tierra Firme, América del Sur. Y otra en otoño a Nueva España. La primera, más importante, iba escoltada por ocho o diez galeones bien artillados. En tanto que la segunda llevaba menos protección. Las naos zarpaban del puerto de Sevilla con media carga, y aun así, el paso de la *barra* de arena

---

[60] *El antiguo régimen: los RR.CC. y los Austria*, ob. cit., pág. 253.

[61] Bibliografía sobre el tema: P. Chaunu, *Sevilla y América siglos XVI y XVII*, Universidad Sevilla, 1983; A. García-Baquero González, *La Carrera de Indias*, Algaida, Salamanca, 1992; M. Lucena Salmoral, «La Flota de Indias», *Cuadernos de Historia 16*, Barcelona, 1985; E. Mira Caballos, *Las Armadas Imperiales. La guerra en el mar en tiempos de Carlos V y de Felipe II*, La Esfera de los Libros, Madrid, 2005; E. Mira Caballos, *El sistema naval del imperio español. Armadas, flotas y galeones en el siglo XVI*, Punto de Vista Editores, Madrid, 2015; G. Pérez Turrado, *Armadas españolas de Indias*, Mapfre, Madrid, 1992; Augusto Thomazi, *Las flotas del oro. Historia de los galeones de España*, Swan, Madrid, 1985; G.J. Walker, *Política española y comercio colonial, 1700-1789*, Barcelona, 1979; Cynthia Zarin, «Green dreams. A mystery of rare, shipwrecked emeralds», *The New Yorker*, November 21, 2005, págs. 76-83.

que había en la desembocadura del Guadalquivir resultaba a veces muy penoso.

Al salir de Sevilla, se llevaban embarcados mercancías, víveres y agua, y la flota se dirigía a Cádiz para completar carga en virtud del privilegio llamado el *tercio de Cádiz*.[62] Hechas esas operaciones, se aguardaba a que los vientos fueran favorables y, tras una ceremonia religiosa, la flota entera se hacía a la mar.

El convoy llegaba a Canarias en ocho o diez días; repostaba, embarcaba vinos de las islas, y emprendía la travesía del Atlántico, siguiendo la ruta de los alisios hasta las pequeñas Antillas. La flota de Tierra Firme destacaba un navío a Venezuela, otro a Santa Marta (hoy Colombia), hacía escala en Cartagena de Indias y llegaba a Panamá, donde, en Portobelo, confluían los mercaderes procedentes del Perú y se celebraba la famosa feria. Después de cargar las mercaderías y la plata, la flota se dirigía hacia La Habana, vigilando especialmente el paso por el Canal de Yucatán, donde solían emboscarse los piratas

La flota de Nueva España hacía el mismo trayecto hasta las pequeñas Antillas, donde repostaba; luego enviaban un barco hacia Honduras, tocaba (no siempre) en La Española y llegaba a Veracruz, donde se hacía el intercambio de plata y productos. Luego iba a La Habana a reunirse con la flota de Tierra Firme y emprendían juntas el viaje de vuelta, haciendo escala en las Azores en los tiempos de *los Felipes,* reyes comunes a España y Portugal (en el periodo 1580-1640, véase el mapa de la pág. 283).

Chaunu enumeró un total de 10.438 buques salidos de España para Indias entre 1500 y 1650, contando solo 7.323 regresos. Diferencia que se explica porque muchos de los buques, por su corta vida, eran desguazados al llegar a las Indias; y también porque el flete de vuelta era mucho menor que el de ida, aunque de mucho más valor por los metales preciosos. Dentro de ese esquema, en cada viaje no solo perecían muchos tripulantes en la navegación, sino que muchos más se quedaban clandestinamente en las Indias.[63]

---

[62] Antonio Domínguez Ortiz, *El antiguo régimen: los RR.CC. y los Austria*, ob. cit., pág. 254.
[63] Ibídem, pág. 255.

Como subrayó Antonio Domínguez Ortiz,[64] es posible, según datos de E. Otte y W. Brulez,[65] que las cifras dadas por Chaunu sean cortas, por no haber tenido suficientemente en cuenta los fallos documentales, así como los viajes clandestinos, no obstante lo cual esa información refleja con bastante aproximación el volumen de tráfico en las sucesivas coyunturas.

El tonelaje de la flota es más difícil de determinar, aunque sí cabe precisar que las mayores naos llegaban a las mil toneladas, en tanto que las *merchantas* se mantenían por debajo de las 500, y había muchos fraudes en el arqueo.

Las flotas contribuyeron a que la moneda española circulara en toda Asia y, en ese sentido, en un artículo de A. Hazan[66] se demuestra el paralelismo entre la circulación monetaria de la India y las arribadas de plata americana. Es bien sabido que hasta el siglo XIX circulaban en China los ocho reales de plata españoles. En Europa también se vivía pendiente de la llegada de los galeones: «Solo saldremos de esta angustia cuando sepamos que la flota está en seguridad, porque se trata de algo que sirve de regla a todo el mundo», esto lo escribían los Bonvisi de Lyon al mercader y financiero medinés Simón Ruiz, quien ideó el lema *Hispaniarum et Indiarum rex* para las acuñaciones.[67]

El comercio con las Indias estuvo muy controlado por ley y, al principio, se concentró todo en Sevilla, que tuvo el monopolio hasta 1717, cuando la Casa de la Contratación pasó a Cádiz. Los ingleses, holandeses y franceses trataron de romper ese monopolio, pero realmente este duró más de dos siglos. Así, España se convirtió aparentemente en el país más rico de Europa, pero con esa riqueza se sufragaron durante los siglos XVI y XVII las guerras contra los protestantes del centro y el norte de Europa, en medio de una enorme inflación que dañó muy gravemente la economía española y singularmente a la industria otrora floreciente en Castilla.

---

[64] Junto a él trabajé de 1970 a 1973, en el equipo que hicimos la *Historia de España* dirigida por Miguel Artola.

[65] Recesiones presentadas por W. Brulez en la *Revue Belge de Philologie et d'Histoire* (n.º 42, 1964), y por E. Otte en *Moneda y crédito*, n.º 88 de 1960, y en la *Revista de Indias* (1964).

[66] Citado por Antonio Domínguez Ortiz, ob. cit., págs. 290-291.

[67] Ibídem, pág. 256.

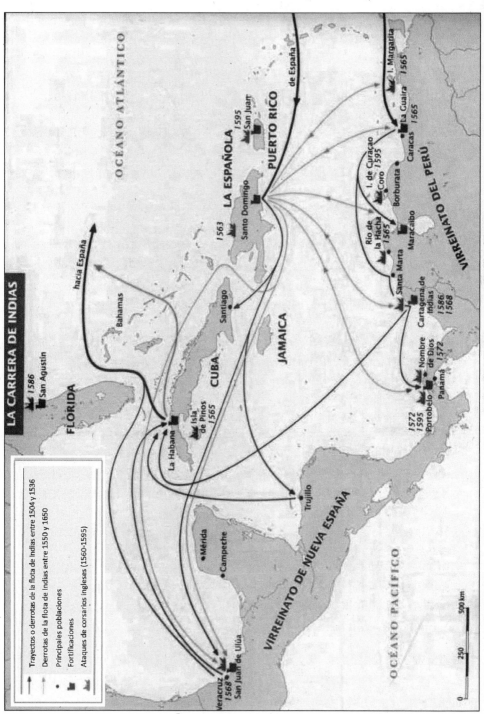

Fuente: Fernando García de Cortázar, *Atlas de Historia de España*, ob. cit., pág. 141.

La última flota de Indias zarpó de Cádiz en 1776, cuando la Corona abrió todos los virreinatos y las capitanías generales al mercado libre con la Península y viceversa. Pero, en cualquier caso, durante más de 250 años de flotas de Indias, las pérdidas por ataques fueron mínimos, por lo que cabe calificarlas como una de las operaciones navales de mayor éxito de la historia. De hecho, en los tiempos de existencia de la flotas de Indias, solo tres convoyes fueron hundidos o apresados, dos por los ingleses y otro por los holandeses. La flota de 1628 fue capturada por el holandés Piet Hein en la batalla de la Bahía de Matanzas (norte de Cuba, 1628). Y la de 1656 fue capturada por los ingleses Richard Stayner y Robert Blake. La de 1702 fue destruida por ingleses durante la batalla de Rande, ya en la Ría de Vigo.

También hubo corsarios españoles, el más famoso de ellos, Amaro Pargo, cuya participación en la carrera de Indias comenzó en el bienio 1703-1705, cuando era dueño y capitán de las fragatas *Ave María* y *Las Ánimas*, que cubrieron la ruta Santa Cruz de Tenerife-La Habana. Reinvirtió los beneficios del comercio americano en sus heredades de Canarias, destinadas principalmente al cultivo de la vid (malvasía), cuya producción se enviaba a América.[68]

La flota de Indias estaba compuesta por tres tipos de buques: mercantes, ya comentados, de guerra y *de aviso*. Los buques de guerra acompañaban a los mercantes en los convoyes para defenderlos en caso de ataque. Se estableció que no podían llevar mercancías, aunque en la realidad se introdujeron muchas de contrabando. El armamento del que disponían los barcos se estableció detalladamente por la Real cédula del 10 de julio de 1561, de modo que la propia tripulación de esos buques estaba armada también y luchaba en caso de ataque.

Los navíos *de aviso* eran embarcaciones muy ligeras, de menos de 60 toneladas y, por lo tanto, eran bastante más veloces.[69] Eran las encargadas de llevar a América la noticia de que la flota estaba a punto de salir. Estos navíos no podían llevar pasajeros ni mer-

---

[68] Manuel de Paz Sánchez y Daniel García Pulido, *El corsario de Dios. Documentos sobre Amaro Rodríguez Felipe (1678-1747)*, Documentos para la Historia de Canarias, Francisco Javier Macías Martín (ed.). Canarias, Archivo Histórico Provincial de Santa Cruz de Tenerife, 2015.

[69] Víctor Vicente García, *La flota de Indias*, en www.revistadehistoria.es, 10.VIII.2018.

cancías, cosa que incumplían con frecuencia. Fueron de propiedad particular hasta el reinado de Carlos III, momento en que se establecieron los *correos marítimos*, pasando a ser de la marina real. Las funciones fundamentales de los avisos eran tres: informar sobre la llegada de las flotas y sobre el estado del mercado indiano, y traer numerario de Indias.[70]

Alimentos de ambas orillas

Sobre el tema del intercambio de alimentos entre las dos orillas del Atlántico, le pedí ayuda a Gonzalo Sol, amigo desde la infancia a la senectud, y miembro de la Real Academia de Gastronomía. Y Gonzalo, expresamente para este libro, preparó el pasaje completo que sigue, enteramente suyo. Se lo agradezco en el alma.

Lo que llegó de las Indias

Del nuevo continente trajimos unos treinta alimentos (y sus derivados):

- 2 CEREALES: maíz y quina (o sea, la quinúa o quinoa, completísimo pseudocereal de enorme poder nutritivo, que es además óptimo para celíacos).
- 3 LEGUMBRES: dos clases de alubias y el cacahuete.
- 13 HORTALIZAS: patata, batata, tomate, pimiento (pimentón), varios ajís y guindillas, boniato, yuca, mandioca, zapalla (la calabaza), girasol (pipas) y calabacín (que, quizá, sea asiático).
- 1 SOLO CÁRNICO: el pavo. Hay quienes aseguran que allí casi no se ingerían más proteínas animales de unos pequeñísimos roedores (del tamaño de los hámster, por ejemplo), que no trajimos a Europa, salvo para la orgullosa

---

[70] De indudable interés, dentro del tema de las flotas a Indias, fue la llamada *flota del azogue*, dedicada al transporte de mercurio para el laboreo de los metales preciosos en la Nueva España. Sobre esta cuestión, Vicente de Olaya, «Última travesía de los reyes del mar», *El País*, 22-IX-2018.

presentación de productos americanos que Colón hizo a Isabel y Fernando en Barcelona al regreso de su segundo viaje, en abril de 1493 (pero no los adoptamos para la despensa).

- 9 FRUTAS: chirimoya, guayaba, aguacate, cacahuete, papaya (llamada lechosa en varios países sudamericanos), níspero, magüey (hoy ágave), maracuyá (llamada parchita o *fruta de la pasión*), el coco (que también pudiera ser atribuido al sur de Asia), el fresón (que llegó más tarde de Norteamérica) y la piña, que utilizaban como analgésico y antiinflamatorio local,… y que en el siglo XX, cuando yo esquiaba y jugaba al baloncesto, a veces tenía que tomar en su moderna forma farmacéutica: el «Ananase».
- 2 AROMATIZANES: vainilla (el «caviar vegetal»), cacao (para chocolate).

En total: 31 alimentos y 3 derivados.

Lo que se llevó a las Indias

A América llevamos alrededor de 87 alimentos, es decir, el triple de cuantos trajimos (y también sus derivados, claro):

- 9 CEREALES y sus elaboraciones: trigo (harina, pan y pastas), cebada, avena, centeno, mijo y arroz.
- 14 ESPECIAS Y CONDIMENTOS: café, tomillo, laurel, romero, mentas, jengibre, ruibarbo, cominos, ajos, salvia, perejil, clavo, canela y azafrán.
- 20 HORTALIZAS: alcachofas, berzas, habas, guisantes, espárragos, espinacas, berenjenas, repollos, puerros, pepinos, acelgas, coles, lombardas, hierbabuena, espárragos, rábanos, zanahorias, alcaparras, lechugas y cebollas,
- 2 LEGUMBRES: lentejas y garbanzos.
- 14 CÁRNICOS y sus derivados: vacuno, ovino, caprino, porcino (por lo que leche, quesos, embutidos y chacinas), así como conejos, perdices, codornices, pollo y otras aves de corral (por lo que también huevos).

- 28 FRUTALES y derivados: caña de azúcar (azúcar), olivos (aceite,… y las frituras), vides (por lo que vino y vinagre), manzanos, perales, naranjos, mandarinos, toronjas, limoneros, membrillos, melocotoneros, castaños, granados, albaricoqueros, higueras, granados, sandías, meloneros, membrilleros, palmeras, datileros, cerezos, plataneros y pomeleros (considerado el *citrus paradisi*).

O sea: 87 alimentos y 12 derivados. Por cierto, también llevamos a las Indias la rueda, para toda clase de vehículos y otros usos; y el caballo, noble animal, que después de desaparecer de América unos 15.000 años antes, tuvo un incalculable valor: sin él todo habría sido más difícil y lento en la fantástica evolución del Nuevo Mundo.

Colofón al capítulo 9: contexto social: población, leyenda negra, lenguas, flotas, alimentos

—Un capítulo muy novedoso el de ese quinteto de cuestiones que ofrece. Pero no sé muy bien si viene a cuento en un libro como el que usted nos ofrece.

—Pues yo creo que sí. En población, un soldado de Narváez llevó la primera viruela a México; iniciándose así un colapso demográfico más que trágico, nadie lo niega. Resultando fundamental la referencia a la miscegenación, que fue muy rápida y de gran alcance. Tanto por la drástica reducción de los pobladores indígenas, como por la actividad erótica de los españoles, con un mestizaje que se valora de muy distinta forma, por indigenistas y *europeístas*.

—¿Y del genocidio…?

—Que en vez de genocidio, lo que hubo fue la invasión microbiana y bacteriológica, amén de virus, con las enfermedades europeas que se extendieron en grandes epidemias. Para genocidio, el de los albigenses por la Inquisición francesa, o de Alemania en la guerra de los Treinta Años, o el Holocausto de Himmler-Hitler. Sin olvidar los belgas en el Congo del rey Leopoldo II. O las exquisiteces de los británicos en India cuando se sublevaron los cipayos. O el abandono por Churchill de los bengalíes en plena Segunda Guerra Mundial, que significó la muerte de tres millones de personas, que sucumbieron por el hambre, cuando los británicos tenían suficiente trigo que darles: «Que os dé de comer Gandhi», dicen que dijo el poliédrico Winston W. Churchill.

—Y de la leyenda negra, ¿por qué? Y dígame si sigue o está en retirada...

—La razón está clara: los holandeses odiaban a Felipe II y querían hacerse con lo que luego fueron las Indias Orientales de Portugal. Los ingleses tenían sus corsarios, que vivían del oro y la plata de la conquista. Los franceses no cejaron en vituperar contra España, desde que Carlos V salió triunfante en la elección a emperador de Alemania, fracasando el candidato Francisco I, su poderoso rey. Y los italianos tenían a los españoles *dentro de casa*, en Milán, Nápoles, Sicilia y Córcega... En 1898, los mismísimos *gringos* forjaron su propia leyenda negra para formar su primer imperio con los restos de las posesiones ultramarinas de España (Cuba, Puerto Rico, Filipinas y Guam).

—Y de las lenguas...

—Pues que en México, por parte por los dominicos y franciscanos, hubo respeto por las hablas nativas, hasta el punto de que se expandió el uso del náhuatl como lengua franca y escrita de toda la Nueva España. Si bien es cierto que al final hubo un avance del castellano, o español, con los Borbones. Y después ese impulso fue más fuerte con las nuevas repúblicas hispanoamericanas independientes con sus escuelas públicas para *hacer país*.

—Y de las flotas de Indias, ¿qué?

—Inevitablemente, hubo que organizarlas. El Atlántico, y sobre todo el Caribe y el golfo de México se infectó de piratas, obligando a configurar formaciones protegidas por barcos bien artillados de la Armada. Un antecedente de lo que se apreció en la Segunda Guerra Mundial con los convoyes protegidos por destructores y otros buques de guerra contra los submarinos alemanes... Y resulta que, salvo en tres ocasiones, todas las flotas se salvaron, en lo que globalmente fue un éxito.

—Por último, en el quinteto de este capítulo 9: los alimentos...

—Un tema glorioso que nos aporta Gonzalo Sol: ¿qué sería hoy de nuestra alimentación y buen gusto sin el maíz, el tomate, o sin el chocolate, la papa o la palta (aguacate)? Inimaginable. Fue un gran encuentro entre dos mundos, porque ciertamente también se llevaron a las Indias productos europeos hoy esenciales, como la caña de azúcar, café, muchos cereales, leguminosas varias, etc.

Capítulo 10

La conquista de un imperio

Las claves de una historia

Lo más impresionante de todo es que, entre 1492 y 1572, solo 80 años, España ocupó un espacio muy importante de las áreas que le fueron atribuidas por las bulas papales y el Tratado de Tordesillas. Y precisamente la forma de ese cumplimiento territorial se especifica de forma esquematizada en este capítulo, cuya clave radica precisamente en las concesiones pontificias, con una actividad exclusivamente de España en décadas, si se exceptúa la misión enviada en 1521 por Francisco I de Francia a lo que hoy es Canadá.

Uno se pregunta cómo es posible que potencias como Inglaterra, Dinamarca, Suecia, Rusia y otras no decidieran intervenir también en los primeros tiempos de la ocupación española en las tierras descubiertas inicialmente. Podría haber sido por la decisión papal de donar esos amplios espacios a una de las monarquías, Castilla, más pujantes de la cristiandad. Pero también es cierto que hubo un espíritu de decisión muy potente, basado primero en la iniciativa pública (en la isla La Española y sus aledaños), y después con el sistema de capitulaciones, con el marco muy especial, diseñado por el propio Cortés, para México.

En cualquier caso, está claro que la conquista de la Nueva España fue determinante como modelo para todas las demás incursiones que se produjeron en el *hemisferio español*: con atrevimientos, coraje y gran resistencia personal a las adversidades. Esas fueron algunas de las notas del proceso.

Habría sido interesante comparar el tema de España con el de Portugal para su propio hemisferio; sobre todo a partir del virreinato luso de la India en Goa. Pero estoy seguro de que el lector comprenderá que no podíamos entrar en esa área, por el amplio espacio de texto que habría requerido.

A los efectos de desencriptar la historia de España desde 1494, entramos ahora en un desarrollo de la exposición que tuve ocasión de hacer en la Real Liga Naval Española, en una sesión académica del 5 de marzo de 2016, cuando me referí a las navegaciones y conquistas españolas de los siglos XV y XVI. En ese sentido, la Línea de Demarcación de Tordesillas, separando los dos hemisferios del globo, ya lo vimos en el capítulo 1 de este libro, significó la primera globalización: el meridiano, de polo a polo, definido por 370 leguas marinas (2.055,97 kilómetros) al oeste de Cabo Verde.

La donación de Tordesillas

Castilla, como parte del Estado español en ciernes, asumió el *derecho* —otorgado por el papa Alejandro VI— de hacerse con el dominio de un hemisferio terrenal cuyo límite era aún desconocido, a 180° de la primera línea de demarcación, al otro lado del mundo, todavía sin posibilidad de definir tal *antemeridiano*. Tampoco se sabía que las Indias descubiertas por Colón era todo un Nuevo Mundo, y que al oeste se hallaba el mayor océano del planeta, ignorado por completo hasta 1513, por la descubierta de Balboa.

En definitiva, la conclusión es clara: la clave de las conquistas españolas entre 1494 y 1574 fue el Tratado de Tordesillas, al resultar que entre la línea de demarcación que se trazó en 1494 y su antemeridiano había un gigantesco espacio, medio mundo, otorgado por el Papa. Nadie mejor que Francisco I, el poderoso rey de Francia, vio la clave decisiva que fue Tordesillas, cuando comentó sarcásticamente: «El sol luce para mí como para otros. Quisiera ver el testamento de Adán que excluye a Francia de la división del mundo».[1]

Claro: no podía haber un tercer hemisferio galo. Según el Papa, sus beneficiarios eran solo España y Portugal. Y por eso mismo, indignado, Francisco I, despreciando las bulas papales y Tordesi-

---

[1] A. Thomazi, *Les flottes de l'or. Histoire des galions*, Broché, París, 1956.

llas, envió sus navíos a América del Norte, buscando –como lo había hecho Carlos V con Magallanes en 1519– un paso del Atlántico al Pacífico. Lo cual, ya más adelante, con Jacques Cartier, llevó a la colonización francesa de Quebec y, posteriormente, a la propia Luisiana. Un proceso quebrado por los británicos en la guerra de los siete años (1754-1763), cuando acabaron con el dominio galo de Luis XV en Canadá y la India.

En lo que sigue, veremos qué pasó con la ocupación del vasto hemisferio español, que se consolidó en cuatro virreinatos, que tomamos como subespacios para mejor apreciar las casi increíbles acciones emprendidas. En todo ese proceso la clave estuvo en el primer gran golpe, que después de 26 años de ocupación de las Antillas (1492-1518), dio Cortés con la conquista de México, que fue el verdadero modelo de los sucesivos capítulos históricos, como pasamos a ver.

Virreinato de la Nueva España

Aparte de la Nueva España originaria, conquistada directamente por Cortés hasta 1526 (incluyendo lo recorrido a Las Hibueras, mucho más largo que el de Veracruz-Tenochtitlán), el territorio de la Nueva España se expandió a lo que es el México actual (incluyendo la Nueva Galicia por las conquistas de Nuño de Guzmán), con avanzadas hacia el norte por el virrey Mendoza, que amplió el espacio dominado con sus expediciones en busca de las siete ciudades de Cíbola. Y lo propio hicieron los siguientes virreyes. A lo cual se unieron las expediciones de Juan de Oñate, aún más al norte, a todo lo que son los actuales estados de Texas a California y Nevada en EE.UU.

Así las cosas, en el siglo XVIII, la gran Nueva España, hasta el actual estado de Oregón, abarcaba el sureste de lo que hoy es EE.UU. Una extensión que se amplió al adquirir España la Luisiana (1760-1803), cedida por Francia, con lo que se avanzó hacia el este hasta el Mississippi, y al norte hasta llegar a lo que hoy es Canadá. Con una extensión máxima de dominio hispano en 1780 en América del Norte, cuando se recuperaron de Inglaterra las dos Floridas, cedidas antes, merced a la acción de reconquista del gobernador de Luisiana Bernardo Gálvez durante la guerra de la independencia de EE.UU. (1775-1783). En aquel tiempo, España tenía bajo su soberanía más de tres cuartas partes de los actuales Estados Unidos, como puede verse por el mapa que figura en el capítulo 11.[2]

Virreinato del Perú

Francisco Pizarro, ya con 50 años de edad (1528) y veterano de las Indias desde 1502, decidió unir sus fuerzas con las de Diego de Almagro y las del clérigo Hernando de Luque para explorar al sur de Panamá, que ya estaba conectado con la Nueva España por las conquistas de Alvarado al Norte y las de Pedrarias al sur (hasta Nicaragua).

Pizarro y sus socios abordaron la conquista del gran imperio de los incas —ciertamente precedidos por la viruela que allí habían llevado los españoles en sus primeras avanzadas en 1525—, hasta Tumbez, con una serie de episodios (*los trece de la fama*, etc.). Lo que le permitió a Pizarro hacer una primera valoración de las grandes riquezas que podían encontrarse en el todavía llamado *Birú*. Con esa idea viajó a España, donde en 1529 consiguió de la corte las capitulaciones con la firma de la reina-emperatriz-regente, para *conquistar y poblar*. En este viaje coincidió con Cortés, según se ha visto en el capítulo 7 del libro,[3] donde dimos a ese encuentro una cierta trascendencia en cuanto a la forma de hacerse Pizarro con los territorios de los incas.[4]

Efectivamente, ¿cómo fue posible que Pizarro, con tan pocos efectivos pudiera vencer a tantos? En realidad, se siguió el *modelo Cortés*: mayor superioridad estratégica, prevalencia tecnológica (pólvora, artillería, arcabuces y caballos) y lo intrépido del plan de Pizarro, cuyas intenciones no habían sido previstas por Atahualpa, al estimar este a los españoles como un grupo minúsculo

---

[2] La Luisiana se devolvió a Francia, por Godoy a Napoleón, en 1803, y las Floridas se vendieron a EE.UU. en 1819. Luego, México perdería más de la mitad de su territorio en guerra con EE.UU. en 1848.

[3] César Cervera, «Hernán Cortés vs. Francisco Pizarro, la familia española que conquistó los grandes imperios de América», *ABC*, 3-III-2016.

[4] Esteban Mira Caballos, *Francisco Pizarro. Una nueva visión de la conquista del Perú*, ob. cit., con abundantes anexos, bibliografía, etc.

e inofensivo, y caer en manos de los invasores en Cajamarca. Y pese a que los súbditos pagaron un fuerte rescate que les exigió Pizarro, Atahualpa fue ejecutado.

Ese luctuoso hecho marcó el principio del fin del imperio inca a través de una guerra en que los españoles aprovecharon las desavenencias entre los naturales del país, como en México había hecho Cortés. Luego, la guerra se prolongó por las pugnas entre los propios conquistadores. Almagro murió a manos de los pizarristas en 1538, a su vuelta de Chile. Y Pizarro, en 1541, en su palacio de Lima, por la espada de los almagristas.

Para resolver esas guerras en Perú, Pedro de Lagasca (Navarregadilla de Ávila, 1493-Sigüenza de Guadalajara, 1567), canónigo formado en la Universidad de Salamanca (uno más de la gran *Alma Mater*) y amigo del influyente cardenal Tavera, consejero de Carlos V, fue nombrado presidente de la Real Audiencia de Lima en 1546. Sin más, el canónigo se embarcó, pasando por Nueva Granada, y al llegar al Perú se encontró con los plenos poderes reales pero sin ejército alguno. Sin embargo, con gran *auctorictas*, logró que se pusieran de su parte Sebastián de Belalcázar y Pedro de Valdivia. Y, en 1548, con sus ejércitos derrotaron a Gonzalo Pizarro. En 1550, pacificado el Perú, Lagasca volvió a España con grandes tesoros para Carlos V, lo que le promovió a señor y obispo de Sigüenza, donde murió en 1567.

De Chile, tras un primer intento de Almagro, se ocupó Pedro de Valdivia, que hubo de enfrentarse a los araucanos o mapuches. A este tema, incluyendo la historia de su compañera Inés Suárez, ya nos hemos referido en el capítulo 3.

Nueva Granada

Gonzalo Jiménez de Quesada (Córdoba 1506-Bogotá 1579), tal vez judío converso, tenía formación de abogado, seguramente de la Universidad de Salamanca (siempre Salamanca), y había trabajado algún tiempo en la Real Audiencia de Granada. Muy joven y ante la adversidad de algún negocio familiar (tintorería) en su Córdoba natal, él y sus hermanos Hernando y Francisco, decidieron emigrar a las Indias con la idea de mejorar su fortu-

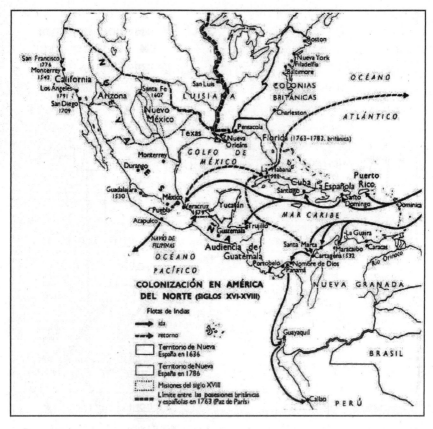

El Imperio español en América del norte. *Fuente:* Enciclopedia Larousse en español, Planeta, 1965.

na.[5] Allí, su primer destino fue Santa Marta, en la actual Colombia, en 1534, donde había escasez de caballos, armas, vituallas y vivienda. Por lo cual, junto con otros descontentos ante esa situación, montó una expedición en la cual fue el justicia mayor y teniente general, y su hermano Hernando, alguacil.

La expedición partió de Santa Marta el 5 de abril de 1536 con seiscientos hombres, incluidos setenta jinetes, para remontar el río Magdalena en varios bergantines durante varios meses de recorrido hasta llegar a un lugar llamado La Grita en marzo de 1537

_____

[5] Hugh Thomas, *El imperio español de Carlos V*, Booket, Planeta, Barcelona, 2012, págs. 429 y siguientes. No nos referimos específicamente a Alonso de Ojeda (1466-1516), que estuvo en varias navegaciones entre las que hoy son Venezuela y Colombia, que tras toda clase de aventuras y naufragios poco provechosos, terminó sus días en un convento franciscano en La Española, en 1516.

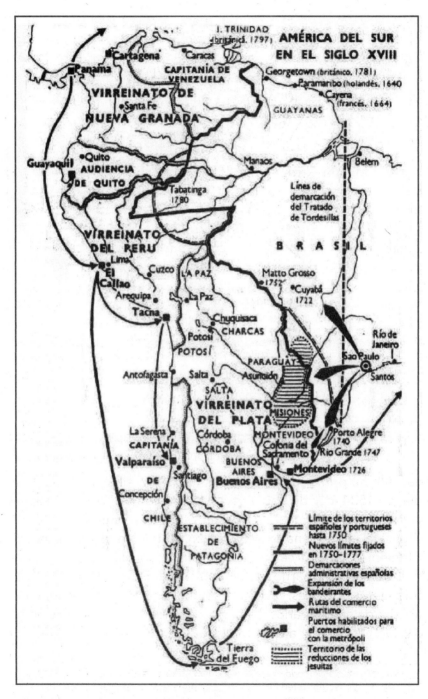

El Imperio español en América del sur. *Fuente:* Enciclopedia Larousse en español, Planeta, 1965.

–donde se descubrió oro fino–, para después alcanzar la localidad de Guachetá, donde encontraron las primeras esmeraldas. Allí libraron escaramuzas contra los indígenas enviados por un cacique conocido como *Bogotá*, que, superado por los españoles, huyó a las montañas cercanas, donde más tarde halló la muerte junto a lo principal de su tesoro.

Halladas esas riquezas, Jiménez de Quesada separó el quinto real y decidió colonizar el elevado territorio de clima fresco y húmedo, fundando la ciudad de Santa Fe de Bogotá –en recuerdo del cacique–, donde estableció una fuerza suficiente para garantizar la conquista territorial.

Con la misma intención también de conquistar nuevos espacios, tras un tiempo en la actual Venezuela, el alemán Nicolás Federmann, que actuaba por encargo del banquero Welser –a quien Carlos V había cedido en hipoteca parte de aquellos territorios–, alcanzó el altiplano de Bogotá. Y lo mismo sucedió con Sebastián de Belalcázar, que procedía de las huestes de Pizarro y Almagro del Perú, en expedición que previamente había conquistado el Reino de Quito.

Para Federmann fue un duro golpe descubrir al final de un duro viaje de dos años que el territorio que él buscaba ya estaba ocupado por otros, y otro tanto le sucedió a Belalcázar. Sin embargo, los tres conquistadores fueron realistas y suscribieron un acuerdo para dejar a sus hombres bajo el control de Hernando Jiménez de Quesada, e ir luego a España para que el Consejo de Indias decidiera quién gobernaría la amplia región que ya controlaban.

El Consejo decidió al principio en favor de Jiménez de Quesada como siguiente gobernador del territorio de Bogotá, pero posiblemente debido a su calidad de converso, parte del Consejo se opuso a tal nombramiento, y fue el propio emperador quien le apoyó. En 1550 volvió al reino de Nueva Granada, con el título de mariscal, con escudo de armas y el nombramiento de Adelantado.[6] En cuanto a Federmann, tras muchas vicisitudes, le sorprendió la muerte en Valladolid en febrero de 1542.

De los tres conquistadores que se encontraron de manera tan inesperada en Bogotá en 1540, el que más prosperó fue Jiménez

---

[6] Boletín Cultural y Bibliográfico, Colombia, 1970.

de Quesada, pero Belalcázar, también fue bien tratado: se le nombró Adelantado del Popayán, un amplio territorio en medio de los actuales Ecuador y Colombia. Aunque, al final, también tuvo todas las complicaciones del mundo.

Río de la Plata

El territorio que luego fue el virreinato del Río de la Plata (creado en 1776), lo formaban partes de lo que hoy son Argentina, Bolivia, Paraguay y Uruguay. En esa extensa área, la presencia española empezó con una primera incursión en el Mar del Plata debida a Juan Díaz de Solís (1515), que penetró por el estuario del Paraná, convenciéndose de que por allí no estaba el tan buscado paso del Atlántico al Pacífico.

Jiménez de Quesada, conquistador del Reino de Nueva Granada en competición con Federmann y Belalcázar.

Y pronto retornó a España debido al fuerte castigo que le infligieron los indios.

El segundo intento fue el de Sebastián Gaboto, el primero en llamar a la zona *Río de la Plata*, porque por allí se encontraron criaderos de peces que, a la luz del sol, eran relucientes como la plata. Luego remontó el Paraná y llegó a la altura de la actual ciudad de Rosario, donde estableció un fuerte (1524). Pero ante la concurrencia de otro aspirante al territorio, Diego García de Moguer, entraron en pleito, por lo que ambos se volvieron a España para que el Consejo de Indias decidiera. Ninguno de esos dos exploradores retornó al lejano sur.

Un tercer intento llegó en 1534 con la expedición de Pedro de Mendoza, verdadero fundador del primer Buenos Aires, si bien el asentamiento elegido fue abandonado al poco tiempo, para seguir río arriba la expedición mandada por Juan de Ayolas, sucesor *de facto* de Pedro de Mendoza, quien buscó el camino al Perú, llegando al puerto de la Candelaria (luego Asunción).

Entre los que quedaron en La Candelaria estaba Domingo Martínez de Irala, vasco nacido entre Vitoria y Durango, que iba acompañado por Rodrigo de Cepeda, hermano que era de Santa Teresa de Jesús. Irala llevó río arriba a la mayoría de los pocos españoles que quedaban en el Buenos Aires de Mendoza, y fundó en 1537 la ciudad de Asunción, hoy capital de Paraguay. Allí tuvo relación con Alvar Cabeza de Vaca, que llegó desde España vía Brasil, en 1540, después de sus grandes recorridos por el sur de lo que hoy es EE.UU. y al norte del actual México. Pero la falta de entendimiento entre ambos personajes hizo que, al final, el esforzado explorador sureño volviera a España sin más gloria.[7]

Martínez de Irala continuó muy activo y recorrió todo el territorio de lo que es hoy Paraguay y sur de Bolivia, donde uno de sus capitanes, Ñuflo Chaves, fue el fundador de Santa Cruz de la Sierra, hoy segunda ciudad de Bolivia, llegando a conectar –sin más secuencias– con Lagasca, por entonces pacificador del Perú según se vio anteriormente.

Ulteriormente, desde Paraguay y también desde Perú, fueron muchas las expediciones a lo que hoy son Uruguay y Argentina. Y fue el Adelantado Juan de Garay quien fundó San Salvador, junto al río Uruguay, convirtiéndose en teniente, capitán general y alguacil mayor de las provincias del Río de la Plata, hasta el punto de ser considerado como el verdadero fundador de Argentina.

En 1580 Garay navegó hacia el sur y, con un destacamento compuesto por unos sesenta hombres escogidos, además de mil caballos y quinientas cabezas de vacuno, refundó una nueva ciudad, que pronto se convirtió en un centro de negocio y cultura mucho mayor que Asunción, el definitivo Buenos Aires.

En toda la segunda mitad del siglo XVI, la Compañía de Jesús (SJ), tuvo una gran actividad en lo que hoy son sur de Bolivia, norte de Argentina, Paraguay y sudoeste de Brasil. Los jesuitas lograron grandes éxitos en su labor de conversión al cristianismo de los guaraníes, y llegaron a transformar sus fundaciones en algo cercano a un Estado independiente, que administraban con gran eficiencia, dictando sus propias leyes, sin someterse a las de las autoridades españolas, como una singular semiteocracia utópica

---

[7] Hugh Thomas, *El señor del mundo. Felipe II y su imperio*, ob. cit., págs. 221-222.

Izquierda: Martínez de Irala, fundador virtual del Paraguay. **Derecha:** Juan de Garay, verdadero precursor de Argentina.

altamente creativa.[8] En tiempos de Carlos III, ese excesivo poder llevó a la expulsión de la SJ de España y al final de sus importantes e interesantes experiencias en América del sur, de las que quedan construcciones de gran valor y piezas musicales barrocas de indudable calidad.

Plus Ultra y dólar

Queda, pues, resumido cómo se abarcó el espacio conferido a España en el Tratado de Tordesillas, que en realidad tendría que haber abarcado dos tercios del actual Brasil, por el derecho de conquista que adquirió Orellana, el gran viajero del Amazonas, pero que no llegó a hacerse efectivo para España. Y en el transcurso del reinado de los Felipes (II, III y IV en España, y I, II y III en Portugal), los *bandeirantes* lusos aprovecharon la unión de las coronas para ir mucho más allá de la línea de demarcación a la que ya nos hemos referido antes, según se vio en el capítulo 1 de este libro.

---

[8] Hugh Thomas, *El señor del mundo. Felipe II y su imperio*, ob. cit., pág. 223.

Frente a tanta diligencia en la conquista y ocupación de territorios en la América hispana, será interesante destacar que en la América anglosajona las cosas fueron más lentas. Desde 1620 –que se conmemora actualmente con el llamado Día de Acción de Gracias– a 1848 –guerra de EE.UU. con México– en total pasaron 228 años.

A la postre, la conquista de América por los españoles –con la preeminencia de Cortés– fue de una extensión mucho mayor que la del Asia de Alejandro; con la trascendencia ulterior de la formación de una gran área idiomática actual a la que ya nos hemos referido en el capítulo anterior.

Volviendo al hemisferio español de Tordesillas, fue en 1516 cuando se formuló el lema que hoy continúa en el escudo de España: *Plus Ultra*, incorporación que hizo Carlos V. Al parecer, se lo recomendó su médico personal, Luigi Martiano, quien dio la idea de las dos columnas de Hércules (una real y la otra imperial), que ya habían dejado de ser el límite del mundo de los griegos y romanos, para superarse con el «más allá» de navegantes y conquistadores.

El lago español: la descubierta del Pacífico

Las primeras expediciones españolas por el Pacífico, las ulteriores avanzadas en el Mar del Sur, o Pacífico, se produjeron en la Nueva España, tras la conquista de México, por el propio Hernán Cortés:[9] una plataforma de grandes posibilidades, que culminaría con el dominio español de las Filipinas y el notable tráfico de la Nao de la China o Galeón de Manila, en su comunicación anual entre Manila y Acapulco.[10]

En las costas mexicanas del Mar del Sur fueron estableciéndose puertos y astilleros, como los de Navidad y Tehuantepec, a los que, desde 1528, se añadió Acapulco, que se unió con la residencia de Cortés en Cuernavaca por un intrincado camino que

---

[9] Ricardo Majo Framis, *Hernán Cortés*, en *Navegantes y conquistadores…*, ob. cit., págs. 1049 y siguientes.

[10] No incluimos en este capítulo, por razones obvias, las navegaciones españolas del Pacífico hechas desde el Perú en el siglo XVI (Mendaña y Quirós), ni las otras que siguieron.

él trazó e hizo construir.[11] Y es que don Hernán se dio cuenta de la importancia que tendría la exploración del Mar del Sur, por los territorios que pudiera haber a oriente, y sobre todo China, en el inmenso océano, ya surcado por las naos de Magallanes y Elcano entre 1519 y 1522 en la primera circunnavegación del globo terrestre.

Diego Hurtado de Mendoza.

Expediciones marítimas cortesianas

Cortés promovió directamente cuatro expediciones, después de quedar desposeído del cargo de gobernador de la Nueva España (1526), cuando fue nombrado por Carlos V capitán General de la Nueva España y cosas y provincias de la Mar del Sur, cargo que asumió con todo entusiasmo porque soñaba con arribar por mar a la China.

• La expedición de Saavedra

El primer viaje que Cortés organizó en el Pacífico no fue idea suya, sino del propio Carlos V, tras la circunnavegación de Magallanes-Elcano y la siguiente y desafortunada expedición de García Jofré de Loaisa y otra vez Elcano (1525), en la que esos dos comandantes perdieron la vida al entrar en el Pacífico tras superar, por segunda vez, el estrecho (de Magallanes).

Carlos V, por medio de una cédula que firmó en Granada el 20 de junio de 1526, encomendó a Cortés que preparase una armada para ir a las islas del *Maluco* (las Molucas), a fin de auxiliar a García Jofré de Loaisa, de cuyo paradero no había ninguna clase de noticias.

Después de muchos avatares, Cortés consiguió que el 31 de octubre de 1527 zarparan tres naves desde la Nueva España, al

---

[11] O.H.K. Spate, *El lago español*, edición de Casa Asia (con prólogo de Pablo Bueno), Madrid, 2006, pág. 110.

mando de Álvaro de Saavedra Cerón, con una travesía que se desarrolló con toda clase de problemas, si bien es verdad que parte de los expedicionarios arribaron a las Molucas (1528).

Saavedra comprobó que las Islas de las Especias ya estaban prácticamente controladas por los portugueses, lo cual generó una serie de problemas que le impulsaron a intentar la vuelta a la Nueva España, pero no pudo encontrar la ruta a seguir.

• Viaje de Diego Hurtado de Mendoza

Después de la desdichada expedición de Álvaro de Saavedra, Cortés se interesó en explorar la costa mexicana del Pacífico, más allá de lo que ya se conocía por sus capitanes, que habían llegado al Mar del Sur en el curso de la conquista después de recuperado Tenochtitlán. Con tal designio, durante su primera estancia en España en 1530, Cortés negoció con la corte las necesarias capitulaciones, estableciendo las bases legales de las exploraciones marítimas a realizar.

Cortés decidió construir sus propias naves, en astilleros que él mismo estableció en Acapulco y Tehuantepec, confiando el mando de su primera expedición a don Diego Hurtado de Mendoza (1532), hidalgo que ya se había distinguido en la Guerra de las Alpujarras contra los moriscos, bajo el mando de Juan de Austria y de la que fue principal y afamado cronista.

Mendoza bordeó la costa occidental de México, pero sin llegar al golfo de California (o Mar de Cortés), descubriendo las Islas Tres Marías, más al norte de Guadalajara, hoy Jalisco, a la altura de la actual ciudad de Culiacán. El barco naufragó y perecieron casi todos los navegantes: los pocos que sobrevivieron, tras largas vicisitudes, dieron cuenta del desastre.

• Periplo de Becerra y Grijalva

El siguiente viaje por la Mar del Sur se lo encargó Cortés a Diego Becerra y Hernando de Grijalva (1533) con sendas naves, que volvieron a pasar por las Islas Tres Marías ya descubiertas por Hurtado de Mendoza, para seguidamente entrar en el golfo de California y llegar al actual Puerto de La Paz, en la parte meridional de lo que luego se llamaría Baja California.

La expedición se complicó por las protestas de las tripulaciones, que no veían ni el oro esperado, ni ninguna otra compensación por sus esfuerzos en las duras condiciones que sufrieron en aquellas desérticas tierras a que arribaron. La situación degeneró en un motín en el que murió Becerra, cuyo barco fue apresado en el viaje de retorno por Nuño de Guzmán, gobernador de la Nueva Galicia, ya se ha dicho, el peor de los enemigos de Cortés.

Andrés de Urdaneta, que supo encontrar el tornaviaje (Filipinas-Nueva España).

En cambio, Hernando de Grijalva, buen marinero, hizo un largo viaje de reconocimiento Pacífico adentro, y el 20 de diciembre de 1533 avistó la isla que llamó Santo Tomás, una de las ahora conocidas como de Revillagigedo (en el paralelo 19° N, longitud 111° O) y cuya ínsula más occidental está no muy lejos de las islas Capperton, de pretendida soberanía francesa tras ocuparlas durante la revolución mexicana.

• Cortés y Tapia en California

La tercera expedición marítima cortesiana salió del Puerto de Chiametla, en territorio de Nueva Galicia (ya depuesto Nuño de Guzmán), al mando de Andrés de Tapia —ya vimos que fue uno de los grandes capitanes de la conquista y también un cronista de interés— con Cortés mismo a bordo, como Adelantado de la Mar del Sur.

Algo muy significativo de ese viaje fue el hecho de que, a lo largo del mismo, don Hernán recibió una carta de su esposa, Juana de Zúñiga, con el siguiente mensaje: «Señor mío, no porfiéis más con la fortuna, ya vuestra fama corre por el ancho mundo, regresad pronto».[12]

---

[12] María del Carmen Martínez Martínez y Alicia Mayer (coords.), *Miradas sobre Hernán Cortés*, Iberoamericana, Madrid, 2016, pág. 16.

• *Última navegación: Francisco de Ulloa*

Aparte de la importante ayuda que Cortés envió a Pizarro en 1535 –dos naves al mando del ya mentado Hernando de Grijalva, que felizmente y con muchas vituallas y armamentos llegaron al puerto de El Callao, según vimos–, su última expedición por el Mar del Sur es la que tuvo mayor éxito. Estuvo al mando de Francisco de Ulloa (1539), buen organizador, que navegó por todo el golfo de California adentro, al que llamó *Mar Vermeja*, hasta llegar, en su fondo, a la desembocadura del río Colorado (Ancón de San Andrés según los navegantes), para luego mapear toda la península de Baja California por su costa oriental.

Más tarde, dando la vuelta a sus cabos del sur, contorneó la península por su costa occidental, hasta alcanzar la Punta Eugenia y la Isla de los Cedros (paralelo 28°). Se demostró así que la Baja California no era una isla, sino una península. Ulloa –según el discutido testimonio de Íñigo López de Mondragón, que reveló Henry R. Wagner–[13] viajó a España con el propio Cortés y participó en la desastrosa expedición de Carlos V a Argel de 1541, durante la definitiva estadía de don Hernán al otro lado del océano Atlántico.

No mucho más éxito que las de Cortés tuvieron las expediciones promovidas por el virrey Antonio de Mendoza, que, como ya se ha visto antes, desposeyó al conquistador de sus derechos a explorar tras la navegación de Ulloa.

La ruta marítima de la seda

Posteriormente, en un momento en que los precios de las especias subían sin freno posible, Felipe II escribió a Luis de Velasco –segundo virrey de la Nueva España, desde 1550 a 1564–, ordenándole de forma tajante «el descubrimiento de islas al este de las Molucas», como fuente de suministro de las especias dentro del hemisferio español de Tordesillas. Implícitamente, el monarca se refería a las Islas de San Lázaro, después Filipinas.

---

[13] José Luis Martínez, *Hernán Cortés*, ob. cit.

Galeón de Manila o Nao de la China, que navegaba de Filipinas a Nueva España (Acapulco) con el tornaviaje, descubierto por Andrés de Urdaneta.

El virrey Velasco contestó al rey en mayo de 1560, informándole de que estaba preparando los barcos para navegar a las mencionadas ínsulas, aunque planteó la cuestión de si el antemeridiano de la línea de demarcación abarcaba al archipiélago registrado ya como español por Ruy López de Villalobos. Tema en el que Urdaneta (el criado de Elcano en su segunda expedición, la de Loaisa, que ya se había convertido en cosmógrafo) y otros estimaban que tales islas eran potencial posesión de Portugal. Así empezó la gran aventura que llevaría al Galeón de Manila, o Nao de la China, a surcar el Pacífico Norte entre Filipinas y la Nueva España más de 250 años, entre 1565 y 1819.[14]

En definitiva, la conquista de México abrió a España el Pacífico. Sobre todo con la configuración de las Filipinas como una capitanía general que dependería de la Nueva España. Fue, en

---

[14] José Tudela, «Galeón de Manila», en *Diccionario histórico, geográfico y cultural de Filipinas y el Pacífico español*. También Peter Gordon y Juan José Morales, *The Silver Way*, Penguin, Londres, 2017.

definitiva, una gran aportación que también tuvo su origen en Hernán Cortés, cuyo sueño de alcanzar China, y conquistarla, no se cumplió. Pero sí sucedió que España fue el país de Europa más comunicado con China durante mucho tiempo.

Colofón al capítulo 10: encriptación de la historia

—La clave de la formación del imperio fue el Tratado de Tordesillas, el gran pacto hispano-luso que dio a España medio mundo, con la bendición de Alejandro VI, el pontífice español. Así pues, Tordesillas fue la llave de todo. ¿Y cómo no discutieron más ese tratado los reinos cristianos?

—Francia e Inglaterra sí lo hicieron, pero una vez establecidos los españoles en una serie de territorios, su dominio duró entre dos y medio y tres siglos.

—Aparte de eso, ¿la encriptación explica algo?

—Yo creo que sí: el *mantra* —como ahora se dice a veces— fue: *ocupad el hemisferio español de Tordesillas*. Y entre 1494 y 1574 se cumplió ese propósito. No se ha visto nunca una eclosión de expediciones y conquistas como esa. Y lo repito: yo a los 85 años que tengo, me doy cuenta de lo poco que es ese lapso; sobre todo por comparación con lo que se tardaba —tres o cuatro siglos— en construir una catedral, o lo que fueron las guerras de los cien o de los treinta años... o la de los 80 años, precisamente en Flandes.

—¿Usted cree que la organización de la América hispana fue la más adecuada?

—Sobre eso puede haber los juicios más diversos. Indudablemente, cada conquistador quiso demarcar su zona asignada, a veces con conflictos de límites, pero al final lo cierto es que las piezas del Imperio encajaron unas con otras, para un diseño final por parte del Consejo de Indias, según el cual se demarcaron los cuatro virreinatos (dos con los Austrias: Nueva España y Perú; y, después, dos con los Borbones: Nueva Granada y Río de la Plata), que nos han servido de referencia para ver cómo, desde México con Cortés y su inspirado Pizarro desde el Perú, se conquistó la mayor parte del hemisferio español demarcado en Tordesillas.

—Los conquistadores fueron muy distintos unos de otros, sin embargo, usted ve a todos como discípulos de Cortés.

—Sí señor. Por sus Cartas de relación fue conocido por todos, y su aventura decidida y llena de lógica se convirtió en el modelo a seguir para las demás aventuras de conquista. Por ello, amén de fundador o inventor de México, fue el verdadero maestro para construir el imperio español en América... toda una desencriptación, supongo...

—Si usted lo dice...

—Sí, sí que lo digo, seguro.

Capítulo 11
México de 1547 a 2019

La frustrada primera independencia de México

En la Nota preliminar al libro ya se justificó suficientemente este penúltimo capítulo. Si bien convendrá subrayar aquí que, aspirando el autor a que esta obra no sea simplemente para cubrir la efemérides de los 500 años de la llegada de Cortés a México, sino para presentar algo mucho más duradero y dar larga vida al libro, completaremos la narración con un esquema de la historia de México después de Cortés. Algo fundamental para el último capítulo, sobre la semblanza del conquistador, gigante de la historia.

Y esa historia de México después de Cortés la empezaremos con lo que se plantea en el anterior epígrafe: la primera independencia frustrada de México.

Los dos Martín Cortés: el mestizo y el legítimo

Ya se sabe: Malinche tuvo un hijo con Hernán Cortés, que fue enviado por su padre a España y allí lo mantuvo hasta que, gracias a ciertas influencias del conquistador en la corte, consiguió que el emperador Carlos V convenciese al mismísimo Papa de Roma (Clemente VII) para emitir un certificado de que el hijo mestizo era de Cortés.

La intención de don Hernán era darle a su hijo una educación imposible de conseguir en el México de la conquista: en su primer viaje a España entregó a Martín al cuidado de Diego Pérez de Vargas, con la idea de que, con el tiempo, llegara a ser paje del futuro Felipe II. Y, además, siendo todavía niño, consiguió que le hicieran caballero de la Orden de Santiago, para que definitivamente sirviera como soldado, guerreando por primera vez junto a su padre, en el fiasco de Argel frente a los piratas berberiscos. Después participó en una serie de acciones militares en el Piamonte y Lombardía, e incluso en la batalla de San Quintín.[1]

El conquistador nombró heredero universal a su hijo legítimo, también llamado Martín (Cortés Zúñiga), en tanto que al mestizo le dejó una renta que motivaría un largo litigio familiar.

En 1562, muerto su padre en 1547, los dos hermanos citados, junto con un tercero, Luis Cortés Zúñiga, se instalaron en México, donde al poco se verían envueltos en la conspiración de los encomenderos contra la corona.

Leyes nuevas y vientos de rebelión

En la segunda mitad del siglo XVI la Nueva España vivió cambios profundos por la aplicación de las ya citadas Leyes Nuevas de Indias de 1542. Normativa que suponía un grave perjuicio para los conquistadores y sus descendientes, pues con ellas se expresaba la clara intención del emperador de hacerse con un control político y económico más efectivo, frenando la posible consolidación de una poderosa aristocracia o nobleza criolla, formada, al menos en parte, por quienes, precisamente, habían conquistado y poblado aquellas tierras.[2]

Los detractores de las Leyes Nuevas de 1542 se mantuvieron en la sombra por un tiempo, esperando la oportunidad de que se acrecentara el descontento al aplicarse esa normativa por el virrey Luis de Velasco. No es de extrañar, por tanto, que a la llegada de Martín el legítimo —II marqués del Valle— y sus hermanos a la Nueva España en 1563, muchos de los rebeldes en potencia vieran en él a un posible caudillo que les guiara en sus demandas, dado su poder, ascendencia y riqueza.[3]

---

[1] Luis Prados, «Martín Cortés, historia de un olvido», 6-IX-2012. http://blogs.elpais.com/america-df/2012/09/martín-cortés-historia-de-un-olvido.html.

[2] Hugh Thomas, *El señor del mundo. Felipe II y su Imperio*, Planeta, Barcelona, 2013, págs. 105 y siguientes.

[3] María del Carmen Martínez Martínez, conferencia «La familia de Cortés en México», en la Casa de América, Madrid, 11 de abril de 2019.

El asunto tenía sus antecedentes, pues cuando Hernán Cortés estuvo en su máximo nivel de gloria en la Nueva España, entre 1521 y 1524, se le acusó de querer independizarse de España, a la vista de que estaba impulsando industrias, minería, comercio y muchas otras actividades, en pro de una mayor autonomía económica, a la que se quería poner freno desde la metrópoli, para que México dependiera totalmente de España.

Martín Cortés, el mestizo, hijo de don Hernán y doña Marina.

La actitud contra las Leyes Nuevas, llegó a llamarse la «conspiración del marqués del Valle», y en la Real Audiencia se dio por seguro que el cabeza de la misma fue Martín Cortés Zúñiga, a quien el virrey Velasco, debilitado en su salud, recibió cordialmente, si bien es cierto que pronto se hicieron patentes las diferencias entre ambos: la máxima autoridad real aspiraba a aplicar las Leyes Nuevas, y el más poderoso de los encomenderos era precisamente el hijo del gran conquistador. De modo que, a la muerte de Velasco, en julio de 1564, se acrecentó el papel potencial de Martín Cortés en una Nueva España sin virrey y al mando interino de los oidores de la Audiencia. Fueron muchos los que aspiraron a que el II marqués del Valle se convirtiera en «rey de la Nueva España», separándose de la autoridad de Felipe II.

Martín podría haberse apoderado del palacio del virrey, matar a los oidores de la Real Audiencia, a los hijos del virrey y a cuantos se le opusieran, y proclamarse rey. Pero el plan falló, pues, como sucede en tantas ocasiones, delatores y grupos rivales desbarataron la conspiración. Uno de ellos fue el hijo del fallecido virrey, Luis de Velasco *el joven*, quien logró ganarse la confianza de Martín Cortés Zúñiga y los suyos, conocer sus planes y comunicarlos a la Real Audiencia, de modo que esta finalmente actuara contra ellos.[4] Así, en julio de 1566 fueron detenidos los principales cons-

---

[4] Hugh Thomas, *Felipe II, señor del mundo...*, ob. cit., págs. 113 y siguientes.

piradores, entre ellos el propio Martín Cortés Zúñiga y sus hermanos: Luis y Martín el mestizo.

Previamente se arrestó a Alonso de Ávila y Gil González Dávila, miembros de familias principales del virreinato, y otros más, por la conjura descubierta. Su proceso fue rápido y sumarísimo. El 3 de agosto se les llevó a la Plaza Mayor, lugar de suplicio ubicado frente a las Casas de Cabildo, y allí fueron decapitados, en un cadalso cubierto de paños negros, iluminado por la roja y trémula luz de algunos hachones. Los dos hermanos Ávila subieron las escaleras del patíbulo ayudados por religiosos que les acompañaban, tras confesar el delito de que se les acusaba.

Los hermanos Cortés contaron a su favor con la simpatía del nuevo virrey Gastón de Peralta, quien finalmente decidió enviarlos a España para ser juzgados allí.

Otros conspiradores fueron también decapitados, incluso descuartizados, o condenados al suplicio, al destierro o a galeras, y todos sufrieron la incautación de sus bienes. El escarmiento impuesto por la Real Audiencia resultó tan feroz que, en muchos años, nadie conspiró ni habló de independencia, y fue a raíz de esta represión cuando realmente comenzaron las diferencias, los rencores y odios entre los españoles criollos (los novohispanos nacidos ya en México) y los peninsulares.

Al llegar a España Martín Cortés, el legítimo, Felipe II lo desterró a Orán, para años más tarde levantarle el castigo y dejarlo regresar a la Península, pero sin la posibilidad de retornar a su tierra natal, la Nueva España. Murió en Madrid en 1589.

Martín Cortés, el mestizo, al ser apresado en México, fue torturado: dislocación de miembros en el potro, así como el llamado hoy *waterboarding* (se le ponía al reo un embudo en la boca y se le hacía tragar agua sin dejarle respirar). Pero a pesar de las jornadas de horror y tormento, el desgraciado mestizo no delató a ninguno de los demás conspiradores, limitándose a repetir una y otra vez: «He dicho la verdad, no tengo más que decir». Luego se le condenó a una fuerte multa, que casi le arruinó, y al destierro a la Península. Si bien es cierto que, ulteriormente, Felipe II se compadeció de él y le asignó al servicio de don Juan de Austria, quien le empleó en el sometimiento de la rebelión de los moriscos (1568-1571).

Los hechos reseñados ¿pueden ser considerados como antecedentes de la rebelión independentista de México ya en el siglo XIX? Al respecto, Agustín Yáñez señaló lo siguiente:[5]

> Algunos piensan que fue un intento fundado en el deseo de conservar privilegios de conquista y que no puede tomarse como antecedente de la independencia nacional…

La era virreinal[6]

Después de la referencia al primer intento de independencia de México, entramos en una visión de lo que fue la evolución del país tras la muerte de Cortés. Sobre todo para que los españoles lectores de este libro tengan una idea de la historia de México desde el final del gran conquistador a nuestro tiempo.

Expansión de México, cuatro millones de kilómetros cuadrados

La segunda oleada colonizadora postcortesiana tuvo por escenario el inmenso y árido norte, recorrido por tribus nómadas y muy guerreras. Por otro lado, el descubrimiento de las minas de plata de Zacatecas, en 1546, promovió la expansión hacia el norte, que habría de durar más de dos siglos, con oleadas sucesivas de gambusinos,[7] aventureros, soldados y misioneros, que comenzaron a transformar el paisaje hasta entonces desolado. Después de Zacatecas se descubrieron más minas en Guanajuato (1557), Durango (1563), Fresnillo, Indé y Santa Bárbara (1567), Mazapil (1568), Parral (1631), Álamos y Chihuahua (1703), etc.

---

[5] Agustín Yáñez, ensayista (1904-1980), fue autor de *Crónicas de la Conquista*, Universidad Nacional Autónoma de México, 1950.

[6] En lo que resta de este capítulo, seguimos muy de cerca el texto sobre «Historia de México» de la *Enciclopedia Larousse* en español, editada por Planeta. De un largo artículo cuyos autores son E. Florescano (periodo colonial), L. González (periodo independiente, P. Gabriel (institucionalización de la revolución, Constitución y partidos políticos), y J.L. Martín Ramos (el problema agrario). A todos ellos, colegas míos en el equipo del Larousse en español, mis más rendidas gracias.

[7] Mexicanismo para buscadores de minerales a pequeña escala.

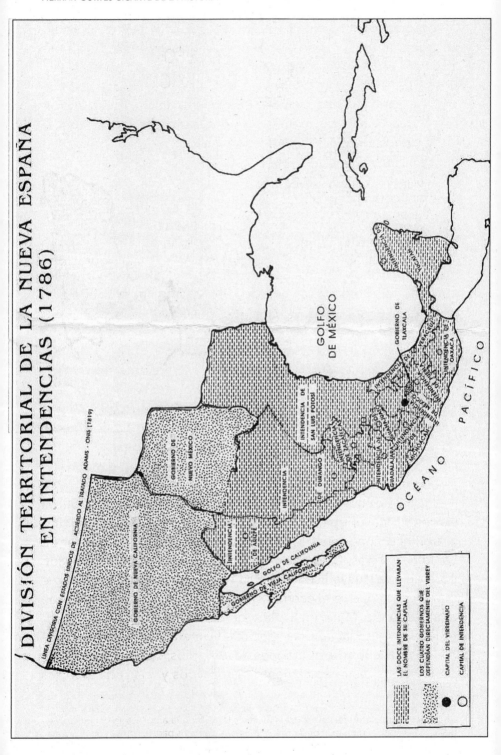

DIVISIÓN TERRITORIAL DE LA NUEVA ESPAÑA EN INTENDENCIAS (1786)

LÍNEA DIVISORIA CON ESTADOS UNIDOS DE ACUERDO AL TRATADO ADAMS - ONIS (1819)

GOLFO DE MÉXICO

GOBIERNO DE NUEVO MÉXICO

GOBIERNO DE NUEVA CALIFORNIA

GOBIERNO DE VIEJA CALIFORNIA

GOLFO DE CALIFORNIA

INTENDENCIA DE AROZPE

INTENDENCIA DE DURANGO

INTENDENCIA DE SAN LUIS POTOSÍ

GOBIERNO DE TLAXCALA

INTENDENCIA DE OAXACA

OCÉANO PACÍFICO

LAS DOCE INTENDENCIAS QUE LLEVABAN EL NOMBRE DE SU CAPITAL

LOS CUATRO GOBIERNOS QUE DEPENDÍAN DIRECTAMENTE DEL VIRREY

CAPITAL DEL VIRREINATO

CAPITAL DE INTENDENCIA

Detalle del sur de México, durante el virreinato de 1786.

Juan de Oñate, de familia vasca, nacido en Pánuco en 1550, ya verdadero novohispano, fue el último gran conquistador. Por sus largas incursiones en lo que hoy es Nuevo México –fundador de Santa Fe–, Texas, Colorado y Arizona, que ulteriormente se incorporaron a la Nueva España. En su recuerdo se erigió un enorme monumento que se encuentra en la ciudad texana de El Paso, que también fundó. Murió en España, en Guadalcanal, Sevilla, en 1626.

Para resguardar las posiciones de frontera, los caminos, las minas y los ranchos de los ataques de los indios, se creó una cadena de *presidios*[8] estratégicamente distribuidos y, más adelante, los

___

[8] El presidio era un fuerte a efectos militares, siguiendo la arquitectura del imperio romano, con capacidad para un destacamento, y con calabozos para los presos de la justicia.

misioneros franciscanos, jesuitas y dominicos penetraron en las regiones más hostiles, allí donde no había minas y la tierra era más avara. Se fundaron misiones que propagaron el evangelio, los cultivos y las técnicas europeas. Fue así como mineros, aventureros, grandes capitanes y misioneros convirtieron el norte de Nueva España en un país de explotación de metales, latifundios ganaderos y centros agrícolas.

La tercera expansión colonizadora ocurrió en el siglo XVIII, y tuvo carácter defensivo para frenar la penetración de comerciantes rusos, que bajaban de Alaska a California, de británicos en la costa norte del Pacífico y de franceses en Texas (provenientes de la Luisiana). Los españoles respondieron a esa amenaza fundando una serie de ciudades y misiones en Texas, y apoyando la obra misionera de los jesuitas en Baja California.

En Alta California, la parte más septentrional efectivamente ocupada por los españoles, terminó el ciclo de exploraciones, conquistas y colonizaciones. Al finalizar esa expansión, el territorio de Nueva España sumaba más de 4.000.000 de km², el doble de su superficie anterior (véase los dos mapas de la Nueva España), y así fue reconocido en el Tratado Adams-Onís, suscrito con EE.UU. en 1821, solo dos años antes de la independencia de México. En el siguiente mapa, de toda la América del Norte, se ve cómo esa superficie se amplió mucho con la adquisición por España de la Luisiana, transferida por Francia en 1760, que se retrocedió a Napoleón en 1802.

Virreyes novohispanos[9]

El aparato gubernamental del virreinato estaba constituido por toda una red de funcionarios dependiente de la corona y subordinada a la más rígida escala jerárquica, una estructura burocrática en la que el máximo órgano de gobierno eran el Virrey y la Real Audiencia (Nueva Galicia poseyó audiencia propia), varios gobernadores y numerosos alcaldes mayores corregidores.

---

[9] Entre 1535 y 1821 hubo 63 virreyes en la Nueva España, según la *Lista de Luis Portillo*. Con una duración del virreinato de 286 años, la media por virrey fue de 4,5 años; una indudable estabilidad.

El virrey era el representante del lejano monarca de España y el jefe de todo el aparato de gobierno. Como capitán general, controlaba toda la política administrativa, y era la cúspide del poder judicial como presidente de la audiencia. También se ocupaba de lo espiritual —como vicepatrono de la Iglesia— y de lo fiscal, como superintendente de la real hacienda.

Las funciones que ejercieron los virreyes en plenitud fueron las militares y las político-administrativas. Las reales audiencias actuaban en lo civil y criminal, pero también fungieron como tribunales administrativos, e intervinieron en el gobierno directamente o como consejo de los virreyes, con quienes tuvieron muchos roces.

Territorialmente la Nueva España se dividió en varias entidades. Hubo dos reinos: el de Nueva España (con virrey y audiencia) y el de Nueva Galicia (con audiencia gobernadora). Una capitanía general, la de Yucatán; tres gobiernos, el de Nueva Vizcaya, Nuevo León y Nuevo México, y más de 150 corregimientos y alcaldías mayores. Esta distribución cambió completamente en 1786, al introducirse las intendencias, y la Nueva España se dividió entonces en doce provincias-intendencias, que recibieron el nombre de las ciudades que se les dio como capital: México, Puebla, Veracruz, Mérida, Oaxaca, Valladolid, Guanajuato, San Luis Potosí, Guadalajara, Zacatecas, Durango y Arizpe.

La situación jurídica de los indígenas era, en principio, idéntica a la de los españoles, pero en la realidad los nativos se vieron sometidos a un régimen de explotación combinada con tutela y protección. Los que mejor salieron librados fueron los indios sedentarios del centro y del sur, pues los nómadas del norte sufrieron una guerra sin cuartel, incluso después de la independencia. Además de integrar las filas del proletariado, los indios soportaron restricciones sociales en circunstancias diferentes: prohibición de tener caballo, de usar armas, de vestirse a la española, etc.[10]

---

[10] Según el Museo Nacional del Virreinato, en Tepotzotlán, las 16 combinaciones de castas eran las siguientes: 1. Español con indígena: mestizo; 2. Mestiza con español: castizo; 3. Castizo con española: español (criollo); 4. Español con negra: mulato; 5. Mulato con española: morisco; 6. Morisco con española: chino; 7. Chino con india: salta atrás o pelusa; 8. Pelusa con mulata: lobo; 9. Lobo con china: gibaro o jíbaro; 10. Gibaro con mulata: albarazado; 11. Albarazado con negra: cambujo; 12. Cambujo con india: zambaigo; 13. Zambaigo con loba: calpamulato; 14. Calpamulato con cambuja: tente en el aire; 15. Tente en el aire con mulata: *no te entiendo*; 16. *No te entiendo* con india: torna atrás.

A los mestizos y mulatos nacidos en matrimonio legítimo se les acercó a la situación jurídica de los españoles, pero se les excluyó de los cargos más importantes. El último estrato lo ocuparon los negros esclavos, que se introdujeron en México durante los siglos XVI y XVII, principalmente para el trabajo en las haciendas azucareras. Las indicadas diferencias sociales y económicas se tradujeron con frecuencia en rebeliones, tumultos y motines contra el virrey y demás autoridades.

La Iglesia ejerció gran influencia en la vida cultural, social y espiritual, y nunca perdió la memoria de que era la institución esencial por las bulas papales *Inter caetera* de 1493, que Alejandro VI otorgó a los RR.CC. En esa línea de protagonismo, la educación, las costumbres y las festividades principales fueron reguladas por la Iglesia; en tanto que la poesía, la pintura y el arte estuvieron ahormados por las ideas y el sentimiento religioso.

El 21 de setiembre de 1551 se fundó en México la primera entidad universitaria del continente americano, la que hoy es la Universidad Nacional Autónoma de México, la UNAM. Y cuando Alexander von Humboldt visitó Nueva España, a principios del siglo XIX, encontró en ella más actividad científica que en muchas capitales europeas.[11]

La arquitectura civil y la religiosa tuvieron gran desarrollo con el despotismo ilustrado introducido por las reformas borbónicas. Y lo mismo sucedió con la enseñanza tradicional. Y como consecuencia de esos aires renovadores, la ciencia, la medicina y las artes progresaron vigorosamente. Más de la mitad de los criollos recibían por entonces una educación amplia.

En el sentido indicado, los educadores jesuitas, antes de partir al destierro en 1767, pusieron a los criollos en contacto con la cultura más libre de entonces, la francesa. Y la Inquisición ya no pudo detener el alud de obras llegadas de Francia, que contenían «doctrinas sediciosas y turbativas de la tranquilidad pública», con referencias a ideas como contrato social, soberanía popular y división de poderes, típicas del enciclopedismo y, sobre todo, de Juan Jacobo Rousseau. Todas estas ideas, y la maso-

---

[11] Alexander von Humboldt, *Ensayo político sobre la Nueva España*, edición de Rosa, París, 1822.

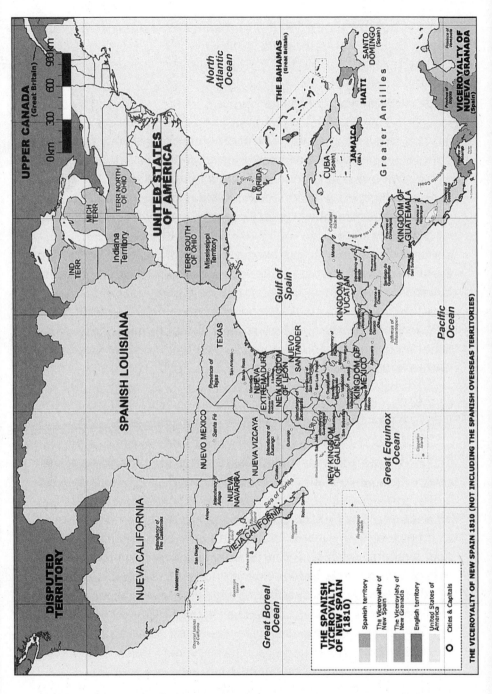

Superficie bajo soberanía española en América del norte y central en 1762. No incluye las posesiones de ultramar dependientes de México: Filipinas, las Islas Carolinas y las Marianas. *Fuente:* https://historysshadow.wordpress.com/.

321

nería, ayudaron a los criollos a formarse una imagen de la futura Nueva España independiente.

Andadura política de México

A principios del siglo XIX, el poco numeroso partido de los españoles controlaba el comercio ultramarino y la administración pública, y no quería cambios. Por la sencilla razón de que tenían todo el poder, en tanto que los criollos ricos —dueños de minas, ferrerías, labranza, fábricas textiles, etc.— soñaban con un gobierno independiente.

Los criollos de la clase media —curas, abogados, artesanos, agricultores medianos, empleados de la Administración y pequeños comerciantes—, anhelaban a principios del siglo XIX una transformación a fondo de la sociedad novohispana, mediante la aplicación de una serie de principios: independencia de España, soberanía popular, gobierno representativo, igualdad jurídica, libertad individual y educación nacional.

Independencia

En 1808, los grupos simpatizantes de la independencia aprovecharon que la Nueva España se había quedado sin la autoridad legítima de Fernando VII, a causa de la invasión napoleónica, para intentar pacíficamente la separación de la metrópoli. Pero el intento se frustró por la rápida intervención del partido peninsular, ante lo cual, la aristocracia criolla, por temor a la violencia, se replegó. En tanto que los demás criollos se reunieron en juntas clandestinas con el propósito de organizar una insurrección general, en medio de la profunda crisis agrícola de 1809-1810, que hizo de pólvora seca que ardió al menor chispazo. Así las cosas, el 16 de setiembre de 1810, Miguel Hidalgo, cura de Dolores, lanzó desde su templo parroquial el grito de la independencia.

Alrededor de Hidalgo se juntaron la mayoría de los criollos, campesinos de la región central de la Nueva España, y al frente de unos cien mil hombres, mal armados y dirigidos por un pe-

Manuel Hidalgo y José María Morelos: dos curas mexicanos en la lucha por la independencia en su primera fase (1810-1815).

queño grupo de militares, desplegaron una importante ofensiva contra el gobierno virreinal y la aristocracia. El 30 de octubre de 1810, los insurgentes estuvieron a punto de tomar la capital, pero el 7 de noviembre sufrieron una aplastante derrota en Acapulco, principio de otra serie de reveses, que terminaron con la captura y muerte de Hidalgo, pero no con el movimiento insurgente.[12]

Aparte del de Hidalgo, y sin estrecha conexión con él, hubo levantamientos en diversas regiones del país, siendo el de mayor empuje el que promovió, al sur, el también cura José María Morelos, quien llegó a reunir un congreso insurgente, que proclamó (2 de octubre de 1814) la constitución de Apatzingán, inspirada en la francesa de 1793 y en la española de 1812.

La carta de Apatzingán establecía la soberanía popular, las libertades y la forma de gobierno republicana, pero no llegó a ponerse en práctica porque el grupo de Morelos fue deshecho por las bien disciplinadas tropas del virrey José María Calleja. Morelos, caído en poder de los españoles a fines de 1815, sufrió la misma suerte que Hidalgo: la muerte. Pero numerosas partidas de campesinos, indios, mestizos y mulatos se mantuvieron activos contra el virrey, aunque al final fueron vencidas, menos la agrupación de Vicente Guerrero, que siguió combatiendo en las montañas del sur.

La lucha por la independencia, que parecía fracasada, se reinició en 1821, promovida esta vez por la aristocracia criolla, que se sintió alentada por el restablecimiento en España —trienio li-

---

[12] Miguel Hidalgo dio «el grito de Dolores» en la mañana del 16 de septiembre de 1810 en la parroquia de Dolores, hoy municipio de Dolores Hidalgo, estado de Guanajuato. En ese grito contra el gobierno virreinal se daban vivas a Fernando VII.

beral, 1821-1823– de la Constitución de 1812. En ese trance, los nuevos insurrectos se aliaron con los viejos insurgentes y, por medio de Agustín de Iturbide y de una parte del ejército virreinal, emprendieron una campaña doble (militar y de convencimiento), que acabó con la autoridad constituida en cinco meses. El virrey O'Donojú, tras aceptar el Plan de Iguala, convino con Iturbide el Tratado de Córdoba (24 de agosto de 1821), que estipulaba la independencia de lo que hasta entonces se había llamado Nueva España, y que a partir de ese momento se llamaría México. El 27 de setiembre de 1821, el Ejército Trigarante entró triunfalmente en la capital.[13]

Como ha subrayado Rodrigo Martínez Baracs,[14] a partir de la independencia, la situación de los indios cambió por completo. De un sistema de comunidades preservadas en una sociedad estamental, pasaron a ser parte del proletariado mexicano.

Primer Imperio

México se vio muy afectado por la lucha de su independencia, en la que murieron 600.000 hombres, se calcula que el 10 por 100 de la población de entonces. El tráfico mercantil se deterioró considerablemente a causa de la inseguridad de los caminos, y cesó del todo el comercio con Filipinas a través de la *Nao de la China*, con lo que también se redujo mucho el intercambio con Europa, y desapareció prácticamente con España.

Se calcula que tras la independencia la producción minera se redujo a la cuarta parte de lo que era en 1810; la agrícola, a la mitad, y la industrial, a un tercio. En el primer año de la vida independiente, el gobierno solo consiguió recaudar nueve millones de pesos fuertes, sobre un presupuesto de gastos indispensables superior a 13 millones. Una traba adicional fueron los 76 millones reconocidos como deuda del nuevo Estado.

---

[13] Con sus tres colores, la bandera era garantía del respeto a la religión católica como única verdadera, de la independencia total de España, y de la unión del pueblo mexicano.

[14] En una intervención suya en el Congreso Cortesiano de Medellín-Trujillo, abril de 2019, que el autor escuchó.

Para agravar más la situación, se desencadenó la lucha de los partidos políticos, entre los cuales aún era poderoso el peninsular o borbónico, más o menos subrepticio pero efectivo. Y muchos comerciantes, trabajaron por la anulación de la independencia.

La aristocracia criolla quería una monarquía y los criollos de la clase media aspiraban a una república que se asemejara a la de EE.UU. La aristocracia, ayudada por la plebe capitalina, consiguió su propósito, y al no poder contar con un monarca europeo, se coronó al general libertador

Agustín Iturbide, emperador de los mexicanos independizados de España (1821). Fusilado en 1823.

Agustín de Iturbide, quien no estuvo a la altura de las circunstancias, ni tuvo el adecuado tacto político.

La monarquía emergente convocó un congreso constituyente formado por la élite intelectual del país. Pero los constituyentes y Agustín de Iturbide se combatieron mutuamente, y el autodeclarado emperador optó por disolver a los constituyentes. Frente a esa medida, en diciembre de 1822 se produjo la rebelión, acaudillada por Antonio López de Santa Anna, e Iturbide se vio obligado a abdicar el 19 de marzo de 1823. Marchó al exilio por un año y, a su vuelta, fue fusilado en función de un decreto antes pactado a tales efectos que se mantuvo en secreto.[15]

Primera República

Antes de renunciar e irse, Iturbide había reinstalado el congreso constituyente, que convocó una nueva asamblea, también dominada por los intelectuales de la clase media, que promulgó la

---

[15] La vuelta incluía la idea de recuperar su puesto de emperador.

Constitución de 1824, que tomó como modelos la francesa, la de Cádiz y la de EE.UU. En ella se adoptaron los principios del liberalismo y la forma republicana, con tres poderes (ejecutivo, legislativo y judicial) y estructura federal para los 19 estados en que quedó dividido el país. En ese contexto, el primer congreso de la Unión convocó elecciones, en las que resultó electo para presidente de la República Guadalupe Victoria. Por su parte, cada uno de los 19 estados se dio una constitución local.

El nuevo presidente, Guadalupe Victoria (1824-1828), obtuvo el reconocimiento de EE.UU. y préstamos de Gran Bretaña, pero no logró la estabilidad política y económica. España creía fácil la reconquista, desde Cuba, y para ello alentaba la conspiración por los españoles residentes en México, hasta que el gobierno mexicano se vio en la tesitura de expulsarlos, lo que resultó altamente nocivo para la economía de la nueva nación. Además, los gobiernos de los estados aprovecharon las flaquezas del gobierno federal para fortalecer sus poderes locales.

Las elecciones presidenciales de 1828 las ganó Manuel Gómez Pedraza, miembro de la masonería escocesa, pero su contrincante, el general Vicente Guerrero, de la masonería yorkina, se hizo con el poder, que solo detentó nueve meses (abril-diciembre de 1829). En tales circunstancias, el vicepresidente de la República, con el ejército encargado de resguardar el país contra una esperada invasión española, derrocó al presidente Guerrero y estableció el gobierno de Anastasio Bustamante, que gobernó dos años, en medio de la lucha civil, aunque atinando al nombrar como cabeza de su gabinete a Lucas Alamán, un lúcido organizador.

Por su parte, el general Antonio López de Santa Anna, el que había derrocado a Iturbide, hizo caer a Bustamante y restauró a Gómez Pedraza, quien convocó elecciones, en las que contendieron como candidatos a la presidencia dos generales: uno de ellos Mier y Terán —que se suicidó en julio de 1832— y el propio López de Santa Anna, que se convirtió en presidente en 1833.

A partir de 1833, en un periodo de veintidós años hubo cuarenta y cuatro gobiernos federales, casi todos surgidos de cuartelazos, y once de ellos presididos por Santa Anna. La vida política del país quedó a merced de las divididas logias masónicas y las veleidades de los generales. Anarquía en la que cundió el bandolerismo, y estallaron rebeliones indígenas en las zonas periféricas. Fueron constantes las devastaciones hechas en el norte por las tribus comanches, apaches, yaquis y mayos, y en el otro extremo del país, en el SE, se desencadenó la guerra de castas del Yucatán (1847-1855).[16]

Hacemos un paréntesis para subrayar que la independencia de México fue reconocida por España el 28 de diciembre de 1836, gobernando Martínez de la Rosa, quien firmó el Tratado de paz, amistad y comercio. Hubo de morir Fernando VII, en 1833, para que ese reconocimiento se produjera, por lo renuente que era *el indeseable* monarca a una decisión así.

En 1837 volvió al poder ejecutivo el ya citado Lucas Alamán, otra vez como segundo del general Bustamante, e intentó conseguir tres objetivos: aumentar la producción agrícola, rehabilitar las explotaciones mineras y mecanizar la industria textil; pero los logros quedaron por debajo de las esperanzas, y al cierto caos interno que se generó, se sumó la agresión exterior de Francia, en 1838, conocida con el nombre de «guerra de los pasteles», con la exigencia a México de ciertas indemnizaciones por impagos mexicanos. En ese tiempo se produjo la incorporación de Texas a EE.UU. (1845) y la declaración de guerra estadounidense contra México (13 de mayo de 1846).

Un cuerpo del ejército norteamericano conquistó las casi desiertas provincias de Alta California, Nuevo México y Chihuahua; y otro se introdujo por el NE del país y rompió la resistencia opuesta por los generales Arista, Ampudia y Santa Anna. Un tercer cuerpo desembarcó en Veracruz y nadie logró impedir que llegara a la capital (septiembre de 1847). Los victoriosos estadounidenses impusieron al gobierno mexicano la firma de los convenios de Guadalupe-Hidalgo (2 de febrero de 1848), conforme a los cuales, la República mexicana cedió más de la mitad de su territorio a EE.UU. Se consumó así una confiscación largamente esperada, pero no prevenida por los incapaces gobiernos que se sucedieron a lo largo de dos décadas. El país había llegado al nivel más bajo de su prestigio, con graves repercusiones económicas y sociales.

---

[16] Los nativos mayas del sur y oriente de Yucatán iniciaron en junio de 1847 toda una contienda contra la población blanca de criollos y también de mestizos. Las víctimas mortales de esa guerra se estimaron en 250.000.

La Reforma

Una pérdida territorial tan grande y la presencia desde entonces de un vecino muy poderoso, fortalecieron la conciencia nacional de los mexicanos y dieron lugar a dos actitudes políticas contradictorias. La conservadora, sostenida por las élites oligárquicas y el clero, propuso la vuelta al estilo de vida de la última etapa de la época virreinal, el restablecimiento del sistema monárquico y la alianza con las potencias europeas. Por contra, la actitud liberal, dividida entre «puros» y «moderados», fue la propia de la clase media urbana, que vio la salvación en la ruptura con las tradiciones legadas por el pasado, la consolidación del sistema de república federal y la amistad con EE.UU., resignándose a la mutilación territorial irreparable.

Fue nuevamente el grupo conservador, acaudillado por Santa Anna, el que tomó el poder entre 1853 y hasta 1855, cuando se instaló un gobierno de distinto signo, que dos años después promulgó una nueva Constitución, estableciendo las libertades de enseñanza, imprenta y trabajo, y quitando prerrogativas a clérigos y militares: era la primera parte de la Reforma.

Esos acuerdos de los constituyentes dieron lugar a la Guerra de Tres años (1858-1860), iniciada con el plan conservador de Tacubaya (diciembre de 1857).[17] En la contienda hubo una primera fase de victorias contrarrevolucionarias –con auge del bandolerismo, el hambre y las epidemias–, pero los liberales acabaron por establecer una nueva Constitución en 1857, redactada por Melchor Ocampo, que estuvo en el exilio hasta que Juárez llegó a la presidencia de la República en ese mismo año. Se nacionalizaron los bienes que habían pertenecido hasta entonces al clero, se suprimieron las comunidades religiosas masculinas, y se dio carta de naturaleza al contrato matrimonial civil, declarándose la libertad de cultos.

El dirigente de ese movimiento, Benito Juárez, promulgó toda una serie de medidas en Veracruz, en 1859 y 1860, tras la definitiva derrota de los conservadores en la batalla de San Miguel de

---

[17] Llamaron así por la reunión que los conservadores tuvieron en el Palacio episcopal de ese nombre, en México DF, el 17 de diciembre de 1857.

Calpulalpan en 1860, cuando el gobierno de EE.UU. decidió dar todo su apoyo al régimen liberal.

Intervención francesa y Segundo Imperio

En 1860, al quedarse el partido conservador sin ejércitos, pero no sin generales y líderes, se produjeron los asesinatos de muchos prohombres de la facción victoriosa. Situación en la que los líderes conservadores, dolidos por la derrota, solicitaron el auxilio de Napoleón III de Francia, empeñado en poner un muro monárquico y *latino* al expansionismo de EE.UU. Acudió en apoyo de los monárquicos mexicanos con un poderoso ejército que impuso como emperador de México al archiduque Fernando Maximiliano de Habsburgo.

Haremos un segundo paréntesis para recordar que, en 1861, con ocasión de la intervención tripartita de España, Francia e Inglaterra, para reclamar deudas del gobierno mexicano, los tres países movilizaron sus respectivos cuerpos expedicionarios y que en el caso de España (6.000 hombres) se organizó desde Cuba, con el General Prim al frente.[18]

Sin llegar a entrar en acción esos cuerpos expedicionarios, fue muy valorado el hecho de que, al observar Prim las intenciones de los franceses de situar un emperador en México, decidió la retirada de las fuerzas españolas. Y lo mismo hicieron los británicos, dejando a los franceses en su malhadada aventura. Fue por entonces cuando Napoleón III empleó —para congraciarse con los países hispanoamericanos—, la expresión *América Latina* (teóricamente contra la anglosajona), para referirse a «la América antes española», que decía Bolívar.

Recuperando el hilo histórico, subrayaremos que el gobierno de Maximiliano I, respaldado por los franceses, solo duró tres años y causó una honda decepción entre los propios conservadores que le habían entronizado, debido a que dio su visto bueno a algunas de las leyes de reforma expedidas por Juárez, emitiendo

---

[18] Ramón Tamames, *Prim en México*, artículo inédito, adquirible por petición a castecien@bitmailer.net.

una serie de decretos ratificadores de la desamortización de los bienes del clero y de las comunidades indígenas, la colonización de terrenos baldíos, la libertad de trabajo y la enseñanza pública obligatoria. La emperatriz —María Carlota Amelia Augusta Victoria Clementina Leopoldina de Sajonia-Coburgo-Gotha y Orleans— fue la responsable de algunas disposiciones en esa dirección, en las que se percibía la mano del socialista utópico francés Victor Considérant, que llevaba años viviendo en América y era partidario de la reforma social sin revolución ni falansterios.[19]

Después de perder el favor de los conservadores mexicanos, la pareja imperial dejó de contar con el apoyo de Napoleón III. Y al terminar la guerra de Secesión en EE.UU. (1865), desde Washington DC se impuso la salida de los franceses. A lo que también contribuyó mucho el ataque prusiano a Austria en 1866, que llevó al emperador francés a reembarcar a las tropas francesas que sostenían el Imperio de Maximiliano para enfrentarse con Prusia.

Carlota Amalia enloqueció, y ya sin ejército europeo, Maximiliano no pudo resistir el empuje de los ejércitos liberales de Mariano Escobedo, Ramón Corona y Porfirio Díaz. Se rindió en Querétaro el 15 de mayo de 1867 y fue fusilado en el Cerro de las Campanas el 19 de junio.[20]

República restaurada y porfiriato

Los gobiernos de Juárez (de 1867 hasta 1872) y de Lerdo de Tejada (1872-1876) se propusieron un vasto plan de transformaciones, consistentes en rehacer la agricultura con nuevos cultivos y técnicas de labranza; fomento de industrias; favorecimiento de la inmigración de colonos europeos; construcción de ferrocarriles, canales y carreteras; hacer de cada campesino un pequeño propietario; instituir la libertad de trabajo; poner en práctica el orden democrático, y sacar al pueblo de su postración moral y material, mediante

---

[19] Sin duda, el más influyente de los discípulos de Fourier. Colaboró con Louis Blanc en la revolución de 1848.

[20] Acto que se recogió en el famoso cuadro de Edouard Manet, elaborado entre 1867 y 1869, inspirado en los fusilamientos del 3 de mayo de 1808 de Goya.

la educación de masas. Planes que no llegaron a fructificar, por lo que prevaleció un estado de suma pobreza, rebeldías de las tribus nómadas, bandolerismo recrudecido y sedición de algunas facciones.

Con todo, los máximos triunfos de la década de 1867-1876 se obtuvieron en el campo de la educación, con la ley Martínez de Castro (2 de diciembre de 1867) que instituyó la enseñanza gratuita, obligatoria y laica en el nivel elemental. Para en 1868 fundar la escuela nacional preparatoria, con un plan de estudios inspirado en el positivismo del sociólogo francés Comte. Se reorganiza-

El emperador Maximiliano, el intruso de Napoleón III, fusilado en 1867 en Querétaro.

ron también los institutos de educación profesional y, sobre todo, se erigieron numerosas escuelas primarias. Al restaurarse la república en 1867 funcionaban poco más de 5.000, y en 1875 estaban en servicio 8.103.

La etapa de la Reforma terminó con la revuelta y el acceso al poder del general Porfirio Díaz (José de la Cruz Porfirio Díaz Mori, 1830-1915), que gobernó durante treinta y tres años, 1877-1911, con el solo intermedio del general Manuel González (1880-1884). Globalmente, fue una época de paz, prosperidad económica y consolidación de la nacionalidad, aunque con los problemas típicos de una dictadura.[21]

Porfirio Díaz («Pobre México, tan lejos de Dios y tan cerca de EE.UU.») consiguió la paz tras ahogar las insurrecciones de los generales Trinidad García de Cadena, Mariano Escobedo y otros, abatiendo sin consideraciones de ningún género el bandoleris-

---

[21] Puede verse Enrique Krauze, *Porfirio Díaz, místico de la autoridad*, Fondo de Cultura Económica, México, 1987.

mo, sometiendo y luego dispersando a los indios yaquis, mayos y tomochitecos, no reparando en asesinar a los nómadas apaches y de esparcir el terror entre los nativos en todos los rincones del país. Un trato de verdadero exterminio, como no se había visto durante el dominio español.

Porfirio trató de afianzar la prosperidad económica con la inmigración de colonos europeos, la venta de terrenos baldíos, la protección a los grandes terratenientes, la atracción de capital extranjero, el saneamiento de la hacienda pública y la construcción de ferrocarriles. La política inmigratoria no dio los frutos esperados, vinieron pocos extranjeros (en su mayoría, asiáticos e italianos) y lejos de dedicarse a las labores agrícolas, se ocuparon en el comercio.

Por otra parte, la política de baldíos del porfiriato condujo a que se malbarataran 40 millones de hectáreas, se formasen extensos latifundios y se despojase de su tierra a muchos pequeños y medianos propietarios. El capital extranjero sí entró en gran volumen, pero fue más estadounidense que no el más deseado de los europeos.

En cualquier caso, la política financiera sí fue un éxito a efectos exteriores, y los ministros de Hacienda Manuel Dublán, Matías Romero y José Yves Limantour lograron que México recobrara el crédito internacional. Se nivelaron los presupuestos, se consolidó en buenas condiciones la deuda pública y pudieron gastarse cuantiosas sumas en servicios y obras de infraestructura, sobre todo en comunicaciones y, dentro de estas, en ferrocarriles. Díaz recibió 691 km de vías férreas y dejó su presidencia con 24.717. La constitución del Banco Nacional de México, mediante un contrato con las finanzas francesas, llenó el vacío abierto por la supresión de las *capellanías*[22] durante la Reforma.

La economía mexicana se desarrolló notablemente con el porfiriato, y México volvió a ser un importante país minero: el primer

---

[22] Fundamentalmente eran obras pías instauradas por la Iglesia Católica, mediante las cuales el fundador, generalmente una persona acaudalada, dejaba en su testamento una cantidad de dinero que se ponía en renta para que, con las ganancias, se pagara la realización de un número determinado de misas por la salvación de su alma. De origen medieval, las capellanías tuvieron gran auge en España, Portugal y sus reinos en América durante los siglos XVI, XVII y XVIII. En esto tuvo mucho que ver la cultura del barroco, que hizo énfasis en la muerte, el purgatorio y la salvación del alma.

Izquierda: Benito Juárez, presidente indígena de México, promotor de la Reforma. **Derecha**: el dictador Porfirio Díaz: «Pobre México, tan lejos de Dios y tan cerca de Estados Unidos».

productor mundial de plata y el segundo de cobre. La extracción de oro pasó de 1.636 kg en 1875 a 41.420 en 1910, y en 1900 empezó a explotarse el petróleo del país. Por otra parte, se establecieron plantas industriales y progresó la electrificación.

Salvo en puntos aislados, se hizo poco en lo tocante a regadíos, mecanización y crédito agrícolas. La producción de los alimentos básicos (maíz y fríjol) siguió sujeta a crisis cíclicas, y rara vez satisfizo el consumo interno. Se inició la explotación especulativa del henequén, de cara al mercado internacional.

Todo el progreso económico indicado, es cierto, se consiguió supeditando la economía mexicana a la de otros países —en especial a la de EE.UU.—, con un deterioro relativo de la situación de los asalariados. Por otro lado, sin miramientos al ideal federalista, se redujo la fuerza de los poderes locales: los gobiernos de los estados y los caciques acabaron por someterse a los organismos de la federación. De otro lado, la educación pública tuvo dos preocupaciones básicas: positivismo y nacionalismo.

Aparte de la enmienda de la Constitución de 1857 (1873, 1885) se redactaron códigos civiles, penales, de procedimientos y de comercio que acabarían por imperar, con variantes, en todos los estados, y se logró crear el sentimiento y la conciencia «de una patria pomposa, multimillonaria, honorable en el presente y.epopéyica en el pasado». Los intelectuales de la época, que se autonombraban *científicos*, dictaminaron que «la libertad era función fisiológica de un organismo social perfecto», y que «en las cafrerías de la América antes española era imposible un gobierno basado en el sufragio popular».

El dictador, aunque nunca se atrevió a derogar los preceptos democráticos de la Constitución de 1857, redujo las libertades políticas, religiosas, de prensa y de trabajo. Las elecciones se convirtieron en mera farsa, al clero se le aplacó con la política de conciliación, se suprimieron periódicos y se encarceló a periodistas. Fueron combatidas con mano dura las asociaciones de obreros y artesanos, y en el campo se recrudeció el sistema de servidumbre por deudas, castigos físicos y salarios de hambre. El porfiriato significó paz y progreso, pero con un duro coste para los económicamente más débiles.

La Revolución mexicana: de Madero a Lázaro Cárdenas

La paz de Porfirio comenzó a agrietarse en 1907. Una incipiente depresión económica afectó a los precios y al volumen de las exportaciones, situando a México en los comienzos de una etapa prerrevolucionaria. Los obreros de distintos puntos del país y los trabajadores de varias ramas de la industria declararon una larga serie de huelgas, que fueron duramente reprimidas. Y desde 1909, las clases medias se organizaron en nuevos partidos políticos de oposición.

En 1910, con motivo de la celebración del primer centenario de la declaración de independencia de Hidalgo, una nueva generación intelectual hizo el balance de los adelantos del país y condenó el camino escogido por Porfirio Díaz. Fueron repudiadas la filosofía oficial, el positivismo; las costumbres de la aristocracia, el afrancesamiento; la política económica, el colonialismo capitalista; así como la falta de libertades.

Una diversidad de fuerzas sociales se pusieron bajo la dirección de un terrateniente del norte, Francisco Madero, y el 20 de

Diego Rivera, el célebre mural del Hotel del Prado: una representación de México en los tiempos del porfiriato.

noviembre de 1910 –fecha que se considera como inicio de la revolución– se levantaron en armas contra el porfiriato (Plan de San Luis), sin que el bien disciplinado ejército de la dictadura pudiera detener a las partidas revolucionarias. El dictador previó la derrota, y por ello mismo renunció al poder el 25 de mayo de 1911 y abandonó el país para instalarse en París, donde murió en 1915.

El presidente interino, Francisco León de la Barra, se opuso eficazmente a la realización inmediata de toda clase de demandas revolucionarias y convocó elecciones, que dieron el triunfo por abrumadora mayoría a Francisco Madero, quien, entonces como presidente, trató de volver al viejo orden liberal de la Reforma. Pero esa política no fue del agrado, sobre todo de los intereses económicos de EE.UU., que la encontraron peligrosa para sus inversiones en México.

En ese contexto de tensiones, en noviembre de 1911, los campesinos del estado de Morelos, próximo a la capital, que tenían como líder a Emiliano Zapata, se levantaron al grito de «¡Tierra y libertad!», y otro tanto hicieron en el norte los seguidores de Pascual Orozco. Insurrecciones a las que Madero se enfrentó con éxito, pero sucumbió ante la rebelión del ejército porfirista. El general Victoriano Huerta, después del «pacto de la embajada» (febrero de 1913), celebrado bajo los auspicios del embajador norteamericano Henry Lane, se autonombró presidente y organizó el asesinato de Madero.

Venustiano Carranza, gobernador maderista de Coahuila, rechazó la autoridad de Victoriano Huerta como autoproclamado presidente (1913-1914) y, apoyado por antiguos jefes revolucionarios (Obregón, Pancho Villa, Lucio Blanco, etc.), inició, de acuerdo con el Plan de Guadalupe (marzo de 1913), el movimiento reconstitucionalista, que, después de dieciocho meses de guerra, obligó a Victoriano Huerta a abandonar el poder (julio de 1914).

Por su parte, los partidarios de Pancho Villa rompieron con Carranza y se acercaron a los zapatistas, que no habían reconocido nunca a los constitucionalistas. En poco tiempo, Pancho Villa y Emiliano Zapata entraron en México y desconocieron al presidente provisional Eulalio Gutiérrez, surgido de la convención de Aguascalientes (octubre de 1914), tras la dimisión de Venustiano Carranza. Pero Carranza, apoyado por el revolucionario Obregón,

Francisco Madero (izquierda) y Lázaro Cárdenas (derecha), presidentes del México ya dentro del proceso revolucionario en pro de la estabilidad.

incorporó a su programa político promesas obreristas y agraristas (decretos de diciembre 1914 y enero 1915).

Obregón venció a los villistas y zapatistas, y aseguró el triunfo de Carranza, quien ya en el poder otra vez como presidente (1914-1920), se opuso a las acciones huelguísticas de los obreros de Guadalajara, México, Veracruz, etc. Protegió las grandes propiedades agrarias, y parece que aprobó el asesinato de Zapata en una emboscada a traición (abril de 1919).[23] Por otra parte, reunió en Querétaro un congreso constituyente (1916-1917) en el que los «jacobinos», influidos por el ideario político de Ricardo Flores Magón y el plan de Ayala del propio Emiliano Zapata, impusieron a Carranza el contenido social de la Constitución de 1917, que fue la definitiva expresión de la Revolución mexicana.

A partir de 1920, la elección de presidentes ya fue siempre pacífica: Álvaro Obregón (1920-1924), Plutarco Elías Calles (1924-1928), Emilio Portes Gil (1928-1930), Pascual Ortiz Rubio (1930-1934), Abelardo Rodríguez (1932-1934) y Lázaro Cárdenas (1934-1940). Una sucesión de políticos de origen revolucionario que removieron los obstáculos que se oponían a la práctica de los preceptos constitucionales y sentaron las bases de la reconstrucción nacional.

---

[23] Sobre Zapata, John Womack, *Zapata y la Revolución mexicana*, Siglo XXI editores, México, 1969; Alfonso Reyes, *Emiliano Zapata. Su vida y obra*, Libros de México, México, 1963.

El general Obregón, por medio de su ministro José Vasconcelos, promovió la reforma educativa y cultural: se edificaron numerosas escuelas rurales, se fundaron bibliotecas aun en los pueblos más pequeños y se fomentó el teatro popular. Por otro lado, se combatió el positivismo con la filosofía de la intuición, de la emoción y de la vida, de José Vasconcelos –a quien ya nos hemos referido en el capítulo 2 de este libro– y Antonio Caso Andrade.[24] Las letras y las artes volvieron la atención a las tradiciones mexicanas: helenismo de Alfonso Reyes,[25] influencia del hispanismo de P. Henríquez Ureña e indigenismo de Manuel Gamio.[26]

En el terreno social, se promovió la donación de ejidos[27] a los pueblos, así como una serie de leyes beneficiosas para los pequeños propietarios agrícolas (ley federal de tierras ociosas de 1920 y ley de las tierras libres de 1923), además de reconocer a los zapatistas en el estado de Morelos y favorecer el desarrollo sindical.

El presidente Plutarco Elías Calles (1924-1928) pasó a la historia como el *apóstol* de la reforma religiosa, con el nacimiento de una Iglesia apostólica mexicana, que tuvo muy pocos adeptos. Dispuso el registro y la reducción del número de sacerdotes, y tuvo que hacer frente a una formidable respuesta que le dieron los católicos, conocida con el nombre de «revolución cristera», iniciada en 1926 y concluida, mediante convenios con el presidente Portes Gil, en 1929. Por otra parte, fue Calles quien institucionalizó la revolución mexicana mediante la creación del Partido Nacional Revolucionario, luego, con Ávila Camacho, Partido Revolucionario Institucional (PRI).

El presidente Cárdenas (1934-1940) asumió el máximo liderazgo de las reformas agraria y laboral a fin de aumentar el número de propietarios, fomentando la propiedad comunal de la tierra

---

[24] Filósofo cristiano que separándose del positivismo de Comte y Spencer, giró hacia Bergson y Schopenhauer, en la creencia de que el ser humano es moral, voluntarioso y espiritual. Vasconcelos fundó el influyente Ateneo de la Juventud en México. Fue el séptimo rector de la UNAM.

[25] Un pensador conocido como el *regiomontano universal*, colaboró con don Ramón Menéndez Pidal, en Madrid, entre 1924 y 1934.

[26] Etnógrafo, autor de *Haciendo patria*. En su libro propuso la integración de los indígenas mexicanos en la sociedad mestiza.

[27] Según el *Diccionario* de la Real Academia Española: «campo común de un pueblo, lindante con él, que no se labra, y donde suelen reunirse los ganados o establecerse las eras». En México, terreno comunal de explotación también colectiva.

(repartió casi 18 millones de hectáreas entre 774.000 familias); mejorando e incrementando la producción agrícola, por medio de la apertura de nuevas zonas de cultivo, irrigación, aprovechamiento de los productos tropicales, mejora de los instrumentos de labranza y crédito para los agricultores.[28]

La reforma laboral se fijó como metas el tomar medidas protectoras para el obrero: organización en sindicatos y en la confederación de trabajadores, promoviéndose leyes obreristas, como la federal del trabajo, y campañas para preservar la salud de los trabajadores.

Bajo la consigna de «México para los mexicanos», ordenó la expropiación de los bienes de las compañías petroleras británicas, neerlandesas y estadounidenses (18 de marzo de 1938) y los de varias empresas de ferrocarriles. A él también se debió la apertura del país a los emigrados políticos de España (unos 30.000) con motivo de la guerra civil de 1936-1939, y México siguió reconociendo a la República española hasta las elecciones democráticas del 15 de junio de 1977. Mantuvo, además, excelente relación con el presidente F.D. Roosevelt de EE.UU.[29]

El PRI y después

El sucesor de Cárdenas en la presidencia, Manuel Ávila Camacho (1940-1946), señaló las principales líneas directrices de una política, llamada «de consolidación de las conquistas revolucionarias», que caracterizó la actividad gubernamental mexicana en el siglo XX. Se puso en marcha un desarrollo económico planificado y se abandonaron parte de las conquistas sociales prometidas durante el periodo revolucionario. El nuevo presidente proclamó su interés por la «unidad nacional» y la «conquista de la independencia económica del país», es decir, la integración de diferentes sectores sociales en una nueva sociedad industrial de México.

---

[28] William C. Townsend, *Lázaro Cárdenas. Mexican democrat*, Intl Friendship, 2.ª ed., 1979.

[29] Cárdenas mantuvo el reconocimiento a la Segunda República Española después del final de la guerra civil, estatus que solo se abandonó en 1977, tras las primeras elecciones democráticas en España.

Su labor se desplegó en muchas direcciones: reafirmó las estrechas relaciones entre los dirigentes de los sindicatos obreros y la administración estatal, y en 1945 –ya se anticipó– dio nuevo nombre al Partido Nacional Revolucionario, para llamarlo Partido Revolucionario Institucional (PRI), con una fuerte burocracia del poder, para asegurar la estabilidad, continuidad e influencia política. Consiguió, además, la profesionalización del ejército, y abandonó el anterior anticlericalismo, aprobando la enseñanza religiosa, reformando el art. 3° de la Constitución, a la que quitó sus características socializantes. El 10 de abril de 1944 sufrió el atentado de un militar sinarquista, del que se salvó por llevar chaleco antibalas. En 1946 se retiró y tuvo una intensa vida social hasta su muerte, en 1955.[30]

Por otra parte, y en cuanto a su política agraria e industrial, Ávila Camacho supeditó la devolución de las tierras a los campesinos a su productividad, que se intentó elevar con los nuevos regadíos y programas hidráulicos, la colonización (la «marcha hacia el mar», especialmente hacia las tierras bajas del golfo) y la modernización del trabajo agrícola. Adicionalmente, propuso leyes para el desarrollo de nuevas y necesarias industrias (febrero de 1946). Por último, y en cuanto a su política exterior, declaró la guerra a las potencias del Eje (Alemania, Italia y Japón) e intentó una «concordia internacional», concretamente en el acuerdo con EE.UU. sobre la indemnización petrolera y la reanudación de una estrecha cooperación económica con este país, el restablecimiento de las relaciones diplomáticas con Gran Bretaña y la URSS, y la incorporación de México a las Naciones Unidas.[31]

Después de Ávila Camacho, sentadas las bases de la estabilidad política, el PRI se aseguró la continuidad en la obra de los presidentes Miguel Alemán (1946-1952), Adolfo Ruiz Cortines (1952-1958), Adolfo López Mateos (1958-1964), Gustavo Díaz Ordaz (1964-1970), Luis Echeverría (1970-1976), José López Portillo (1976-1982), Miguel de la Madrid (1982-1988), Carlos Salinas de

---

[30] Wenceslao Vargas Márquez, *Ávila Camacho: 70 años del atentado*, Plumaslibres. com, 2014.

[31] Enrique Krauze, *El presidente y su hermano*, Vuelta, México, 1997; Jean Meyer, *De una revolución a la otra: México en la historia. Antología de textos* (en inglés). El Colegio de México AC, 2013.

Gortari (1988-1994), Ernesto Zedillo (1994-2000), para llegar a Vicente Fox (2006-2006), que ya no fue presidente por el PRI, sino por el Partido de Acción Nacional (PAN), que continuó en el poder con Felipe Calderón (2006-2012), para volverse al PRI con Enrique Peña Nieto (2012-2018).

Manuel Ávila Camacho, el presidente *caballero*, fundador del PRI.

El presidente Andrés Manuel López Obrador (AMLO), tomó posesión en diciembre de 2018, con su propio partido, Movimiento Regeneración Nacional, Morena, que ganó con la coalición Juntos haremos historia, triunfante en las presidenciales de 2018.

El México de hoy es un país lleno de problemas, sobre todo por la desigualdad económica, con 53,4 millones de pobres, el 43,6 por 100 de la población, según el Consejo Nacional de Evaluación de la Política de Desarrollo. Aparte de eso, en los últimos años el narcotráfico ha desbordado las peores expectativas. Por lo demás, su dependencia económica de EE.UU. es extrema, con más del 80 por 100 del comercio total con el vecino del norte. La labor pendiente para AMLO es ingente.

Colofón al capítulo 11: México

—De este capítulo 11 del libro, le confieso que he aprendido mucho de la historia de la Nueva España y de México.

—Gracias. Yo también. La historia después de Cortés, y sobre todo tras la independencia, es más que compleja, con una serie de etapas a diferenciar de una u otra manera. Lo que sí está claro es que entre 1821 y 1910, hubo 90 años de tentativas hasta encontrar una cierta estabilidad política, que finalmente se alcanzó con la revolución mexicana y el PRI.

—¿Y por qué esa historia de México en este libro? ¿No le bastaba con llegar hasta 1547 con la muerte de Cortés?

—Muy sencillo: ni México empieza con Cortés, ni termina con el último virrey. Naturalmente, en este capítulo final hemos incidido en el Primer Imperio, la Primera República, el Segundo Imperio, la Reforma, el porfiriato, la Revolución y, al final, la institucionalización en el PRI. Es la historia compleja de un país que se constitucionalizó durante más de un siglo. Pero no es extraño: a la vieja España también le costó por lo menos ese tiempo, e incluso más, entre 1814 y 1977.

—Y la actitud frente a Cortés en el propio México, especialmente tras la independencia, ¿por qué fue tan diversa?

—Sí que lo ha sido, aunque con una mayoría de estudiosos y políticos mexicanos mayoritariamente favorables a Cortés. Sobre todo, cuanto más se estudia al personaje y su tiempo, más reflexión positiva se encuentra. Y es que Cortés fue superior al segundo de la fila, Pizarro. Se obsesionó por México y su futuro. Pensaba en una Nueva España, precisamente nueva, sin las burocracias y ataduras de la vieja.

—¿Y cómo concluye usted?

—Lo digo más que nada al empezar el libro, al ponerle como título *Hernán Cortés, gigante de la historia. Para 600 millones de hispanohablantes de ambos hemisferios, 500 años después.* Ahora estoy más convencido de que Cortés sí que fue un gigante de la historia. Y también estoy en la idea de que los 600 millones de hispanohablantes de ambos hemisferios somos una comunidad única, sin que muchos, todavía, se hayan enterado de cosa tan notable como la conquista y después. Tras la era virreinal, se formaron 20 nuevas naciones de un tronco común, Iberoamérica, e ignorar lo que España contribuyó a eso es un absurdo. Solamente se alcanzará el máximo de posibilidades de la comunidad iberoamericana, cuando se acabe con los sectarismos y verdades a medias; esto es, con un reconocimiento cabal de la evolución histórica... desencriptada, claro.

—Viniendo de usted, todo tiene que ser desencriptado.

—Desde luego.

Capítulo 12

Cortés, gigante de la historia, desde México y desde España

Cortés en la política mexicana

En la primera parte de este capítulo 12, hacemos un cierto registro de la diferente consideración que ha tenido Hernán Cortés en la evolución política mexicana. En ese sentido, el autor ha tratado de sintetizar diferentes puntos de vista, cuya cronificación es, como todo, discutible. Además, no hay en la consideración que aquí se hace, ningún rigor cronológico en pro o en contra del gran personaje histórico: en una misma etapa surgen distintas actitudes a favor o en contra.

En cualquier caso, estimo que la revisión que sigue sobre la evolutiva figura de Cortés en México, entre el siglo XVI y ahora, era absolutamente necesaria. Puede apreciarse, creo, el profundo calado de las diversas opiniones pro y anti.

Y era también imprescindible ese repaso para la semblanza histórica final que hacemos de Cortés en la parte segunda de este mismo capítulo, en el que don Hernán figura en muchos aspectos como personaje legendario.

Prevalencia de Cortés hasta la independencia: Torquemada y Clavijero

Antonio Rubial García, de la Facultad de Filosofía y Letras de la Universidad Nacional Autónoma de México (UNAM), destaca que entre los siglos XVI y XVIII, el nombre Cortés fue en la Nueva España el de un personaje heroico con sus grandes hazañas oficial y popularmente idealizadas. El primero en forjar ese mito, sin proponérselo, fue el propio conquistador a partir de sus Cartas de relación al rey-emperador, al narrar sus hechos de armas con gran detalle.[1]

En ese sentido de admiración, es muy expresiva la *Monarquía indiana*, del franciscano fray Juan de Torquemada (1562-1624), compuesta por 21 libros, verdadera *summa* de las crónicas novo-hispanas, con una interpretación mesiánica del papel de la España imperial del siglo XVI. Según Alicia Mayer, para Torquemada (nada que ver con Tomás de Torquemada, primer inquisidor de Castilla y Aragón de 1480 a 1530), los indios eran «hombres ciegos, carentes de fe y engañados por el demonio». De ahí que se estimara a Cortés como vencedor de los *idólatras paganos*.[2]

Sin embargo, desde principios del siglo XVIII, la figura del conquistador fue diluyéndose entre los criollos, que continuaron exaltándolo como benefactor de la ciudad capitalina e introductor del cristianismo. Pero pensando ya en una futura independencia, fueron cambiando de actitud, para dar un mayor espacio de popularidad a las figuras de Moctezuma y Malinche. Que adquirieron un carácter emblemático, y a quienes más tarde condenaría el indigenismo como *colaboracionistas*.

Muy avanzado ya el siglo XVIII, como señala Miguel Soto, profesor de la UNAM, la gran figura procortesiana fue Francisco Javier Clavijero, jesuita veracruzano, que calificó al conquistador de excelso en su *Historia antigua de México*.[3] Texto escrito durante el exilio del autor en Bolonia y publicado en 1780, tras la expulsión de la Compañía de Jesús de España y sus Indias en 1767.[4]

Clavijero esbozó una visión providencialista, considerando a Cortés como un «hombre noble», especialmente dotado de habilidades para la guerra, la diplomacia y la política, y ensalzó el gran beneficio evangelizador que implicó la conquista. Si bien criticó al conquistador por incurrir en «conductas indignas».

---

[1] Antonio Rubial García, «Hernán Cortés, el mito», en María del Carmen Martínez Martínez y Alicia Mayer (coords.), *Miradas sobre Hernán Cortés*, ob. cit., págs. 205 y siguientes.

[2] Alicia Mayer, «Darle a su piedad religiosa el lugar primero», en María del Carmen Martínez Martínez y Alicia Mayer (coords.), *Miradas sobre Hernán Cortés*, ob. cit., págs. 182 y siguientes.

[3] Editorial Porrúa, México, 2014.

[4] Miguel Soto, «De dilemas y paradojas», en María del Carmen Martínez Martínez y Alicia Mayer (coords.), *Miradas sobre Hernán Cortés*, ob. cit., págs. 223 y siguientes.

La independencia: entre Mier y Alamán

Con la independencia, todo cambió. Así, en 1821 se publicó, simultáneamente en Sevilla, Londres y Filadelfia, la segunda edición de la *Brevísima relación* de Bartolomé de Las Casas, con una introducción a cargo del mexicano Servando Teresa de Mier (1817). En ella –lo subraya el historiador Antonio Rubial García–, se atacó duramente la conquista y la dominación española, calificándola de «azote general de la esclavitud y de bárbara opresión que ha durado tres siglos». Tachándose a los conquistadores de aventureros, ignorantes y locos, insistiéndose en las crueldades de la Inquisición, en la que «se hacía un oficio de quemar ahogados o vivos los hombres, a millares, después de tormentos cruelísimos», con no poco tremendismo, producto del nacionalismo de la primera hora de la independencia; muy sensible ante un posible retorno invasor de España, desde Cuba y Puerto Rico.[5]

Francisco Javier Clavijero, el jesuita novohispano que escribió en Bolonia tras su expulsión de la SJ.

Los discursos conmemorativos de la emancipación, a partir de 1823, tras la caída del emperador Iturbide, también condenaron la conquista. En cierto modo con no poco cinismo por parte de los criollos, que desde el principio de la nueva república trataron a los indios peor que en los tiempos virreinales. Por su parte, el ya mentado Servando Teresa de Mier volvió a presentar en su *Historia de la Revolución en Nueva España*[6] una visión recriminatoria, a la que acompañó la concepción peculiar

---

[5] Antonio Rubial García, «Hernán Cortés, el mito», en María del Carmen Martínez Martínez y Alicia Mayer (coords.), *Miradas sobre Hernán Cortés*, ob. cit., págs. 223 y siguientes.

[6] Publicada en Londres en 1813. Versión actual en Biblioteca Virtual Miguel de Cervantes, Alicante, 2016.

de un cierto cristianismo prehispánico, al identificar al símbolo de Quetzalcóatl con el apóstol Santo Tomás, en un paralelismo realmente antihistórico.

En 1823, con motivo del solemne traslado a la capital de los restos de los patriotas que clamaron por la independencia de 1810, un grupo de enaltecidos nacionalistas propusieron apoderarse de los huesos de Cortés para quemarlos. Pero Lucas Alamán,[7] que estuvo esos días muy al tanto de lo que sucedía, invocó al cielo para que un rayo «cayese sobre la tumba de Cortés». Lo que inspiró un cierto pánico, que permitió que se ocultaran los restos del conquistador. Situación que fue un aviso para los españoles de los días difíciles que les aguardaban en México.[8]

El giro sosegador: Mora y Prescott

José María Luis Mora, presbítero crítico de la Iglesia en México, en 1833 encabezó un esfuerzo decidido por secularizar los bienes eclesiásticos, eliminar los fueros particulares de sacerdotes y militares, y reducir, o cuando menos controlar, la influencia social y educativa de la institución religiosa, si bien al propio tiempo fue un defensor convencido de los españoles ante las leyes de expulsión.[9] En ese sentido, Mora[10] escribió la primera historia de la conquista después de la Independencia en que se planteó una visión favorable de Cortés y de la presencia hispana, sin vacilar en situar al conquistador a la par de Leonardo da Vinci, Miguel Ángel o Carlos V:

> México, colonia de la antigua España, debe su fundación al conquistador don Hernán Cortés, el más valiente capitán y uno de

---

[7] 1792-1853, novohispano, de una adinerada familia española, tuvo una excelente educación. Conoció al dominico Servando de Mier y a la caída de Iturbide, en 1823, fue ministro de Relaciones Exteriores de México, y en la segunda parte de su vida escribió sobre la historia de México, considerando favorable la presencia española.

[8] Miguel Soto, «De dilemas y paradojas», en María del Carmen Martínez Martínez y Alicia Mayer (coords.), Miradas sobre Hernán Cortés, ob. cit., pág. 236.

[9] Miguel Soto, «De dilemas y paradojas», en María del Carmen Martínez Martínez y Alicia Mayer (coords.), Miradas sobre Hernán Cortés, ob. cit., pág. 239.

[10] Primera edición de 1836, José María Luis Mora, México y sus revoluciones, Fondo de Cultura Económica, México, 1986.

los mayores hombres de su siglo, para concebir y llevar a efecto empresas que sobrepujaron a las fuerzas del común de los mortales.

Joaquín García Izcalbaceta, historiador, filólogo y editor (Ciudad de México, 1825-ídem, 1894), de familia española, hubo de emigrar a Cádiz en 1829. Regresó a México en 1836 al reconocerse la independencia mexicana por España, y conoció y trabó amistad con Lucas Alemán. Fundador de la Academia Mexicana de la Lengua, fue director de la misma desde 1883 hasta su muerte en 1894. Tradujo *Historia de la conquista del Perú*, de Prescott, y colaboró con Manuel Orozco y Berna. En varias de sus obras difundió, enco-

José María Luis Mora: a favor de la separación de la Iglesia y el Estado en México, y juez sereno de Cortés.

miándola, la labor de los franciscanos tras la conquista y sobre todo la figura del obispo Zumárraga. Igualmente, se refirió a la aparición de la Virgen de Guadalupe en una muy controvertida argumentación.

Por su parte, el primer embajador español en México, Ángel Calderón de la Barca, cofundador del Ateneo Mexicano, fungió como intermediario entre estudiosos locales y William H. Prescott, cuando este preparaba su *Historia de la conquista de México*,[11] que una vez publicada en 1843, supuso un gran éxito editorial, y aunque el autor estadounidense reconoció aspectos relevantes de la cultura indígena, consideró inevitable el choque de «la civilización y la barbarie», en la que el peso de la sociedad cristiana prevaleció sobre el *politeísmo idólatra*.

Por lo demás, cuando se dio a la luz de *Historia* de Prescott, en 1843, el ya mentado Lucas Alamán impartió una serie de conferencias, insistiendo en que la conducta de los soldados españo-

---

[11] Miguel Soto, «De dilemas y paradojas», en María del Carmen Martínez Martínez y Alicia Mayer (coords.), *Miradas sobre Hernán Cortés*, ob. cit., págs. 242 y siguientes.

les contra los mexicas no se diferenció de las observadas en otras naciones en contiendas análogas en los mismos tiempos. Y vio la introducción de la lengua castellana como idioma común de todos los mexicanos y la adopción del cristianismo como algo que debía agradecerse en alto grado.

Del Segundo Imperio al porfiriato

Al pronunciar la oración cívica el 16 de septiembre de 1863, el emperador Maximiliano condenó los *trescientos años de opresión española*. Era la época en que Napoleón III acuñó la expresión *América Latina*, en contra de «la América antes española» que decía Bolívar. Expresión que se extendió ampliamente y que se emplea muchas veces indebidamente, incluso aludiendo a la América prehispánica.

Después del triunfo de la república contra Maximiliano, hubo una nueva evaluación de Cortés, sobre todo por el historiador Manuel Orozco y Berra,[12] quien reconoció la gran capacidad estratégica del capitán español, pero considerando su actitud frente a los indígenas como una muestra de «perfidia»: una de cal y otra de arena, con no poco cinismo, ya que los criollos dieron a los nativos un trato mucho peor.[13]

Por su parte, Justo Sierra Méndez, fundador de la UNAM, que defendió a Porfirio por su *dictadura ilustrada*, reconoció la excelencia de Cortés como conquistador, asignándole, por primera vez, el calificativo de «fundador de México».[14] Sin embargo, no aceptó que se le llamase «Padre de la Patria», pues esa distinción, dijo, «debía quedar reservada solo a Miguel Hidalgo, muerto en 1810 en la guerra de independencia de México contra España».[15]

---

[12] Discípulo de José Fernando Ramírez y Joaquín García Icazbalceta y, junto con ellos, considerado uno de los historiadores más importantes de México del siglo XIX.

[13] Miguel Soto, «De dilemas y paradojas», en María del Carmen Martínez Martínez y Alicia Mayer (coords.), *Miradas sobre Hernán Cortés*, ob. cit., págs. 251 y siguientes.

[14] Historiador, periodista, poeta, político y filósofo mexicano, discípulo de Ignacio Manuel Altamirano. Fue decidido promotor de la Universidad Nacional de México.

[15] Miguel Soto, «De dilemas y paradojas», en María del Carmen Martínez Martínez y Alicia Mayer (coords.), *Miradas sobre Hernán Cortés*, ob. cit., págs. 255 y siguientes.

Izquierda: Octavio Paz, premio Nobel de Literatura en 1990: por la concordia. **Derecha:** el nuevo presidente, Andrés Manuel López Obrador (AMLO) ante un México de expectativas y problemas.

Una visión muy distinta y simultánea a la de Sierra, también en pleno porfiriato, fue la que presentó Genaro García en su obra *Carácter de la conquista española en América y México*,[16] donde hay toda una diatriba no solo contra la conquista, sino contra España, por su intolerancia contra judíos y musulmanes, y se califica a Cortés como un «nuevo Atila». Todo un tanto desquiciado.

Concordia y debate histórico

Desde el último tercio del siglo XX está en marcha un tono muy distinto de análisis histórico más sosegado y de respeto a la figura de Cortés. En ese sentido, Rodrigo Martínez Baracs –hijo de José Luis Martínez, el autor del gran libro *Hernán Cortés* al que tanto debe esta misma obra–, señaló, reiterando lo dicho por su propio progenitor:

> Más allá de la vieja disputa entre indigenistas e hispanistas, hace tiempo que surgió la necesidad de un acercamiento propiamente histórico de la figura de Hernán Cortés (1485-1547). Ya el his-

---

[16] Publicado por la Oficina tipográfica de la Secretaría de Fomento, México, 1901.

toriador Manuel Orozco y Berra [antes mencionado] enunció: «Nuestra admiración para el héroe; nunca nuestro cariño para el conquistador». Y el poeta y ensayista Octavio Paz (1914-1998) advirtió: «Apenas Cortés deje de ser un mito histórico y se convierta en lo que es realmente –un personaje histórico–, los mexicanos podrán verse a sí mismos con una mirada más clara, generosa y serena». Ambas frases las citó mi padre, José Luis Martínez (1918-2007), al inicio de su gran libro *Hernán Cortés*, de 1990, de mil páginas más cuatro nutridos tomos de *Documentos cortesianos*, que busca ayudar al lector a hacerse una visión amplia, informada, equilibrada y propia del personaje.[17]

Por su parte, el Profesor Miguel León-Portilla[18] supo apreciar la incidencia de la figura de Cortés a partir de la migración que se produjo a causa de la guerra civil española, que contribuyó a revalorizar la presencia hispánica y sus aportaciones culturales. Recordando León-Portilla que el presidente Lázaro Cárdenas erigió una estela en el que se conoce como *Paso de Cortés*, situado entre los volcanes Popocatépetl e Iztaccíhuatl, con una placa en bronce en la que aparece don Hernán a caballo contemplando el gran valle de México, al que se dirigía con sus tropas hispano-antimexicanas.[19]

Enrique Krauze Kleinbort (Ciudad de México, 1947), que estudió en la UNAM, es historiador; miembro de la Academia Mexicana de la Historia y del Colegio de México, también dirige la Editorial Clío y la revista cultural *Letras Libres*. Colaboró muchos años con Octavio Paz en la revista *Vuelta* y, en 1991, fundó la productora Clío TV. Crítico de López Obrador, publicó en 2008 *El poder*

---

[17] Rodrigo Martínez Baracs, «Actualidad de Hernán Cortés», en María del Carmen Martínez Martínez y Alicia Mayer (coords.), *Miradas sobre Hernán Cortés*, ob. cit., págs. 249 y siguientes.

[18] María del Carmen Martínez Martínez y Alicia Mayer (coords.), *Miradas sobre Hernán Cortés*, «Presentación», Iberoamericana, Madrid, 2016, pág. 16. Debe recordarse que Octavio Paz presentó el 4 de octubre de 1968 su renuncia como embajador de México en India, con una carta dirigida al canciller mexicano Antonio Carrillo Flores. «No estoy de acuerdo –le manifestó– en absoluto con los métodos empleados para resolver (en realidad: reprimir) las demandas y problemas que se ha planteado nuestra juventud. No se trata de una revolución social, aunque muchos de sus dirigentes sean revolucionarios radicales, sino de realizar una reforma de nuestro sistema político». Comunicación recogida en el libro *Octavio Paz en 1968: el año axial* (Taurus, 2018), de Ángel Gilberto Adame. Luis Pablo Beauregard y David Marcial Pérez, «Así espió la policía política del PRI a Octavio Paz», *El País*, 2-X-2018.

[19] Miguel León-Portilla, «Hernán Cortés: vida sin reposo», en María del Carmen Martínez Martínez y Alicia Mayer (coords.), *Miradas sobre Hernán Cortés*, ob. cit., pág. 16.

y el delirio, un alegato contra el chavismo venezolano. En junio de 2019 dictó una conferencia en la Real Academia de la Historia de España, con amplia referencia a Cortés, y el gran efecto de la conquista: el mestizaje (*El País*, 22-VI-2019).

En definitiva, Rodrigo Martínez Baracs piensa en la proximidad de una concordia, pero esta no será fácil, sobre todo por la actual falta de difusión del tema, debida al notorio declive que se observa en el debate histórico. Más en concreto, Martínez Baracs se lamenta de que el muy importante libro *Veracruz 1519. Los hombres de Cortés*, de María del Carmen Martínez Martínez, coeditado por la Universidad de León (España) y el Instituto Nacional de Antropología e Historia, de México, casi no se haya distribuido entre los mexicanos. En tanto que actualmente no circula apenas la edición del ya clásico *Hernán Cortés* de José Luis Martínez.[20]

Cortés, personaje legendario

Ya en la fase final de síntesis, podemos decir que la figura de Cortés es indudablemente única: protagonista de una aventura y estrategia formidables, actuó también como un incisivo diplomático a la hora de forjar alianzas, siendo para sus soldados un ejemplo de capitán general emprendedor y valiente, así como un gran empresario, diplomático, etc. Todo lo cual no se dice aquí para hacer una hagiografía, sino para situar al personaje en su verdadero contexto.

El papel de los criollos

En un artículo de *The Economist*, en la Navidad de 2014, pude leer una referencia muy reflexiva sobre lo que Cortés representa hoy para los mexicanos. Con juicios como el del gran escritor mexicano, premio Nobel de Literatura, Octavio Paz, que supo formular

---

[20] Rodrigo Martínez Baracs, «Actualidad de Hernán Cortés», en María del Carmen Martínez Martínez y Alicia Mayer (coords.), *Miradas sobre Hernán Cortés*, ob. cit., pág. 269 y siguientes. Martínez Baracs y el autor de este libro nos conocimos personalmente en abril de 2019, con ocasión del Congreso Cortesiano en Medellín y Trujillo de abril de 2019.

lo que es un verdadero *dilema histórico* entre los mexicanos, por el odio que algunos profesan a Cortés y la realidad del conquistador y sus consecuencias. De modo que en el 500 aniversario del nacimiento de don Hernán, en 1983, Paz veía así la cosa: «se trata de un odio no contra España y los españoles, sino contra nosotros mismos [mexicanos]». En realidad, don Octavio fue al fondo de la cuestión, subrayando lo absurdo de la situación.

Es un poco como si en España –aunque hayan pasado muchos siglos–, hubiera una reacción negativa frente a Roma, por su colonización desde el siglo III a.C., recordando la estadía de Octavio Augusto en Hispania (pocos años antes de J.C.) para acabar con los últimos brotes de resistencia en Cantabria, crucificando a miles de nativos celtas, con la entera destrucción de su hábitat. Sin olvidar lo que fue el exterminio de Numancia o la previa traición de los generales de Roma a Viriato.

No obstante todo eso, y mucho más, la romanización fue aceptada de buen grado en relativamente poco tiempo, y así nació Hispania, la primera España, bajo la égida de Roma. A la que dio cuatro de sus mejores emperadores: Trajano, Adriano, Marco Aurelio y Teodosio. Creo que, en ese sentido, son terminantes las palabras de Mario Vargas Llosa, que sintetizan la cuestión:

> La conquista de América fue cruel y violenta, como todas las conquistas, desde luego, y debemos criticarla, pero sin olvidar, al hacerlo, que quienes cometieron aquellos despojos y crímenes fueron, en gran número, nuestros bisabuelos y tatarabuelos, los españoles que fueron a América y allí se acriollaron, no los que se quedaron en su tierra. Aquellas críticas, para ser justas, deben ser una autocrítica. Porque, al independizarnos de España, hace doscientos años, quienes asumieron el poder en las antiguas colonias, en vez de redimir al indio y hacerle justicia por los antiguos agravios, siguieron explotándolo con tanta codicia y ferocidad como los conquistadores, y, en algunos países, diezmándolo y exterminándolo. Digámoslo con toda claridad: desde hace dos siglos la emancipación de los indígenas es una responsabilidad exclusivamente nuestra y la hemos incumplido.[21]

---

[21] Citado por Juan Eslava Galán, *Historia de España...*, ob. cit.

La revisión histórica

La figura de Cortés, después de cinco siglos, sigue, con señaladas salvedades, silenciada por las facciones anti, sin argumentos definitivos. En ese sentido: «puesto que los mexicanos –dijo José Luis Martínez– somos herederos de las dos ramas de nuestros abuelos, es deseable hacer un esfuerzo por conocer completa la personalidad de quien nos dio esa doble ascendencia. Acaso alguna vez consigamos librarlo de las ideologías y estudiarlo con la cruel objetividad de la historia, para descubrir, con luces y sombras, una personalidad excepcional. Ignorar o mutilar la historia no la cambia. Los tercos hechos siguen esperando ser conocidos y explicados».

De unas décadas antes son las palabras finales de Vasconcelos en su libro sobre Cortés, que merecen la pena transcribir, como premonitorias del subtítulo de la obra principal sobre Cortés de Juan Miralles (*inventor* de México):

> No fue la conquista obra de un rey que manda vasallos en armas para ganar territorios; tampoco el plan de un César que organiza legiones y les asigna las zonas por donde desea invadir. El esfuerzo libremente coordinado de héroes improvisados que, hasta cierto punto, se lo debían todo a sí mismos, tal fue el instrumento de la conquista americana. De allí, ciertas atrocidades, pero también sus hazañas y resultados incomparables... Ninguna otra excusa puedo ofrecer y termino afirmando que quien quiera que medite la obra de Hernán Cortés de modo desapasionado, comprenderá que merece, como nadie, el título que tanto se le ha regateado, de Padre de nuestra nacionalidad [mexicana]... De su sistemático empeño de aliar lo autóctono con lo español, por la cultura y por la sangre, nació la Nueva España que fue también un México nuevo, el México que es raíz del tronco vivo de nuestra personalidad internacional.[22]

En cambio, en el extremo del odio los versos de Pablo Neruda en su *Canto General,* expresivos de un talante anticortesiano:

---

[22] José Vasconcelos, *Hernán Cortés, creador de la nacionalidad*, ob. cit., pág. 31.

Cortés no tiene pueblo, es rayo frío,
corazón muerto en la armadura.
«Feraces tierras, mi Señor y Rey,
templos en que el oro, cuajado
está por manos del indio.»

Y avanza hundiendo puñales, golpeando
las tierras bajas, las piafantes
cordilleras de los perfumes,
parando su tropa entre orquídeas
y coronaciones de pinos,
atropellando los jazmines,
hasta las puertas de Tlaxcala.

[...]

Cortés recibe una paloma,
recibe un faisán, una cítara
de los músicos del monarca,
pero quiere la cámara del oro,
quiere otro paso, y todo cae
en las arcas de los voraces.
El Rey se asoma a los balcones:
«Es mi hermano», dice. Las piedras
del pueblo vuelan contestando,
y Cortés afila puñales
sobre los besos traicionados.

Los versos en cuestión son absolutamente ideológicos, sin fundamento histórico. Y es que el gran poeta chileno de Isla Negra se manifestó contrario al conquistador, desde su visión asociada a la dictadura despiadada que funcionó en la URSS, en tiempos de Stalin. Como le sucedió también al pintor Diego Rivera, autor de los murales del Palacio Nacional, en el Zócalo, en Ciudad de México, reproducidos en páginas anteriores de este libro.

Al respecto, cabe volver a evocar las palabras de Octavio Paz cuando se refirió al *mito negro* de Cortés, que desde la independencia de México se vinculó a la pretendida barbarie de la conquista española. Cuando según el propio premio Nobel «fue un hombre extraordinario, un héroe en el antiguo sentido de la palabra. No es fácil amarlo, pero es imposible no admirarlo», frase que ya situamos en la Nota preliminar del autor de este libro.

Es posible apreciar que incluso en el periodo formativo de la nueva nación mexicana (capítulo 11 de este libro), hasta sus adversarios revelan respeto por Cortés, que fue considerado por sus contemporáneos como un nuevo Julio César, o incluso un Alejandro Magno.

Hernán Cortés retratado (c. 1529) por Christoph Weiditz. Es el último bosquejo hecho en vida del conquistador (en el *Trachtenbuch* del pintor).

El soldado estratega

Lo que nadie niega es que Cortés fuera inteligente, valiente y buen organizador. Y en esa dirección, uno de los aspectos más destacados de su personalidad,[23] tal como él mismo trata de mostrar en las Cartas de relación, o como Bernal hace en la *Historia verdadera*, su valor fue extraordinario en el fragor de la batalla, en toda suerte de acciones arriesgadas. Siempre encabezó a sus hombres en las situaciones de mayor peligro, sin cuidar de sí mismo. Como ocurrió en Otumba, o en el machacamiento de los aliados de los mexicas en torno al lago de Texcoco, en la preparación de la reconquista de Tenochtitlán, o en la propia batalla decisiva, que duró 75 días de combates cotidianos.

Así, al igual que le sucedió —eso dicen— a los soldados de César, los que 1500 años después seguían a don Hernán lo necesitaban como jefe indiscutido, hasta el punto de dar su vida por él. Y si como manifestó Salustio, historiador romano, «el nervio de la gue-

---

[23] Hernán Cortés, *Cartas de relación*, ed. A. Delgado Gómez, Castalia, Madrid, 1993.

rra es el ingenio», Cortés lo mostró a lo largo de su vida, como supo registrar en sus *Relaciones*. Parecía como si hubiera intuido lo que luego sería el principio fundamental de Clausewitz, «la guerra es la continuación de la política por otros medios».[24]

Un rasgo esencial de los valores cortesianos fue el permanente servicio a la corona española, y, como ha señalado Víctor Frankl, en él fue bien expresivo el «valor de un hombre que radica en la intensidad de su servicio al rey, en cuanto representante del Estado y la nación, con la correspondiente renuncia a todo su posible provecho personal».[25]

Los indios y la conversión

Por otro lado, está claro que durante los años de la conquista, los indios fueron para Cortés guerreros valerosos, a los cuales hubo de vencer, cierto que con aliados importantes, tan indios como los propios mexicas. Y de ahí que supiera apreciar aptitudes superiores entre los naturales de México por comparación con los antillanos (taínos): una organización política y social mucho más avanzada, que fue preciso mantener en buena parte tras la conquista, para viabilizar el dominio español. Pero, al mismo tiempo, Cortés compartió la opinión general, desde el cristianismo: entre esas mismas poblaciones indígenas estaban los idólatras, sacrificadores de seres humanos, caníbales y violentos.

Por otra parte, será bueno recordar que Bernardo García Martínez, profesor en Harvard y miembro del Colegio de México (1946-2017), subrayó que el historiador francés Robert Ricard acuñó en 1933 el concepto de «conquista espiritual» para referirse a la labor y los logros de los frailes mendicantes, labor y logros que ellos, en su tiempo, denominaban «conversión». Se puede relacionar el esfuerzo de los frailes con el de Cortés y sus capitanes, a favor de una reevaluación positiva del papel de España en la conquista, que fue muy dura y en parte destructiva, pero tam-

---

[24] Citado por Ramón Tamames en *Sistemas de defensa en el mundo de hoy*, 2018, reedición, capítulo 1.

[25] Víctor Frankl, «Hernán Cortés y la tradición de las Siete Partidas», *Revista de Historia de América*, n.º 53-54, Jun.-Dic., 1962.

bién distintivamente humanística y creativa, en una visión global, al incorporar a los indígenas al cristianismo.[26]

Con los señores de Tlaxcala, sobre todo con el viejo y ciego Maxixcatzin, a quien tanto debía, Cortés fue agradecido. Lo mismo que con el *Cacique Gordo* de Cempoala, pues a pesar de haberse aliado con el enviado de Diego Velázquez, Pánfilo de Narváez, una vez derrotado este, lo hizo curar de su enfermedad, agradecido por el recuerdo de la ayuda que de él había recibido en los comienzos de su aventura, antes de emprender la ruta desde la Villa Rica de la Vera Cruz a Tenochtitlán.

Y algo que casi siempre se recuerda todavía hoy: resuenan, en España y México, los apellidos de Moctezuma y de otros tlatoanis, podríamos preguntarnos, ¿se oye en Inglaterra algo sobre parentesco anglo con los soberanos mogoles de la India, o con los maoríes de Nueva Zelanda o con las figuras señeras de las *first nations* de Canadá?

Los restos del conquistador

José Luis Martínez se recreó en la figura de Cortés, y recuerda que el 8 de noviembre de 1774, en la iglesia del Hospital de Jesús, cristalizó el sueño de Juan Vicente de Güemes Pacheco de Padilla y Horcasitas, número 52 de los virreyes de la Nueva España, y reformista formidable, conde de Revillagigedo. Cuando en el momento de inaugurar un mausoleo para Cortés, intentó instaurar un nuevo simbolismo para México, introduciendo la idea de un país mestizo, que no podía ser por más tiempo ni una réplica, ni un satélite de la lejana España. En su nueva prefiguración de la inevitable independencia, Güemes insertó el pasado prehispánico en el hilo de la historia mexicana, exhumando al Cortés de vocación mestiza. Este hecho fue altamente significativo y pudo ser la causa de la propia destitución del Virrey Güemes, que se produjo a no mucho tardar (1794).

Y es que en la historia de Hernán Cortés —dice José Luis Martínez— «se lee como una novela de aventuras pero con una nove-

---

[26] Bernardo García Martínez, «Hernán Cortés y la invención de la conquista», en María del Carmen Martínez Martínez y Alicia Mayer (coords.), *Miradas sobre Hernán Cortés*, ob. cit., págs. 23 y siguientes.

dad importante: no hay buenos ni malos». Y según Christian Duverger, «Cortés se enamoró de sus enemigos para transformarse, él mismo, en mestizo. *Los malos*, en todo caso, pudieron serlo el gobierno de España, Carlos V y sus agentes, que impidieron a don Hernán llevar a cabo sus propósitos de enaltecimiento de México como una Nueva España, grande, excepcional».

Para ir terminando este pasaje, será bueno evocar algo memorable, debido a Julián Gascón, presidente del Patronato del Hospital de Jesús (al lado de la Iglesia donde están los restos del conquistador), hijo de un campesino y ex gobernador y senador mexicano, que en 1981 invitó al entonces presidente de la República, José López Portillo, para que inaugurase los trabajos de rehabilitación del Hospital de Jesús. Y, en ese trance, le hizo al máximo mandatario de México una polémica propuesta, según cuenta Javier Brandoli:[27] «Señor, sé que es controvertido, pero puse un busto de Cortés en el hospital. Lo voy a cubrir y le pido que usted lo desvele públicamente. Él me contesto que eso sería muy polémico y me preguntó qué pensaba. Yo le respondí que haría mucho bien a este país hacer un monumento en una esquina de la avenida Reforma [la más famosa del DF] a Moctezuma, y en la otra a Cortés. Él se rió y me contestó que tenía razón». Y en efecto, el presidente acudió a la reinauguración del hospital, y se enfrentó con el *fantasma* del conquistador: «entró, vio una figura tapada por un velo y me preguntó bajito si era ese el busto. Le dije que sí y se paró un tiempo para observar hasta que, finalmente, lo destapó y siguió su camino. Se montó un escándalo enorme con la prensa al día siguiente».

La nueva perspectiva histórica

Las cosas están cambiando y más que van a cambiar previsiblemente. Y seguramente se reconocerá definitivamente a Cortés el papel que ya le asignó Vasconcelos, como *padre* de la nacionalidad mexicana, o el que le propició Miralles, de *inventor* de México. Y con esos títulos, la persona de don Hernán se ubicará

---

[27] En el artículo «El tabú Hernán Cortés», *El Mundo*, 28-VI-2015.

en el lugar que le corresponde, ante los 600 millones de hispanohablantes de hoy, y muchos más mañana. Es posible formular una síntesis como la que se hizo en la Plaza de la Tres Culturas, en el norte de la capital mexicana, en el lugar que ocupó Tlatelolco en Tenochtitlán, donde se sitúan, en contigüidad, un viejo templo azteca, una primera iglesia española, y un nuevo y moderno edificio del México actual. Son tres culturas: las dos originarias, y la resultante del cruce de entrambas.[28]

Sobre crueldades

Naturalmente que en la conquista y después hubo muchos abusos, pero nadie podrá decir que hubo una represión generalizada, y mucho menos un genocidio, aparte del colapso demográfico que originaron las epidemias de la invasión microbiana y bacteriológica, con la viruela, la gripe, el tifus, sarampión, etc., que llegaron al Nuevo Mundo, inevitablemente, con los conquistadores, primeros europeos en alcanzar las Indias.

Todo lo expuesto, y mucho más, es parte —velis nolis— es parte de la historia, y por ello también hay que considerar las matanzas de Tlaxcala, Cholula y otras. Subrayando que episodios así se dieron, por ejemplo, en la Guerra de los Cien Años entre Francia e Inglaterra, en la que se vio la máxima crueldad masiva, incluyendo a Juana de Arco ardiendo en la hoguera. O en la Guerra de los Campesinos, en Alemania, en la que fueron asesinados más de 100.000 rústicos revolucionarios, con el beneplácito de los príncipes y de Lutero. O en la Guerra de los Treinta Años, cuando Alemania quedó castigada demográficamente por más de un siglo. Y qué decir de Stalin y sus diez millones de víctimas, de Hitler con más de 20 millones, y Mao, ¿tal vez con 30 millones con sus experiencias del Gran Salto Adelante o la Revolución Cultural?

No se pretende justificar lo uno con lo otro, pero en cualquier guerra hay víctimas, y si Cortés tuvo algo siempre presente, fue su idea de no aumentar el sufrimiento con su victoria, ofreciendo

---

[28] Las semblanzas y resonancia de Cortés vistas en este capítulo 12, se completan en cierto modo con otros puntos de vista sobre el conquistador, estrictamente mexicanos, ya expuestos en el capítulo 11.

varias veces el entendimiento, incluso a Cuauhtémoc, durante los cien días que duró la batalla de Tenochtitlán.

La carta del presidente

Todo lo dicho es ya pasado, de un tiempo pretérito a considerar para ganar una reconciliación que ahora se presenta como algo posible, aunque sea (¿podría ser de otra forma?) en medio de la inevitable controversia. Más concretamente, en el contexto de los 500 años de la conquista, surgió la gran polémica, con cartas que el presidente de México —Andrés Manuel López Obrador, AMLO—, dirigió al rey de España, Felipe VI y al papa Francisco, en el mes de marzo de 2019.

De estas cartas solamente se conocen extractos obtenidos por filtraciones; debemos subrayar la conveniencia de publicar enteros sus contenidos, porque, según el diario *El Universal* de México, en ellos hay esbozado un plan de concordia entre España y México para sustanciarlo en 2021, al cumplirse los 200 años de la independencia mexicana. Como también se recogen en esos documentos las críticas a los gobiernos de México después de 1821, por su expolio a las comunidades indígenas del anterior periodo virreinal de la Nueva España.

Aparte, también hay que recordar que, según el citado diario mexicano, el 67 por 100 de los mexicanos han rechazado, en encuestas realizadas, las exigencias de perdón de su propio presidente, «pues la España de hoy no tiene nada que ver con la de 1519». Rotunda verdad, salvo que históricamente la España de hoy, sí es sucesora histórica, se quiera o no, de la de hace 500 años.

En cualquier caso, hemos de reflexionar, sin excesos verbales sobre dos cartas que no conocemos enteras y que es necesario, insisto, ver completas. Para ir delimitando los argumentos y conversar tranquilamente, como historiadores, sin patrioterismos de ninguna clase, y mucho menos con rencores irreconciliables.[29]

---

[29] Con fecha 24 de abril de 2019 solicité a la Casa Real la misiva entera del presidente de México dirigida a Felipe VI. Se me dijo que la carta era de un jefe de Estado a otro, y que no tenía por qué ser publicada oficialmente.

Lo que se ha de estudiar es un esquema de eso, de una verdadera reconciliación, y a tal respecto, creo que hay que dar la palabra a los estudiosos actuales de Cortés, de su vida y obra, y a sus críticos también. Y en plática conjunta, redactar, por así decirlo, un dictamen histórico, en vez de seguir en una polémica desaforada que podría quedar en un sinsentido.

Una propuesta de futuro

Mi propuesta al respecto la hice al final del Congreso Cortesiano de Medellín-Trujillo, de los días 4, 5 y 6 de abril de 2019, organizado básicamente por la Fundación Academia Europea e Iberoamericana de Yuste, con César Chaparro Gómez como Director Académico, y la Federación Extremadura Histórica, como propiciadora principal.[30]

Además de agradecer que se me asignara la conferencia de clausura en Trujillo, el 6 de abril,[31] como final del esfuerzo realizado por las entidades citadas, quiero destacar que recomendé la edición de las valiosas ponencias y comunicaciones presentadas a este Congreso,[32] y que antes de su edición final, se elabore, por los mismos ponentes, un esquema histórico que sirva de base para los eventuales encuentros. A los efectos de una necesaria declaración de concordia hispánica como ha mencionado el presidente de México, para 2021, en las ya célebres cartas al rey Felipe VI y al papa Francisco.

---

[30] Además, colaboraron la Asociación Histórica Metellinense, presidida por Tomás García Muñoz, e integrada en SISEVA, que celebró sus XII Encuentros de Estudios Comarcales; la Consejería de Cultura e Igualdad de la Junta de Extremadura; los Excmos. Ayuntamientos de Medellín y Trujillo; la Fundación Obra Pía de los Pizarro; la Excma. Diputación Provincial de Badajoz; el Centro de Profesores y de Recursos de Don Benito-Villanueva.

[31] La publiqué en *La Razón*, el 14 de abril de 2019.

[32] Entre las que cabe destacar a María del Carmen Martínez, Christian Duverger, Esteban Mira Caballos, Miguel de Rojas Mulet, Rodrigo Martínez Baracs, Francisco Javier Pizarro Gómez, María Cristina Esteras Martín, Rosa Perales Piqueres, Ana Zabía de la Mata, Yolanda Fernández Muñoz, María Alicia Mayer González, Rosa María Martínez de Codes, José Julián Barriga Muñoz, Martín Almagro Gorbea y Sigfrido Vázquez. En el congreso, mi colega Bruno Lantero me prestó gran ayuda logística.

Esa fue la propuesta que hice en abril de 2019, en el citado congreso. Y en la misma tesitura estaré ante nuevas circunstancias desde ahora, para que, efectivamente, medio milenio después, llegue una concordia razonable, ecuánime como historia verdadera.

Madrid, 15 de junio de 2019

Glosario de monedas

Blanca   Moneda de vellón de cobre de muy bajo valor («estoy sin blanca»). En tiempos de Carlos V y Felipe II, dos blancas valían un maravedí. Era lo mismo que el *cinquén*.

Castellano   Moneda de oro. En 1483 equivalía a 48 maravedíes.

Corona   Moneda de oro de 3,25 gramos. En 1535 valía 350 maravedíes.

Ducado   Originalmente era una moneda de oro, pero desde el siglo XV pasó a ser meramente de cuenta; valía 375 maravedís.

Escudo   Moneda estándar de oro con valor de 10 reales de plata, o 40 reales de vellón. Según épocas tuvo un valor de 350 o 450 maravedís.

Excelente   O doblón. Moneda de oro equivalente a dos escudos. Pesaba 6,77 gramos de oro y equivalía a 32 reales y 1083 maravedís.

Florín   Fiorino d'oro en tedesco. Moneda medieval inicialmente solo acuñada en Florencia (desde 1252), que se convirtió en pieza de referencia en toda Europa en los siglos XIV y XV. Tenía un peso de 3,5 gramos de oro de casi 24 quilates (ley de casi el 100 por 100, la más alta). A finales del siglo XV fue sustituida por el Ducado de Venecia.

Maravedí   Moneda que circuló en los siglos XII y XIII y significaba moneda almorávide. Dejó de acuñarse, en diversas variantes, en el siglo XIV, cuando pasó a ser moneda de cuenta para las equivalencias que circulaban. Por ejemplo: 2 maravedís, una blanca; un real, 34.

Peso   El tesoro americano se expresaba en pesos. El peso de mina equivalía a 450 maravedís. Se acuñó por primera vez en México por el virrey Mendoza (peso fuerte, real de a ocho). Su peso era de 27 gramos de plata de ley del 92 por 100. En EE.UU. fue oficial desde 1785 hasta 1857. Valía ocho reales, o 272 maravedís.

Real   Moneda de plata equivalente a 34 maravedís. El real de a ocho valía 272 maravedís.

Cronología

1474

- Isabel de Trastámara, reina de Castilla. Por matrimonio con ella y tras una serie de arreglos, Fernando de Aragón, pasa a ser rey de Castilla: «Tanto monta, monta tanto, Isabel como Fernando».

1479[33]

- Fernando se convierte en rey con la corona de Aragón (20 de enero) e Isabel pasa a ser la reina de la corona de Aragón.
- Tras reconocer a Castilla la conquista de las Islas Canarias, en el Tratado de Alcaçovas, los Reyes Católicos reconocen los derechos de Portugal sobre el Atlántico, en la mar africana, al sur del actual paralelo 28 (4 de septiembre).

1485

- Nacimiento de Hernán Cortés en Medellín, Extremadura.

1492

- Cristóbal Colón llega a América, a las Lucayas (Bahamas, Isla de Guanahani, San Salvador, luego Watling) el 12 de octubre. Recorre las costas de Cuba y ulteriormente de La Española.

1493

- Regreso a Bayona (Galicia) de *La Pinta*, al mando de Martín Alonso Pinzón, a fines de febrero.

---

[33] Se ha recurrido a José Luis Martínez, *Hernán Cortés*; Christian Duverger, *Crónica de una eternidad*; y del mismo autor, *Hernán Cortés. Más allá de la leyenda*. Además de haber incluido otras entradas que me parecieron interesantes.

- Regreso de Cristóbal Colón a España en la carabela *La Pinta* (15 de marzo), con paso previo por las Azores y después por Lisboa, donde se entrevista con Juan II, quien pretende que lo descubierto es de Portugal, por el Tratado de Alcaçovas.
- Colón da cuenta de sus descubrimientos a los Reyes Católicos (que lo sabían por los hermanos Pinzón llegados antes, en encuentro en Barcelona (3 de abril). Comienzan las tratativas con el papa Alejandro VI para reconocer los derechos de Castilla.
- Por medio de la bula *inter caetera*, el papa Alejandro VI otorga los nuevos territorios de las Indias a España, sin incluir a Portugal (4 de mayo). Una segunda bula de la misma fecha sí reconoce ciertos derechos a los lusos.
- Segundo viaje de Cristóbal Colón para comenzar la colonización de las Indias, descubiertas en su primer viaje (25 de septiembre).

1494

- A petición de Portugal, que sigue viendo conculcado el Tratado de Alcaçovas, se llega al Tratado de Tordesillas entre Portugal y Castilla (7 de junio). El rey luso (Juan II) logra que sea desplazada hacia el oeste la línea de división del Atlántico trazada por Alejandro VI en 370 millas hacia el oeste de Cabo Verde. Esa intervención otorga a Portugal todas las tierras hasta esa línea; y a España, las por descubrir al oeste de la misma.

1496

- Isabel I y Fernando II de Aragón y V de Castilla, son reconocidos por el papa Alejandro VI como Reyes Católicos (RR.CC).

1498

- El portugués Vasco de Gama llega a las Indias por la ruta marítima del Este a través del cabo de Buena Esperanza y el océano Índico (20 de mayo).
- En el transcurso de su tercer viaje, Cristóbal Colón alcanza tierra firme, a la altura de la desembocadura del Orinoco, hoy Venezuela (agosto).

1499

- Cortés llega a Salamanca, donde realiza estudios de Humanidades y Derecho.

1500

- Nacimiento en Gante de Carlos de Habsburgo y Trastámara, futuro Carlos I de España y V de Alemania (24 de febrero).
- Portugal ocupa oficialmente Brasil (viaje de Pedro Álvarez Cabral, abril-mayo). Con el tiempo, los lusos superarían ampliamente la línea de demarcación de Tordesillas, sobre todo durante los tiempos de la unión de las dos coronas de España y Portugal, durante los reinados de Felipe II a Felipe IV (1550-1640).

1501

- Cortés deja Salamanca después de haber aprendido latín y leyes. Regresa a Medellín, donde su padre, Martín Cortés, no obstruye su vocación por las Indias.

1502

- Nicolás de Ovando, nombrado gobernador de las Indias, sale para Santo Domingo (13 de febrero). Será gobernador de las Indias hasta 1509.
- Cuarto y último viaje de Colón, que recorre las costas de tierra firme en América Central. Se obceca en que ha llegado a la India, y no acepta que se trate de una tierra hasta entonces ignota.
- Moctezuma se convierte en el *tlatoani* del Imperio azteca (septiembre).

1503

- Creación de la Casa de Contratación de Sevilla (enero). Una institución de gran importancia en el régimen de concesiones y capitulaciones con los conquistadores. Con el tiempo, la Casa de Contratación permitirá la organización del Archivo de Indias, una institución única en el mundo.

1504

- A principios del año, Cortés acude a Sevilla; embarca en Sanlúcar para Santo Domingo, donde se radica.

- Muerte de Isabel la Católica en Medina del Campo (26 de noviembre). Toda Castilla llora a su reina, que siempre quiso la protección de sus nuevos súbditos, los indios.

1505

- Cortés toma parte en las guerras de *pacificación* de la Isla Española a las órdenes de Ovando, haciéndose hombre indispensable. Se convierte en *escribano* en Azúa y vive en La Española como encomendero hasta 1511.

1509

- Ovando es revocado y Diego Colón, el hijo de Cristóbal, es nombrado virrey de las Indias y gobernador de Santo Domingo.
- Cortés se convierte en ayudante de Miguel de Pasamonte, oficial del rey encargado de las finanzas (recaudador del quinto real).

1511

- Diego Colón asigna a Diego Velázquez la conquista de Cuba, a la que es invitado Cortés.
- Nacimiento en Gómara, cerca de Soria, de Francisco López de Gómara, futuro cronista de don Hernán.

1513

- Después de haber cruzado el Istmo de Panamá, Vasco Núñez de Balboa toma posesión del Mar del Sur (29 de septiembre), luego océano Pacífico. La descubierta de Balboa origina viajes en busca del paso del Atlántico al Pacífico. El primero con éxito será el de Magallanes-Elcano (1519-1522).

1514

- Cortés, tras la conquista de Cuba, es encomendero otra vez, hasta 1518. Vive maritalmente con una joven india taína, bautizada como Leonor Pizarro, con quien tiene a su hija Catalina, por la que siempre sintió el mayor afecto, y que el Papa llegó a legitimar.

1515

- Cortés, reconciliado con Velázquez tras varias disputas, encabeza la alcaldía de Santiago de Cuba, la mayor ciudad de la isla.
- Don Hernán se casa con la española Catalina Xuárez Marcaida, Velázquez hace de padrino de la hija mestiza de Cortés, Catalina Pizarro.
- Diego Colón es llamado a España, finalizando así el virreinato del Gran Almirante, que, en términos irregulares, duraba desde 1492.

1516

- En camino al Monasterio de Guadalupe, en Madrigalejo (Cáceres), muere Fernando el Católico (23 de enero).
- Carlos de Gante es proclamado el rey de Castilla en Bruselas (13 de marzo).

1517

- Con base en las noticias llegadas de un primer naufragio en Yucatán de una expedición organizada desde Jamaica, Diego Velázquez, gobernador de Cuba, organiza un primer viaje exploratorio a México, dirigido por Francisco Hernández de Córdoba, que arriba al Yucatán y luego a Campeche en el Golfo. Regresa a Cuba y trasciende que vuelve con mucho oro.
- Lutero anuncia sus 95 tesis contra las indulgencias y el Papa en Wittenberg (31 de octubre). Van a empezar las turbulencias religiosas en Europa, donde acabará mucho del oro del quinto real de las Indias, en las guerras de religión.

1518

- Segunda expedición exploratoria a México por encargo de Diego Velázquez: su encargado, Juan de Grijalva entra en contacto con los mexicas en Tabasco, San Juan de Ulúa y Tuxpan (abril-noviembre). Se conoce mucho más acerca de la existencia y características del imperio mexica.
- Velázquez designa a Hernán Cortés como capitán de una tercera expedición a México (23 de octubre), y no tarda en arrepentirse de ello, al comprobar los deseos de Cortés de dar

a su expedición una importancia mucho mayor de la inicialmente planteada: poblar en vez de simplemente reconocer y buscar oro e indios.

1519

- Tras preparar su expedición, Cortés deja Cuba desde San Cristóbal de la Habana a la cabeza de una expedición de once navíos; en claro conflicto ya con Diego Velázquez, que inútilmente trata de detenerlo (10 de febrero). En Cozumel recogen a Gerónimo de Aguilar, español indianizado que habla el maya.
- Hernán Cortés toma posesión de México en Centla (primera gran batalla), hoy estado de Tabasco, y recibe a la joven esclava Malinalli (luego *Malinche*), bautizada como Marina, quien, con Aguilar, forma el equipo de traducción de Cortés castellano-náhuatl. Prosigue la expedición hasta San Juan de Ulúa, donde desembarca (22 de abril).
- Cortés y su gente fundan la Rica Villa de Vera Cruz (mayo).
- Alianza con los indios totonacas de Cempoala (junio).
- Nueva fundación de Veracruz en Quihuiztlan, cerca del río Pánuco (junio).
- Regreso a Cempoala, donde Cortés recibe el gran presente de joyas, oro, plumajes y ropas que le envía Moctezuma (18 de junio), que cree los españoles son enviados por el dios Quenzacoal, con los peores augurios para México. Insta a los recién llegados a que no vayan hacia Tenochtitlán.
- Carlos I es elegido emperador de Alemania con el nombre de Carlos V (28 de junio).
- *Primera carta de relación* de Cortés a Carlos V que ha desparecido y que tal vez nunca fue escrita (10 de julio).
- *Carta del Cabildo* (de Veracruz), por la que don Hernán desconecta definitivamente a Velázquez y se declara fiel a Carlos V, en directo.
- Cortés hace hundir sus navíos en la ensenada de Veracruz para que no pueda haber retorno. Luego inicia la marcha hacia Tenochtitlán (julio).
- Después de capitular con Carlos V, el portugués al servicio de España Hernando de Magallanes emprende su viaje a las islas

de la Especiería, saliendo de Sanlúcar de Barrameda. Uno de sus capitanes es Juan Sebastián Elcano (10 de agosto).

- Combates de las fuerzas de Cortés con los Tlaxcaltecas. Poco tiempo después pacta con ellos (mediados de agosto) una alianza firme y duradera.
- Durante la marcha a Tenochtitlán, Diego de Ordaz, asciende al volcán Popocatépetl (1-10 de septiembre).
- Llegada de Cortés, con su ejército recrecido por tlaxcaltecas, a Cholula (12 de octubre): gran matanza, con posterior alianza (16-18 de octubre).
- Paso por Amecameca, entre dos volcanes (3 de noviembre). Los españoles avistan el gran valle de México.
- Entrada de Cortés en México-Tenochtitlán y encuentro con el tlatoani Moctezuma: recibimiento con hospitalidad (8 de noviembre).
- Tras la muerte de varios españoles por los aztecas en Veracruz, Moctezuma es retenido como prisionero (14 de noviembre), quien experimenta una especie de *síndrome de Estocolmo*.

1520

- Cortes de Castilla en Santiago de Compostela y en La Coruña. Carlos V recibe a los procuradores envidiados por Cortés con un gran tesoro.
- Llegada de la expedición de Pánfilo de Narváez a Veracruz, encargada por Velázquez de acabar con Cortés (principios de mayo).
- Recibidas noticias sobre Narváez, enviado de Velázquez, Cortés abandona Tenochtitlán, dejando a su frente a Alvarado. Se encamina a la costa para combatir a Narváez.
- Masacre de 500 nobles aztecas durante una fiesta en el Templo Mayor en México, dirigida por Pedro de Alvarado (mediados de mayo).
- Primera epidemia de viruela en México por el contagio de un soldado recién llegado del Caribe. Sería el principio de todo un colapso demográfico.
- Derrota por Cortés de la expedición de Narváez, que es encarcelado, en Cempoala (27-28 de mayo).

- Cortés vuelve a Tenochtitlán con urgencia por la situación creada por Alvarado y la rebelión de los mexicas (24 de junio).
- Muerte de Moctezuma lapidado por los suyos (28 de junio).
- Cuitláhuac, nuevo tlatoani de los mexicas (29 de junio).
- La Noche triste: Cortés abandona México con grandes pérdidas (30 de junio).
- Batalla de Otumba, con victoria personal de Cortés sobre los mexicas que dejan de perseguir a los españoles (7 de julio).
- Llegada de las fuerzas de Cortés a tierras de Tlaxcala (8 de julio).
- Cortés recibe refuerzos considerables y prepara la reconquista de la ciudad de México (julio-octubre).
- Concesión por el Cabildo de Veracruz a Cortés de un quinto, lo mismo que al rey, de todo lo obtenido (agosto).
- Firma en la nueva ciudad de Segura de la Frontera de la *segunda carta de relación* (30 de octubre), al cumplir Cortés treinta y cinco años.
- Se inicia la construcción de los 13 bergantines en Tlaxcala. Para ello Cortés cuenta con un experto carpintero de ribera, Martín López.
- Muere el tlatoani Cuitláhuac en una gran epidemia de viruela. Cuauhtémoc es elegido undécimo señor de México-Tenochtitlán (25 de noviembre).
- Preparación del asalto a Tenochtitlán; *machacamiento* por Cortés de los pueblos periféricos de los lagos, aliados de los mexicas (diciembre).
- Represión de los comuneros en Castilla por las fuerzas imperiales de Carlos V, que permanece en Alemania.

1521

- Toma de posesión de Cuauhtémoc como nuevo tlatoani de los mexicas (enero).
- Termina en Tlaxcala la construcción de los bergantines que en grandes piezas se transportan a Texcoco a orillas del Lago, donde se abren, a modo de diques secos, una serie de zanjas a comunicar posteriormente con el lago (febrero-marzo).
- Llega a Veracruz el tesorero real Julián de Alderete (24 de febrero), primera conexión de Cortés con Carlos V.

- Entrevista (dudosa) de Cortés y Cuauhtémoc (finales de abril).
- Cortés se instala en Texcoco a orillas del lago, y comienza el sitio de México con el corte del acueducto a Tenochtitlán (30 de mayo).
- En Santiago de Cuba, Diego Velázquez promueve una información ante el Consejo de Indias con acusaciones contra Hernán Cortés (28 de junio-6 de julio).
- Larga y sangrienta batalla por Tenochtitlán, en condiciones de gran dureza (mayo, junio, julio y parte de agosto).
- Tras 75 días de lucha constante, la capital mexica cae definitivamente en manos de los españoles. Captura de Cuauhtémoc. Cortés, nuevo amo de México, se instala en lo que hoy es el barrio de Coyoacán (13 de agosto).
- Cristóbal de Tapia, designado por Carlos V, llega a Cempoala con la intención de ser gobernador de la Nueva España. Cortés no lo acepta (24-30 de diciembre).

1522

- Tercera carta de relación de Cortés a Carlos V, escrita en Coyoacán (15 de mayo).
- Los procuradores Quiñones y Ávila salen de Veracruz rumbo a España con un tesoro que envía Cortés al rey-emperador. Serán apresados y robados por piratas franceses (julio).
- Llega de Cuba a la Nueva España Catalina Xuárez Marcaida, esposa de Cortés (agosto). Su vida mexicana será muy corta; existe la sospecha de que en su muerte pudo participar el propio Cortés.
- Llegada de Juan Bono de Quejo, enviado de Velázquez, que visita a Cortés en Coyoacán. Ambos se entienden y, en vez de retornar a la Isla, Bono se vuelve directamente a España (septiembre).
- De regreso a España después de su coronación como Emperador en Aquisgrán (16 de julio), Carlos V nombra a Hernán Cortés gobernador, capitán general y justicia mayor de la Nueva España (15 de octubre). Es el mayor triunfo de Hernán Cortés.
- Publicación en Sevilla de la segunda carta de relación con gran éxito de difusión en toda Europa (8 de noviembre).

1523

- Publicación en Sevilla de la tercera carta de relación (30 de marzo), también con mucha difusión.
- Cortés recibe en la ciudad de México la cédula real por la cual se le nombra gobernador, capitán general y justicia mayor (mayo).
- Primeras instrucciones de Carlos V a Cortés sobre tratamiento de indios y cuestiones de gobierno (26 de junio).
- Por encargo de Cortés, Pedro de Alvarado parte a la conquista del Reino de Guatemala (diciembre). Será el enlace entre los españoles de Cortés al norte y los de Pedrarias al sur (de lo que hoy son Panamá, Costa Rica y Nicaragua).
- Nace el hijo de Cortés con Malinche. Simbólicamente es el comienzo del gran mestizaje de México.

1524

- Creación del Consejo de Indias por escisión del Consejo de Castilla, que transfirió al nuevo organismo todos los temas relativos a los nuevos territorios extraeuropeos de España.
- Cortés encarga a Pedro de Alvarado la conquista de lo que luego será el Reino de Guatemala.
- Sale de Veracruz la expedición al mando de Cristóbal de Olid para explorar Las Hibueras, luego Honduras (11 de enero).
- De España llegan a México varios oficiales reales: Alonso de Estrada, tesorero; Rodrigo de Albornoz, contador; Gonzalo de Salazar, factor y Peralmíndez Chirinos, veedor. Comienza la verdadera presión de Carlos V para ir retirando poderes a Cortés (principios de año).
- Llegada de los doce primeros franciscanos a México (junio). Será la orden con más influencia; en sus filas estará Vasco de Quiroga.
- Rebelión de Cristóbal de Olid contra Cortés, en connivencia con Diego Velázquez, en Las Hibueras (junio).
- Fundación de Santiago de Guatemala por Pedro de Alvarado. Comienza a reconstruirse la ciudad de México (25 de julio).
- Reunión y discusión de dos delegaciones, mexica y española, de teólogos en México-Tenochtitlán para discutir sobre la naturaleza de Dios.

- Cortés firma en Tenochtitlán su cuarta carta de relación (15 de octubre) y sale para Las Hibueras, a reprimir a Olid, un viaje largo y penoso por tierra, hasta Honduras, de intenciones dudosas no aclaradas.

1525

- En su expedición a Las Hibueras, el corazón de la provincia de Acalan, en los linderos de las tierras mayas, Cortés hace ahorcar a Cuauhtémoc y Tetlepanquétzal (28 de febrero), acusándoles de conjurar contra él. Se prosigue la difícil travesía por Yucatán hacia el golfo de Honduras.
- Muerte de Cuauhtémoc, en Naco, Honduras, ahorcando por decisión de Cortés, alegando que el tlatoani preparaba una conjura para matarlo y sublevar a sus seguidores.
- Cortés es designado Adelantado de la Nueva España, y Carlos V le concede escudo de armas (7 de marzo). En realidad es un nombramiento para desautorizarlo aún más.
- Cortés comunica a su padre el primer esbozo de los pueblos de Nueva España, que solicitará al rey como patrimonio suyo (26 de septiembre).
- Entre 1525 y 1528, Martín Salinas envió a Fernando —hermano del emperador Carlos V, y administrador del Sacro Imperio Romano Germánico—, a Viena, toda clase de documentación referente a Cortés, por quien sentía gran admiración.

1526

- Cortés inicia el regreso de Las Hibueras por mar desde Trujillo, Honduras (25 de abril), llegando a La Habana (1 de mayo).
- Desde La Habana, Hernán Cortés vuelve a la ciudad de México y reasume su gobierno (19 de junio), en medio de gran desorden.
- Carlos V ordena a Cortés que prepare una armada para auxiliar en las Molucas a la perdida expedición de García de Loaisa, en la que se embarcaron Elcano y Caboto (20 de junio). Así se hará, con Álvaro de Saavedra Cerón al mando.
- En su último acto como gobernante, Cortés hace donación de tierras a las hijas de Moctezuma (27 de junio).
- Llegada del juez Luis Ponce de León, enviado de Carlos V, a to-

marle juicio de residencia a Cortés, y separarle efectivamente de la gobernación de México (2 de julio).

- Quinta y última carta de relación de Cortés a Carlos V (3 de septiembre).

- Se publica el *Sumario de la natural historia de las Indias,* de Fernando González de Oviedo, con una dedicatoria a Carlos V, como adelanto la amplísima *Historia general,* que no se publicaría íntegramente hasta que lo hizo la Real Academia de la Historia entre 1851 y 1855.

1527

- Muere Martín Cortés, padre de Hernán (febrero).

- Carlos V ordena que no se impriman, ni vendan, y sean recogidas, las Cartas de relación y otros escritos de Cortés (marzo).

- Estrada oficial del fisco de Carlos V de México. Destierro de Cortés de la ciudad (22 de agosto). Se instala en Cuernavaca, donde ha construido un palacio.

- Salen de Zihuatanejo hacia las Molucas con tres naves al mando de Saavedra Cerón, en busca de la expedición de Loaisa (31 de octubre).

- Carlos V recibe en audiencia a Pedro de Alvarado, a quien con gran diferencia nombre Adelantado del Reino de Guatemala.

1528

- Carlos V envía instrucciones a Cortés para que viaje a España. En la misma fecha, el rey firma instrucciones para que la audiencia haga juicio de residencia a Cortés (5 de abril).

- Cortés sale de Veracruz a España (mediados de abril), con gran acompañamiento de 400 personas.

- Llega al puerto de Palos de la Frontera. Sigue a La Rábida (donde muere su capitán más apreciado, Gonzalo de Sandoval). Escalas en Sevilla, Medellín, Monasterio de Guadalupe y Toledo (finales de mayo).

- Primera entrevista de don Hernán con Carlos V en Toledo (julio).

- Cortés dirige un memorial de peticiones a Carlos V (25 de julio). El emperador trata a Cortés con respeto, pero sin afecto.

- Todavía en Toledo la corte, Hernán Cortés enferma gravemente y es visitado en su posada por el propio emperador (finales de julio o principios de agosto).
- Publicación en Sevilla del *Libro áureo de Marco Aurelio*, de fray Antonio de Guevara (diciembre), de gran influencia sobre Cortés.

1529

- Cortés se casa en Béjar con doña Juana de Zúñiga, hija del conde de Aguilar (abril). Lo hace sin grandes emociones, para sentirse entre la nobleza. Con ella tendrá seis hijos.
- Tratado de Zaragoza entre Portugal y España que atribuye las Molucas a Portugal, y Filipinas a España (22 de abril). Ambos archipiélagos estaban en el hemisferio luso de Tordesillas.
- Cortés recibe el título de marqués del Valle; es confirmado como capitán general, pero pierde el gobierno en la Nueva España.
- Carlos V abandona España, desde Barcelona, donde le despide Cortés que ha ido con la corte (27 de julio).
- Nuño de Guzmán es destituido como presidente de la Real Audiencia de México.
- Fray Bernardino de Sahagún viaja a México, y allí se convierte en gran conocedor de la lengua náhuatl y de la historia y las costumbres de los mexicas. Se le considera como el primer antropólogo de América.
- Encuentros de Cortés con su primo Francisco Pizarro en Sevilla y Toledo. Don Hernán recomienda estrategia a seguir en la conquista de Perú.

1530

- Cortés emprende viaje de vuelta a Nueva España con su madre, Catalina Pizarro, y su esposa, Juana de Zúñiga (marzo).
- La comitiva cortesiana se detiene dos meses y medio en Santo Domingo (hacia abril-junio).
- Cortés desembarca en Veracruz. Como se le prohíbe vivir en la capital de la Nueva España, permanece un tiempo en Texcoco con las personas de su séquito (15 de julio).

1531

- Cortés se instala en Cuernavaca –donde se construye una hermosa casa-palacio– con su mujer, Juana de Zúñiga (9 de enero). Da comienzo a su labor como Adelantado de la Mar del Sur.

1532

- Primera expedición cortesiana por la Mar del Sur. Sale de Acapulco dos naves al mando de Diego Hurtado de Mendoza (30 de junio).
- En Perú, Francisco Pizarro, primo de Cortés, entra en Cajamarca y hacen prisionero a Atahualpa (15 de noviembre).

1533

- Segunda expedición al Mar del Sur. Salen del puerto de Santiago, Colima, dos naves al mando de Diego Becerra y Hernando de Grijalva (30 de octubre).
- En Perú, los españoles toman Cuzco y Pizarro se hace con el dominio del Imperio inca (15 de noviembre).

1534

- Cortés viaja a Tehuantepec para recibir su nave *San Lázaro*, al mando de Grijalva, quien ha descubierto las islas de Revillagigedo (febrero), a 300 millas de Puerto Vallarta y hoy de soberanía mexicana.

1535

- En Colima, Cortés funda su mayorazgo, que tenía autorizado desde el 27 de julio de 1529 (9 de enero).
- Nuño de Guzmán, conquistador de la Nueva Galicia (al noroeste de México), prohíbe a Cortés y a su gente el paso por tierras de su gobernación (24 de febrero).
- Tercera expedición marítima en el Mar del Sur, dirigida por Cortés en persona, quien toma posesión de Baja California en la bahía de Santa Cruz (3 de mayo). Traza un mapa de todo el golfo de California.
- Llega a la ciudad de México el primer virrey de Nueva España, Antonio de Mendoza (14-15 de noviembre).

1536

- Inauguración del Colegio Santa Cruz de Tlatelolco destinado a la educación de los niños indígenas, obra de Cortés (6 de enero).
- Dos naos al mando de Hernando de Grijalva navegan al Perú con soldados, armas, víveres y regalos para Francisco Pizarro, que se encuentra sitiado en Lima (abril).
- Idea de Cortés de establecer una línea comercial marítima entre México y Perú con escala en Panamá (abril).

1537

- Con satisfacción de Cortés, Nuño de Guzmán es encarcelado en México por orden del Virrey Mendoza (19 de enero).
- Bula *Sublimis Deus* del papa Pablo III sobre la libertad de los indios (2 de junio).
- Inicia la operación de la ruta naviera para comerciar con Panamá y el Perú desde Huatulco (2 de junio).
- El virrey Mendoza y Cortés celebran fiestas en la ciudad de México por las *Paces de Aguas Muertas* entre Carlos V y Francisco I de Francia (2 de junio).

1539

- Primer libro impreso en el continente americano (24 de agosto): *Escala espiritual para subir al cielo*, de Juan Clímaco.
- Cuarta expedición al Mar del Sur. De Acapulco salen tres navíos al mando de Francisco de Ulloa. Uno de ellos desaparece al principio del viaje. Los otros dos reconocen ambas costas del golfo de California (Mar de Cortés), la parte externa de la península y toman posesión de los lugares e islas más importantes (8 de junio).
- Deteriorada su relación con el conquistador, el virrey Mendoza se apropia del monopolio del tráfico marítimo en el Mar del Sur (24 de agosto), retirándoselo a Cortés. Ordena que se tome el astillero de Cortés en Tehuantepec, con todos sus navíos y aparejos (24 de agosto).
- Hernán Cortés envía tres procuradores a España para que se detenga la expedición que prepara el virrey Mendoza a tierras del norte de Nueva España, por considerar que es un agravio

de sus derechos como Adelantado de la Mar del Sur (24 de agosto).

- Cortés se embarca para España con su hijo Martín Cortés Zúñiga, su sucesor, a fin de pedir a Carlos V que se le retornen sus derechos que le está retirando el Virrey Mendoza (diciembre de 1539 o enero de 1540).

1540
- Cortés coincide en Madrid con Hernando Pizarro (enero).
- De Madrid, dirige un memorial a Carlos V acerca de los agravios del virrey Mendoza. Tiene conocimiento de que no puede volver a la Nueva España hasta que se resuelva su juicio de residencia (25 de junio).
- Cortés cumple 55 años.
- Vázquez de Coronado explora el norte de México.

1541
- Muerte del adelantado de Guatemala, Pedro de Alvarado, en Nochistlan, durante la guerra del Mixtón, en Nueva Galicia, frente a las tribus chichimecas (4 de julio).
- Cortés participa con sus hijos Martín, su sucesor, y Luis en la expedición de Carlos V a Argel, que terminó en desastre. No fue invitado al consejo de guerra y pierde cinco esmeraldas de gran valor (25 de octubre).

1542
- Cortés intenta, sin conseguirlo, entrevistarse con Carlos V en las Cortés de Monzón (junio-octubre).
- Carlos V promulga las Leyes Nuevas de Indias de Valladolid. Creación de la Audiencia de los Confines para administrar los territorios de América central; su sede se establece en Comayagua, Honduras (20 de noviembre). Son leyes contra las encomiendas, que critican los criollos (20 de noviembre).
- Memorial de Cortés al emperador con relación de servicios y petición de mercedes. Primera de sus tres grandes cartas de agravios (20 de noviembre).

1543

- Carlos V abandona definitivamente España, 13 de mayo (hasta su retorno en 1557 para retirarse al Monasterio de Yuste, tras haber confiado la regencia a su hijo Felipe, de dieciséis años).
- Cortés se instala en Valladolid. Reúne en su casa una Academia que le ocupa mucho tiempo en tareas culturales (mayo).
- Segunda carta de agravios de Cortés a Carlos V, desde Madrid. Ataca al virrey Mendoza (18 de marzo).
- Hernán Cortés asiste en Salamanca a la boda del príncipe Felipe con María de Portugal, junto con su hijo Martín, el heredero.
- Cortés conversa con Juan Ginés de Sepúlveda (14 de noviembre), que será protagonista de un encuentro ulterior con Francisco Cervantes de Salazar, sobre la naturaleza humana de los indios.

1544

- En Sevilla, Bartolomé de Las Casas es consagrado obispo en Chiapas (30 de marzo).
- Bernal Díaz (todavía no tiene como segundo apellido *Del Castillo*) se casa en Santiago de Guatemala con una mestiza, Teresa Becerra. Su recibo de dote es el primer documento identificando a Bernal (15 de mayo).

1545

- En unión de seis jurisperitos, señala ante el Consejo de Indias las fallas de procedimiento que aprecia su juicio de residencia y pide que se declare su nulidad (19 de septiembre). Ese juicio se suspenderá definitivamente con la muerte de don Hernán.
- Cortés cumple 60 años.
- Cortés abandona Valladolid y sigue a la corte en Madrid. Desde allí marchará a Sevilla en octubre.

1547

- Agobiado por las deudas, Cortés empeña en seis mil ducados, al prestamista Jácome Boti, el oro, plata y brocados que tenía en su casa de Madrid (30 de agosto).
- Don Hernán dicta su testamento ante el escribano Melchor de Portes. Se traslada a Castilleja de la Cuesta, cerca de Sevilla, a

la casa de su amigo Juan Rodríguez de Medina (11-12 de octubre).

- El 2 de diciembre muere Hernán Cortés, a la edad de 62 años, en una habitación en la parte alta de la casa en que se alojó en Castilleja de la Cuesta. Lo acompañan su hijo Martín Zúñiga; fray Pedro de Zaldívar, prior del monasterio de San Isidoro del Campo; fray Diego Altamirano, su primo, y el dueño de la casa, Rodríguez de Medina.
- Se abre y se lee el testamento (3 de diciembre).
- A las tres de la tarde, sale el cortejo de Castilleja de la Cuesta para enterrar los restos de Hernán Cortés en una cripta del duque de Medina Sidonia, en la capilla del monasterio de San Isidoro del Campo, en la villa de Santiponce, cerca de Sevilla (4 de diciembre).
- Grandes exequias y honras fúnebres a Cortés, organizadas por el duque de Medina Sidonia, en la iglesia del monasterio de San Francisco, de Sevilla (17 de diciembre).

1549

- Documentos fiscales comprobatorios de que Bernal Díaz vivió en Guatemala como rico encomendero.

1550

- Controversia de Valladolid entre Ginés de Sepúlveda y Fray Bartolomé de Las Casas, que empezó en 1550 y terminó en 1551.

1552

- Bernal Díaz de Castillo toma sus funciones de regidor del Ayuntamiento de Santiago de Guatemala. Agrega «del Castillo» a su patronímico (diciembre).
- Francisco López de Gómara publica su *Historia de la conquista de México* en Zaragoza (diciembre).
- Se publica la *Brevísima relación de la destrucción de las Indias*, de Bartolomé de Las Casas.
- Publicación de *La conquista de México*, de Francisco López de Gómara.

1553

- Se prohíbe la posesión de la crónica de Gómara, por cédula real del 17 de noviembre.

1556

- Abdicación de Carlos V. Su hijo, Felipe II, le sucede al frente de todos los territorios de la Monarquía Hispánica (diciembre), y no del Sacro Imperio Romano Germánico.

1558

- Cervantes de Salazar es nombrado «cronista de la Nueva España» por el ayuntamiento de México. Empieza en escribir su *Crónica de la Nueva España* (enero).
- Muerte de Carlos V en Yuste (21 de septiembre), enfermo de paludismo.

1559

- Muerte de Francisco López de Gómara (diciembre).

1561

- Nacimiento de Alonso Remón, primer editor de la *Historia verdadera*, en Cuenca.

1563

- Martín Cortés, segundo marqués del Valle, hace su entrada triunfal en México (17 de enero).

1564

- Muere Luis de Velasco, segundo virrey de la Nueva España (31 de julio). Fue él quien recibió la orden de Felipe II de organizar lo que sería la expedición a la Especiería, con Legazpi y Urdaneta al mando, que ocupó Filipinas.

1565

- Incitado en varias ocasiones, Martin Cortés duda en tomar el poder en México en pro de los derechos de los criollos y en contra de las Leyes Nuevas de 1542 contra las encomiendas.

1566

- Con ayuda de Jerónimo de Valderrama, visitador, los criollos organizan una tentativa de toma de poder del Virreinato de la Nueva España, con los tres hermanos Cortés como núcleo (julio).
- Acusados de conjura, los tres hijos de Cortés son apresados y llevados a la cárcel en México (16 de julio).
- Los restos de Cortés son exhumados en Sevilla, llegan a México en julio, y por la conjura existente son discretamente sepultados en el convento mexicano de Texcoco.
- Bartolomé de Las Casas muere en Madrid (julio).
- La llegada inesperada de un nuevo virrey a México, Gastón de Peralta, salva la vida de los hermanos Cortés. Los promotores de la conjura efectivos son decapitados (septiembre).

1567

- El segundo marqués del Valle y su hermano Luis son expulsados de México (abril) y citados ante el Consejo de Indias, en España. El hijo mestizo, Martín, sale más tarde.
- El visitador Alonso Muñoz hace su entrada en México el 11 de noviembre. Destituye al virrey Gastón de Peralta y hace reinar al terror entre los criollos. La tentativa de rebelión presuntamente cortesiana ha fracasado definitivamente.

1568

- Bernal Díaz del Castillo pone punto final a su *Historia verdadera* en Santiago de Guatemala (26 de febrero).

1569

- En una probanza de méritos de Leonor de Alvarado, hija del conquistador Pedro de Alvarado, Bernal Díaz del Castillo, se hace referencia, por primera vez, a una «crónica y relación que tiene escrita».

1570

- Se prueba *Apología* por Guillermo de Orange, documento importante como contribución a la leyenda negra.

1571

- Instalación de la Inquisición en la Nueva España.

1575

- La Real Audiencia de Guatemala envía a España el manuscrito de la *Historia verdadera*. Viviendo todavía el propio Bernal, no participa en el envío (25 de marzo).

1584

- Muerte de Bernal Díaz del Castillo (3 de febrero) en Santiago de Guatemala.

1585

- El ex oidor Alonso de Zorita, autor de la *Relación de cosas notables de la Nueva España*, que vería la luz impresa a mediados del siglo XIX, hace referencia por primera vez a la obra de Díaz del Castillo. Debió ver el manuscrito en algún archivo.

1598

- Muerte de Felipe II en El Escorial (13 de septiembre). Le sucede su hijo Felipe III.

1601

- El cronista Antonio Herrera publica en Madrid sus dos primeras *Décadas*, e incluye en ellas varias citas extraídas del manuscrito de la *Historia verdadera* de Bernal Díaz del Castillo.

1605

- Alonso Remón, poeta y dramaturgo, ingresa en la Orden de los mercedarios. Será el primer editor del manuscrito de Bernal Díaz del Castillo.

1629

- Traslado de los restos de Cortés al monasterio de San Francisco en México (febrero).

1632

- Muerte de fray Alonso Remón (23 de junio).

385

- Edición preparada por Remón de la *Historia verdadera de conquista de la Nueva España, escrita por el Capitán Bernal Díaz del Castillo, uno de sus conquistadores,* en la Imprenta Real de Madrid.
- Desaparición del manuscrito de Bernal.

1750

- Tratado de Madrid entre España y Portugal, por el que España cede a Portugal los territorios adquiridos por los bandeirantes en Brasil durante el periodo de 1580-1640 de unión de las coronas de España y Portugal. España recibió, a cambio, en el golfo de Guinea, río Muni y las islas de Fernando Poo, Elobey Grande y Chica, y Corisco.

1794

- Se erige un mausoleo funerario para Cortés en la iglesia de Hospital de Jesús, en México.
- Reinhumanización solemne de Cortés (8 de noviembre).

1803

- Primera traducción al inglés de la *Historia verdadera.*

1823

- Se desmantela el mausoleo de Cortés por el independentismo.

1836

- Reinhumación secreta de los restos de Cortés en la iglesia del Hospital de Jesús, en el interior de un escondite disimulado en un muro del ábside izquierdo. Ahí yacen hasta el presente.

Índice de imágenes

Bibliografía

Acosta Saignes, Miguel, «Raíces y signos de la transculturación», separata de la *Revista Nacional de Cultura*, Ministerio de Educación, Venezuela, 1948.

Adame, Ángel Gilberto, *Octavio Paz en 1968: el año axial*, Taurus, Madrid, 2018.

Aiton, Arthur, *Antonio de Mendoza, first viceroy of New Spain*, Duke University Press, 1927.

Albret, Pedro de, *Diálogos de la eternidad del ánima*, Jacques Colomies, Tolosa, 1565, primera edición.

Alfonso Mola, Marina y Carlos Martínez Shaw (comisarios), *El Galeón de Manila*, Focus Abengoa, Madrid, 2000.

Allende, Isabel, *Inés del alma mía*, Plaza & Janes, Barcelona, 2006.

Allison, Graham, *Destined for war. Can America and China Escape Thucydides's Trap?*, HMH, Boston-Nueva York, 2017.

Alvarado Tezozómoc, Fernando de, *Crónica mexicana*, Imprenta I. Paz, México, 1878. Hay varias reediciones.

Alvarado Tezozómoc, Fernando de, *Crónica mexicáyotl*, volumen 3 de Instituto de Investigaciones Históricas, texto en náhuatl y español, paleografía y traducción de Adrián León, UNAM, 1998.

Álvarez de Toledo, Luisa Isabel, *África versus América: la fuerza del paradigma*, Fundación Casa Medina-Sidonia, Sanlúcar de Barrameda (Cádiz), 2006.

Anabitarte, Héctor, *Bartolomé de las Casas*, Labor, Madrid, 1984.

Arauz, Isabel: «La ruta de Cortés: Un viaje al corazón de México», *Perfil*, núm. 252, México, 2008.

Arnoldsson, Sverker, *Los orígenes de la leyenda negra española*, El Paseo Editorial, Madrid, 2018.

Arqueología mexicana, n.º 49. «La ruta de Hernán Cortés». Mayo-junio, 2001.

Arteche, José, *Urdaneta: el dominador de los espacios del océano Pacífico*, Espasa Calpe, Madrid, 1943.

Ballán, Romeo, «Bernardino de Sahagún: precursor de la etnografía», *Misioneros de la primera hora. Grandes evangelizadores del Nuevo Mundo*, Lima, 1991.

Ballesteros Gaibrois, Manuel, *Vida y obra de fray Bernardino de Sahagún*, Instituto Sahagún, León, 1973.

Barón Castro, Rodolfo, *Pedro de Alvarado*, Atlas, Madrid, 1943.

Bataillon, Marcel, *El padre Las Casas y la defensa de los indios*, Ariel, Barcelona, 1976.

Beauregard, Luis Pablo y David Marcial Pérez, «Así espió la policía política del PRI a Octavio Paz», *El País*, 2-X-2018.

Bénat-Tachot, Louise, «Gonzalo Fernández de Oviedo», en María del Carmen Martínez Martínez y Alicia Mayer (coords.), *Miradas sobre Hernán Cortés*, Tiempo Emulado, Madrid, 2016.

Benavente, Toribio de, *Historia de los indios de la Nueva España. Relación de los ritos antiguos, idolatrías y sacrificios de los indios de la Nueva España, y de la maravillosa conversión que Dios en ellos ha obrado*, Ed. Porrúa, México, 2014.

Benavente, Toribio de, *Memoriales*, Colegio de México, México DF, 2009.

Blake, John V., *Europeans in West Africa (1450-1560)*, The Hakluyt Society, Londres, 1941.

Borges, Pedro, *Quién era Bartolomé de Las Casas*, Rialp, Madrid, 1984.

Cabello Porras, Gregorio, «Pedro de Navarra: revisión de un humanista», *Lectura y signo* (Universidad de León), 2008.

Carande, Ramón, *Carlos V y sus banqueros*, Crítica, Barcelona, 2000. Primera edición, 1943.

Carbia, Rómulo, *Historia de la leyenda negra hispano-americana* Marcial Pons, Madrid, 2004. Primera versión en 1948.

Cárdenas, Enrique, *Urdaneta y el tornaviaje*, Secretaría de Marina, México, 1965.

Carreño, Alberto María, *Nuevos documentos inéditos de D. Fr. Juan de Zumárraga y cédulas y cartas reales en relación con su gobierno*, Ediciones Victoria, México, 1942.

Carrón, Concha, «Duverger atribuye la paternidad de la crónica de América a Hernán Cortés», *Eldiario.es*, 9-V-2013.

Casas, Bartolomé de Las, *Brevísima relación de la destrucción de las Indias* (publicada por primera vez en 1552); puede verse en https://ciudadseva.com.

Castro Florencio, Vicente y José Luis Rodríguez Molinero, *Bernardino de Sahagún, primer antropólogo en Nueva España*, Universidad de Salamanca, 1986.

Cervantes de Salazar, Francisco, *Crónica de la Nueva España*, disponible en http://www.cervantesvirtual.com.

Cervera, César, «Hernán Cortés *vs.* Francisco Pizarro, la familia española que conquistó los grandes imperios de América», *ABC*, 3-III-2016.

Cervera, César, *Superhéroes del imperio. Mito y realidad de los hombres que forjaron España*, Esfera de los Libros, Madrid, 2018.

Chaunu, P., *Sevilla y América siglos XVI y XVII*, Universidad de Sevilla, 1983.

Clavijero, Francisco Javier, *Historia antigua de México*, Editorial Porrúa, México, 2014.

Coben, Lawrence A., «The Events that led to the Treaty of Tordesillas», *Terrae Incognitae*, n.º 47, 3-VII-2015.

Colón, Cristóbal, *Los cuatro viajes y su testamento*, edición de Ignacio B. Anzoátegui, Colección Austral, Espasa Calpe, Madrid, 1991.

Conrad, Joseph, *El corazón de las tinieblas,* Editorial Abada, Madrid, 2013.

Cortés, Hernán, *Cartas y relaciones de Hernán Cortés al Emperador Carlos V,* edición 2017 de Nabu Public Reprints, UNAM, México, 1999 (distribuida por Amazon).

Cortés, Hernán, *The pleasant history of the conquest of the West India, now called new Spain, achieved by the worthy Prince Hernando Cortés, marquees of the Valley of Huaxacac,* Londres, 1678. La versión francesa, de 1778, del editor Gratien Jean Baptiste Louis de Flavigny, se tituló *Correspondance de Fernand Cortés avec l'empereur Charles-Quint sur la conquête du Mexique.* Edición accesible en https://www.guten-berg.org/files/46524/46524-h/46524-h.htm.

Cuevas, Mariano, *Monje y marino. La vida y los tiempos de fray Andrés de Urdaneta,* Layac-Galatea, México, 1943.

Demicheli, Tulio, entrevista a Juan Miralles, «En la historiografía mexicana, Hernán Cortés no habita en el limbo, sino en el infierno», *ABC,* 17-IX-2001.

Díaz del Castillo, Bernal, *Historia verdadera de la conquista de la Nueva España,* publicada por primera vez en Madrid en 1632. Edición de Editorial Porrúa, México, 1966, 4.ª edición (con prólogo de Joaquín Ramirez Cabañas).

Dobado, Rafael, «El genocidio español en América y otros mitos», *El País,* 28-XI-2015.

Domínguez Ortiz, Antonio, *La España de los Austrias,* en *Historia de España,* dirigida por Miguel Artola, tomo 3, Alianza Editorial, Madrid, 1972.

Durán, Diego, *Historia de las Indias de Nueva España e islas de Tierra Firme* (conocida como *Códice Durán,* su original se encuentra en la Biblioteca Nacional de España). Puede consultarse la edición de José F. Ramírez de 1867 en http://www.cervantesvirtual.com/obras.

Durán, Diego, *Ritos y fiestas de los antiguos mexicanos,* Versión española del náhuatl, traducida por César Macazaga, Editorial Innovación, México, 1980. Primera versión de 1570.

Durán, Diego, *The Ancient Calendar,* University of Oklahoma Press, 1971.

Duverger, Christian, *Crónica de la eternidad. ¿Quién escribió la Historia verdadera de la conquista de la Nueva España?,* Debolsillo, México, 2015.

Duverger, Christian, *Hernán Cortés. Más allá de la leyenda,* Taurus, Madrid, 2013.

Egío, José Luis, «Acciones y virtudes políticas del Cortés de Gómara», en María del Carmen Martínez Martínez y Alicia Mayer (coords.), *Miradas sobre Hernán Cortés,* Tiempo Emulado, Madrid, 2016.

Elliott, John H., «Cortés, Velázquez and Charles V», *Letters from Mexico,* Grossman Publishers, Nueva York, 1971.

Elliott, John H., *La España imperial,* Vicens Vives, Barcelona, 1977.

Escobar López, Ignacio, *La Leyenda Blanca,* Cultura Hispánica, Madrid, 1953.

Eslava Galán, Juan, *Historia de España contada para escépticos,* Planeta, Barcelona, 2016.

Esparza, José Javier, «Nunca hubo un genocidio español en América», *La Gaceta,* 6-IX-2017.

Esquerra, Ramón, *Diccionario de Historia de España*, Revista de Occidente, Madrid, 1952.

Fernández Álvarez, Manuel, *Carlos V, el césar y el hombre*, Espasa Calpe, Madrid, 1999.

Fernández de Oviedo, Gonzalo, *Historia general y natural de las Indias*, Real Academia de la Historia, Madrid, 1851. Primera edición de 1535. Versión actual más accesible del Instituto Cervantes, Madrid, 2011.

Fernández de Oviedo, Gonzalo, *Libro del muy esforçado [e] inuencible Cauallero de la Fortuna*. Publicado por primera vez en Valencia en 1519, y reimpreso en Sevilla en 1545. Reedición facsímil de la Real Academia Española, Madrid, 1956.

Fernández de Oviedo, Gonzalo, *Sumario de la natural historia de las Indias*, Red-ediciones, Barcelona, 2011. Primera edición de 1526.

Fernández-Armesto, Felipe, *Colón*, Editorial Crítica, Barcelona, 1992.

Ferrer, Isabel, «Holanda quiere enterrar la leyenda negra española 450 años después», *El País*, 1-X-2018.

Flores, Alejandra, *Influencia de las novelas de caballerías en la conquista de América*. Disponible en https://iberoamericasocial.com /la-influencia-de-las-novelas-de-caballerias-en-la-conquista-de-america/.

Frankl, Víctor, «Hernán Cortés y la tradición de las Siete Partidas», *Revista de Historia de América*, n.º 53-54, jun.-dic., 1962.

Fuentes, Carlos, *Valiente mundo nuevo*, Mondadori, Madrid, 1990.

Gamio, Manuel, *La población del Valle de Teotihuacán*, Instituto Nacional Indigenista, Teotihuacán, México, 1979.

García Cárcel, Ricardo, *La leyenda negra. Historia y opinión*, Alianza Editorial, Madrid, 1992.

García Martínez, Bernardo, «Hernán Cortés y la invención de la conquista», en María del Carmen Martínez Martínez y Alicia Mayer (coords.), *Miradas sobre Hernán Cortés*, Tiempo Emulado, Madrid, 2016.

García Panes, Diego, *Diario Particular del Camino que sigue un virrey de México. Desde su llegada a Veracruz hasta su entrada pública en la capital*, CEDEX, Madrid, 1994.

García, Genaro, *Carácter de la conquista española en América y México*, Oficina tipográfica de la Secretaría de Fomento, México, 1901.

García, Víctor Vicente, *La flota de Indias*, disponible en www.revistadehistoria.es, 10-VIII-2018.

García-Baquero González, A., *La Carrera de Indias*, Algaida, Salamanca, 1992.

Garcilaso, el Inca, «Genealogía o Relación de la descendencia del famoso Garci Pérez de Vargas», *Revista de Historia y de Genealogía Española*, Madrid, 1929.

Gaviña, Susana, entrevista a Salvador Durán, director del Museo Nacional de Historia de México, «La gran desventura de Cortés es el uso político que se ha hecho de él», *ABC*, 15-XII-2014.

Gibson, Charles, *Los aztecas bajo el dominio español (1519-1810)*, ed. Siglo XXI, Madrid, 1980.

González Montes, Reinaldo, *Artes de la Inquisición española*, Almuzara, Córdoba, 2010.

González Ochoa, José María, *Quién es quién en la América del descubrimiento*, Acento Ediciones, Madrid, 2003.

González, Juan Bautista, *El juego de la estrategia en la conquista de México*, Instituto Español de Estudios Estratégicos (CESEDEN), Madrid, 1985.

Gordon, Peter y Juan José Morales, *The Silver Way*, Penguin, Londres, 2017.

Greenleaf, Richard E., *Zumárraga y la Inquisición mexicana, 1536-1543*, Fondo de Cultura Económica, México, 1988.

Grocio, Hugo, *Mare Liberum*, traducción del Instituto de Estudios Políticos, Madrid, 1956. Primera edición de 1609.

Grunberg, Bernard, «Hernán Cortés: un hombre de su tiempo», en María del Carmen Martínez Martínez y Alicia Mayer (coords.), *Miradas sobre Hernán Cortés*, Tiempo Emulado, Madrid, 2016.

Guzmán, Jorge, *Ay mamá Inés. Crónica testimonial*, Fondo de Cultura Económica, Chile, 1993.

Hanke, Lewis y C. Rodríguez, *Los virreyes españoles en América durante el gobierno de la casa de Austria*, Biblioteca de Autores Españoles, vols. 233-237, Madrid, 1976-1980.

Hanke, Lewis, *La lucha por la justicia en la conquista de América*, Editorial Suramericana, Buenos Aires, 1949.

Hernández Adame, Gabriela y Guillermo Rousset, Antonio Mendoza, primer virrey de la Nueva España, Meximox, México, 1993.

Hernández Sánchez-Barba, M., «El Marquesado del Valle de Oaxaca», *La Razón*, 13-IV-2015.

Hernández Sánchez-Barba, M., «La polémica de Valladolid», *La Razón*, 29-XII-2014.

Hernández, Karla, «Siguiendo la ruta de Cortés, de Veracruz a México», en *Arqueología mexicana*, vol. XIII, n.º 73, mayo-junio de 2005.

Herr, Richard, *España y la revolución del siglo XVIII*, Aguilar, Madrid, 1988.

Herren, Ricardo, *La conquista erótica de las Indias*, Planeta, Barcelona, 1991.

Humboldt, Alexander von, *Ensayo político sobre la Nueva España*, edición de Rosa, París, 1822. Actualmente accesible en Porrúa, México DF, 2011.

Iraburu, José María, *Hechos de los apóstoles de América*, Fundación Gratis Date, Pamplona, 2003.

Juderías, Julián, *La leyenda negra y la verdad histórica* (editada por Luis Español Bouché), La Esfera de los Libros, Madrid, 2014. Primera edición de 1914.

Kagan, Richard L., *Los cronistas y la corona*, Marcial Pons Historia, Madrid, 2010.

Kamen, Henry, *Imperio: la forma de España como potencia mundial*, Aguilar, Madrid, 2003.

Kelly, John E., *Pedro de Alvarado: conquistador*, Princeton University Press, Princeton, 1932.

Kissinger, Henry, *On China*, Penguin Press, Nueva York, 2011.

Klor de Alba, Jorge, *The Works of Bernardino de Sahagún, Pioneer Ethnograhper of Sixteenth Century Mexico*, Institute for Mesoamerican Studies – University of Albany, 1988.

Koenigsberger, H.G., *El imperio de Carlos V en Europa*, Sopena, Barcelona, 1970.

Krauze, Enrique, *El presidente y su hermano*, Vuelta, México, 1997.

Krauze, Enrique, *Porfirio Díaz, místico de la autoridad*, Fondo de Cultura Económica, México, 1987.

Ladero Quesada, Miguel Ángel, *Los últimos años de Fernando el Católico (1505-1517)*, Dykinson, Madrid, 2016.

León-Portilla, Miguel, «Hernán Cortés: vida sin reposo», en María del Carmen Martínez Martínez y Alicia Mayer (coords.), *Miradas sobre Hernán Cortés*.

León-Portilla, Miguel, *Bernardino de Sahagún, pionero de la antropología*, UNAM-Colegio Nacional, México, 1999.

López de Gómara, Francisco, *Anales de Carlos V*, introducción y notas de Roger Bigelow Merriman, Clarendon Press, Oxford, 1912.

López de Gómara, Francisco, *Historia oficial de la conquista de México*, primera impresión en el taller de Agustín Millán en Zaragoza, en 1552. Edición de Porrúa, México, 1988.

López Martínez, Mario, *Conquistadores extremeños*, Lancia Ediciones, León, 2004.

Lorenzana, Francisco Antonio, *Historia de la Nueva España*, edición aumentada con otros documentos y notas, Imprenta de D. Joseph Antonio de Hogal, México, 1770. Edición actual de Biblioteca Virtual Miguel de Cervantes, Alicante, 2004.

Lucena Salmoral, M., «La Flota de Indias», *Cuadernos de Historia 16*, Barcelona, 1985.

Luis Mora, José María, *Méjico y sus revoluciones*, Fondo de Cultura Económica, México, 1986. Primera edición de 1836.

Madariaga, Salvador de, *Carlos V*, Grijalbo, Barcelona, 1980.

Madariaga, Salvador de, *Bolívar*, Espasa Libros, Madrid, 1984.

Madariaga, Salvador de, *Hernán Cortés*, Espasa, Barcelona, 2000.

Madariaga, Salvador de, *Vida del muy magnífico señor don Cristóbal Colón*, Espasa, Barcelona, 1992.

Majo Framis, Ricardo, *Vidas de los navegantes, conquistadores y colonizadores de los siglos XVI, XVII y XVIII*, Aguilar, Madrid, 1956.

Mandeville, Juan de, *Libro de las maravillas del mundo*, Imprenta Ion Navarro, Valencia, 1540. Edición actual de Createspace Independent Pub, Carolina del Sur, 2012.

Manzano, Juan, *Colón y su secreto: el predescubrimiento*, Ediciones Cultura Hispánica, 1982.

Marañón, Gregorio, *Antonio Pérez*, Espasa Calpe, Madrid, 1947.

Martín Rodríguez, Juan Pablo, *Juan Ginés de Sepúlveda, gênese do pensamento imperial* (tesis doctoral), Universidade Federal de Pernambuco, Recife, 2010.

Martínez Baracs, Rodrigo, «Actualidad de Hernán Cortés», en María del Carmen Martínez Martínez y Alicia Mayer (coords.), *Miradas sobre Hernán Cortés*, Tiempo Emulado, Madrid, 2016.

Martínez Martínez, María del Carmen, «Francisco López de Gómara y Hernán Cortés: nuevos testimonios de la relación del cronista con los marqueses del Valle de Oaxaca», en *Anuario de Estudios Americanos*, 67, 1, enero-junio, 267-302, Sevilla, 2010.

Martínez Martínez, María del Carmen, *Veracruz 1519. Los hombres de Cortés*, Universidad de León e Instituto Nacional de Antropología e Historia de México, León, 2014.

Martínez Martínez, María del Carmen, «Francisco López de Gómara y la Orden de Alcántara», en *Anuario de Estudios Americanos,* enero-junio, 2015.

Martínez Martínez, María del Carmen, «Más pleitos que convenía a su estado», en María del Carmen Martínez Martínez y Alicia Mayer (coords.), *Miradas sobre Hernán Cortés*, Tiempo Emulado, Madrid, 2016.

Martínez Martínez, María del Carmen, «Bernal Díaz del Castillo: memoria, invención y olvido», en *Revista de Indias*, vol. LXXVIII, n.° 273, págs. 399-428, 2018.

Martínez Martínez, María del Carmen, «Bernal Díaz del Castillo y los últimos días de Gonzalo de Sandoval: relato y realidad», en Izaskun Álvarez Cuartero (editora), *Conflicto, negociación y resistencia en las Américas*, Ediciones Universidad de Salamanca, 2018.

Martínez Martínez, María del Carmen, «Hernán Cortés en España (1540-1547): negocios, pleitos y familia», en Martín Ríos Saloma (ed.), *El mundo de los conquistadores*, Madrid-México, Sílex-UNAM, 2015, págs. 577-598.

Martínez, José Luis, *Hernán Cortés*, Fondo de Cultura Económica, México 1990.

Matos Moctezuma, Edward, *Los aztecas*, Lunwerg Editores, Barcelona, 1989.

Mayer, Alicia, «Darle a su piedad religiosa el lugar primero», en María del Carmen Martínez Martínez y Alicia Mayer (coords.), *Miradas sobre Hernán Cortés*, Tiempo Emulado, Madrid, 2016.

Mendieta, Fray Gerónimo de, *Historia eclesiástica indiana*, edición de Joaquín García Icazbalceta, Antigua Librería, México, 1870. Edición accesible de Francisco Solano en Biblioteca de Autores Españoles, vol. 260-261, Madrid, 1973.

Meyer, Jean, *De una revolución a la otra: México en la historia. Antología de textos* (en inglés), Colegio de Mexico, 2013.

Mira Caballos, E., *El sistema naval del imperio español. Armadas, flotas y galeones en el siglo XVI*, Punto de Vista Editores, Madrid, 2015.

Mira Caballos, E., *Las armadas imperiales. La guerra en el mar en tiempos de Carlos V y de Felipe II*, La Esfera de los Libros, Madrid, 2005.

Miralles, Juan, *Hernán Cortés, inventor de México*, Tusquets, Barcelona, 2001.

Monjarás, Jesús, *Fray Diego Durán, un evangelizador conquistado*, disponible en www.dimensionantropologica.inah.gob.mx.

Morison, Samuel Eliot, *El almirante de la Mar Océana. Vida de Cristóbal Colón*, Fondo de Cultura Económica, México, 1991.

Morison, Samuel Eliot, *The European Discovery of America*, 2 vols., Oxford University Press, Nueva York, 1971-1974.

Muñoz Machado, Santiago, *Hablamos la misma lengua*, Crítica, Barcelona, 2017.

Muñoz Machado, Santiago, *Sepúlveda, cronista del emperador*, Edhasa, Madrid, 2012.

Muro, Luis, *La expedición Legazpi-Urdaneta a las Filipinas (1557-1564)*, Sep-Setentas, México, 1975.

O'Gorman, Edmundo, *Cuatro historiadores de Indias, siglo XVI: Pedro Mártir de Anglería, Gonzalo Fernández de Oviedo, fray Bartolomé de Las Casas y José de Acosta*, Alianza Editorial Mexicana, México, 1989.

Obregón, Luis González, *Cronistas de Indias*, Ediciones Botas, México, 1936.

Olaya, Vicente de, «Última travesía de los reyes del mar», *El País*, 22-IX-2018.

Orozco y Berra, Manuel, *Historia antigua y de conquista de México*, Tipografía de Gonzalo A. Esteva, México, 1880.

Orozco y Berra, Manuel, *Historia de la dominación española de México*, Antigua Librería Robredo de José Porrúa e Hijos, México, 1938.

Orozco y Berra, Manuel, *Los conquistadores de México*, Universidad Nacional Autónoma de México, 2006.

Passuth, László, *El dios de la lluvia llora sobre México*, Austral, Madrid, 2015.

Pastor Migueláñez, Clementino, *Cultura y humanismo en la América colonial española*, Librosenlared, 2010, 2 tomos.

Paz Sánchez, Manuel de y Daniel García Pulido, *El corsario de Dios. Documentos sobre Amaro Rodríguez Felipe (1678-1747)*, Documentos para la Historia de Canarias, Francisco Javier Macías Martín (ed.). Canarias, Archivo Histórico Provincial de Santa Cruz de Tenerife, 2015.

Pereyra, Carlos, *Hernán Cortés y la epopeya de Anáhuac* (1906), Editorial América, Madrid, 1915.

Pereyra, Carlos, *Prólogo y antología de la obra de Bernal Díaz del Castillo; Descubrimiento y conquista de Méjico (Historia verdadera la conquista de la Nueva España)*, Espasa Calpe, Madrid, 1933.

Pérez Bustamante, C., *Don Antonio de Mendoza*, Tipografía de «El Eco Franciscano», Santiago de Compostela, 1928.

Pérez Rioja, José Antonio, *Diccionario Biográfico de Soria*, Caja Soria, Soria, 1998.

Pérez Turrado, G., *Armadas españolas de Indias*, Mapfre, Madrid, 1992.

Pérez, Joseph, *La leyenda negra*, Gadir, Cádiz, 2009.

Pigafetta, Antonio, *Relazione del primo viaggio intorno al mondo*, obra en italiano publicada en Venecia en 1536. *Primer viaje en torno al globo*, Edición de Calpe, Barcelona, 1922.

Prados, Luis, «Martín Cortés, historia de un olvido», Disponible en http://blogs. elpais.com/america-df/2012/09/martín-cortés-historia-de-un-olvido.html.

Prescott, William H., *Historia de la conquista de México*, Editorial Antonio Machado, Madrid, 2004. Primera edición de 1843.

Recinos, Adrián, *Pedro de Alvarado, conquistador de México y Guatemala*, México, 1952.

Reyes, Alfonso, *Emiliano Zapata. Su vida y obra*, Libros de México, México, 1963.

Riber, Lorenzo *El humanista Pedro Mártir de Anglería*, Editorial Barna, Barcelona, 1964.

Riber, Lorenzo, *El humanista Pedro Mártir de Anglería*, Barna, Barcelona, 1964.

Robertson, William, *The history of the reign of Emperor Charles the Fith*, W. and W. Stranan, Londres, 1769. Reproducción facsímil de Amazon, 2017.

Roca Barea, María Elvira, *Imperiofobia y leyenda negra. Roma, Rusia, Estados Unidos y el Imperio español*, Siruela, Madrid, 2016.

Rodríguez de Montalvo, Garci, *Las sergas de Esplandián*, publicado en 1510, versión de Castalia Ediciones, 2002.

Rodríguez, Alberto, «El historiador William Prescott y su visión de los españoles», disponible en https://cvc.cervantes.es/literatura/aih/pdf /12/aih_12_4_031.pdf.

Romero Galán, José Rubén, *Los privilegios perdidos: Hernando Alvarado Tezozómoc, su tiempo, su nobleza y su crónica mexicana*, UNAM, México, 2003.

Rubial García, Antonio, «Hernán Cortés, el mito», en María del Carmen Martínez Martínez y Alicia Mayer (coords.), *Miradas sobre Hernán Cortés*, Tiempo Emulado, Madrid, 2016.

Rubio Mañé, J. Ignacio, *Introducción al estudio de los virreyes de Nueva España (1535-1746)*, UNAM, México, 1959.

Sahagún, Bernardino de, *Historia general de las cosas de la Nueva España*, Colección sepan cuantos…, Editorial Porrúa, México, D.F., 2006.

Saint-Lu, André y Marcel Bataillon, *El padre Las Casas y la defensa de los indios*, Sarpe, Madrid, 1985.

Sapper, Karl, *Sobre la geografía física y la geología de la península de Yucatán* (traducido y publicado en la *Enciclopedia Yucatanense*), 1896.

Saralegui, Miguel, «La ciudad cósmica hispana», *ABC*, 13-X-2018.

Sepúlveda, Juan Ginés de, *De rebus Hispanorum gestis ad Novum Orbem mexicumque*, publicado en 1870 por la Real Academia de la Historia, Madrid.

Sepúlveda, Juan Ginés de, *Democrates alter*, escrita en 1544, editada, prologada y traducida por Marcelino Menéndez Pelayo, *Boletín de la Real Academia de la Historia*, n.° 21, Madrid, 1892.

Sierra Nava, Luis, *El Cardenal Larousse y la Ilustración*, Fundación Universidad Española, Madrid, 1975.

Soto, Miguel, «De dilemas y paradojas», en María del Carmen Martínez Martínez y Alicia Mayer (coords.), *Miradas sobre Hernán Cortés*, Tiempo Emulado, Madrid, 2016.

Spate, O.H.K., *El lago español*, edición de Casa Asia (con prólogo de Pablo Bueno), Madrid, 2006, pág. 110.

Steward, Julian Haynes, *Handbook of South American Indians*, Eudeba, Buenos Aires, 1954.

Taleb, Nessim, *The Black Swan*, Random House & Penguin Books, Nueva York, 2007.

Tamames, Ramón (editor) *La Guerra de España 50 años después*, Planeta, Barcelona, 1989.

Tamames, Ramón, *Prim en México*, artículo inédito, accesible en castecien@bitmailer.net.

Tamames, Ramón, *Sistemas de defensa en el mundo de hoy*, 2018, preedición del autor.

Tamames, Ramón, *Vasco Núñez de Balboa y el Mar del Sur. Navegaciones y conquistas en los siglos XVI a XIX. Un ensayo histórico con ocasión del quinto centenario de Balboa y el océano Pacífico*, editada por la Autoridad del Canal de Panamá, 2013.

Tapia, Andrés de, *Relación de algunas cosas de las que acaecieron al muy ilustre señor don Hernando Cortés, marqués del Valle, desde que se determinó a ir a descubrir tierra en la Tierra Firme del Mar Océano*, Colección de documentos para la historia de México de Joaquín García Icazbalceta, disponible en www.cervantesvirtual.com.

Teresa de Mier, Servando, *Historia de la Revolución en Nueva España*, publicada en Londres en 1813. Versión actual en Biblioteca Virtual Miguel de Cervantes, Alicante, 2016.

Thomas, Hugh, «¿Bernal o Cortés?», *Letras Libres,* http://www.letras-libres.com/mexico-espana/bernal-o-cortes.

Thomas, Hugh, *Conquest: Cortés, Montezuma, and the Fall of Old Mexico*, Simon & Schuster, Nueva York, 1995. Versión española en Planeta, Barcelona, 2010.

Thomas, Hugh, *El imperio español de Carlos V*, Planeta, Barcelona, 2010.

Thomas, Hugh, *El señor del mundo. Felipe II y su imperio*, Planeta, Barcelona, 2013.

Thomas, Hugh, *La conquista de México*, Booket, Barcelona, 1994.

Thomazi, Augusto, *Les flottes de l'or. Histoire des galions*, Broché, París, 1956. Versión española, *Las flotas del oro. Historia de los galeones de España*, Swan, Madrid, 1985.

Townsend, William C., *Lázaro Cárdenas, Mexican democrat*, Intl Friendship, 2.ª ed., 1979.

Tudela, José, «Galeón de Manila», en Leoncio Cabrero, Miguel Luque y Fernando Palanco (coord.), *Diccionario histórico, geográfico y cultural de Filipinas y el Pacífico español*, Agencia Española de Cooperación Internacional para el Desarrollo y Fundación Carolina, Madrid, 2008.

Ugarte, José Joaquín, «El Doctor Ginés de Sepúlveda y los justos títulos de España para conquistar América», en *El Padre Osvaldo Lira. En torno a su Pensamiento*, Universidad Adolfo Ibáñez–Zig-Zag, Santiago de Chile, 1994.

Vargas Llosa, Mario, *El sueño del celta,* Alfaguara, Madrid, 2010.

Vargas Márquez, Wenceslao, «Ávila Camacho: 70 años del atentado», Plumaslibres.com, 2014.

Vázquez Chamorro, Germán, *Moctezuma*, Historia 16-Protagonistas de América, Madrid, 1987.

Vela Navarrete, Remigio, «Cortés, más que un conquistador», *ABC*, 25-IV-2015.

Villanueva, Darío, «El futuro del español en China», *ABC*, 12-X-2018.

Villanueva, Darío, «Estados Unidos en el español global», *ABC*, 14-VII-2018.

Wahlström, Victor, *Lo fantástico y lo literario en las Crónicas de Indias. Estudio sobre la mezcla entre realidad y fantasía, y sobre rasgos literarios en las obras de los primeros cronistas del Nuevo Mundo*, Instituto de Lenguas Románicas, 2009.

Walker, G.J., *Política española y comercio colonial, 1700-1789*, Barcelona, 1979.

Warren, Fintan B., *Vasco de Quiroga and his Pueblo-Hospitals of Santa Fe*, Academy of Franciscan History, Washington DC, 1963.

Wilson, Robert Anderson, *A New History of the Conquest of Mexico*, edición de Wentworth Press, Sidney, 2016.

Wormack, John, *Zapata y la revolución mexicana*, Siglo XXI editores, México, 1969.

Yáñez, Agustín, *Crónicas de la Conquista*, UNAM, México, 1950.

Zaid, Gabriel, «El modelo Vasco de Quiroga», *Revista de la Universidad de México*, 2005.

Zaid, Gabriel, *Don Vasco de Quiroga o la filosofía en busca de justicia*, Instituto Mexicano de Doctrina Social Cristiana, México, 2016.

Zarin, Cynthia, «Green dreams. A mystery of rare, shipwrecked emeralds», *The New Yorker*, 21-XI-2005.

Zavala, Silvio, *Ideario de Vasco de Quiroga*, El Colegio de México, México, 1941

Zavala, Silvio, *Recuerdo de Vasco de Quiroga*, Porrúa, México, 1965.

Zhang Kai, *Historia de las relaciones sino-españolas*, Elephant Press, Pekín, 2003.

Zorita, Alonso de, *Breve y sumaria relación de los señores de la Nueva España*, UNAM, México, 1942.

Zorita, Alonso de, *Leyes y ordenanzas de Indias*, publicado en 1574, edición de la Secretaría de Hacienda, México, 1983.

Zorita, Alonso de, *Relación de las cosas notables de la Nueva España*, edición de Editorial de Investigaciones Estéticas, México, 2011.

Índice onomástico

Romero, Matías, 332
Roosevelt, Franklin D., 339
Rosenblat, Ángel, 254
Rotterdam, Erasmo de, 224
Rourieri, Salvatore, 242
Rousset, Guillermo, 77, 208, 395
Rousseau, Juan Jacobo, 320
Rúa, Pedro de, 66,
Rubial García, Antonio, 343-345, 399
Rubio Mañé, J. Ignacio, 206, 399
Ruiz Cortines, Adolfo, 340
Ruiz de Esquivel, Pedro, 198
Ruiz de la Mota, Pedro, 154, 224, 247
Ruiz, Simón, 282

Saavedra Cerón, Álvaro de, 303, 304, 375, 376
Saavedra, Hernando de, 193
Sabato, Ernesto, 272
Sahagún, Bernardino de, 15, 24, 64, 123, 138, 223, 230, 244- 247, 250, 276, 377, 391, 392, 395, 396, 399
Saint-Lu, André, 240, 399
Salamanca, Juan de, 164
Salazar, Gonzalo de, 374
Salcedo, Francisco de, 111, 127
Salcedo, Juan de, 106
Salinas de Gortari, Carlos, 340
Salinas Pliego, Ricardo, 29
Salinas, Martín, 56, 57, 375
Salomón, Rey, 57
Salustio, 355
Salvatierra, Jerónimo de, 158
Sámano, Juan de, 55
Sánchez, Luis, 269
Sandoval, Gonzalo de, 24, 96, 111, 152, 156, 158, 162, 166, 172, 175, 178, 180, 181, 184, 187, 198, 199, 223, 235, 237, 238, 250, 376, 394
Santo Tomás, 305, 346
Sapper, Karl, 254, 399
Saralegui, Miguel, 83, 399
Sarmiento, Domingo Faustino, 260
Savorgnano, Pietro, 57
Sbert, Antonio María, 28, 173

Schopenhauer, Arthur, 338
Seignobos, Charles, 82
Sen, Amartya, 248
Sepúlveda, Juan Ginés de, 24, 61, 216, 223, 241-243, 250, 258, 381, 382, 396, 398-400
Sepúlveda, Martín de, 211
Sierra Méndez, Justo, 348, 349
Sierra Nava, Luis, 139, 399
Singh, Jagatjit, marajá de Kapurthala, 263
Sixto IV, Papa, 36, 42
Sol, Gonzalo, 285, 288
Solano, Francisco, 42, 397
Solimán el Magnífico, 227
Solís y Rivadeneyra, Antonio de, 26, 231
Somoza, Anastasio, 259
Sotelo, Luis de, 156
Soto, Miguel, 344, 346-348, 399
Soto, Hernando de, 98
Spate, O.H.K., 25, 303, 399
Spencer, Herbert, 338,
Stalin, Joseph, 354, 359
Stayner, Richard, 284
Stewart, Judian, 254
Suárez (o Juárez o Xuárez), Catalina, 106, 184, 196, 369, 373
Suárez, Inés, 98, 99, 295

Taleb, Nessim, 399
Tamames, Ramón, 13, 15, 17, 28, 95, 329, 356, 399, 400
Tapia, Andrés de, 53, 61, 62, 67, 96, 110, 119, 152, 158, 195, 305, 400
Tapia, Cristóbal de, 184, 373
Tecuelhuatzin, Luisa, 134
Teodosio, 352
Terceiro, José B., 82
Teresa de Jesús, 300
Teresa de Mier, Servando, 345, 400
Tetlepanquétzal, 178, 180, 190, 192, 375
Thomas, Hugh, 26, 76-78, 80, 85-90, 93, 96, 104, 105, 146, 172, 175, 185, 195, 196, 201, 208, 211, 225, 254, 267, 296, 300, 301, 312, 313, 400